一个民主的安全世界

自由国际主义与全球秩序的危机

[美] G. 约翰·伊肯伯里 著

陈拯 译

G. John Ikenberry

A WORLD
SAFE FOR
DEMOCRACY

Liberal Internationalism and
the Crises of Global Order

上海人民出版社

献给莉迪娅、杰克逊，以及对特莎的爱念
要有光

名 家 推 荐

一本非常重要的书，展示了对一个开放的、基于规则的、朝向进步思想的世界秩序的追求的韧性。

——约瑟夫·奈，哈佛大学教授

在自由国际主义项目受到持续攻击的时候，由一位著名学者对其进行严密的辩护是非常值得欢迎的。通过深入的研究和细致的分析，约翰·伊肯伯里展示了自由主义世界在过去是如何运作的，又如何在当前时代发挥作用。

——罗伯特·杰维斯，哥伦比亚大学教授

当前国际关系学者中最重要的自由主义支持者对自由主义的起源、发展、矛盾和前景进行了及时而深刻的批评评估。这本书是对民粹主义者和专制主义者的浅薄与诱人的诱惑的一种深思熟虑和宝贵的抗衡。

——巴里·布赞，伦敦政治经济学院教授

本书是一部范围广泛且精湛的自由国际主义谱系。在概述自由国际主义今天所面临的严重危机的同时，伊肯伯里为其价值提出了雄辩的维护，并为其生存开出了周密的处方。

——迈克尔·多伊尔，哥伦比亚大学教授

约翰·伊肯伯里是世界上最杰出的自由国际主义理论家。本书是几十年研究的成果，包含了同现实主义和修正主义等自由国际秩序的批评者所进行的深入和诚实的辩论。这本书再及时不过了，是一本必读书。

——安妮-玛丽·斯劳特，新美国智库首席执行官

约翰·伊肯伯里是自由主义国际秩序的主要学术倡导者之一。结合历史、国际关系和政治理论，本书博学而充满激情地重申了自由主义价值观和制度在一个受到持续攻击的世界中的作用。它将成为这一主题里程碑式的著作。

——邓肯·贝尔，剑桥大学教授

据即将上任的拜登团队的一位高级成员说，新政府对伊肯伯里的思想给予了极大的关注。

——迈克尔·赫什，《外交政策》杂志

对自由国际主义进行了深思熟虑的辩护——既作为一种政治哲学，又作为未来行动的指南。

——吉迪恩·拉赫曼，《金融时报》首席外交事务评论员

本书对自由国际主义秩序作出了最清晰的阐述。

——法里德·扎卡利亚，著名记者兼评论家

目　录

首先我要说到我们的祖先们。因为在这样的典礼上，回忆他们的作为，以表示对他们的敬意，是正确而合适的。在我们这块土地上，同一个民族的人世世代代住在这里，直到现在；因为他们的勇敢和美德，他们把这块土地作为一个自由国家传给了我们。他们无疑是值得我们歌颂的。

——伯利克里的葬礼演讲，如修昔底德所记录

来呀，朋友们，探寻更新的世界
现在尚不为时过晚。
……
尽管已达到的多，未知的也多啊，
虽然我们的力量已不比当初，
已不复昔日移天动地的雄姿，
但我们仍是我们，英雄的心，
尽管为时间消磨，被命运削弱，
但意志坚强如故，
奋斗、探索、寻求，而不屈服。

——阿尔弗雷德·丁尼生，《尤利西斯》，1833 年

我们现在和将来都生活在一个革命的世界里。这意味着，除其他外，这是一个不安分的实验性的世界。

——沃尔特·李普曼，《新共和》，1917 年 4 月

这个世界经过了高峰也经过了低谷，但总的来说，曲线是向上的；总的来说……在这几千年里，人类的生活比当时要美好得多得多。

——富兰克林·德拉诺·罗斯福，
记者招待会，1944 年 12 月 22 日

序　言

1917 年 4 月 2 日,伍德罗·威尔逊总统来到国会,呼吁对德意志帝国宣战,宣称战争的目的是"为民主创造安全的世界"(Making the World Safe for Democracy)。广泛认为,这句名言体现了自由国际主义的精髓。它通常被理解为在世界范围内传播民主的理想主义倡言。威尔逊似乎在动员一场伟大运动,以美国的形象重塑世界,把民主的福音带到地球的每个角落。这就是他的言论——自由国际主义——被传承给我们的方式。

但这份声明也可以从字面上理解,即作为对安全的希求。它并非一种理想主义呼吁,而是呼吁改革战后国际秩序,以便让西方自由民主得以生存。威尔逊在说,如果美国、西欧和其他已建立的民主国家希望保护它们的民主制度和传统,它们必须重新组织它们所生活的国际环境。这是对威尔逊意图的一种非常不同的理解。他呼吁我们直面危及民主生存的危险,而不是在遥远的海岸去推动民主。正如我在本书中所指出的,这第二种解读最好地抓住了自由国际主义的悠久传统,这种传统始于威尔逊之前的一个世纪,在他身后的一个世纪展开。这一传统的基本要素和指导动力是合作性组织和改革国际秩序,以保护和促进自由民主的安全、福利和进步——简而言之,使世界变得对民主安全。

威尔逊讲话的一个世纪后，自由民主世界的人们再次担心，他们的生活方式能否保全，甚至能否延续下去。大国——中国和俄罗斯——正在向西方自由秩序发起强有力的挑战。同样深刻的挑战来自自由民主世界本身——反动的民族主义、民粹主义式的威权主义，以及对开放和法治的攻击。今天的自由国际主义者再次被迫回到最基本的问题上。自由民主的前景如何？资本主义和自由民主如何才能调和、改革并建立一个坚实的基础？自由秩序的核心价值观——自由与平等、开放与社会团结、主权与相互依存——如何才能恢复平衡？最重要的是，在我们正在瓦解的世界秩序中，自由国际主义作为一种组织全球关系和使世界变得对民主安全的方式是否有未来？自由国际主义可以将自己的旗帜安插在什么样的地缘政治和知识思想基础上？

在努力解决这些问题时，我选择了一条长路：回顾自由国际主义来到 21 世纪所经历的漫长而不确定的曲折轨迹。这本书讲述了两个世纪以来它的兴起、传播、危机和转变。自由国际主义可以被理解为一组关于如何在世界上思考和行动的思想，它产生于启蒙运动和西方自由民主的经验。到了 20 世纪，它变成了一项政治工程。其核心是关于自由民主国家——以及更广泛的世界——应该如何合作来组织集体关系的信念。自由国际主义者认为，合作是由共同的价值观和利益驱动的，但这种合作也是对现代性本身产生的存在性危险和相互脆弱性的防御。我在这幅自由主义国际事业的画像中强调的正是这种冲动——这是对伴随着现代化和相互依存的兴起而来的危险和脆弱的一种回应。

自由国际主义本质上并不是让世界变得更美好的乌托邦计划。这是一种务实的、机会主义式的、以改革为导向的路径，旨在于一个被暴政、残暴与不宽容撕裂的世界中"建立安全的"自由民主。可以肯定的是，启蒙运动的感召力和西方社会的进步叙事潜伏在自由主义传统的核心。但自由国际主义者实际上对现代性有相当不同的看法，他们在过去两个世纪的思想和项目往往反映出一种令人惊讶的务实,甚至有几分悲观厌世的思维。进步是可能的,但并非不可避免。现代性有一个分裂的人格:现代世界不断地为人类福祉的巨大进步创造能力,同时也为巨大的灾难和文明灾难创造能力。自由国际主义者和政治现实主义者——他们伟大的智识对手——都对人性中追求权力和专制的一面持怀疑态度。这就是为什么他们认为宪法、法律约束和制度监督制衡是政治秩序的基本特征。现实主义者在历史中看到了权力和秩序的循环,而自由国际主义者则不同,他们是科学技术进步和社会转型的启蒙事业的继承者,这一工程为进步和灾难都提供了新的可能性。自由国际主义是一组关于如何建立世界秩序的思想——从自由民主开始——实现现代性的收益并防范现代性的危险。

这本书的辩驳对象是谁?现实主义为接下来的论点提供了最连贯的"他者"。但这本书并不是以"现实主义"与"自由主义"间斗争的模式展现。相反,我认为这两种传统是不同类型的知识和政治事业。一个不同之处在于他们寻求理解的核心问题。现实主义是一种关注国家如何应对无政府状态问题的思想流派,而自由国际主义在关注无政府状态的同时,关注国家如何应对现代性问题。他们观察了现代世界的不同方面,提出了不同的问题,给出了不同的解决方案。自由主义者承认现实主义者在他们的理论中所描绘的惨淡世界,即使他们自己也在争论自由民主国家在多大程度上有可能逃离这个不友好的环境。现实主义宣称解释国际政治的一贯特征,只要有无政府状态的地方,无论是古代世界还是现代世界。自由国际主义关注的是自由民主国家的崛起,以及它们为使其政体更安全、更繁荣而寻求建立的国际空间类型。自由国际主义只有在存在自由民主国家的世界里才有意义。因此,它在两个方面与现实主义不同:它是历史和具体的,而且在重要方面是规范性的。自由国际主义者不仅试图解释现有的世界,而且还试图创造一个他们希望生活的世界。我对这些努力表示同情。

本书还辩驳对自由国际主义的修正主义批评，这些批评将自由主义项目与西方强权的种族主义、帝国主义和军国主义特征联系起来。批评者指出，西方民主国家经常宣称对自由价值和普遍权利的承诺，但他们认为这些理想在很大程度上是传统现实政治政策的幌子或合法化的掩护，这些政策使种族和帝国等级制度长期存在。在这本书中，我承认自由国际主义与西方帝国、种族主义和军事干涉主义的肮脏历史有着深刻的纠缠。但我也展示了自由国际主义，尤其是在20世纪，是以何种方式帮助将对这些负面冲动的反对明确化和具体化的。没有一个自由主义国家在国际事务中完全基于自由主义原则行事。伪善是自由民主和人权的修辞中所固有的。但是，即使是一个有严重缺陷的自由国际秩序所开辟的空间，也为政治斗争创造了机会，使该秩序更接近其创始的理想。

最后，我反对将自由国际主义简化为某个特定的思想家，如伍德罗·威尔逊，或某个特定的历史时刻，如美国战后霸权时代。在我看来，自由国际主义是一套长期演变的、多样化的、有着内部争议的思想。其DNA中包含了"国际主义"的多条线索，这些线索在几个世纪以来不断结合、磨损和重组。我试图将自由国际主义从威尔逊那里去中心化，并回顾19世纪的创始思想和突破，以及展望罗斯福时代和后冷战时代。这种描述试图避免对纯粹的追求，即所谓"没有真正的苏格兰人"的谬误，通过排除不方便的想法和反例来定义一项传统。正是（自由国际主义）思想家和项目的多样性及其持续的辩论，而不是不变的教条，标示着（自由国际主义）传统。

本书主要关注的是自由国际主义者在历史上迷失方向——然后又找到方向的时刻。19世纪多种国际主义的兴起为现代自由国际主义创造了条件。第一次世界大战和威尔逊式的和平进程构成了一个重要的转折点，在这一时刻，自由国际主义作为一个政治项目得以具体化，然而，当它被转化为凡尔赛解决方案时，却暴露了其局限性和脆弱性。在20世纪30年代和第二次世界大战期间，自由国际主义再次努力收拾残局。在富兰克林·德拉诺·罗斯福及其同时代的人手中，针对一个被具有竞争性意识形态的大国竞争所分割的世界，它被重新定义。在战后的几十年里，例如自由资本主义再次陷入危机的20世纪70年代，以及今天，关于自由国际主义的未来的争论再次出现。

纵观这段历史，尽管自由主义的传统具有多样性，但它仍保留了一丝连续性。19世纪中期，英国国会议员和政治活动家理查德·科布登（Richard Cobden）是自由国际主义者的缩影。作为废除《谷物法》运动的领袖，科布登一生都在倡导自由贸易、军备控制和裁军，以及和平解决争端。一位法国同事称他为"国际人"。1919年，彼时国际主义者的领袖约翰·霍布森（John Hobson）回顾科布登，认为他是他那一代自由国际主义的先驱。20世纪中叶，前田纳西州国会议员、国务卿科德尔·赫尔（Cordell Hull）将自由贸易的旗帜带入关于1945年后世界秩序的辩论中，赢得了"田纳西的科布登"（Tennessee's Cobden）的绰号。赫尔在1945年获得诺贝尔和平奖，人们视之为对1920年授予伍德罗·威尔逊诺贝尔和平奖的着意致敬。半个世纪后，当世界贸易组织成立时，它的官修组织史回顾了赫尔1937年的那句话："我从来没有，也永远不会动摇，我相信持久的和平和各国的福利与国际贸易中最大程度的实际自由有着不可分割的联系。"这些话也像是科布登会说的。

如果我们回顾一下过去的两个世纪，1989年后的那段兴奋期，那时自由民主似乎是唯一幸存的政治理念，明显不过是一个反常的时刻。这期间的其余部分充满了危机、不确定性，以及与竞争对手的意识形态和政治事业的激烈竞争。自由国际主义者一再被迫在灾难之后重新振作起来，重新思考他们的宏大理论和秩序建设理念。自由主义的想象力一再发现自己就像T.S.艾略特在1922年所发现的那样，"只是一堆破碎的图像"。但出于道德信念和为自由民主创造条件的实际需要，它总是会东山再起。

致　　谢

这本书始于 2016 年 11 月在弗吉尼亚大学的一系列讲座,题为"历史的弯曲之箭:自由国际主义的起源、胜利和危机"。我感谢约翰·欧文(John Owen)和詹姆斯·戴维森·亨特(James Davison Hunter)以及弗吉尼亚大学的文化高等研究所接待我。我也感谢包括戴尔·科普兰(Dale Copeland)、杰克逊·李尔斯(Jackson Lears)、梅尔文·勒夫勒(Melvyn Leffler)和菲利普·泽利科夫(Philip Zelikow)在内的许多参与者的评论和建议。

无论这本书有什么缺点,如果没有许多朋友和同事的帮助,这些缺点还会更大:艾伦·亚历山德罗夫(Alan Alexandroff)、罗伯特·库珀(Robert Cooper)、迈克尔·多伊尔(Michael Doyle)、加雷斯·埃文斯(Gareth Evans)、玛莎·芬尼莫尔(Martha Finnemore)、奥菲奥·菲奥雷托斯(Orfeo Fioretos)、苏珊娜·弗莱(Suzanne Fry)、藤原归一(Kiichi Fujiwara)、船桥洋一(Yoichi Funabashi)、詹姆斯·戈德盖尔(James Goldgeier)、戴维·戈登(David Gordon)、威廉·G.格雷(William G. Gray)、约瑟夫·格里科(Joseph Grieco)、约翰·A.霍尔(John A. Hall)、猪口孝(Takashi Inoguchi)、阿什·贾恩(Ash Jain)、罗伯特·杰维斯(Robert Jervis)、罗伯特·约翰森(Robert Johansen)、布鲁斯·琼斯(Bruce Jones)、迈尔斯·卡勒

（Miles Kahler）、彼得·卡赞斯坦（Peter Katzenstein）、保罗·肯尼迪（Paul Kennedy）、乔纳森·科什纳（Jonathan Kirshner）、托马斯·科诺克（Thomas Knock）、查尔斯·库普乾（Charles Kupchan）、戴维·莱克（David Lake）、菲利普·利普西（Phillip Lipscy）、迈克尔·马斯坦杜诺（Michael Mastanduno）、汉斯·茂尔（Hanns Maull）、凯特·麦克纳马拉（Kate McNamara）、约翰·米尔斯海默（John Mearsheimer）、努诺·蒙泰罗（Nuno Monteiro）、乔纳森·蒙顿（Jonathan Monten）、丹尼尔·尼克森（Daniel Nexon）、维托里奥·帕西（Vittorio Parsi）、斯图尔特·帕特里克（Stewart Patrick）、路易·保利（Louis Pauley）、帕特里克·波特（Patrick Porter）、巴里·波森（Barry Posen）、卡罗琳·波斯特尔-维奈（Karoline Postel-Vinay）、克里斯·罗伊斯-斯密特（Chris Reus-Smit）、吉迪恩·罗斯（Gideon Rose）、谢丽尔·肖哈特-贝利（Cheryl Schonhardt-Bailey）、兰德尔·施韦勒（Randy Schweller）、托尼·史密斯（Tony Smith）、道格·斯托克斯（Doug Stokes）、杰克·沙利文（Jake Sullivan）、菅波英美（Hidemi Suganami）、特里格·斯顿维特（Trygve Throntveit）、史蒂夫·沃尔特（Steve Walt）、斯蒂芬·韦特·海姆（Stephen Wertheim）、詹姆斯·林德利·威尔逊（James Lindley Wilson）、威廉·沃尔夫（William Wohlforth）和托马斯·赖特（Thomas Wright）。这些年来，我从与普林斯顿大学的许多朋友和同事的持续对话中受益匪浅，其中包括杰里米·阿德尔曼（Jeremy Adelman）、加里·巴斯（Gary Bass）、米格尔·森特诺（Miguel Centeno）、柯庆生（Tom Christensen）、亚伦·弗里德伯格（Aaron Friedberg）、迈克尔·戈丁（Michael Gordin）、哈罗德·詹姆斯（Harold James）、罗伯特·基欧汉（Robert Keohane）、阿图尔·科利（Atul Kohli）、史蒂夫·科特金（Steve Kotkin）、海伦·米尔纳（Helen Milner）、安迪·莫劳夫奇克（Andy Moravscik）、扬-沃纳·穆勒（Jan-Werner Muller）、菲利普·佩蒂特（Philip Pettit）、克里斯·拉姆齐（Kris Ramsey）、安妮-玛丽·斯劳特（Anne-Marie Slaughter）和黛博拉·亚沙（Deborah Yashar）。在普林斯顿大学，我有幸与许多有才华的博士生一起工作并向他们

学习,包括亚当·利夫(Adam Liff)、达伦·利姆(Darren Lim)和黄韵琪(Audrye Wong)。我也要感谢托利亚·列夫申(Tolya Levshin),他是一个极好的想法与灵感来源。我特别感谢丹尼尔·德尼(Daniel Deudney),他通过多年的对话与合作,为本书的核心论点做出了贡献。

　　我还要感谢牛津大学万灵学院院长约翰·维克斯爵士(Sir John Vickers)和万灵学院的研究员们,在2018—2019年期间,我作为访问学者度过了美好的休假年,在此期间,我完成了这本书的初稿。"万灵"为我提供了一个既优雅又适合工作的学术环境,我很喜欢与其教员们的多次接触,包括了塞西尔·法布尔(Cecile Fabre)、戴维·盖尔纳(David Gellner)、塞西莉亚·海耶斯(Cecilia Heyes)、罗杰·胡德(Roger Hood)、斯塔西斯·卡利瓦斯(Stathis Kalyvas)、诺埃尔·马尔科姆(Noel Malcolm)、爱德华·莫蒂默(Edward Mortimer)、阿夫纳·奥弗尔克(Avner Offer)、凯文·奥洛克(Kevin O'Rourke)和尼古拉斯·罗杰(Nicholas Rodger)。在牛津与其他老朋友和同事的交谈也让我受益匪浅,其中包括蒂莫西·加顿·阿什(Timothy Garton Ash)、傅若诗(Rosemary Foot)、杰弗里·霍尔茨格雷夫(Jeffrey Holzgrefe)、安德鲁·赫雷尔(Andrew Hurrell)、爱德华·吉恩(Edward Keene)、伊丽莎白·吉斯(Elizabeth Kiss)、玛格丽特·麦克米伦(Margaret Macmillan)、尼尔和富萨·麦克林(Neil and Fusa McLynn)、拉纳·米特(Rana Mitter)、卡莱普索·尼科莱迪斯(Kalypso Nicolaidis)、贾斯汀·波茨(Justine Potts)、亚当·罗伯茨(Adam Roberts)和戴维·瓦因斯(David Vines)。在伦敦的查塔姆研究所(Chatham House),我享受与罗宾·尼布利特(Robin Niblett)和莱斯利·文贾穆里(Leslie Vinjamuri)交换意见。在伦敦经济学院(LSE),我与玛丽·卡尔多(Mary Kaldor)、科瑞·舍克(Kori Schake)、琳达·岳(Linda Yueh)以及其他许多人进行了令人兴奋的对话。在伦敦国王学院,我从与约翰·比尤(John Bew)、安德鲁·艾哈特(Andrew Ehrhardt)和尼克·卡德巴伊(Nick Kaderbhai)的交流中受益匪浅;在威尔士大学,我喜欢与理查德·比尔兹沃思(Richard Beardsworth)、肯·布斯(Ken Booth)和扬·鲁齐卡(Jan Ruzicka)的对话。

我非常感谢麦克·考克斯(Mick Cox)、乔治·拉尔森(George Lawson)和彼得·特鲁波维兹(Peter Trubowitz)于2019年10月在伦敦政治经济学院举办了为期一天的书稿研讨会。我从他们的评论以及其他与会者的评论中受益匪浅：邓肯·贝尔(Duncan Bell)、巴里·布赞(Barry Buzan)、杰尼达·迪尔(Janina Dill)、比蒂·杨(Beate Jahn)、艾玛·麦金农(Emma MacKinnon)、珍妮·莫利菲尔德(Jeanne Morefield)、因德吉特·帕玛(Inderjeet Parmar)和约翰·汤普森(John Thompson)。我的老朋友乔·巴恩斯(Joe Barnes)也仔细阅读了手稿,而书因此变得更好了。

我要特别感谢庆熙大学校长赵正源(Inwon Choue),他多年来一直支持我的研究。我还要感谢两个亲爱的同事,他们在这本书写作时去世了：约翰·彼得森(John Peterson),他对我的项目感兴趣,并在爱丁堡大学两次接待我,还有詹姆斯·亨特利(James Huntley),我的老战友,他真正体现了自由主义的国际主义情怀。

我在耶鲁大学出版社的编辑威廉·弗鲁赫特(William Frucht)一直是编辑和知识见解的源泉。在书稿从演讲稿到学术专著的无畏旅程中,我感谢他的耐心和幽默。卡伦·奥尔森(Karen Olson)也在手稿的准备过程中提供了有力的帮助。我还想感谢比尔·纳尔逊对本书图表的准备。也请允许我感谢两位匿名审稿人在出版过程中的周详评论。本书的研究和写作还得到了普林斯顿大学"多边主义的未来"项目的支持。林赛·伍德里克(Lindsay Woodrick)提供了令人愉快且高效的支持。

我最大的亏欠是我的家人,莉迪娅(Lidia)和杰克逊(Jackson)。他们的爱和支持一直是我赖以生存的磐石。我对他们的亏欠最多。

莎士比亚在《第十二夜》中说得最好："我没有其他回答,只能说,谢谢,谢谢,永远感谢。"

第一章　自由世界秩序的裂痕

两百年来，自由国际主义的宏伟计划一直是建立一个开放的、松散的以规则为基础、以进步思想为导向的世界秩序。当 20 世纪结束时，这种秩序似乎已触手可及。民主世界正在扩大。在各个地区、各种文明、在发达国家和发展中世界，各国都选择融入一个由多边规则和制度所组成的开放的全球秩序。对于市场资本主义和自由民主制度的优点和成就，全世界似乎已经达成了共识。这一全球转变的标志是戏剧性的时刻——柏林墙的倒塌、苏联共产主义的崩溃、冷战的和平结束。随着旧的地缘政治和意识形态分歧的瓦解，一个新的全球时代正在召唤。在 20 世纪的大部分时间里，世界为敌对的意识形态和运动——国际共产主义、社会主义革命、法西斯主义、民族主义威权和自由国际主义——之间的巨大竞争所震撼。在 20 世纪的最后十年里，这场竞争似乎已完结了。

这一全球性转变看似突然，但却有其根基。第二次世界大战结束后，美国及其伙伴建立了一种新型的国际秩序，以开放贸易、合作安全、多边主义、民主团结和美国的主导为基础。区域和全球制度被建立以促进合作，确立共同规范，并将各个社会联系在一起。西欧克服了几个世纪的分裂，启动了一体化和政治联盟的计划。西德和日本将自己重塑为"文明化"国家（"civilian" powers），成为战后自由秩序的利益相关者。在整个工业世界,战后时期是经济增长和社会进步的黄金时代。当冷战结束、苏联解体时,这种西方自由秩序向全球扩张。处于这一秩序边缘的国家进行了政治和经济改革,以融入该秩序,例如俄罗斯和中国加入了世界贸易组织。俄罗斯是衰弱的,中国还没有成为一个经济超级大国,大国竞争和意识形态竞争处于低潮,西方自由国际主义者所信仰和推崇的一切似乎都在前进。

如今,这一宏伟计划却正处于危机之中——危机最深刻地体现在对集体解决共同问题的信心丧失。令人惊讶的是,自由国际主义的退缩正来自那些曾经是战后秩序庇护者和利益相关者的国家。在赋予现代国际秩序以自由主义特征方面做得最多的两个大国——英国和美国,这两个世界上最古老和最受尊敬的民主国家,现在似乎正在从这一主导地位上退缩。英国在 2016 年 6 月公投脱欧震惊了观察人士,并对欧洲战后长期以来为建立一个"更完美的联盟"(这一点已被写入欧盟创始条约)所做努力的未来提出了令人不安的疑问。欧盟是西方自由主义秩序的无声屏障。在战后的每一个十年,都是欧洲的政治进步——它将自由民主国家结合在一起,减少旧的地缘政治和民族主义分歧的种种努力——最充分地体现了自由主义的国际愿景。但这种进步现在已经停止,而困扰欧盟的更广泛的挑战——难民潮、货币失衡、经济停滞、反动的民族主义——更加强了危机感。

在美国,唐纳德·特朗普(Donald Trump)的当选引发了对自由国际秩序未来的更多怀疑。自 1945 年以来,美国第一次由一位对自由国际主义核心思想怀有强烈敌意的总统所领导。在诸如贸易、联盟、多边主义、人权、移民、法治和民主稳固等方面,特朗普政府大肆破坏了美国领导的战后秩序。[1]在"美国优先"的名义下,美国总统放弃了应对气候变化、捍卫民主体制和对维护开放与基于规则的全球体系的多边协议的承诺。他呈现了一个美国总统系统性地破坏美国在过去 70 年中创建与主导的机构和伙伴的奇观。[2]正如欧洲理事会主席唐纳德·图斯克（Donald Tusk）所说的那样："以规则为基础的国际秩序正在受到挑战，不是由那些通常的嫌疑人，而是由其主要设计者和担保人美国。"[3]

这一政治时间点的深远危险更大，因为它发生在民族主义与民粹主义的反动在民主世界蔓延之际。建立战后秩序的中间派和自由派执政联盟已被削弱。自由民主本身似乎很脆弱，尤其是在极右民粹主义的面前。[4]有些人将这些问题归咎于2008年的全球金融危机，这场危机在早先拥护自由秩序并从中受益的成熟民主国家（advanced democracies）内扩大了经济不平等，助长了不满。与此同时，世界各地的威权国家都在积极推动关于文明、政治和现代性的灰暗叙事与非自由愿景。[5]

在所有这些方面，旧的由西方所领导的自由主义秩序在今天看起来比在20世纪30年代以来的任何时候都要更加深陷麻烦。观察家们现在不得不对自由民主的未来、自由国际主义、西方，以及现代全球秩序的发展发出根本性疑问（first-order questions）。《纽约时报》专栏作家罗斯·杜特（Ross Douthat）在2015年底写道："在（这一年）即将结束的日子里……有些东西似乎已发生了变化。这是一代人中第一次，今年的主题是自由主义秩序的脆弱性，而不是其韧性。2015年对我们的制度来说是一个让人意识到其'必死性'的时刻（a memento mori moment），这是体系出现裂隙的一年，是防火墙摇摇欲坠的一年，是一再提醒人们所有的秩序都会消失的一年。"[6]在整个西方世界，一些基本的东西似乎已经失去了：一种可能性的感觉，一种对未来可以变得更好的信心。衰落、腐朽和倒退成了旧秩序的新标签。

发生了什么？这些问题的根本来源是什么？说一个政治秩序处于危机之中，就是认为其制度和关系是不可持续的，有些东西必须要被放弃。[7]但危机有多深？它可能只是我们的经济和政治命运中的一个暂时的下滑，重新增长和新的领导层可以扭转这种局面。西方自由民主国家此前就经历过混乱与衰退。毕竟,战后西方秩序的早期几十年并不如人们所常回想的那般光辉灿烂。苏伊士危机、法国退出北约军事指挥机构、对美元的不满、民权运动和对越南战争的抗议风潮、政治暗杀,这些都是一个动荡时代的决定性标志。在欧洲,西班牙和葡萄牙都为独裁政权统治,法国和意大利有规模庞大的共产党。[8]在 20 世纪 70 年代,西方资本主义体系的根基被油价飙升、经济停滞、跨大西洋争端和美国的宪法危机所动摇。但在随后的几年里,经济增长得到恢复,大西洋两岸都出现了新的政治领导人。[9]

今天的麻烦当然更深重。许多观察家认为这场危机是美国霸权的动摇。美国曾在组织和管理自由秩序方面发挥了巨大作用,但在崛起国及不可避免的财富和权力再分配的压力下,它的能力和意愿已经减弱。如果是这样的话,问题可能是一个"转型过渡危机"。在这一过程中,战后自由秩序中的主导权、制度和交易被重新谈判,走向一些后美国秩序——仍然相对开放和基于规则,但不那么西方。这是一场可以通过重新分配整个体系的权威与角色来加以补救的治理危机。[10]

其他人则认为,自由国际主义不能与美国的霸权分开。他们认为,当世界"不那么美国"时,它也将不那么自由。如果是这样的话,当前的危机就更深了。它对自由国际主义本身的基本逻辑提出了质疑。在这种观点中,开放和松散的基于规则的秩序是过去两个世纪英美全球主导地位的产物,当这种主导地位消退时,旧秩序的自由国际特征将消失,西方自由主义的长期优势将让位于围绕其他一系列原则和制度组织起来的后自由主义秩序。[11]一些观察家认为中国将成为后西方自由主义体系的组织中心。[12]或者,也可能出现一个由大国主导的地区、集团和势力范围组成的分散体系。[13]抑或者,断裂、不和与混乱将成为世界政治的一个永久特征。

如果这还不够,这场危机可能更具有划时代意义——反映了启蒙运动原则和自由主义现代性的崩溃。一些观察家认为,自由现代性的力量——在理性主义、科学和现代化的强大"引擎"的驱动下，经济增长、社会进步和自由民主将齐头并进——正让位于一个新的后现代时代。作为现代世界体系基础的启蒙运动，被理解为人类进步和改善的一个正在展开的故事，是一个即将消逝的时代的人为产物。比如，潘卡吉·米什拉（Pankaj Mishra）就认为，在自由主义的现代性愿景及其对"自由民主庇护下的渐进进步"的预期背后，是一个贪婪的资本主义体系，它只会产生混乱、失调和愤怒。[14]

　　这些说法都认为自由主义秩序陷入了困境，但对其原因却有不同意见。要窥见自由国际主义的未来，我们必须审视它的过去，追溯它走到现在所经过的漫长道路。自由国际主义并非始于 1989 年，甚至也不是始于 1945 年。它是产生于启蒙运动和民主革命时代的思想和行动传统，它在由成功、失败、斗争和重塑构成的坎坷道路上走到了今天的世界。它在两百年的旅程中经历了一系列的危机，在这些危机中，它一再被战争、萧条和反动所颠覆和挫败。然而，它总是能找到重回世界政治中心的途径。在他的《孤寂与启蒙》（*Desolation and Enlightenment*）一书中，艾拉·卡岑涅森（Ira Katznelson）雄辩地记录了，即使面对历史上最糟糕的对自由民主的冲击——20 世纪三四十年代世界经济的崩溃、法西斯主义和极权主义的兴起、空前激烈的世界大战、大屠杀和投掷原子弹，都见证了这一点：支撑自由主义愿景的"启蒙价值观"仍然存在，并等待着战后一代人的复兴和重申。[15]

　　如果自由国际主义要继续处在 21 世纪世界秩序斗争的中心，其过去厌世和激进的一面必须被重新认识并讨论。在接下来的章节中，我将通过考察自由国际主义的许多转折点、纠葛、危机与更新，探讨其在过去两个世纪中的逻辑和不断变化的特征。我提出的问题是：什么是自由国际主义和它是如何对现代国际关系产生影响的——以及它的未来是什么？

论　　点

自由国际主义,作为一种组织世界的方式,仍然有前途。一个开放的、以规则为基础的、渐进式的国际秩序的思想与冲动深刻介入了世界政治。构建秩序的自由主义传统是随着自由民主制的兴起和传播而出现的,其思想和议程随着民主国家面对现代性的机遇和危险而形成。为自由民主创造一个国际"空间",调和主权和相互依存间的两难,在国家内部和国家之间寻求保护和维护权利,这些都是在过去两个世纪的动荡中推动自由国际主义的核心目标。在一个经济和安全相互依存度上升的世界中,它仍然是最连贯、最实用、最能被广泛接受的组织国际关系的方式。自由国际主义并没有失败,而是成为其自身成功的受害者。在冷战后从西方自由主义秩序过渡到全球化秩序的过程中,它实际上超越了自身的政治基础,并损害了其社会目标。正如他们在早前所做的那样,今天的自由主义者需要再次反思和重塑他们的工作。

在这本书中,我提出了三组论点。首先,我将自由国际主义描述为一套关于世界如何运转的思想。我研究了它对于国际关系的基本特征、秩序的来源,以及自由国际主义所要解决的问题的主张。

——自由国际主义最好被理解为一套组织自由民主世界的思想和事业。正如伍德罗·威尔逊(Woodrow Wilson)所言,"使世界对民主安全",是其存在的理由。它是一种思想与行动的传统,寻求以加强和促进自由民主的安全、福利和进步的方式组织和改革国际秩序。它寻求创造一个有序的环境,在这个环境中,自由民主国家可以为互惠互利而合作,管理它们共同的脆弱性,并保全它们的生活方式。在这个意义上,与政治现实主义——国际理论的另一个伟大传统——不同的是，自由国际主义是规范性的和历史性的，是西方民族国家、自由民主和英美霸权崛起的一个产物。它是在实践中通过现代化世界体系中的规则、制度和伙伴关系来实现的。而它更深层的野心是塑造一个政治、制度和规范环境——一个自由民主运作的国际生态系统。

——自由国际主义随着自由民主国家所遇到现代性的问题和机遇而发展，这里我指的是由科学、技术和工业革命推动的社会和国际关系的持续转变。以自由民主国家为首的现代社会在发展中变得更加复杂和相互依赖。正如自由国际主义者在 19 世纪和 20 世纪所认识和一再重新了解的那样，现代性有两张面孔。一面是人类进步：技术变革、经济增长、生活水平的提高，以及各社会共同利益和命运的不断揭示。但现代性也有另一面：经济萧条、战争、极权主义、反动报复（reactionally backlash）、暴力革命和突发脆弱性（sudden vulnerability）。自由国际主义可以被理解为对现代性的正反利弊的回应。它涉及国家间的合作，以获取现代性相互依存的好处，并防范其危险。在 1918 年、1945 年、1991 年和今天的关键转折点上，自由国际主义者被迫重新思考他们对现代性的理解，并重新制定他们的雄心和目标。

——自由国际主义是在其他强大力量和运动的影响和推动下进入 20 世纪的。民族主义、帝国主义、资本主义、强权政治和英美霸权都是自由国际主义被塑造和重塑的动态环境的组成部分。它是一个对自由民主和现代世界有着宏伟愿景的传统，却没有固定的思想体系。这既是它的弱点，也是它的长处。它的单薄与灵活的特性使它能够与其他力量和运动相联系，包括帝国、帝国主义、种族主义和大国秩序建设努力。这一特性使自由国际主义在塑造现代世界秩序方面具有突出的地位和影响力，但它也使自由国际主义与试图推动世界朝其他方向发展的力量和议程相伴随行。

其次，我把自由国际主义看作是一项政治事业：自由国际主义者在过去两个世纪中所谋划和追求的工作和议程。

——自由国际主义对19世纪和20世纪国际关系的影响是通过各种行动者——活动家、思想家、外交官、规划者和政治领袖——驾驭其时代的政治、经济、技术和大国革命的过程所实现的。在塑造自由国际主义如何进入现代世界方面,有四种持续的变革最为重要:自由民主的兴起和演变,从一个由帝国主导的世界向民族国家世界的转变,经济和安全相互依存的加强,以及英国与美国霸权的兴衰。这些大转变提供了背景——一个不断变化的地缘政治格局和现代化环境——在其中个人和团体定义并追求自由国际主义目标。

——自由国际主义在19世纪作为国际主义的一个家族出现。在西方,国际主义和民族主义作为历史的连体婴一起出现了。并非所有的国际主义都是自由主义,我们可以确定其帝国主义型和威斯特伐利亚型,以及更自由化的国际主义形式——贸易、法律、仲裁和和平运动,它们共同形成了现代自由主义国际传统。从这个角度看,威尔逊时代的自由国际主义并不是这一传统的“开端”,而是19世纪漫长上升期的顶点与巩固。通过把自由国际主义看作是几股力量的汇聚——有些是古典的和自由放任的,有些是更进步主义和社会民主的——我们可以看到它们在过去两个世纪中是如何结合、重组和分离的。例如,我们可以看到新自由主义是如何在20世纪90年代出现,并从战后早期的线索中分离出来。

——自由国际主义与进步性政治运动有着深刻的联系。当它的国际议程被界定为加强一国政府执行进步性社会经济目标能力时,其最好的时刻就到了。在这些情况下,建立国际规则、制度和伙伴关系是为了强化而不是削弱政府的能力。1945年后的布雷顿森林体系可以被这样理解:它们创造了政策工具,政府可以利用这些工具稳定和管理经济。随着现代自由民主国家的社会目的、复杂性和连通性的增加,国际秩序的“功能性”也变得越来越重要。为了实现其国内的目标,自由民主国家和其他国家发现自己需要一个有利的国际环境来配合运作。

——在 20 世纪 30 年代末和 40 年代末之间,自由国际主义思想发生了重大转变。大萧条、法西斯主义和极权主义的兴起、第二次世界大战,以及冷战时代的地缘政治和意识形态斗争重新塑造了自由主义的任务和目标。它开始接受罗斯福新政的经济保障概念和冷战的国家安全概念。从 20 世纪 30 年代和 40 年代的破坏中,自由主义者越来越多地看到,现代性同时赋予自由主义和非自由主义国家以权力,并产生了一系列更加复杂的危险和机会的组合。早期的国际主义理念中所包含的种族、宗教和文明等级制度和歧视并没有消失,但它们已失去了合法性。自由国际主义获得了一个更广泛和进步的议程,纳入了更普遍的权利和保护概念,并与西方民主世界的团结更紧密地联系在一起。一种独特的国际秩序——自由霸权(liberal hegemony)——在两极的冷战体系中出现了。

最后,我谈一谈自由国际主义的当代危机——自由国际主义在冷战结束后看似取得的胜利是如何解体的,以及如何能将其重新组合起来呢? 这里的问题是:自由国际主义可以将其努力建立在什么知识和政治基础上?

——当前危机的种子是在显著胜利的时刻种下的。针对美国主导的自由国际主义的意识形态和地缘政治巨大挑战的崩溃,似乎开启了一个新的黄金时代。西方自由主义秩序曾存在于两极冷战体系内,但现在这个内部秩序(inside order)变成了外部秩序(outside order)。世界各地的国家都在进行经济和政治转型,以便融入这个不断扩大的体系。但自由主义秩序的全球化并未真正成功,其失败破坏了这一秩序的治理基础,侵蚀了其合法性和社会目的。西方自由秩序从根本上说是一个安全共同体,但在其全球化配置过程中,它已被广泛视为一个促进资本主义交易的框架。自由国际主义的进步性民族主义基础已经受到侵蚀。

——自由主义的国际事业需要被重新构想。它必须承认自身的

9

局限性与失败,同样还有成就。它必须重构自我叙事——对其范围和吸引力的表述不那么胜利主义和普世化,而对其愿景的表达则更加务实。它必须回到自身的根基——创造一个自由民主国家可以安全存在的容器的事业。自由国际主义在支持和保护国内的自由民主方面是最成功的。它需要找到新的方法来再次做到这一点。它需要减少将自己看成一个关于世界历史进步的辉格式(Whiggish)理论,而更多地作为一个在应对现代性问题与机遇方面经历了时间考验的方法。在这样做时,自由国际主义需要特别关注随着经济增长和安全相互依赖而出现的相互脆弱和共同危险。这是自由主义比较惨淡的面向:一个存在危险和不安全的自由主义。但两个世纪以来,自由主义的这种面貌一直潜存于自由国际主义的思维和行动之中。对自由国际主义的最终辩护是,它是对 21 世纪共同危险的唯一可行的回应。

自由国际主义根源于自由民主制。在过去的两百年里,自由民主国家合作和建立秩序的努力是由共同的价值观和共同的利益驱动的。但是,还有一个更深层次的、几乎是存在性意义的动机(existential motive),导致自由民主国家找到了共同的事业:那就是从现代性本身中产生的相互脆弱性。当伍德罗·威尔逊说,"如果文明要躲过台风,就需要国际联盟"时,他可能想到了这一点。[16] 1945 年后,西方秩序的设计者在提议建立永久性多边制度来管理世界的经济和安全关系时,也可能想到了这一点。自由国际主义作为一个组织和改革国际关系的努力,在应对经济和安全相互依存度上升带来的危险和机遇方面有着独特的能力。正如本书所阐述的那样,这一主张带来了一些信心,即自由国际主义的日子还没有结束。但是,它必须提出一个更加审慎的愿景,不再痴迷于向着某个必然的自由民主远景的全球性迈进,而是更加关注建立集体性能力和制度的必要性,以保护现代社会不受自己、彼此以及现代性猛烈风暴的冲击。

什么是自由国际主义？

自由国际主义是国际关系的宏大传统之一。它是一个思想、理论、议程和取向(orientations)的家族，试图解释国家间互动的基本模式与特征。它是一个"传统"，因为它有创始思想家、经典文本，以及自现代早期以来持续在传承和更新的理论与辩论的复杂谱系。[17]它是一个其核心思想即便经历了数十年和数百年的演变却仍有争议的传统。自由国际主义伴随着影响广泛的叙述。它指出了跨越时间和空间的问题和动态。它既是一种学术传统——有着理论、假设和实证检验，也是一套政治观念和议程——一种意识形态——被现实世界中的行动者所使用。[18]它是一项政治事业：在实践者中有一种传承、血统和谱系的意识，一种对自由国际主义作为一项持续的智识和政治事业的共同信念。[19]在所有这些方面，自由国际主义是一张地图、一个罗盘和一面旗帜，学者和政治行动者都用它来说明国际关系和参与政治行动。

自由国际主义与西方自由民主一起产生于 18 世纪和 19 世纪初。[20]在欧洲和北美，绝对主义(absolutist)和君主制国家让位于带有早期宪政民主和共和制色彩的混合议会制政府。美国建国与法国大革命，以及英国正在演进中的议会制度，是自由民主时代的戏剧性起点。在整个 19 世纪，西方的自由民主政体慢慢变得越来越多，越来越强大。其结果是所谓"自由主义的勃兴"。正如丹尼尔·杜德尼(Daniel Deudney)所写的："在历史上的大部分时间里，共和国都局限于小城邦，它们并不安全，容易被征服和内部颠覆，但在过去的两个世纪里，它们通过邦联结合扩大到大陆规模，并从 20 世纪暴力化的全面冲突中胜出。"[21]自由国际主义是在西方自由民主国家的崛起过程中,伴随着它们建立,并在组织西方以及后来的全球秩序的反复努力而产生的。

因此,自由国际主义提供了一种秩序的愿景,在这种秩序中,由自由民主国家主导的主权国家在一个松散的以规则为基础的国际空间中为相互利益和保护而展开合作。这一理念的线索可以从现在追溯到18世纪。开放贸易、国际法、多边合作、集体安全、政治权利和保护,以及民主团结是自由国际主义愿景(或者更准确地说,是过去两个世纪以来出现和被重塑的多种愿景)的要素。自由国际主义不是一个固定的学说,而是一个不断发展——往往是相互冲突——的思想、学说、项目和运动的家族。[22]

通常,自由国际主义被与其理论对手政治现实主义构成反差的方式定义。[23]这两个传统提供了框定国际关系核心问题的不同方式。对现实主义者来说,国际关系的核心议题是无政府状态的问题。没有中央政府来建立秩序,国际政治的这一决定性特征是国家所处的结构性困境。各国在无政府状态下合作、竞争,并为生存而斗争。正是因为这个深刻而永恒的现实,世界政治的大戏——权力平衡、安全竞争、霸权战争、帝国对抗——从古至今无休止地发生。无政府状态以及任何国家都无法完全相信其他国家的意图,解释了国家间合作的限制和约束。[24]

现实主义者间就国际秩序的来源也存在分歧。有些人认为它是主要国家之间权力平衡的自觉或不自觉的结果,而另一些人则认为它是在霸权国家的主导下产生的。[25]在这两种情况下,国际秩序都是由国家的物质能力形塑的,后者是国际秩序的最终来源和仲裁者。国际秩序并不来自理解和协议,无论是默示的还是明示的。它是在国家间权力关系中派生的。当然,现实主义是一个丰富而松散的传统,现实主义思想家对无政府状态支配国际关系的程度也有不同意见。尽管如此,在现实主义的宏大叙事中,世界政治的那些决定性时刻——战争与和平以及秩序的兴衰——都是在无政府状态的阴影下上演的。历史是循环的，国际秩序忽隐忽现，进步转瞬即逝。[26]

虽然自由国际主义也讨论无政府状态的问题，但它更关注的是现代性的问题。现代性被广泛地理解为由科学、技术和工业化的力量在国内和国际社会中所释放出的一系列深刻的、世界性的变革。正如厄内斯特·盖尔纳（Ernest Gellner）所说，它是一股"浪潮"，推拉着社会朝着共同的现代化方向发展。[27]从 18 世纪开始，西方社会被相互关联和不断发展的事态所推动：科技进步、工业革命、资本主义社会的崛起和理性官僚国家的出现。[28]这一世界与前现代世界有几方面的区别。首先，社会发展的进程被认为是分阶段展开的。传统社会让位于持续发展、进化和进步的现代社会。诞生于这个现代社会的自由民主制也推动了现代性的发展。其次，现代性是一种全球现象，把各个社会推拉到一个单一的、日益相互联系和相互依存的世界体系中。最后，世界各地对现代性的体验并不均衡——有先锋也有后进，带来了新的等级区分和统治形式。现代性发展的不平衡性造成了西方在 19 世纪和 20 世纪对世界的统治。但是世界的运动并没有停止，每个社会都在以自己的方式进行现代化。等级制与权力的形成不是静止的。国际关系在这个开放性的、不断发展的世界历史进程中展开。现代化既赋予了国家权力，也使它们变得脆弱。[29]

以这些思想为出发点，自由国际主义者对现代性的特征和影响提出了一系列看法。在某些时代，他们认为，现代性倾向于为自由民主提供有利的条件。至少从长远来看，现代性的力量使政治发展偏向于这一方向。在过去的两个世纪中，这种观点时起时伏。欧洲人在"美好年代"＊（Belle Époque）对现代性的乐观看法，与他们的子孙们在面对第二次世界大战废墟时的看法截然不同。最持久的观点——在 20 世纪中叶被许多自由国际主义者所接受——是现代性有着双重性，它既带来了非凡的危险，也带来了巨大的机遇。得既

＊　指从 19 世纪末至一战爆发前和平繁荣的阶段。——译者注

多,失亦多。

现实主义对无政府状态的强调和自由主义对现代性问题的关注这二者间的区别并非绝对。20 世纪中期的主要现实主义者,如 E. H.卡尔(E. H. Carr)和汉斯·摩根索(Hans Morgenthau),将无政府状态和权力斗争视为国家间关系的决定性问题。但他们的论述同样充满了对现代性和工业社会如何重塑国家和权力政治特征的洞察。卡尔和摩根索都重视现代化世界所带来的变革。对摩根索来说,现代性最重要的变化是它对人性和道德的影响。对卡尔来说,它是自由放任的资本主义、议会民主和民族自决权的瓦解,以及人类日益增长的国家间暴力能力所产生的危机。[30] 同样的道理,自由国际主义者也承认无政府状态带来的危险和不安全感。20 世纪初的自由国际主义者 G.洛斯·狄金逊(G. Lowes Dickinson)创造了"无政府状态"一词,并认为第一次世界大战是由全副武装的独立国家"在国际无政府状态条件下"活动的国际结构所造成的。[31] 但对自由国际主义者来说,是现代性的深层力量塑造和重塑了国家的特征以及经济和安全的相互依赖条件。无政府状态的特点和后果并不是一成不变的。[32] 国家——尤其是自由民主国家——能够利用外交和制度来改变它们界定并追求利益的方式。

现实主义者和自由国际主义者对国际关系运作的基本条件以及国际秩序的来源的看法不同。对现实主义者来说,国际秩序是一种派生的属性(emergent property):是无政府状态和权力分配的表现。对于强调均势与制衡的现实主义者来说,秩序是一种动态平衡,是权力竞争的结果。对于关注霸权的现实主义者来说,它是由主导国家塑造的关系结构。对于均势现实主义者和霸权现实主义者来说,秩序都体现并反映了权力的现实。相比之下,自由国际主义者倾向于将秩序视为一种由组织结构和协议塑造的人为构建的结果。可以肯定的是,自由主义者在国家能在多大程度上塑造国际关系发生的环境方面存在分歧。但对自由国际主义者来说,国际秩序具有契约的特征。国际秩序是人类意图的产物，反映了国家为构建相互交往的规则和制度所做的努力。[33]协定、讨价还价和制度是自由主义治国的工具，使各国能够塑造它们合作和竞争的环境。这一理论是规范性的：虽然自由国际主义者认为，一个完全由权力统治的世界当然是可能的，但他们辩称，由规则和制度管理的国际秩序使世界变得更美好、更人道——对自由民主来说也更安全。

因此，自由民主国家的任务是参与"秩序构建"——共同创建整个国际体系的规则和制度，以实现现代性的好处并防范其危险。主权民族国家＊（sovereign nation-states）为自由国际主义议程提供了基础：建立并发展一个世界性的政府间合作体系。他们所倡导的各种国际主义只有在至少有一个由主权民族国家构成的核心的情况下才可能实现。在调和主权和相互依存的过程中，自由国际主义者寻求维护和加强他们国家的自由民主制度。他们的目标是组织国际关系，促进自由民主社会的安全和福祉。鉴于世界正在不断地现代化，自由国际主义永远不会"完工"。机会和危险总是在不断出现。自由国际主义作为持续性工程这一点，得到了其所根植的 19 世纪末改良自由主义和 20 世纪美国进步传统的加强。现代性不断提出新的挑战，因此，自由国际主义的任务是在全球范围内组织起解决问题的永久性活动。

什么是最好的自由主义国际秩序，以及它应该达到什么目的，这些都是尚未解决的问题，不同的人群对这些问题提出了广泛的答案。[34]但正如我在第二章所阐述的，在整个 19 世纪和 20 世纪，关于如何组织国际空间，出现了一套一致的想法和信念。

——国际开放性。贸易和交流是互利和稳定和平的来源。在一个自由的国际秩序中，各国在不同程度上相互开放它们的经济和社

＊　如近年的一些讨论所指出的，nation state 更妥帖的翻译应为国民国家，本书依据一般读者习惯，仍沿用"民族国家"的传统译法。——译者注

会。开放的条件可以通过非歧视和多边争端解决等原则和规范来加以管理和支持。

——多边主义和基于规则的关系。国际规则和制度指导国家处理事务的方式,它们是创造一个自由民主国家可以运作的国际空间的组成部分。将国家间关系嵌入多边规则和制度的体系中,有利于合作,并使由此产生的秩序具有一定的合法性。

——民主团结和合作安全。自由民主国家不一定以正式联盟的方式将自己联合在一起,但它们会以各种方式相互接近,以增强安全。它们共同的价值观加强了信任和团结,并提高了它们共同创造安全的能力和倾向。

——进步性的社会目的。自由国际秩序被期待使其居民和它们的社会以及国际秩序本身朝着进步的方向发展。自由国际主义者倾向于推进由改革驱动的公民福祉的进步,这是以与福利、安全和社会正义相关的权利和保护来衡量的。自由主义的国际秩序不是静止的。作为这一秩序的一部分,社会在不断发展、进步以及倒退。

有了这些特征,自由国际主义可以被看作一种国际秩序的形式,能够以各种方式表现出来。非自由主义的国际秩序——那些封闭的、不以规则为基础的秩序——可能采取各种形式,包括地缘政治集团、势力范围、重商主义区域(mercantilist zones)或帝国秩序。[35]自由的国际秩序曾成功地与其他体系共存,关于在自由民主世界内组织起的自由国际主义是否会导致并依赖于在其他地方推进帝国主义和帝国统治,存在着激烈的辩论。自由主义秩序是否有非自由主义的基础?

一个"自由"的国际秩序的概念有着两层含义。首先,国际秩序是自由的,因为其本身具有自由主义的特征——开放、法治以及互惠对等和不歧视的原则。但这种秩序的"自由"也可能是另外一个意义上的,那就是它是围绕自由民主国家之间的合作而建立的。这种合作的具体方面可能是,也可能不是"自由的"。美国主导的战后国际秩序是建立在双边和多边联盟体系之上的，而这种合作性安全本身并不具有自由属性。它是自由的，但只是在它是一个自由民主国家组成的联盟的意义上。自由国际秩序也可以建立在等级性关系基础上，这与主权平等的自由规范和基于规则的关系相背离。自由民主国家也可能在自由秩序的范围之外以明显的"非自由主义"的方式行事，干预和支配其周边的社会。在所有这些方面，自由和非自由形式的秩序之间的纠葛是不可避免的、复杂的和变动的。

最后，嵌入自由主义国际秩序的社会目的随着时间的推移而变化。在19世纪和20世纪的不少时候，自由国际主义的愿景仅限于建立一个开放的体系，保护产权，促进交易和功能性合作。在其他时代则更富雄心，试图建立一个合作性秩序，提供广泛的社会和经济权利与保护。[36]关于自由国际主义的社会目的的争论从未被认为已经解决。自由国际主义被认为是实现现代化世界中潜在的巨大经济和社会利益的工具，也被认为是应对即将到来的全球灾难的殊死的、最后的屏障。自由国际主义内部对其作为一种秩序的普遍性程度的看法有所不同。它被认为是一种政治组织形式，其范围或是欧洲、或是大西洋联盟、或是西方、或是自由世界，抑或是整个世界。

争议性叙事和大辩论

自由国际主义包含了一套有争议的思想和议程——在外部为敌对的意识形态和政治项目所争议，在内部争议则发生于自由主义传统本身。在自由国际主义者之间的争论是该传统所固有的。自由主义本身已被从多个方面进行理解与界定，基本上不可能就一个固定的核心达成确定一致的意见。两个世纪以来，它一直处在一种变动无常的（protean）、有争议的状态中。对一些人来说，它是洛克式的关于个人权利和有限政府的理念;对另一些人来说,它却是现代福利国家的理论。自由主义对欧洲人和美国人以及在 19 世纪和 20 世纪意味着不同的东西。一些人认为它是来自英美的方案,而另一些人则强调法国与德国思想家在法国大革命前后的著作(对自由主义形成的影响)。[37] 在 19 世纪早期的几十年里,欧洲与美国的思想家试图创造出政治的"自由主义原则"——法治、公民平等、宪政、新闻和宗教自由——来驾驭法国大革命所释放的革命和反动力量。在 19 世纪末,自由主义与其他宏大的意识形态(如社会主义和保守主义)展开了竞争。只有到了 20 世纪,特别是随着美国在两次世界大战后的崛起,自由主义才成为美国式的个人主义和政治权利信条。正如海伦娜·罗森布拉特(Helena Rosenblatt)所说的,这个词已经"基督教化、民主化、社会化和政治化",从而具有了多种现代含义。[38]

自由国际主义同样富于争议,其在概念上不稳定。例如,它与维多利亚时代关于贸易、文明、种族、帝国和宗教的思想,以及 20 世纪中期和后期关于全球治理和普遍人权的思想交织在一起。[39] 自由国际主义思想既为西方帝国和帝国主义辩护,也启发了对它们的反对。它既与种族和文化等级制度的意识形态有关,又同平等和法治的普遍原则有关。自由国际主义思想在贸易、民主、制度、社会和进步方面被注入了相互矛盾的理论。如前所述,它不是一个单一的存在,而是由许多不断发展的思想和行动的线索共同组成,这些线索随着自由主义思想与经验本身的发展而结合、磨合和重新组合。由于自由民主的特点以及现代性存在的问题与机会在不断变化,自由国际主义理论中几乎不存在已解决的问题。其彼此矛盾的核心价值观——自由与平等、开放与社会稳定、主权与相互依赖,引发了开放性的争论。

在自由主义传统之外,有两个思想流派对自由国际主义提出了特别具有穿透性的批评(searching critiques):政治现实主义和左翼修正主义。这两者都是历史悠久的思想和行动传统,并将它们各自的理论、叙事、方案以及内部分歧的组合带入了辩论之中。在现实主义传统中，E. H.卡尔对于凡尔赛解决方案失败的经典描述，仍然是最早的对自由国际主义最著名的批判。对于曾是巴黎和会英国代表团成员的卡尔来说，威尔逊的自由国际主义是一个建立在幻想之上的乌托邦项目。"第一次世界大战后，"卡尔写道，"自由主义传统被带入国际政治。来自英语国家的乌托邦作者们认真地认为，国际联盟的建立意味着在国际关系中消除权力，用讨论来代替陆军和海军。"[40]自由国际主义迟早会在权力政治坚硬和残酷的现实面前倒下。

在过去的一个世纪里，现实主义者给出了两条主要的批评路线。一个是卡尔式的论点，即由于世界政治的无政府现实，自由国际主义的努力将永远以失败告终。自由国际主义总是处于危机之中，制度是脆弱的，合作是靠不住的。对于现实主义者来说，国家间的竞争体系并不是自由国际主义所试图建立的政治上层建筑的稳定基础。在最好的情况下，自由主义的国际秩序可能是权力平衡或霸权主义力量的暂时性产物。在这种说法中，1945年后的西方自由主义秩序是冷战时期两极化和美国霸权的产物，随着美国实力的下降，它将会消退。[41]

现实主义的另一种批评集中在这样的论点上：自由主义作为一种意识形态和政权类型，本质上是扩张主义和自我毁灭性的。正如约翰·米尔斯海默（John Mearsheimer）所断言的那样，自由主义怀有一种深刻的普世主义冲动，想要按照自己的形象重塑世界，这导致自由主义国家——尤其是其中强大的国家——推行干预主义政策。米尔斯海默写道："自由主义的核心中交织着一种行动主义心态。所有的人都有一套不可剥夺的权利，而保护这些权利应该凌驾于其他问题之上，这种信念形成了自由主义国家进行干预的强大动力。"[42]自由主义国家——从美国开始——没有能力进行克制，它们在国外破坏了自己的自由主义原则，又无法维持一个基于权力平衡的稳定的全球秩序。[43]

对自由国际主义的修正主义批评则看到了其在社会公平正义方面的失败。自由社会和全球资本主义体系中深刻的且日益严重的不平等、腐败和不公正,使自由国际主义在政治上站不住脚,在道德上则是可疑的。[44]这种批判的根源在于,自由国际主义与帝国有着密切的关系。在开放性和全球性规则和制度的言辞之下,是西方权力主宰和帝国式秩序的更深层现实。自由国际主义的"进步"导向掩盖了这样一个事实,即它对于社会正义提供了非常温和的愿景,小心翼翼地避免干扰全球现状。塞缪尔·莫恩(Samuel Moyn)指出,自由国际主义的目标是为了确保美国霸权统治地位,这在目前意味着"在……后美国时代到来之前,弄清楚如何将其价值观烙刻进世界秩序"[45]。马克·马佐沃(Mark Mazower)认为,在 20 世纪,自由国际主义的标志性制度——国际联盟和联合国——是重建欧洲帝国并使其合法化的工具。联合国最终成为推动非殖民化运动的场所,但这"往往掩盖了一个惊人的事实,即它和国际联盟一样,都是帝国的产物,而且至少在一开始就被那些拥有殖民地的国家看作一种充足的防御性机制"[46]。在第二次世界大战后,自由国际主义的发展程度被限定在通过为一种新型的非正式帝国提供平台,服务于美国的霸权主义,也可称"自由帝国主义"。简而言之,自由国际主义为欧洲人和美国人提供了投射权力、保护其利益并使其统治地位合法化的思想和制度。

这类批评在基线上各有不同。一些批评者主张在新的组织原则基础上对世界秩序进行彻底的重新思考。威斯特伐利亚体系的规范和制度需要重新配置,以促进权力、财富和权威的全球再分配,这是一个基于平等主义原则和世界主义团结的世界秩序构想。自由国际主义者的方向是正确的——朝着正义、平等和权利的原则前进——但他们的计划实在是太温和了。[47]在这些批评者看来,自由国际主义者缺乏与信念相配的勇气。他们提出了崇高的理想,但却并不接受对全球权力和特权结构的深刻变革，而这种变革是充分实现人权和全球经济公平所必须的。其他人则看到了改革的更多希望。问题不在于自由国际主义的议程，而在于它被强大的国家、阶级利益和享有特权的精英们所腐蚀。[48] 这里的任务是重建和扩大国家内部和国家之间的政治联盟，以推动自由主义事业的发展。

尽管来自现实主义和修正主义的批评在理论上有所不同，但在政治上是一致的。对这两个学派来说，自由国际主义与他们所看到的美国对全球统治的追求有很大关系，表现为围绕着自由霸权和军事干预主义而组织起来的以美国为中心的世界。[49] 这两个学派都认为，改革必须由美国回撤或收缩广泛的安全承诺和军事行动开始。一方面，对现实主义者来说，美国的收缩将为回归到一个由权力平衡所调节的多极秩序奠定基础。另一方面，修正主义者认为美国的回撤是迈向更加注重改善美国社会状况的以国内为导向的政策，或是迈向旨在建立更具包容性和社会公正的全球秩序的新外交政策的第一步。在各种情况中，美国的霸权主义和自由国际主义都构成了阻碍。

对于现实主义者和修正主义批评者而言，自由国际主义之所以失败，是因为它建立在更深层的不稳定基础上——国家间的无政府状态、市场资本主义、霸权主义、帝国控制和帝国主义——这些都会破坏和扭曲它。在接下来的章节中，我既承认又质疑这一主张。我们面临着一个悖论。一方面，自由国际主义为现代世界的秩序和变化提供了一个非常宏大的愿景。它的思想视野是广阔的。它提出了关于现代社会和国际秩序发展逻辑的广泛主张。但另一方面，作为一项政治追求，它又是非常单薄和有限的。它不是一个自成一体的政治运动。世界永远不会只跟着自由国际主义的节奏前进。它缺乏自己的力量，是一面没有军队的旗帜。无论好坏，自由主义项目都需要合作伙伴。它需要把自己与大国、资本主义制度和霸权主义项目联系起来。这既是它的优势，也是它的弱点。

现实主义者和修正主义者都抨击了自由国际主义的失败——它

对干预和帝国的冲动,以及对社会正义的漠视。然而,最终,这种批评的问题在于它们也攻击了自己的基础。这种批评只有在一个由自决、个人权利和法治等自由主义思想定义的价值体系中才有意义。自由国际主义在欧洲帝国的全盛时期出现,与西方国家的帝国议程交织在一起。但它之所以成为 20 世纪国际秩序的主导模式,正是因为其对政府间合作的愿景提供了一个对帝国的替代方案。当我们思考为什么美国和其他自由民主国家认为致力于建设自由国际秩序是有益的时候,这一点就很清楚了。甚至马佐沃也承认了这个困惑,"当然,历史上的大多数大国都没有感到需要类似国联或联合国的东西。真正需要解释的是,为什么首先是英国人,然后是美国人,在其世界权力的巅峰时期,投入时间和政治资本来建立国际制度"[50]。然而,马佐沃并不比其他来自现实主义和修正主义的批评者更有能力解释这种不一致性。

自由国际主义有着道德主义的倾向和行动主义的冲动,但它最终是一种以改革为导向的务实性努力。现代自由主义者拥护民主政府、基于市场的经济体系和国际制度,并不是出于理想主义或是将之作为帝国的工具,而是将它们作为更能实现人类利益的安排。自由国际主义者相信,世界政治需要制度化的合作和政治上的整合,以应对经济和安全上不断增长的相互依赖。在过去的两个世纪中,自由国际主义者认为一个由规则和制度组成的全球性架构对保护自由民主和实现人类的基本利益是必要的。他们并不总是能保持最好的状态,他们的历史被殖民主义、帝国主义、奴隶制、种族主义和性别歧视所玷污。然而,自由主义者也引领了结束这些做法的努力。如果说历史的长弧向正义弯曲,那要归功于自由主义者及其盟友的积极行动和道德投入。

注　释

1. 一个生动的例子发生在新一届政府上任之初,特朗普总统与国防部长和国务卿举行的某次会议。"据两名与会者透露，詹姆斯·马蒂斯告诉总统，'战后的、基于规则的国际秩序是最伟大的一代人的最伟大礼物'。这位国防部长试图向总统回顾由贸易协定、军事协定和国际联盟组成的复杂结构，这些协定构成了胜利者在第二次世界大战后建立的全球体系，结果触发了被一个与会者形容为'抢食物大战'（food fight）和'不受控制的混战'（a free for all）的争论。特朗普在其间一再打断并大声告诉他的国务卿和国防部长，'我不同意！'"*Politico*，3 March 2018。

2. 参见 G. John Ikenberry，"The Plot against American Foreign Policy：Can the Liberal Order Survive?，"*Foreign Affairs*，Vol.96，No.3（May/June 2017），pp.2—9。

3. Donald Tusk，quoted in Michael Shear，"Trump Attends G-7 with Defiance，Proposing to Readmit Russia，"*New York Times*，8 June 2018.图斯克（已卸任——译者注）是在七国集团峰会之后发表这些评论的，七国集团峰会是七个主要工业民主国家领导人的年度聚会，于2018年6月在加拿大多伦多举行。四十多年来，七国集团峰会一直是西方自由主义秩序的固定组成部分，是美国及其最亲密的民主盟友聚会讨论经济和安全事务，并重申其历史联系和对共同价值观与利益的承诺的时刻。但2018年的峰会出现了变化。美国总统唐纳德·特朗普迟到早退，以表明他对这次活动的厌恶，攻击他的盟友的不公平贸易做法和联盟贡献不足，同时还重申他决心退出巴黎气候协定和伊朗核协议。在关于峰会公报的谈判中，特朗普的团队反对纳入他们对"基于规则的秩序"的共同承诺这一历史悠久的声明。代表团最终让步，同意了一个妥协方案，表示支持"一个"（a）"基于规则的秩序"，而不是"这一"（the）"基于规则的秩序"。然而，最后，在离开会议后，特朗普撤回了对公报的支持。

4. 参见 Ivan Krastev and Stephen Holmes，*The Light That Failed*：*A Reckoning*（New York：Pegasus Books，2020）；and Edward Luce，*The Retreat of Western Liberalism*（New York：Atlantic Monthly Press，2017）。

5. 参见 Timothy Snyder，*The Road to Unfreedom*：*Russia*，*Europe*，*America*（New York：Penguin，2018）。

6. Ross Douthat，"Cracks in the Liberal Order，"*New York Times*，Sunday Review，26 December 2015.

7. 许多观察家注意到，美国领导的自由国际秩序面临着越来越多的麻烦，他们强调各种危机困扰着美国霸权、西方政治秩序、自由主义和自由国际主义更深层次的基础，以及自由现代性本身。一些例子，参见 Gideon Rose，"The Fourth Founding：The United States and the Liberal Order，"*Foreign Affairs*，Vol.98，No.1（January/February 2019），pp.10—21；Hanns W. Maull，"The Once and Future Liberal Order，"*Survival*，Vol.61，No.2（April/May 2019），pp.7—32；Kori Schake，"The Trump Doctrine Is Winning and the World Is Losing，"*New York Times*，15 June 2018；Richard Haass，"Liberal World Order，R.I.P.，"*Project Syndicate*，21 March 2018，https：//www. project-syndicate. org/commentary/end-of-

liberal-world-order-by-richard-n--haass-2018-03?barrier = accesspaylog; Francis Fukuyama, "US against the World? Trump's America and the New World Order," *Financial Times*, 11 November 2016; Ian Buruma, "The End of the Anglo-American Order," *New York Times Magazine*, 29 November 2016; Ulrich Speck, "The Crisis of Liberal Order," *The American Interest*, 12 September 2016; Michael J. Boyle, "The Coming Illiberal Era," *Survival*, Vol.58, No.2(2016), pp.35—66; Charles A. Kupchan and Peter L. Trubowitz, "Dead Center: The Demise of Liberal Internationalism in the United States," *International Security*, Vol.32, No.2 (Fall 2007), pp.7—44; Georg Sørensen, *A Liberal World Order in Crisis: Choosing between Imposition and Restraint* (Ithaca, NY: Cornell University Press, 2011); Rebekka Friedman, Kevork Oskanian, and Ramon Pacheco Pardo, eds., *After Liberalism? The Future of Liberalism in International Relations* (New York: Palgrave Macmillan, 2013); Amitav Acharya, *The End of American World Order* (London: Polity Press, 2014); Stanley Hoffmann, "The Crisis of Liberal Internationalism," *Foreign Policy*, No.98(Spring 1995), pp.159—177; and John Gray, *False Dawn: The Delusions of Global Capitalism* (New York: New Press, 2000)。不同的观点,参见 G. John Ikenberry, Inderjeet Parmar, and Doug Stokes, eds., "Ordering the World? Liberal Internationalism in Theory and Practice," special issue, *International Affairs*, Vol.94, No 1(January 2018)。

8. 参见 Miles Kahler, "Who Is Liberal Now? Rising Powers and Global Norms," in Amitav Acharya, ed., *Why Govern: Rethinking Demand, Purpose, and Progress in Global Governance* (Cambridge: Cambridge University Press, 2016), pp.55—73。

9. 对 20 世纪 70 年代中期西方关于自由民主未来的辩论的研究,见 Jan-Werner Müller, *Contesting Democracy: Political Thought in Twentieth-Century Europe* (New Haven, CT: Yale University Press, 2011), chap.6; and Niall Ferguson, Charles S. Maier, Erez Manela, and Daniel J. Sargent, eds., *The Shock of the Global: The 1970s in Perspective* (Cambridge, MA: Harvard University Press, 2010)。三边委员会(The Trilateral Commission)发布了大概是最为有名的关于 20 世纪 70 年代自由民主国家问题的报告。见 Michel Crozier, Samuel P. Huntington, and Joji Watanuki, *The Crisis of Democracy: On the Governability of Democracies* (New York: New York University Press, 1975)。

10. 有关西方自由国际秩序的权威危机,参见 G. John Ikenberry, *Liberal Leviathan: The Origins, Transformation, and Crisis of the American World Order* (Princeton, NJ: Princeton University Press, 2011)。

11. 参见 Robert Kagan, *The Jungle Grows Back: America and Our Imperiled World* (New York: Alfred A. Knopf, 2018)。

12. 参见 Martin Jacques，*When China Rules the World*：*The End of the Western World and the Birth of a New Global Order*（New York：Penguin，2009）。

13. 参见 Charles A. Kupchan，*No One's World*：*The West*，*The Rising Rest*，*and the Coming Global Turn*（Oxford：Oxford University Press，2012）。

14. Pankaj Mishra，*Age of Anger*：*A History of the Present*（New York：Farrar，Straus and Giroux，2017），p.25.类似的观点，参见 Patrick J. Deneen，*Why Liberalism Failed*（New Haven，CT：Yale University Press，2018）. Yuval Noah Harari argues that the liberal millennium is giving way to a posthumanist future, driven by artificial intelligence and technologies that reengineer human minds. Harari，*Homo Deus*：*A Brief History of Tomorrow*（New York：Random House，2016）。批评意见，参见 Adam Gopnik，"The Illiberal Imagination：Are Liberals on the Wrong Side of History?，" *New Yorker*，20 March 2017，pp.88—93；and Michael Ignatieff，"Which Way Are We Going?，" *New York Review of Books*，Vol.64，No.6（6 April 2017），pp.4—6。

15. Ira Katznelson，*Desolation and Enlightenment*：*Political Knowledge after Total War*，*Totalitarianism*，*and the Holocaust*（New York：Columbia University Press，2003）.

16. 摘引自 Lloyd Gardner，*The Anglo-American Response to Revolution*，*1913—1923*（Oxford：Oxford University Press，1984），p.1。

17. 正如埃里克·霍布斯鲍姆（Eric Hobsbawm）所说，传统是由社会行动者构建或发明的，他们试图将自己当前的环境与过去的思想和事件联系起来，从而创造出传承和延续，赋予他们追求的意义和方向。参见 Hobsbawm，"Introduction：Inventing Traditions，" in Hobsbawn and Terence Ranger，eds.，*The Invention of Tradition*（Cambridge：Cambridge University Press，1983），pp.1—14。

18. 意识形态可以被认为是转化为社会力量或政治行动议程的思想；将行动者的利益与信仰和理想融合在一起的纲领性世界观。参见 George Lichtheim，"The Concept of Ideology，" *History and Theory*，Vol.4（1964），pp.164—195。

19. 自由国际主义的政治追求是建立在思想家、思想、活动家、领导人、运动、突破、成功和失败的故事之上的。从这个意义上说，自由国际主义可以被描述为乔治·埃格尔顿所说的"政治神话"，也就是说，"对事件、社会状况和人类行为的戏剧性的说教式叙述或投射，对一个社会群体或阶级具有强烈意义的历史和命运的富有想象力的呈现"。George W. Egerton，"Collective Security as Political Myth：Liberal Internationalism and the League of Nations in Politics and History，" *International History Review*，Vol.4（1983），p.498.

20. 自由国际主义一词开始出现在 20 世纪 30 年代和 40 年代的学术著作中，并在 20 世纪 70 年代及之后被广泛使用。Tim Dunne and Matt MacDonald，"The Politics of Liberal Internationalism，" *International Politics*，Vol.50，No.1（January

2013），pp.1—17；and Beate Jahn，*Liberal Internationalism：Theory，History，Practice*（New York：Palgrave，2013）.诺曼·安吉尔（Norman Angell）在 1918 年一本关于西方战后合作的书中引入了"民主国际主义"的概念，为"民主国际主义"一词的出现做了铺垫。见 Angell，*The Political Conditions of Allied Success：A Plea for a Protective Union of the Democracies*（New York：G. P. Putnam's Sons，1918）。自由国际秩序这个词是最近才开始使用的。这个词在学术上的首次使用出现在 1999 年我与丹尼尔·德尼（Daniel Deudney）合著的一篇文章中。见 Deudney and G. John Ikenberry，"The Nature and Sources of Liberal International Order," *Review of International Studies*，Vol.25，No.2（April 1999），pp.179—196。美国远东问题专家桂克礼（Harold Quigley）在 1943 年写作时使用了这个概念，提出了一个针对（期待中的）打败日本后远东战后秩序的战略。见 Quigley，"The Far East and the Future," *Virginia Quarterly Review*，Vol.19，No.1（Winter 1943）。我感谢迈克尔·多伊尔（Michael Doyle）的推荐。这个词直到 2012 年才出现在《纽约时报》上。见 Thomas Wright，"The Return of Great-Power Rivalry Was Inevitable," *Atlantic Monthly*，12 September 2018，https://www.theatlantic.com/international/archive/2018/09/liberal-international-order-free-world-trump-authoritarianism/569881/。
自由主义国际秩序——或者仅仅是自由主义秩序——现在经常被用作美国主导的国际秩序的简称，该秩序通常由美国和其他国家在第二次世界大战后创建和维护的联盟、机构和规则来定义。在这本书中，我使用了更一般的含义，作为一种国际秩序的一般类型，美国领导的自由主义霸权秩序只是其中的一个具体表现。

21. Daniel Deudney，*Bounding Power：Republican Security Theory from the Polis to the Global Village*（Princeton，NJ：Princeton University Press，2007），p.2.

22. 对自由国际主义的各种历史和主题方面的讨论，见 Hans Kundnani，"What Is the Liberal International Order?," *Policy Essay*，No.17（Washington，DC：The German Marshall Fund，2017）；Casper Sylvest，*British Liberal Internationalism，1880—1930*（Manchester：Manchester University Press，2009）；Sondra R. Herman，*Eleven against War：Studies in American Internationalist Thought，1898—1921*（Stanford，CA：Stanford University Press，1969）；Michael W. Doyle，*Liberal Peace：Selected Essays*（New York：Routledge，2012）；Michael Howard，*War and the Liberal Conscience*（London：Temple Smith，1978）；Tony Smith，*Americas Mission：The United States and the Worldwide Struggle for Democracy*（Princeton，NJ：Princeton University Press，1994）；Tony Smith，*Why Wilson Matters：The Origins of American Liberal Internationalism and Its Crisis Today*（Princeton，NJ：Princeton University Press，2017）；Michael Mandelbaum，*The Ideas that Conquered the World：Peace，Democracy，and Free Markets in the Twenty-First Century*（New York：Public Affairs，2004）；Timothy Garton Ash，*Free World：America，Europe，and the Surprising Future of the West*（New York：Random

House，2004）；Elizabeth Borgwardt，*A New Deal for the World：America's Vision for Human Rights*（Cambridge，MA：Harvard University Press，2005）；Stewart Patrick，*The Best Laid Plans：The Origins of American Multilateralism and the Dawn of the Cold War*（New York：Rowman and Little-field，2008）；Frank Ninkovich，*Modernity and Power：A History of the Domino in the Twentieth Century*（Chicago：University of Chicago Press，1994）；Tim Dunne and Trine Flockhart，eds.，*Liberal World Orders*（Oxford：Oxford University Press，2013）；and Ikenberry，*Liberal Leviathan*。关于自由主义在更广泛的经典国际关系理论中的影响的描述，见 Michael Doyle，*Ways of War and Peace：Realism，Liberalism，and Socialism*（New York：Norton，1997）。

23. 感谢爱德华·基恩帮助澄清这一点。

24. 关于以无政府状态问题为定义的现实主义的经典陈述，参见 Kenneth Waltz，*Theory of International Politics*（New York：Random House，1979）。

25. 对这两种现实主义的主要现代陈述分别是 Waltz，*Theory of International Politics*；and Robert Gilpin，*War and Change in World Politics*（New York：Cambridge University Press，1981）。要了解现实主义理论的这两个分支及其在 20 世纪 80 年代分道扬镳的学术轨迹，见 William Wohlforth，"Gilpinian Realism and International Relations，" *International Relations*，Vol.25，No.4(2011)，pp.499—511。

26. 有关国际关系理论中循环性和发展性逻辑的讨论，见 Robert Jervis，"The Future of World Politics：Will It Resemble the Past?，" *International Security*，Vol.16，No.3(Winter 1991/1992)，pp.39—73。

27. Ernest Gellner，*Nations and Nationalism*（Ithaca，NY：Cornell University Press，1983），p.112.

28. 对现代社会与国际关系兴起的重要历史记录，参见 Barry Buzan and George Lawson，*The Global Transformation：History，Modernity and the Making of International Relations*（Cambridge：Cambridge University Press，2015）；C. A. Bayly，*The Birth of the Modern World，1780—1914*（Oxford：Blackwell，2004）；and Jürgen Osterhammel，*The Transformation of the World：A Global History of the Nineteenth Century*，trans. Patrick Camiller（Princeton，NJ：Princeton University Press，2014）。

29. 对于现代化工业社会的逻辑和动态，以及它们对国际关系的影响，参见 Daniel Deudney，"Liberal Historical Materialism，" in Deudney，*Bounding Power*，chap.7。

30. 参见 Hans J. Morgenthau，*Politics among Nations：The Struggle for Power and Peace*，5th ed.(New York：Alfred A. Knopf，1973)；E. H. Carr，*The Conditions of Peace*（London：Macmillan，1942）；and Carr，*Nationalism and After*（London：Macmillan，1945）。

31. G. Lowes Dickinson，*The International Anarchy*，*1904—1914*（New York：The Century Co.，1926），p.47. 感谢麦克·考克思。

32. 正如斯坦利·霍夫曼（Stanley Hoffmann）所说："有力量能够确保最低限度的秩序。"它们源于共同的社交性（洛克的观点）或共同的利益（休谟的观点）；它们可以导致共同规范。Hoffmann，*Primacy or World Order：American Foreign Policy since the Cold War*（New York：McGraw-Hill，1978），p.108.

33. 这些不同的关于派生性和合约性的秩序概念，一直是现实主义者和自由国际主义者关于无政府状态和制度在促进国家间合作方面作用的辩论的核心。参见Waltz，*Theory of International Politics*；and Robert O. Keohane，*After Hegemony：Cooperation and Discord in the World Political Economy*（Princeton，NJ：Princeton University Press，1984）。辩论在这一文献中有所展现：David Baldwin，ed.，*Neorealism and Neoliberalism：The Contemporary Debate*（New York：Columbia University Press，1993）。

34. 见 Ikenberry，*Liberal Leviathan*，chap.2。

35. 见约翰·鲁杰对国际秩序的不同"制度形式"的讨论。Ruggie，*Multilateralism Matters：The Theory and Praxis of an Institutional Form*（New York：Columbia University Press，1993）. 对国际秩序类型的考察，参见 Stephen A. Kocs，*International Order：A Political History*（Boulder，CO：Lynne Rienner，2019）；Matthew D. Stephen and Michael Zurn，eds.，*Contested World Orders：Rising Powers，Non-Governmental Organizations，and the Politics of Authority beyond the Nation-State*（Oxford：Oxford University Press，2019），chap.1；and Ikenberry，*Liberal Leviathan*，chap.2。

36. 以赛亚·伯林（Isaiah Berlin）在他对自由的消极和积极概念的区分中抓住了这一点。消极自由是指保护生命和财产不受他人侵犯。它的实现包括抵制他人对自己自由的侵犯和强加。积极的自由涉及一个人尚未拥有的生活品质的实现，这需要与他人积极合作来实现这些品质。参见 Isaiah Berlin，"Two Concepts of Liberty，" in Berlin，*Four Essays on Liberty*（Oxford：Oxford University Press，1969），pp.118—172。

37. 参见 Helena Rosenblatt，*The Lost History of Liberalism：From Ancient Rome to the Twenty-First Century*（Princeton，NJ：Princeton University Press，2018）。讨论现代自由主义的思想渊源与基础，强调其社会和道德首要原则的精辟阐述，见 Adam Gopnik，"The Rhinoceros Manifesto：What Is Liberalism?，" in Gopnik，*A Thousand Small Sanities：The Moral Adventure of Liberalism*（New York：Basic Books，2019），pp.23—82。有关自由主义历史的近期作品，参见 Edward Fawcett，*Liberalism：The Life of an Idea*（Princeton，NJ：Princeton University Press，2014）；and James Traub，*What Was Liberalism? The Past，Present，and Promise of a Noble Idea*（New York：Basic Books，2019）。

38. Rosenblatt，*The Lost History of Liberalism*，p.40.

39. 参见 Sylvest，*British Liberal Internationalism*，1880—1930。

40. E. H. Carr，*The Twenty-Years Crisis*，*1919—1939*：*An Introduction to the Study of International Relations*（London：Macmillan，1951），p.103. 自由主义对卡尔的批评，参见 Robert O. Keohane，"Twenty Years of Institutional Liberalism，" *International Relations*，Vol.26，No.2（June 2012），pp.125—138。

41. 参见 Graham Allison，"The Myth of the Liberal Order：From Historical Accident to Conventional Wisdom，" *Foreign Affairs*，Vol.97，No.4（July/August 2018），pp.124—133；and Patrick Porter，"A World Imagined：Nostalgia and Liberal Order，" *Policy Analysis*，no. 843（Washington，DC：CATO Institute，2018）。一个批评，见 Rebecca Friedman Lissner and Mira Rapp-Hooper，"The Liberal Order Is More than a Myth：But It Must Adapt to the New Balance of Power，" *Foreign Affairs*，31 July 2018，https://www. foreignaffairs. com/articles/world/2018-07-31/liberal-order-more-myth。

42. John Mearsheimer，*The Great Delusion*：*Liberal Dreams and International Real*（New Haven，CT：Yale University Press，2018），p.219.

43. 其他从这一角度对自由主义和自由霸权的批评，参见 Stephen M. Walt，*The Hell of Good Intentions*：*America's Foreign Policy Elite and the Decline of U.S. Primacy*（New York：Farrar，Straus and Giroux，2018）；Barry Posen，*Restraint*：*A New Foundation for U. S. Grand Strategy*（Ithaca，NY：Cornell University Press，2015）；Patrick Porter，*The False Promise of Liberal Order*：*Nostalgia*，*Delusion*，*and the Rise of Trump*（Cambridge：Polity Press，2020）；and Michael Desch，"America's Liberal Illiberalism：The Ideological Origins of Overreaction in U.S. Foreign Policy，" *International Security*，Vol.32，No.3（Winter 2007/8），pp.7—43。

44. 从这些方面对自由国际主义的批评，参见 Samuel Moyn，"Beyond Liberal Internationalism，" *Dissent*，Winter 2017，pp.108—114；and Perry Anderson，*The H-Word*：*The Peripeteia of Hegemony*（London：Verso，2017）。

45. Samuel Moyn，"Soft Sells：On Liberal Internationalism，" *The Nation*，3 October 2011，p.43.

46. Mark Mazower，*No Enchanted Palace*：*The End of Empire and the Ideological Origins of the United Nations*（Princeton，NJ：Princeton University Press，2009），p.17. 另见 Jeanne Morefield，*Covenants without Swords*：*Idealist Liberalism and the Spirit of Empire*（Princeton，NJ：Princeton University Press，2005）。

47. Samuel Moyn，*Not Enough*：*Human Rights in an Unequal World*（Cambridge，MA：Harvard University Press，2018）. 另见 Richard A. Falk，*Achieving Human Rights*（New York：Routledge，2009），and Falk，*Human Rights Horizons*

（New York：Routledge，2000）。几十年来，福尔克一直是关于世界秩序的规范性辩论和社会正义、可持续发展和核裁军斗争中的主要声音。参见 Falk，*A Study of Future Worlds*（New York：Free Press，1975）。

48. 对于自由国际主义在经济和政治方面失败的有思想性的反思，参见 Jeff Colgen and Robert Keohane，"The Liberal Order Is Rigged：Fix It Now or Watch It Wither，"*Foreign Affairs*，Vol.96，No.3（May/June 2017），pp.36—44；Eric Posner，"Liberal Internationalism and the Populist Backlash，"University of Chicago working paper no. 606（11 January 2017）；and Stephan Haggard，"Liberal Pessimism：International Relations Theory and the Emerging Powers，"*Asia & Pacific Policy Studies*，Vol.1，No.1（January 2014），pp.1—17。

49. 例如，可比较 Andrew J. Bacevich，*American Empire：The Realities and Consequences*（Cambridge，MA：Harvard University Press，2002）；and Perry Anderson，*American Foreign Policy and Its Thinkers*（London：Verso，2015）。

50. Mark Mazower，*Governing the World：The History of an Idea*（London：Penguin，2012），p.xv.

第二章　自由民主与国际关系

自由国际主义不断被自由主义的发展所塑造并重塑。在 18 世纪末，美国和法国的革命标志着基于人民主权和代议制政府的政体戏剧性地但又不平稳地出现了。1835 年，阿历克西·德·托克维尔（Alexis de Tocqueville）写道："一场巨大的民主革命正在我们中展开。"世界上大部分地区都是由君主、独裁者和帝国统治的，但在接下来的两个世纪里，自由民主国家穿越战争和动乱的时代，从一个弱小和脆弱的地位走向了全球优势。在帝国的崩溃和自决运动的推动下，自由民主的传播一波接着一波。处于领先的自由民主国家——19 世纪的英国和 20 世纪的美国——通过促进与其他自由民主国家的密切关系，确立了它们的领导地位并建立起秩序。自由民主世界在 20 世纪 30 年代和第二次世界大战期间经历了最危险的时刻，导致小阿瑟·施莱辛格（Arthur Schlesinger Jr.）多年后指出："民主在 20 世纪是勉强侥幸生存下来的。"[1]然而，到 20 世纪末，民主国家——老的和新的，西方的和非西方的，先进的和发展中的——发现自己处在了全球体系的中心。这种自由主义的崛起是我们时代最重要的变革之一。

关于现代世界政治的大辩论围绕着对这种自由主义崛起的原因、特点和影响的质疑。为什么西方自由民主国家能在两个世纪间的大国战争、经济动荡,以及与敌对类型国家的斗争中出现并发展壮大? 自由民主国家在国际秩序的大斗争中试图实现什么目标? 在自由主义崛起的漫长历程中,有哪些思想起了作用? 回顾这几个世纪,它们对世界秩序的影响是什么? 无论是好是坏,自由民主国家都带来了些什么?

随着自由主义国家发展并变得强大,它们为自己设定了希望建立的秩序目标:它将为政府管理主权和相互依存创造工具和能力,促进国家间的合作以实现共同利益,并为各自社会确保政治权利和社会保护。一路走来,自由国际主义的思想和议程与其他宏大的力量与运动——民族主义、帝国、资本主义、大国政治和英美霸权——联系并结合在一起。自由国际主义也因其与法西斯主义和极权主义的交锋、因为冷战和核革命而被塑造并重塑。以英国和美国为首的强大的自由主义国家把它推向了世界,它们不仅是"自由"的霸权主导国,也是大国、资本主义国家和西方社会的代表。英国还曾运营世界上最大的帝国。自由国际主义与这些众多的革命、变革和身份认同深深纠缠在一起。

本章探讨自由国际主义的核心思想、实践和政治基础。我首先确定了它的思想起点,它植根于现代性的发现和自由主义的启蒙思想,而这影响了自由国际主义两个世纪的思想和实践。这些渊源反映在自由国际主义的前提假定和信念中:自由国际主义者思考国际合作的可能性的方式;他们坚信通过追求开明的自我利益可以改善民众和社会的政治条件;他们相信可以设计出一些制度和政治秩序来保护和推进自由民主的生活方式。最重要的是,这些渊源决定了自由主义者将国际关系的基本方向设定为应对现代性问题。自由国际主义者对现代性的原因和后果的各个方面并非都看法一致——有乐观主义者,也有悲观主义者,而且观点在各个世纪间都有所变化。但是一般而言,他们都同意,现代性的引擎——科学、技术、工业和相关力量——塑造并重塑了社会,制造了危险和机遇。自由国际主义是自由民主国家对这种世界性与历史性（world-historical）困境的持续回应。

其次，我确定了自由国际秩序的核心理念：贸易和开放；多边规则和制度；自由民主国家间的团结；合作性安全；以及进步性变革。从这些取向中，我们可以看到自由民主国家在国际秩序中寻求塑造和行动的独特方式。权利、保护、规则和开放是自由主义在国际关系中具有独特取向的关键因素。现代社会之间的相互依存是一个不可避免的、不断发展的现实，如果要管理它，就需要合作。规则和制度为自由民主国家的秩序提供了保护。自由民主国家之间的政治团结反映了它们共同的价值观、利益与脆弱性。从这些起点出发，自由主义的国际秩序以各种方式表现出来。自由国际主义代表了一个思想和行动的家族，这个家族以知识和政治上的不一致、两难和辩论为特征。事实上，自由国际主义的"工作"在某种程度上是对其自身目的和手段的持续辩论。

最后，我确定了现代社会中塑造并重塑自由主义国际理念和实践的四种关键性力量和运动：自由民主的兴起和传播，从帝国的世界转向民族国家的世界，经济和安全相互依赖的扩散，以及英国和美国霸权的兴衰。这些运动中的每一个都带来了危险、困境和机遇，塑造了自由主义国际主义的逻辑和特征。

现代性与自由国际主义的起源

18 世纪末和 19 世纪初，西方出现了一种看待世界的新方式。工业革命和随之而来的社会变革正在颠覆旧的经济、权威和统治体系。关于世界的新假设和理解从启蒙话语和科学的兴起中出现。一种被称为现代社会的东西正在形成，并以新的社会结构取代了封建和古代社会结构。这个时代的思想家——孟德斯鸠、斯密、孔多塞、休谟、康德和其他人都相信,这些变革有一个可以被发现并理解的发展逻辑。随着启蒙运动的开展,现代性的"发现"(discovery)也随之而来。

自由国际主义植根于这种启蒙运动的现代性理解。世界是在运动中的。它正在经历一场全球性的现代化运动,人类可以理解并加以引导。"主宰世界的不是气运(Fortune),"孟德斯鸠在 1734 年写道,"而是有一般的原因,道德的或物理的……所有发生的事情都取决于这些原因。"[2] 现代化是由工业、商业、科学、技术以及不断发展的社会和政治体制所推动的。这是一个双重的运动:向外走向更高层次的相互依存,向上则沿着共同的现代化道路。各个社会越来越成为全球秩序的一部分,它们的发展和进步受到深层变革力量的推动,而且它们都在朝着一个共同的未来前进。1830 年,英国诗人丁尼生(Tennyson)坐上了从利物浦到曼彻斯特的第一列火车,他认为火车的车轮是在凹槽中运行的,他写道:"让这伟大的世界在变革的轰鸣凹槽中永远旋转吧。"

现代性思想的核心是把世界看成一个单一的、不断演进的系统。现代社会可能在一些地方先于其他地方出现,可能有先锋和落伍者,但现代性的结构和配置有一个普遍的逻辑。无论是在上层还是在下层,所有社会都在与现代性的问题作斗争。正如比约恩·韦特罗克(Bjorn Wittrock)所说:"我们可以把现代性看作一个出现特定的结构性原则来定义一个共同的全球状况的时代。"[3] 19 世纪接受了这种关于世界的宏大叙事。安东尼·吉登斯(Anthony Giddens)认为,要将世界视为一个现代化的整体,需要创造一个"总体性的'故事线',通过这个'故事线',我们被置于历史中,成为具有明确的过去和可预知的未来的存在"[4]。这种对世界开始于一个伟大的现代化运动的理解成为自由派民族主义愿景的一个组成部分。

在康德、斯密、边沁和其他许多人的作品中都可以看到这种观念的兴起。在 1784 年所写的一篇文章中,康德试图定义启蒙运动。

"如果有人问，我们今天生活在一个开明（enlightened）的时代吗？答案是：不。"但是，他接着说："我们生活在一个启蒙时代（enlightenment）。"他似乎在说，启蒙是一种思维框架——一种人类的能力和持续的努力——而不是一种已实现的状态。他认为自己生活在一个人类已获得了重塑世界的思想与手段的时代。康德期待着一个世界主义的全球时代，在这个时代，各国将放弃一些自由，用公法将彼此捆绑在一起，并建立一个最终将涵盖全世界的和平的国际秩序。国家间的法治是其中的基本要素。康德认为欧洲历史是"宪政改革的常规进程"，从古希腊人开始并"最终可能会给所有其他国家带来法治"。他写道，国家间向着基于规则的关系的进展，"只是在其最广泛的轮廓上可以看出，所有成员国对它的感觉都在加强"。然而，他认为："当我们考虑到世界是系统构成的这个一般前提，并考虑到已经观察到的少量情况时，我们可以说，这些迹象已足够使我们断定这样一场革命是真实的。"[5]

　　亚当·斯密提出了一个广泛的政治经济愿景，即由贸易、专业分工和相互依存的扩张性资本主义逻辑所驱动的现代化世界秩序。对斯密来说，把世界看成一个单一的系统是很容易的，它的规律和逻辑在推拉着国家和人民朝向不断进步和扩大中的政治共同体。在《国富论》中，他通过确定社会历史演变的阶段，对人类的经济进步作了说明。[6]在斯密的贸易和商业社会理论背后，是对人类作为社会性和道德性的生物存在的更普遍的理解。对自我利益的追求与其说是受贪婪的驱使，不如说是受"道德情操"的驱使，这种情感将个人聚集在一起进行讨价还价、相互交换和建立社群。[7]杰里米·边沁（Jeremy Bentham）与斯密一样对自由贸易抱有热情，并对一个正常运转的全球秩序提出了更为详尽的政治概念。在他看来，世界上最先进的国家已经构成了"一个社会"或"国际大家庭"。他在1776年写的《政府片论》的开头几句话中捕捉到了这种对现代化世界的设想。"我们的时代是一个繁忙的时代，在这个时代，知识正在迅速地朝向完美的方面发展。尤其是在自然界方面,好像每件事情都与发现和改进联系。地球上最遥远和最隐秘的地区都被踏足和探索……纵使其他的证据都不存在,光这些也足以证明这一令人愉快的真理。"[8]开明的国家和开明的自利是这些思想家的基本假设。他们不认为世界会走向某种"世界政府",而是走向一个更加复杂和分散的系统——由法治支撑的国家所构成的社会。[9]在这种思想组合中,出现了现代国际秩序的概念。

这些早期的国际主义者都有一个深刻的信念,那就是人类能够理智而开明地追求自己的利益,现代社会可以建立各种制度,以各种方式授权、鼓励、约束和引导人类活动。[10]这并不是说人类作为一个物种在本质上变得更加道德、开明或乐于合作的。而是他们有能力更好地理解他们的环境,并将自己置于制度环境中,使行动偏向于理想的方向。正如约翰·罗伯逊(John Robertson)所认为的,这种自由主义的现代主义情感植根于"对理解进而推进人类在世界上更好存在的原因和条件的投入"[11]。因此,现代性既被视为一种深层的结构性力量,也是人类能动性和目的性行动的产物。"人们自己创造自己的历史,"卡尔·马克思写道,"但是他们并不是随心所欲地创造。"在自由主义启蒙思想家那里,这一观察转化为了务实的信念,即在现代性中,社会面临着深刻和破坏性的变革力量,但他们有能力塑造并推进他们的集体福祉。他们认为,现代社会将在一种体现自由主义理想的有限政府、宗教宽容、言论和商业自由以及法治的发展中前进——也许是缓慢并且断断续续的。[12]

一些启蒙思想家将他们的愿景嵌入第一原则(first principles)中——上帝、自然或理性。洛克的自由主义是以自然法为基础的。康德的道德义务概念是以人类尊严的理性要求为基础的。一些启蒙运动的思想家曾作出了宏伟的预测,历史正不可阻挡地朝着进步的方向发展。他们都相信有一种叫作进步的东西,它植根于理性和人性的发展力量。但自由主义现代派的想象力也有务实的一面。在斯密、孟德斯鸠、休谟和伏尔泰等人的思想中，可以看到丹尼斯·拉斯穆森（Dennis Rasmussen）所说的"实用主义启蒙运动"。这些思想家并没有把他们的世界观建立在抽象的普遍主义思想或理性和理性主义的自发运作（blind workings）上。他们认为自由主义的现代性是一种更加温和与谨慎的进展，他们强调情境、改革和人类理解力的局限性。[13] 彼得·盖伊（Peter Gay）在他对 18 世纪启蒙思想家——哲学家——的描述中指出，他们并不是简单地将一种抽象的愿景或历史哲学投射到世界上。相反，他们从"一般性事物"中获取他们的想法。正如盖伊所言："他们并不急于在周围的世界中寻找政治经济、法律制度和人类动机的规律。"[14] 他们认为现代性是一场宏大的戏剧，但它体现在人们与现代社会的实际问题相斗争的付出和收获中。进步并非不可避免地来自理性、自然或道德义务的普遍运作。它出现于将理性和知识带入人类制度的有组织的、务实的建设和改革努力中。

这些启蒙思想家的国际主义思想反映了他们为解决现代性的全球性规模所做的努力。国际关系是在这个不断发展的世界性发展进程中运行的。人类社会和制度的能力和特征随着世界的发展阶段而不断变化。现代性的动态变化是全球性的现象，因而整个世界具有"系统性"的特征。尽管世界各地的人类生存状况存在着巨大的差异，但各个社会是相互联系的，并且作为一个全球性系统在不断地变化。自由现代主义思想家对这一世界性进程的方向确定性甚至是可定义性有不同意见。有些人，如 20 世纪 50 年代的西方现代化理论家以及冷战后持有"历史终结论"的自由主义者，他们认为所有国家都在走向更具代表性和基于规则的社会。另一些人并不认为现代性将把各国推向某个单一的方向，相反还谈论不同的路径和"多重现代性"[15]。然而，他们也同意，现代化是一个持续的过程，在全球范围内，它产生了一系列的机会和危险。在这个现代化的世界里，通过合作追求开明的利益，可以改善人类的状况。

自由国际秩序的要素

自由国际主义在这种现代主义（modernist）的思想背景下形成和发展。它的核心是提供一个开放的、以规则为基础的体系，在这个体系中，各国通过贸易和合作来实现互利。自由国际主义者认为，自由民主国家——以及在某种程度上更广泛的民族和国家——在建立一个围绕克制、互惠和主权平等原则的合作性的国际秩序方面有着共同利益。他们认为，国家——特别是自由民主国家——能够克服限制，通过合作解决安全困境，推进集体行动，并创造经济和政治稳定。他们还认为，强大的国家——特别是自由霸权领导国——有动力去限制权力的行使，向其他国家做出可信的承诺。他们相信，自由民主国家对国际秩序有独特的目标，也有与其他自由国家合作的独特能力。相互依存作为现代社会的一个基本情况，呼唤自由国际主义的合作议程，并促使各国建立国际组织作为管理和协调主权与相互依存的工具。自由民主国家不可能单独地实现安全或繁荣；它们必须创造一个更大的世界来生存和发展。在此基础上，我们可以明确过去两个世纪以来形成自由国际主义秩序观的五套理念。

开放与贸易

首先是开放的理念。贸易和交流被认为是现代社会的基本组成部分，是稳定增长与和平的来源。在一个自由主义国际秩序中，各国可以相互进入对方的社会与经济。这一点在 19 世纪中后期的自由贸易运动中表现得最为明显，这些运动由英国在 1846 年废除一套被称为《谷物法》（the Corn Laws）的贸易限制而开始。有关"商业自由"和"公海自由"（freedom of the seas）的概念出现在现代早期的欧洲,而自由贸易的概念则在随后为亚当·斯密、大卫·李嘉图和其他人所发展。在一个迅速现代化的世界中,开放意味着什么,以及如何将其组织化,当时这些问题就被广泛的讨论,今天也一样。但是,自由国际主义的出发点是相信恰当组织起来的贸易、投资和跨国界交流会给从事跨国活动的人带来共同收益,并给自由民主世界带来更普遍的好处。开放的理念首先是一个关于贸易互利的经济性论证,它建立在专业化和比较优势的逻辑之上。但在更深的意义上,它是一种关于现代化和政治发展的思想,当各个社会能够交流知识、转让技术和共同合作时,这些思想就会被理解为是先进的。与国际开放相对的则是封闭系统——区域集团、势力范围、重商主义区域和帝国秩序。[16]

关于开放的基本经济主张来自资本主义和商业社会的兴起和传播。正如斯密和他的几代追随者所认为的那样,市场体系有一种深刻的逻辑,改变了政治体制和社会关系。斯密认为,商业和工业逐渐带来了"秩序和良好政府","同时也带来了个人的自由和安全,国家的居民们之前几乎一直生活在与邻居的战争状态中,并对他们的上级保持着奴役性的依赖"。[17]贸易和专业化的推动使商业社会具有了外向性,而这些社会中的人们,如资本家和技术工人,则从交换中获益,从而加强了这种动力。贸易和交换的优势创造了经济上的相互依存,这反过来又形成了支持与其他贸易国保持稳定和持续关系的群体。[18]斯密的另一个论点集中在经济相互依存的政治扩散效应上。随着国家的相互依存,它们发现自己越来越多地以理性的方式思考它们的关系,把对成本和效益的评估放在首位。正如阿尔伯特·赫希曼(Albert Hirschman)的名言,"激情"被"利益"所取代。[19]随着各国日益融入一个复杂的世界经济体系,它们发现很难追求会破坏利益流动的意识形态目标。

规则和制度

自由国际主义对秩序的理解至少是松散地基于规则的。国际秩序的规则和原则塑造了国家处理其事务的方式，从而促进了合作。这就是杰里米·边沁在《道德与立法原理导论》中提出"国际"一词时的想法。[20]他主张，国家内部和国家之间的法律需要一个新的连贯性和哲学性的基础来管理"主权国家的相互交易"。规则和制度体系的建立由几种不同的功能性和政治性逻辑驱动。自由民主国家在一个更广泛的全球资本主义体系中实现了工业化，它们通过建立规则和制度来应对日益增长的相互依存关系，从而确保产权，促进合作，并为现代国际秩序奠定了基础。国际规则和制度被认为或多或少地体现了一套原则性的组织安排，主权国家可以围绕这些安排开展运作。[21]在这个意义上，规则和制度——至少是那些构成秩序核心的规则和制度——并不简单地反映特定国家的权力和利益。这就是约翰·鲁杰所说的"多边主义"，一种国际组织的"建筑形式"，"在普遍的行为原则基础上"协调一组国家之间的关系。[22]这些规则和它们所体现的原则具有某种公正性和独立地位。它们不仅是一个强大国家的劝导（exhortations），而且是一群国家所遵守的行为准则，无论它们的具体实力或情况如何。[23]

这种设想有三个方面。第一，规则和制度在现代国际体系中是无处不在的，因为它们是行之有效的。它们促进了各国之间的合作，使各国能够从开放的国际秩序中获得贸易和交流的好处。正如罗伯特·基欧汉所言，制度或机制——对国家来说是有用的，因为它们降低了交易成本，克服了不确定性，并为持续合作建立了渠道。[24]一组国家彼此间的贸易和交流越多，建立规则和制度来管理相互依存关系就更有用。它们解决了国际关系的核心问题之一：如何处理主权和相互依存之间的权衡。规则和制度不仅促进了更大程度的相互依存，而且还帮助各国调控这些流动，以帮助自己获得相互依存的好处，同时防范其不利影响。

第二，一个由多边规则和制度组成的"体系"对国家具有更广泛和更强的吸引力。多边主义作为一种组织原则，给予国家某种程序和地位上的合法性。正如鲁杰所言,多边体系中的规则和制度将国家间的关系建立在某个原则性的基础上。实际上,各国在法律面前是平等的。这使得由此产生的秩序具有更广泛的吸引力和合法性。规则和制度具有规范性价值——这是自由民主政体最应该欣赏的品质,因为它们本身就建立在对法治的宪法承诺之上。约翰·罗尔斯指出,自由民主政体对基于规则的国际关系添加了规范性价值:"与它们对自身安全和领土安全的自我关注完全不同,这种兴趣表现为一个民族坚持从其他民族那里得到对其平等的适当尊重和承认。因此,一个民族是合理和理性的,部分就在于他们愿意向其他民族提供公平的政治和社会合作条件 。"[25]

第三,试图在一个地区或全球体系中建立霸权的大国发现,规则和制度有助于获得较弱及中等国家的默许和合作。主导国家同意在一套商定的多边规则和制度内运作,不使用其全部力量来胁迫其他国家。规则和制度能够帮助领导国向那些可能害怕其权力的国家发出克制和承诺的信号。主导国放弃了一些能力来获得它想要的东西,但作为回报,它使自己处于一个更持久和合法的领导国秩序的中心,从而获得了领导力的长期优势。[26]

自由民主政体的团结

在自由主义的视野中,国际秩序是以民主团结为基础的。在过去的两个世纪里,自由民主国家将彼此视为一个集团的一部分,它们的利益因历史、地理和共同的价值观而结合在一起。这种团结的表现形式是多样的。它可以在外交群体和国际冲突与合作中的结盟模式中看到。自由民主国家可能就是同处于一个"和平区",或以更广泛的方式合作。在巴黎和会期间,伍德罗·威尔逊的国务卿罗伯特·兰辛(Robert Lansing)就暗示了民主国家之间建立和平工作关系的这种能力。兰辛在私下给一位朋友的信中写道:"世界上所有主要大国对民主原则的接受和对真正的民主政府的维护将导致永久的和平……如果这个观点是正确的,那么就应该努力使民主普及。在实现了这一点之后,我根本不在乎是否有条约来维护和平。我愿意依靠民主国家的和平精神来实现国家间的理想关系,我不相信任何依靠武力或武力威胁的联盟能够实现这一目的,至少在短时间内是如此的。"[27]在 20 世纪,自由民主国家已经形成了深刻而持久的安全纽带,体现在正式联盟和其他形式的合作安全中。北约联盟是最成功的例子,它是现代历史上最全面也最长寿的安全条约。欧盟还提供了另一种自由民主团结的形式。[28]

这背后的主张是,由于有共同的利益和价值观,自由民主国家发现相互间的合作比与非民主国家合作要更容易。它们更有可能相互信任,并将对方的利益与政策视为是合法的。自由民主国家有一定程度的透明度,并且具有共同的治理经验,使彼此间的合作更容易。查尔斯·利普森(Charles Lipson)对这一观点进行了优雅的阐述,论证民主国家的特殊之处在于其"契约优势"[29]。与专制国家不同,民主国家可以与其他民主国家达成可信的长期协议,从而克服滋生冲突的不确定性和不安全感。[30]利普森指出了赋予宪政民主国家优势的一些特征:对外界监督的开放性、政权的连续性、使得领导人遵守承诺的选举激励,以及做出持久承诺的宪政能力。通过强调这些交易优势,利普森能够解释更广泛的安全和经济合作关系的制度化趋势。[31]

基于这个出发点,自由国际主义者预期了各种长期的结果。首先,自由民主国家应该更能生成权力和发展能力以在基于规则的国际体系中运作。这种权力优势来自它们作为联盟伙伴共同行动的能力——发挥它们各自的权能。在短期内,专制和威权国家往往能比自由民主国家更快地调动权力。但从长远来看,自由民主国家应该比其他类型的政权有优势,包括在战争动员方面。[32]其次,自由民主国家作为一个群体,应该积极地相互接触,追求各种形式的生态和政治合作。有一种根植于共同的利益和价值观的"亲社会性",将自由民主国家联合起来。[33]在任何时候,国际体系中的国家都被分成各种各样的集团、联盟和同盟,但"民主国家"和"非民主国家"之间的分野仍然是最突出和持久的之一。[34]最后,这些国家创造的自由国际秩序将通过持续合作在经济增长、安全和其他方面显现优势。实际上,自由主义国际秩序给这些国家带来了财富优势,并转化为军事和政治力量。作为回报,这应该会加强自由国际秩序,并使这个秩序之外的国家想要找到融入这个秩序的方法。

合作安全

还有一个相关的思想是合作安全。自由民主国家为了共同的经济利益而合作,但它们也为了追求共同的安全保障而建立联系。在19世纪和20世纪,自由国际主义者提出了关于自由民主国家之间合作以防止战争、遏制威胁、建立促进和平与稳定的规则和制度的想法。自由民主国家参与安全合作的动机有很多。其一是康德式的动机(Kantian motive),即如果自由民主国家要保持其受限的国家(limited state)的共和性质,就需要一个"和平区"。战争使自由政体的原则处于危险之中。此外,自由民主国家可能只是像现实主义理论所告诉我们的那样应对安全威胁——与其他国家合作,努力平衡或阻止他人的侵略。它们也可能与非民主国家结盟,但自由民主国家的共同利益与价值观,以及它们独特的合作能力,往往会促使它们结盟。正如迈克尔·多伊尔所指出的:"当各国被迫决定……在一场世界性竞斗中站在哪一边时,自由主义国家最终都会站在同一边,尽管影响其外交政策的历史、经济和政治因素确实很复杂。"[35]自由民主国家也可能为更宏大的体系目标所驱动:建立一个稳定的国际秩序,以维持各个领域所需的高度相互依赖和合作。安全合作可能是一个基础,自由国际主义者在此基础上建立了更广泛的议程。

自由民主国家可以进行安全合作,以应对来自民主世界之外的威胁。但它们也可以这样做以应对来自内部的威胁。正如我们将看到的,西方自由主义国家开创了相互约束(co-binding)的做法,即试图在相互制约的制度中把彼此捆绑在一起。[36]通过将自己锁入制度中——如军事联盟——自由主义国家能够互相监视并管理它们的关系。历史学家保罗·施罗德(Paul Schroeder)认为,欧洲协调背后的联盟是这种相互约束逻辑的早期表现——他称之为 *pacta de controhendo*,即克制性条约(pacts of restraint)。这一制度为各国提供了一个环境和机制,以影响和约束联盟内的伙伴。施罗德认为:"对盟友的政策进行这类控制的愿望往往是一个大国或两个大国加入联盟的主要原因。"[37]1945 年后美国领导的联盟表现出了更加广泛的相互约束特征。[38]

安全合作的设想和追求有多种形式。最基本的表现是地缘政治结盟——自由民主国家在国际冲突中站在同一阵营,同时努力不通过战争解决它们间的争端。这些联合可能不会形成一个正式的合作体系,而只是在国际体系中的战争和外交政治中表现出来。正式联盟是一种更有组织的安全合作形式,尽管它们的约束力大小不一。在 20 世纪,特别是在美国与欧洲和东亚的安全关系中,这种联盟已变成了从事广泛活动的持久性组织。安全合作也可以发展成卡尔·多伊奇所说的"安全共同体",一种更深层次的政治共同体,在其中大规模战争的可能性基本消失。这种类型的安全秩序在战后的西方自由民主国家中得到了最充分的实现。[39]除此之外,自由民主国家还多次试图建立更具包容性的全球安全合作体系,即所谓集体安全。其目标是定义和限制战争的法律基础,并为针对国家侵略的集体行动安排规则和制度。国际联盟和联合国体现了这一愿景。

进步的社会目的

自由国际秩序不是静止的。作为其部分的各个社会在不断发展、进步、调整,并对危机做出反应。自由国际主义立志推动世界上的居民和他们的社会——以及国际秩序本身——朝着一个进步的方向发展。所谓"进步",自由国际主义者意指改革驱动的进步,其成功的衡量标准是生活水平的提高、健康状况的改善、针对暴力的更好安全保障、权利的增进和社会正义。一个开放的、松散的以规则为基础的国际秩序,通过允许和鼓励其成员国在战争之外解决它们的分歧,有望为社会创造更多的机会来改善其公民的生活。

这种进步的变革的认识有三个方面。首先,自由国际秩序被认为体现了一系列的社会目的。它的组织理念是,它的规则和安排将推进某些目标。这就是赫德利·布尔的观点,他说所有的国际秩序都有"目的",每个秩序都反映了"社会生活的安排,从而促进了某些目标或价值"[40]。自由国际秩序的社会目的或简单或复杂。它们可以是相当有限的——只是为国家间的贸易和交流提供基本的安排。或者,国际秩序可能有一套更为复杂和精致的规则、制度和功能组合,以实现更远大的目标。19世纪的贸易和合作体系与1945年后的约翰·鲁杰所说的"嵌入式自由主义"体系社会相比,社会目的就大为有限。[41]

其次,人们期望一个有效的自由秩序会不断地发展。自由秩序是一种变革性的秩序,这一理念体现在开放的贸易体系的运作中。贸易在社会和经济中产生了持续的、往往是意想不到的变革。产业和部门兴衰起伏。经济增长和世界经济的变动推拉着社会向前发展。自由国际秩序之外的国家可能将这些动态视为一种威胁。非自由国家——专制和独裁政权——可能希望参与开放的、基于规则的体系,但又担心它对其统治阶层和其他既得利益的长期影响。[42]变革也体现在更深层的自由国际主义视野中,它植根于启蒙时代和自由现代性(liberal modernity)的思想。社会是不断发展的,是一个持续的世界发展进程的一部分。现代性本身也在变化,产生了新的危险和机遇。正因如此,自由国际秩序也在不断发展,以应对这些不断变化的环境。

最后,这些想法中体现的是全球秩序可以被改革的信念。当伍德罗·威尔逊说国际社会是"可矫正的",也就是能够被改革的时候,他认为可以使其为自由民主的社会目的服务。强权政治的冲突和暴力无法被消灭,但至少在某种程度上可以被驯服。E.H.卡尔(E. H. Carr)曾将威尔逊和1919年的自由国际主义者称为"乌托邦主义者",认为他们被将权力从世界政治中驱逐出去的幻想蒙蔽了双眼。他的批评将第一次世界大战后的乌托邦主义追溯到启蒙运动中关于科学、理性以及人类确定"普遍有效的道德法则"的能力的信念,个人和社会最终将遵守这些法则。卡尔认为,正是这些信念"在威尔逊的启发下,主导了第一次世界大战后的世界"[43]。启蒙思想确实是自由国际主义的核心,但对于国家改造国际社会的能力,主流观点要温和得多。自由主义议程要求的是改革,而不是革命。国家和国际无政府状态依然存在。然而,有一种信念认为,国家可以(经常要经过试验和错误)设计出一些制度和关系,使人类事件的发展朝着更加和平与进步的方向偏移。[44]这种改革主义的观点——相信国家间的关系是可以改变的——使自由国际主义有别于其他传统:政治现实主义者对国际关系进步的可能性深表怀疑,而世界主义者和全球主义者则认为只有通过世界政府和摆脱无政府状态才可能取得进步。

秩序的多样性

除了这些核心思想,自由主义国际秩序的愿景是广泛的。在两个世纪中,自由国际主义的思想和现实世界的秩序在如何将秩序的各部分组合在一起方面有所不同,体现为主权、规则和制度以及开放性在国际体系中的表现。自由主义国际秩序可以以多种方式组织起来。差异体现在几个方面:参与范围、主权独立、等级和平等、法治、政策的广度和深度。[45]

范围是指自由主义秩序的规模——无论该集群是由区域或其他共同特征定义的有选择性的,还是由普遍原则定义的全球性的。秩序的范围越广,参与国就越多样化。秩序的社会目的想必也将受到其范围的影响。在一个由西方民主国家组成的排他性集团中,共同的目标可能是相当广泛的。一个全球性的自由国际秩序可能会遵循开放和基于规则的关系的理念,但在推进自由主义政治价值观方面取得共识的空间则更小。如我在后面的章节中将论证的,战后美国主导的自由主义秩序建立在更大的两极冷战体系中。它的核心是一个与其他地区和国家相联系的西方自由民主国家的集团。随着冷战的结束和苏联共产主义的瓦解,这个西方集团向外扩张。"内部秩序"变成了"外部秩序",引发了改变这个集团的逻辑与特征的变革。

主权独立是指自由主义秩序对国家主权的法律—政治限制的程度。这个意义上的主权是指国家在其领土内对权威的排他性拥有,表现为国际公认的发布命令和施加义务的国内权利。国家在此基础上可以拥有完全的威斯特伐利亚法律主权,并与其他国家进行互动,或服从于对其主权进行某种削减的协议和制度。[46]

等级性是指国际体系内权利和权力的分化程度。自由主义秩序可以围绕国家间的主权平等来组织,这是一种基于平等的机会、权利和参与原则的平面化秩序(horizontal ordering)。它也可以是等级制的,其中一个或多个国家拥有特殊的权利和权威。一个以主权平等为标志的秩序,通常很少有角色和责任的分化。各国作为或多或少相平等的一方签订协议并进行合作。在一个等级秩序中,角色和责任将被区分,国家将被正式或非正式地组织成上级和下级关系。[47]例如,一个国家可能承担着在军事上保护其他国家的首要责任,并因此在共同安全问题上拥有主导权。

法治指的是商定的规则在多大程度上决定了秩序的运作。这种程度可能不同。国家之间的互动可能会受到高度明确的规则和制度的影响,这些规则和制度预先规定了行动,或者国家可能会坚持更多的临时性的和议价所得(bargained)的关系。如果有互惠的观念,即使是临时性的关系,也有一些最低限度的规则意识。等级秩序将不平等的特权和权力赋予最强大的国家,它也可以或多或少地基于规则。

此外,自由主义国际秩序还在其政策领域的广度和深度上有所不同。它们可能被组织起来,只处理一个狭窄的政策领域,如国际安全挑战。或者它们可以处理更广泛的社会、经济和人权问题。政策领域越广泛,国际社会就越有可能干预、控制、规范和保护国家内部和国家之间的政治和社会。

这些方面使我们能分辨国际秩序的"类型"。19世纪中期,在英国的控制下,它是一个围绕着西方自由民主国家的小核心组织起来的贸易秩序,在范围和社会目的上都是相对有限的。第一次世界大战后,伍德罗·威尔逊倡导的秩序在范围、规则和政策领域的广度上更为宽泛。威尔逊设想了一个围绕全球集体安全机构组织的国际秩序,主权国家将通过该机构共同维护领土和平。开放贸易和对全球进步性变化的信念也是威尔逊世界观的基础,即使其中也注入了种族等级制度和西方优越性的假设。第二次世界大战后的自由主义国际秩序是一个以西方为中心的、多层次的、由美国组织和管理的高度制度化的体系。在安全和经济领域,美国发现自己在不断地承担新的承诺和功能性角色,其自身的经济和政治体系成为自由主义霸权秩序的核心组成部分。与早期的自由主义国际秩序相比,这一版本更具有等级性,并与更广泛的社会目的融合在一起。正如我们将看到的,这一秩序在冷战结束后向外扩张,引发了其逻辑和特征的影响深远的转变,导致了今天的自由国际主义危机。

全球秩序中的革命和变革

在自由主义启蒙运动的基础上,自由国际主义提供了一个道德伦理参考框架,用来理解和应对政治和经济的变化。在过去的两个世纪里,它的核心思想——开放、以规则为基础的关系、合作安全,以及进步的社会目的——曾以多种组合方式出现。在这段时间里,四个主要转变塑造了自由国际主义在现代时期的发展方式。自由民主的兴起和传播,从帝国世界到民族国家世界的转变,经济和安全的相互依存,以及英国和美国霸权的兴起和衰落,这些力量和动力(无论是单独的还是联合的)为自由国际主义提供了问题、困境、危险和机遇,而自由国际主义正是围绕这些问题和机遇产生了自己的思想和议程。

自由民主的兴起和传播

如果说 18 世纪露出了现代社会的曙光,那么自由民主政体很快就成为其先锋。在 19 世纪开始时,自由民主仍然是一个新的脆弱的政治实验,是一个主要由君主制、专制和帝国组成的前现代世界中的异类。两百年后,当 20 世纪结束时,自由民主制占据了世界上绝大多数的权力和财富,包括大约 80% 的全球国内生产总值(GDP)。在这两个世纪中,工业革命展开了,资本主义扩展了边疆,欧洲人建立了广大的帝国,现代民族国家生根发芽,大国间发动战争又缔造和平。世界也见证了自由民主国家的崛起、传播和不断增长的力量。自由国际主义的思想和议程就是在这种环境下形成的。

自由民主一词体现了 19 世纪新兴自由民主国家的两个主要独特特征。首先,它们是由民众统治的——希腊人称之为 *demos*。[48]这种统治可以是直接的,如在古代雅典,也可以是间接的,通过代议选举机构。无论哪种情况,都有一个基本概念,即政府是基于被统治者的同意。其次,它们是自由主义的,因为它们通过法治和旨在限制国家权力的宪制框架来体现个人权利和公民自由。[49]这些思想可以追溯到古罗马,并在现代早期由一系列的"共和主义"政治思想家所表达。[50]随着美国的建国和朝向代议制民主的运动在欧洲展开,宪政制度与法治思想带来了新的政府形态。[51]

由这个出发点，我们可以确定使自由民主具有独特形式的五个理想型特征（ideal features）。第一，自由民主国家的公民享有公民权利和法律面前人人平等的权利。宗教自由、言论自由和新闻自由是这些权利和保护的组成部分。第二，政府采取代议制民主，其权力来自被统治者的同意。第三，它由制度或者说宪政法律，通过分权、制衡和司法独立等手段限制国家的权力。[52]第四，经济以私有产权为基础。各种混合性经济都与自由民主相一致，从自由放任到社会民主体系。[53]第五，社会中存在一种叫作公民社会的东西。这是一个"在国家之外"的生活领域，在某种程度上也在政治之外。在《论美国的民主》中，托克维尔认为公民社会是由独立的团体和协会组成的领域，为政治组织和合作提供了社会基础设施。[54]所有的自由民主国家，尽管有许多不同之处，都有这些核心特征。但是，谁是"人民"，他们的权利如何被代表，公民权和选举权的包容性如何，以及自由民主的更大的社会目的是什么，始终是有争议和不断演进的。

美国建国和法国大革命标示了现代国家特性之争的一个新时代。美国独立斗争使政府的公正权力必须来自被统治者的同意这一理念合法化。托马斯·潘恩称之为"代议制"，并将其与欧洲的"君主制和贵族制的腐败体系"进行对比。[55]被统治者的同意成为美国殖民者在反抗英王乔治三世过程中的旗号，它与财产保护、政治权利和共和政府一起，指导了美国宪法的制定。[56]法国大革命是一场复杂的斗争，经历了改革、独裁、君主制和宪政共和等阶段，但它也是作为一场旨在使旧制度更加顺应人民的改革运动开始的。在这些革命运动中诞生了自由民主的想象，继续激励着西方和世界各地的政治斗争。[57]

对民主权利的争夺在整个19世纪起起伏伏。1815年结束拿破仑战争的和平解决方案是由对革命感到恐惧的欧洲政治家所谈判达成的，他们渴望重申君主统治的权威和合法性。然而，自由民主的诉求在19世纪30年代重新出现，后来又展现在1848—1849年欧洲各地的大众起义——所谓"民族之春"（springtime of the peoples）——

之中,其中包括了寻求在德国和意大利建立民族共和国的革命运动。这些由自由主义改革派和社会主义革命思想激发的大众起义基本都失败了,至少一开始是这样。英国沿着一条更加循序渐进的道路,通过《1832 年改革法案》及后续步骤实现了男性的全面投票权。19 世纪后期,意大利在君主立宪制下实现了统一,而德国在奥托·冯·俾斯麦伯爵(Count Otto von Bismarck)的领导下,制定了新的帝国宪法。历史学家威廉·麦克尼尔(William McNeill)写道,随着人民政府的理想在欧洲传播开来,"自由和民主的原则由于与旧制度元素的混合而遭受了极大的稀释"[58]。这在东欧和中欧尤其如此,在官僚和专制的权力面前,议会的控制力很弱,甚至不存在。

然而,在 19 世纪,西方政治的理解、构成和合法化的方式都发生了变化。美国《独立宣言》提供了基于人民主权和个人权利理念的独立主张的范本,被西方以及欧洲帝国体系外围的政治运动所采纳。从某种意义上说,美国的宣言是一种保守的主张,即美国殖民地是在更广泛的主权国家体系中寻求主权独立。他们不是要推翻威斯特伐利亚秩序,而是要在与欧洲人相同的条件下加入该秩序。但在另一种意义上,主权独立的主张是基于"人民"作为给予(国家)治理许可的恰当主体的理念。正如戴维·阿米蒂奇(David Armitage)所说,这种美国式的"人民主权"理念传播到了其他寻求独立的民族,包括拉丁美洲,并提升了宪制主义和共和式治理的原则。[59]民主统治的原则建立在人民主权的基础上,但争议更大。法国大革命戏剧性地引入了直接民主的理念,它作为强大的政治力量在舞台上爆发,但作为一种稳定的政治秩序很快就失败了。以詹姆斯·麦迪逊(James Madison)和联邦党人(the Federalists)为首的美国建国者看到了直接民主统治的危险,并建立了一个基于代议和分权的共和主义原则的宪政体系。到 19 世纪末,人民主权和代议制民主已被捆绑在一起,成为西方政治决定性的规范理想。[60]

在 19 世纪和 20 世纪初,这些人民主权和民主统治的思想向外传播到国际社会,这导致了替代性的国家合法性原则间的斗争。自由民主作为合法性标准的理念,挑战了欧洲旧制度中的君主统治原则。著名的德国历史学家利奥波德·冯·兰克(Leopold von Ranke)在1848年为(巴伐利亚国王)马克西米利安二世(Maximilian Ⅱ of Bavaria)的私教课程中指出了这种斗争。他指出,美国革命的被殖民者(colonists)"给世界招引了一种新的力量",即"国族应该自我管理"和"权力应该来自下层"的理念。这种新思想与欧洲古老的王权概念相冲突,后者"以上帝的恩典为统治中心,一切都围绕着它转"。兰克预测,这两种原则之间的斗争将决定"现代世界的走向"[61]。在德国,旧的观点一直持续到20世纪,正如德皇威廉二世在1907年宣称的那样,他将继续通过"只求助于上帝和我的利剑"来进行统治。[62]但是,伴随工业化世界的各政治单元在现代国家的原则和制度上的斗争,自由民主的理念逐渐深入人心。第一次世界大战是一个重要的转折点:在战争结束时,在帝国崩溃的废墟上,伍德罗·威尔逊将自由民主提升为一种规范性的理想。正如詹姆斯·梅奥尔(James Mayall)所言,民主价值观成为"一种相当于官方货币(the coin of the realm)的意识形态"[63]。1919年在凡尔赛召开会议的政治家所采用的规范框架,与一个世纪前在维也纳的外交官所采用的框架大相径庭,至少是一种进化了的规范框架。自由民主已经取代了君主制,成为现代国家合法性的主导性基础。[64]

　　民主的实际兴起和传播经历了几个历史阶段,学者将其描述为一连串的浪潮。[65]最初的民主转型发展缓慢,受到19世纪美国和欧洲政治运动的启发。在19世纪和20世纪初,总共有29个国家加入了民主世界。这一阶段随着贝尼托·墨索里尼(Benito Mussolini)1922年在意大利的上台而结束,战时的动荡使民主国家的数量减少到12个。第二波民主过渡浪潮始于第二次世界大战后,在20世纪60年代达到顶峰,有36个公认的民主国家。这一民主化浪潮是战后非殖民化运动的产物,它导致了独立国家的迅速增长。第三波浪潮开始于

20世纪70年代末，伴随着拉丁美洲、东亚和南欧国家的民主转型。随着冷战的结束和苏联秩序的瓦解，东欧和前苏联的国家也走上了类似的道路。到20世纪末，全世界的民主国家大约有85个（共192个国家）。[66]民主世界的崛起——在规模和能力方面——可以从其在全球国内生产总值中所占份额的变化中看出，到20世纪末已达到了占世界总量约80%的高峰（见图2.1）。

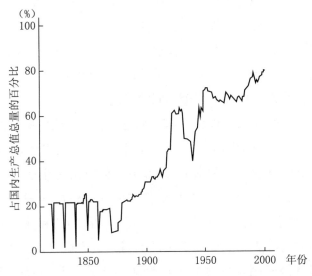

图2.1　民主国家的国内生产总值占世界总量的份额

正如这些模式所表明的那样，自由民主的出现与全球权力格局的变化息息相关。某些国际和区域环境比其他环境更有利于民主过渡。正如卡莱斯·鲍什（Carles Boix）所指出的，在过去的两个世纪里，当领导大国是自由民主国家时，即19世纪末、第一次世界大战后及冷战后，民主转型成功的概率最大。[67]在这些时代，主要的民主国家有能力推行有利于民主化社会的政策——扩大贸易和援助，提供进入国际和地区制度的机会，并传播民主思想和模式。而其他时期则对民主转型不太友好。在19世纪早期的几十年里，神圣联盟积极压制欧洲大陆的民主革命。在冷战期间，去殖民化导致了一些民主转型,但苏联也使东欧的民主倒退并向第三世界输出共产主义,而美国则支持了非洲、拉丁美洲和亚洲的独裁政权。相反,在1918年第一次世界大战的同盟国(Central Powers)崩溃后,民主在欧洲取得短暂繁荣,70年后,随着柏林墙倒塌,欧洲和世界各地又出现了一波民主化的浪潮。[68]

在自由主义占上风的时代,自由民主国家一再努力规划它们更广阔的世界。当然,并不是它们所做的每件事都反映了政权特征。自由主义国家奉行了多样的外交政策——现实主义、理想主义、民族主义、军国主义、帝国主义和自由国际主义。但自由民主的兴起和传播确实创造了(并继续创造着)问题和机会,激励和引导了自由国际主义工程。我们可以确定三个不同的议题。

首先,一般来说,自由民主国家都希望看到自己的政权能够生存下去,以保障它们的生活方式,而国际秩序的特点也顺应着这种前景。它们试图创造一个和谐的国际环境,使自由民主能够生存和发展。这意味着,至少要有一个相对稳定的和合作性的国际秩序。更具体地说,自由主义制度的原则——人民主权和共和体制——在国家危急的时候可能屈服于非自由的力量。共和国是脆弱的,容易受到煽动者和战时国家权力篡夺的影响,这种忧虑从罗马时代直到现代一直伴随着共和主义理论家。其威胁使康德期望共和政体间能够相互结盟,建立一个"和平区",以保护自由和法治。自由民主国家并不像某些现实主义者所说的那样,是以简单、可预测的方式对事件作出反应的台球。它们是脆弱的政治实体。自由民主国家的理想国际秩序不是一个台球桌,而是一个由自由国家之间的合作所精心编织的保护性制度和关系的系统。[69]

其次,自由民主国家发现与彼此合作比与大多数其他类型的国家合作更容易。如前所述,这种合作能力来自它们的共同利益、共享价值观和制度特征。自由民主国家更有可能相互信任,并认为彼此的利益和政策是正当的。它们有一定程度的透明度和共同的治理经验,使合作更容易。[70]如巴里·布赞(Barry Buzan)所言:"多元民主国家是那些最青睐高水平国际社会的国家,在这样的国家里,只有当各社会本身在(政权类型)上有了很大程度的趋同,开放才能持续。"[71]在这个意义上,一群自由民主国家的兴起创造了合作的机会。民主国家之间的这种交往能力为国际秩序的建立创造了机会,而这种机会在不存在自由国家的情况下是不存在的。除此之外,拥有强大的国内法治传统的国家也在国际关系中创造出一种对法治的规范性期待。自由民主国家比独裁或非自由民主国家更难背离这种期望——尽管这当然不是不可能的——因为这样的行为会产生可能影响选举的内部阻力。

最后,自由民主国家是现代化的社会,这给它们自己带来了挑战和机遇。在过去的两个世纪里,自由民主国家的兴起涉及在国内建设现代民族国家,以及在国外扩大并加强相互依赖。现代自由民主在民族国家中扎根并发展,正是在这一背景下,这些社会经历了政治参与的扩大,对权利和安全的保障,以及政府在提供经济和社会福利方面作用的增长。这些国内追求与一个有秩序的适宜的国际体系深深地交织在一起,而且越来越依赖于这种体系。[72]因此,在这个不断崛起和变化的自由民主世界中,国际关系涉及协调主权和相互依赖的努力。[73]挑战不在于克服民族主义和民族国家,而在于如何组织国际关系,使自由民主国家能够实现其不断扩大的角色和期望。在这些方面,自由民主国家就国际秩序上有独特的目标,也有独特的合作能力。

从帝国世界到民族国家

全球体系也因其从一个帝国的世界向一个由民族国家组成的世界的演进而发生了变化。几千年来,帝国是世界上最主要的政治组织形式。即使在19世纪末,世界上大多数人都生活在帝国治下。然而,到了20世纪末,帝国已经消失,让位于一个由近两百个民族国家组成的全球体系,每个国家都声称拥有主权,在联合国拥有席位,并有权统治自己的人民。正如戴维·阿米蒂奇所言,面对威斯特伐利亚国家体系的全球扩张,帝国的消亡是"现代史上最重要但最不被理解的发展"[74]。这是一场革命,不仅在政治和政体的特征方面,而且在世界秩序的基本逻辑和原则方面。

自由国际主义在应对这一重大转变的过程中迎来了它的时代。在思想上和政治上,自由国际主义与帝国和帝国主义有着复杂的关联。在某些时候,它附属于欧洲帝国——特别是英国——或者作为一个与帝国并存的秩序领域而运作。在其他时刻——特别是在20世纪——它明确地成为针对帝国的反向运动。这在两次世界大战之后最为明显,当时世界上的许多帝国都崩溃了,或被解体了。威尔逊在其著名的"十四点建议"演讲中主张,自决的原则应被嵌入战后国际秩序中。第二次世界大战后,这一原则为联合国所尊崇。随着争取自决权的全球性斗争在整个20世纪展开,主要的自由民主国家往往半信半疑,前后不一地拥抱民族主义运动。图2.2反映了这种从帝国世界到民族国家体系的变化模式,这种模式是由去殖民化和国家独立所推进的。但到了20世纪下半叶,自由国际主义工程已将自己与民族国家的世界,和一个基于威斯特伐利亚国家体系、主权和政府间合作的秩序联系在了一起。[75]

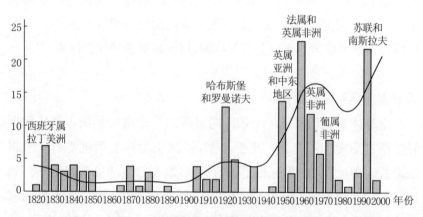

图2.2 威斯特伐利亚国家体系的发展

在整个 19 世纪,欧洲帝国是组织和划分世界的主要国际化力量,为全球秩序提供了基础。早在 1494 年,西班牙和葡萄牙就签署了《托尔德西里亚斯条约》(Treaty of Tordesillas)将其对欧洲以外所有新发现的土地的主张进行了划分。四个世纪后,欧洲帝国主义大国于 1884—1885 年召开了柏林会议,组织它们对非洲的争夺。"从 19 世纪 20 年代到 80 年代",塞米尔·艾丁(Cemil Aydin)指出:"区域秩序逐渐归入以欧洲为中心的帝国世界秩序之下。"艾丁称这是在"帝国间原则"下的"基于帝国间关系的国际秩序的全球化"[76]。几个世纪以来,帝国及其权力和思想将一种秩序的逻辑及其社会和政治组织赋予了世界。[77]从古典时代到现代早期,正如简·布尔班克(Jane Burbank)和弗雷德里克·库珀(Frederick Cooper)所言:"帝国及它们间的互动塑造了一个环境,在这个环境中,人们估量自己的政治可能性,追求自己的抱负,设想自己的社会关系。"[78]因此,20 世纪帝国的崩溃是一种世界组织逻辑的危机。正是在此情况下,在欧洲建立的威斯特伐利亚秩序成为全球秩序的替代性基础。

这两种秩序组织逻辑的兴衰在几个世纪间上演。在人类历史的大部分时间里,世界政治发生在一定的地理区域内。[79]帝国和帝国文明最终在这些区域中的大多数地方扎根。帝国的拼凑,而不是国家的体系,主宰了世界。但在这种全球格局中,欧洲的政治秩序是异类。尽管一再努力将欧洲统一为一个帝国——欧洲人称之为"普遍君主制"(universal monarchy)——但欧洲大陆仍然是一个多元的、多国家的政治秩序。地理、宗教、战争和国家建设都不利于一个覆盖全欧洲的帝国。[80]在《威斯特伐利亚和约》结束了三十年战争之后,这一多元体系是由国家之间的权力平衡和欧洲帝国的主张者——教皇和神圣罗马帝国——的虚弱所维系的。威斯特伐利亚体系的基础是其主要国家之间大致平等的权力分配,并通过均势制衡的做法和一个越来越复杂的国际公法体系与意识形态的理由来维持,而均势制衡挫败了一系列欧洲区域帝国的追求者。[81]虽然这个体系建立在权力均衡的基础上,但它在法律上被具体化为一个相互承认的主权国家体系。

然而,在欧洲之外,欧洲国家,包括那些最积极地阻止在欧洲内部形成帝国的国家,成功地征服和殖民了跨越海洋距离的广大地区。欧洲人并没有发明帝国,但他们在全球范围内完善了构建帝国的艺术,这主要是因为欧洲人在技术和组织方面的创新所带来的权力优势。欧洲人征服并统治了全世界各个松散的或孤立的区域体系中的帝国、国家和民众。他们还建立了许多定居者的殖民地,主要是在北美洲和南美洲、大洋洲和非洲的南端。[82]来自威斯特伐利亚体系西欧核心区的国家因此带来了一个世界规模的政治体系,由被征服的民族和分散的殖民者社区组成的庞大的跨大陆帝国。

欧洲帝国的建立强化了西方世界和非西方世界的区分。欧洲人在海外追求建立帝国的同时,在欧洲内部也不断为争夺主导权而相互争斗。[83]这些斗争是在全球范围内进行的。七年战争——第一场"世界大战"——发生在 18 世纪末,英国试图阻止法国主宰欧洲,战线遍布欧洲、北美、南亚和世界各大洋。欧洲人发现,他们很难征服对方,但却很容易以牺牲非欧洲人为代价,扩张他们的帝国。通过这些争斗,出现了"两个世界"——一个是基于权力平衡的欧洲内部国家的威斯特伐利亚世界,一个是基于权力不平衡的欧洲帝国的世界体系。在这个双重世界中,主权和民族国家的规范和制度仍然绝大多数是西方的事情。爱德华·基恩(Edward Keene)认为,欧洲人把欧洲和外部世界区别开来,"采用一种关系,即平等和相互独立,作为他们相互交往的准则,而以另一种关系,即帝国至上主义,作为他们与非欧洲人关系的正常准则"[84]。

同时,威斯特伐利亚国家体系作为一套原则和实践不断发展,随着帝国的衰落和解体,国家体系从欧洲这一源头扩展到了全球的更大范围内。[85]威斯特伐利亚体系的创始原则——主权、领土完整和不干涉——反映了一种新兴的共识,即国家是合法统治的恰当政治单位。[86]威斯特伐利亚体系中出现的规范和原则——如自决和非歧视——进一步加强了国家和国家主权的首要地位。这些规范和原则成为威斯特伐利亚秩序的组织逻辑，并为其中的政治权威提供了来源。在20世纪，在主权和自决的旗帜下，追求非殖民化和独立的政治运动在非西方发展中世界占据了主导地位。一路走来，即使它们经常被违反和忽视，威斯特伐利亚规范仍成为被广泛接受的国际秩序的规则和原则。

自由国际主义，以其对自由现代性和现代社会崛起的憧憬，最终将自己的命运与民族国家相连。然而一些自由国际主义者认为"帝国计划"是一种进步的力量，或者至少是现代性的世界发展的一部分。[87]这种观点使他们同时成为自由国际主义者和某种意义上的帝国的拥护者。然而其他人不同意，自由国际主义传统中的这种紧张关系仍然对其思想和辩论投下阴影。尽管如此，自由国际主义根植于威斯特伐利亚国际体系。当自由民主在19世纪出现时，这个自由国际主义的根基取决于运作良好的主权民族国家，即能够凝聚人民意志的政治实体。20世纪的剧烈动荡打破了帝国的世界，而它们的消失则留下了大量的残留物：未被承认的帝国、对帝国的怀旧情绪，以及与地方的民族观念有着毁灭性冲突的"国家"边界。从帝国到民族国家的转变创造了一个新的世界秩序斗争的环境，包括新的支持者和问题，在这种转变中，自由国际主义者澄清了他们的愿景：欧洲——现在是全球的——主权民族国家体系是他们的理想和议程赖以建立的政治基础。

不断提高的经济和安全相互依赖

全球体系也被工业革命和资本主义的全球传播所改变。19世纪末和20世纪能源、运输和通信方面的技术革命，为西方权力和财富的迅速崛起奠定了基础，这进而又增进了全球一体化。与经济相互依存度的上升相匹配的是战争破坏力的增长。世界大战带来了

"全面战争"的可怕景象——动员起来的工业社会和战争武器现在已能进行大规模的破坏。冷战时期的核军备竞赛提高了赌注,加剧了安全相互依存的脆弱性。在整个现代社会中,自由民主国家发现自己在日益增长的相互依赖关系中既处于有利地位,又受到了威胁。自由国际主义的事业是在与这种多层面的全球现象的斗争中形成的。[88]

工业革命是这一剧目的开篇之作。从 18 世纪中期开始,首先是欧洲,然后是北美,开始了剧烈的经济转型。最早的工业进步始于英国,由纺织品贸易和蒸汽动力的技术创新所推动。[89]在接下来的一个世纪里,技术变革的浪潮蔓延到世界各地,将农村和农业社会变成现代工业国家。贸易扩大了,资本积累了,新的工业也就出现了。工业资本主义和工人阶级成为西方社会的决定性特征。到 19 世纪末,崛起的工业中心被交通、通信和银行系统连接起来。[90]虽然其中心在西方,但工业革命的原因和后果都是世界性的。正如巴里·布赞和乔治·劳森所观察到的:"19 世纪社会关系的市场化推动了全球性系统的发展,这个系统由更加紧密相连的网络组成,由价格机制控制,并由等级森严的核心—外围关系构成。"[91]资本部分是通过全球贸易和投资积累的,包括殖民企业以及奴隶和糖贸易。财富和工业能力也通过战争和军事竞争而上升,而西方国家在军事和海军技术方面的进步可用来保护远距离贸易,并迫使封闭的市场——如奥斯曼帝国、中国和南美——打开大门。[92]

工业革命经历了几个阶段。19 世纪 70 年代之前,这是一个由英国主导的煤和蒸汽时代,以工厂和机械的创新为标志。铁路和蒸汽船推动了贸易、投资和经济增长。正如伊恩·莫里斯(Ian Morris)所言,工业资本主义是由"一个新的、以蒸汽作为动力源的铁之领主阶层"领导的。[93]到了 19 世纪末,随着新产业和新技术的发展,工业革命的新阶段开始了,出现了如化学品、电力、电报和汽车等。科学和技术发展变得更加系统化和专业化,实验室和科学及工程人员与工业紧密相连。在这个新阶段,德国(在 1870 年统一后)和美国成为英国的挑战者。日本也加入了它们的行列,开始了快速工业化进程。直到 1881 年,英国从事工业生产的劳动力比例仍高于其他国家。[94]但德国的工业经济增长更快,例如,在化学品和电气技术方面领先于世界,而美国正迅速成为世界上最大和最具生产力的经济体。西方国家与世界其他国家有着巨大的实力差距。

1850 年至 1913 年间,世界贸易增长了 10 倍。到 20 世纪初,这一体系在欧洲内部、大西洋两岸,以及欧洲和北美的世界经济工业核心与亚洲、非洲和拉丁美洲等相对欠发达的边缘地区之间产生了前所未有的经济相互依存度。同时,旧的全球贸易网络被国家间更正式的商业协议所取代。贸易的自由化和贸易监管是相辅相成的。西方工业国家的政治和商业精英在开放和保护其经济方面变得更加积极。正如 C. A.贝利(C. A. Bayly) 所指出的:"旧的名誉领事制度或由地方统治者与'客商'('guest' merchant)头领进行的协商被商业领事馆和国际经济条约的网络所取代。"[95]一个复杂的、由西方主导的世界经济的增长,标志着国家越来越多地参与了管理贸易和资本的流动。

这个开放的系统随着第一次世界大战的到来和 20 世纪 30 年代的经济大萧条崩溃了。美国在第二次世界大战后带头重新开放了世界经济,支持以布雷顿森林体系的规则和制度来管理全球资本主义的重建。合作性的国际协议促进了国际贸易和投资的重建,贸易关税被降低,货币可以自由兑换。商业和投资首先是在大西洋两岸里扩展,并逐渐进入其他地区。一个经济增长的黄金时代开始了。在 20 世纪 80 年代,东亚国家开始融入这个不断扩展的世界经济。冷战结束后,许多来自此前共产主义世界的国家,最重要的是中国,进行了市场改革,加入了开放世界经济。由计算机和电信创新引领的技术变革开启了国际经济一体化的新时代。经济危机持续地在战后的长期增长中留下痕迹——包括 20 世纪 70 年代布雷顿森林体系的结束,以及 90 年代末和 2008 年的金融危机和经济衰退。[96]全球资本主义的这些周期性危机,揭示了世界经济一体化的显著范围和强度,以及它的许多脆弱性。

现代工业社会在两个世纪的崛起的同时也伴随着军事力量和战争破坏性的大规模增长。从拿破仑时代到今天,大国战争的轨迹由其暴力能力的快速增长决定。20 世纪的世界大战标志着一个大规模伤亡的新时代。大国所拥有的武器的破坏力迅速增加是安全相互依存度上升的一个基本标志。斯蒂芬·比德尔(Steve Biddle)追溯了在过去的两个世纪中火力的增加——特别是在两次世界大战和冷战期间的巨大飞跃。[97]特雷弗·杜普伊(Trevor Dupuy)则计算了过去一个世纪中"武器杀伤力"的巨大飞跃。[98]这一趋势是明确无误的:在整个现代社会中,国家造成伤害的能力在一代又一代地不断跃升。

学者们用复合相互依赖、互动能力和动力密度(dynamic density)等术语来描述建立现代国际体系的经济和安全相互依存关系的快速上升。[99]这些术语反映了人们为把握政治实体之间不断变化的联系和互动模式所做的努力。正如布赞和劳森所说,这种增加的"互动能力创造了一个联系更加紧密的全球经济,并使军事力量能够在世界各地投射"[100]。一般性说法是,工业化和资本主义的全球扩张产生了越来越密集、复杂的相互依赖,并使世界各国和社会的接触越来越紧密。伴随着相互依赖关系的增长,国家间相互伤害的能力也在增强。

自由国际主义的核心是寻求管理这种不断发展的经济和安全相互依存关系的方法。自由国际主义者在各个历史时期都在努力处置各种不同的问题和机会。首先是可以被称为"功能性"的相互依存的问题。[101]这需要建立一个由规则和制度组成的国际构架,以促进和组织跨国界的流动和交易。时间和空间的标准化、国际银行协议和会计记账单位是经济相互依赖的支持性框架。[102]

其次,只有国家之间积极合作,减少壁垒,规范商品和资本流动时,开放的世界经济才有可能。政府希望获得开放贸易的好处,但它们担心贸易对特定部门或群体的影响。在自由民主国家,对外开放的条件是由政策产生的,这种政策是政治斗争的结果。自由国际主义一直致力于追求既能提供开放的好处,同时防范其弊端的国际协议。

再次,随着各国对世界体系更加开放,它们也更容易受到各种危险的影响,这些危险可被称为"体系脆弱性"。一个国家的经济或政治事件——如糟糕的经济政策、大流行病、内战和难民潮,或致命武器的扩散——会产生不稳定和危害,并在国际体系中产生连锁反应。要使开放与整个系统中各国的安全和福祉相协调,国际合作变得至关重要。在一个相互依存度越来越高的世界里,自由民主国家不能仅仅通过自己的行动来保证安全。它们必须积极地与其他自由民主国家合作,并在更广泛的全球体系内努力减少系统的脆弱性。

最后,安全相互依赖关系的兴起使自由国际主义者一再尝试规范和限制大国战争。19世纪欧洲和美国的和平运动是这种敏感性的反映之一。自由国际主义者关于仲裁、集体安全和国家间大会(congresses of nations)的想法在19世纪末大量涌现。20世纪建立国际联盟和联合国的努力遵循了这一传统。

英美霸权的崛起与衰落

全球体系经历了英美霸权领导的两个时代。在西方主导地位崛起的总体格局中,英国和美国先后成为当时的主导力量,享受了权力、财富和塑造国际秩序条件的独特机会。[103]一路走来,权力的转移和大国的战争使国际关系的组织方式发生了急剧变化。在1815年,以及1919年和1945年,战后的时机为英国和美国开创了机会,以维护领导地位,建立联盟,并颁布全球规则和制度。这些"霸权时刻"成为自由国际主义者重新思考和推进其想法和议程的转折点。

拿破仑战争结束后,英国崛起为主导大国,历史上第一次对欧洲事务产生了主导性的影响。它的地位建立在对海军的掌握、金融信贷、商业成功、联盟外交和不断扩张的殖民帝国的结合上。其经济在欧洲是最先进的。英国在1815年的实际国内生产总值并不比法国或俄国的国内生产总值高，但英国在技术上更先进，生产力更高，它带领欧洲其他国家进入了工业化的新阶段。正如戴维·坎纳丁（David Cannadine）所指出的："正是英国成功地成为第一个工业国家，再加上它相应地成功成长为世界杰出的金融国家，促使它在19世纪中期成为……全球霸权。"[104]英国作为一个"离岸"大国的地位，与它投射实力的方式密不可分。它的霸权主义领导地位体现在各种作用上：平衡大陆上的大国竞争，控制海洋，促进自由贸易，输出资本，以及管理着一个全球帝国。[105]

美国在20世纪成为占主导地位的世界大国。与英国一样，美国的崛起也是建立在经济成功的基础上。美国的经济规模和生产力在19世纪末的某个时候超过了英国，在随后的一个世纪里，美国的领先优势不断扩大。[106]到1914年，美国的经济规模已经是英国的两倍，第一次世界大战后它的规模是英国的三倍。如保罗·肯尼迪所指出的："美国似乎拥有所有其他一些大国所部分拥有的经济优势，而没有它们的不足。"[107]这种经济主导优势及其对盟国战争努力的贡献，确保了美国在战后安排中的主导地位。第二次世界大战结束后，美国占据了更高的领导地位。当其他大国——美国的盟友和战败的轴心国——因战争而被削弱时，美国却利用冲突建立了大规模的工业生产能力。美国政府更加集权，能力更强，经济和军事力量空前强大，且仍处于上升阶段。在战后时代开始时，美国的经济产量约占世界的一半，军事力量在世界占主导地位，在先进技术方面处于领先地位，石油和粮食生产皆有富余。它最接近的对手——英国和苏联——的经济规模大约是美国的五分之一。

这两个霸权支配时代有一些重要的相似之处。[108]第一，两个霸主都是自由民主国家，掌握着世界上最大和最先进的经济体。这是它们财富和能力的来源,也是它们外向型取向的基础。第二,每个国家都处于大国体系的边缘,并在此基础上发展壮大。英国是一个欧洲大国,但不是一个大陆大国。它是一个海洋国家,通过在其他大国之间进行操纵和平衡来投射权力和影响力。美国与其他大国隔海相望,在很大程度上是在欧洲和东亚安全竞争的传统舞台之外成长起来的。第三,大国战争和权力过渡的动荡为英国和美国创造了影响战后国际关系重组的机会。拿破仑战争和两次世界大战摧毁了"旧秩序",从而为英国和美国创造了机会,它们作为那个时代崛起的全球大国,可以挺身塑造新秩序。[109]

英国和美国霸权的时代是现代国际关系的核心特征。研究霸权的现实主义学者认为,"不列颠治下的和平"和"美国治下的和平"是由主导国家利用其统治地位所建立的长期稳定和相对和平的时期。[110]霸权秩序反映了主导国家利用其经济和军事能力来制定和支持一套规则和制度,为大小行为者增加规范性和可预测性的努力。主导国的角色与小国的角色不同,这给国际政治增加了一定程度的功能区分。霸权秩序不仅是基于主导国的权力,还基于其解决体系中所有国家所面临的共同问题的能力和意愿。当主导国推行一个具有广泛适用性和吸引力的社会组织模式时,该秩序就获得了持久性和合法性。尽管霸权秩序是建立在权力集中的基础上的,但它们并不是帝国,因为较小的国家保留了它们的主权以及相当大的操作空间,甚至能够对领导国家产生影响。[111]

英国和美国作为一个大国世界中的强国出现。它们不仅是自由民主国家,还是在一个竞争激烈的全球体系中的主导国家。它们也不仅是在寻求建立自由主义的国际秩序。现实主义的霸权理论描述了崛起的霸权国可能遵循的各种激励、冲动和战略目标。在 19 世纪,英国的大战略有几个组成部分。它对其他欧洲大国采取了离岸平衡的战略,在欧洲大陆的弱小国家背后提供助力,以挫败其他大国对主导权的争夺。英国还试图在由对拿破仑战争的维也纳解决方案所建立的规则和外交惯例框架基础上,促进欧洲大国间的协调,同时它还奉行帝国构建战略。在过去的一个世纪里,其帝国在很大程度上是一个商业组织,围绕着一个广泛的通商口岸体系而组织。在19世纪下半叶,帝国构建成为一项更明确的地缘政治事业。[112] 最后,英国在整个西方资本主义世界倡导自由贸易和开放的国际经济。美国在其霸主时代也追求着各种大的战略目标。在第二次世界大战后的半个世纪里,美国围绕着平衡、威慑和遏制战略与苏联展开了一场全球冷战。附从国、联盟和军事干预主义都要求美国扮演不同的霸主角色。[113]

这两个英美霸权的时代为自由国际主义思想和议程提供了环境和机会。首先,自由国际主义思想不可避免地与强大的自由民主国家的外交政策联系在一起,而这些思想反过来又为崛起国家如何寻求塑造国际秩序提供了一个愿景。大国战争和战后安排需要有建立秩序的想法和议程,因此为自由国际主义提供了受众和支持者。英国和美国作为它们那个时代的领导国家,在战后的这些时刻占据着主导地位,这一事实提高了自由国际思想和方案的潜在重要性。[114]

其次,自由国际主义的实质主张——从开放和基于规则的秩序的概念开始——对寻求建立霸权秩序的自由国家是有用的。作为主要的资本主义国家,英国和美国可以从一个开放和松散的基于规则的秩序中获得很多好处。贸易和开放为它们的经济带来了内在优势。政治上,霸权秩序可以以多种方式组织起来,有些方式比其他方式更“自由”。但跨越这两个时代的自由国际主义提供了关于如何产生合作和合法性的方式来组织霸权秩序的愿景。

最后,英国和美国的霸权时代也给自由国际主义带来了困境和限制。英国和美国被一些远离而不是接近自由主义的国际秩序愿景的动机和要求所驱动。因此,自由国际主义与其他意识形态和愿景相竞争,自由国际主义者在思想上和政治上与那些有不同想法和议程的政治行为体建立了组合。作为一个思想和愿景的集合体,自由国际主义有足够的灵活性来适应其他思想和愿景。作为一种思想传统，它一再发现自己在辩论是否要以及以何种方式与其他大战略行动——帝国的、地缘政治的和其他的——发生联系。

回过来看，自由国际主义在思想上和政治上扎根于启蒙运动和自由主义的现代性愿景。它是由自由民主世界的思想家和政治人物提出的一套松散的思想和方案——这些思想和方案在自由主义盛行时期不断发展。其愿景的核心是对现代性作为一部不断展开的世界历史剧（world-historical drama）的想法和预期。它也是一项人类工程，由科学、知识和经验推动。它的基本信念在两个世纪的自由秩序建设中始终如一，那就是通过对利益的开明追求，通过使用新旧制度塑造事件的变动，来推动人类的发展。制度不仅是强权的工具，或狭隘利益的反映。人类可以将自身置于塑造、约束、授权和使其行动合法化的制度环境中。密涅瓦的猫头鹰并不是只在黄昏时分起飞。社会可以吸取错误教训，学习新的东西，并组织自己，以便更好地探讨他们的情况。进步是可能的，尽管并不由上帝、理性或自然保证。它必然是来之不易的，而且永不会终结。

注 释

1. Arthur Schlesinger Jr., "Has Democracy a Future?", *Foreign Affairs*, September/October 1997, p.11.

2. Montesquieu, *Considerations on the Causes of the Grandeur and Decadence of the Romans*, trans. Jehu Baker(New York: D. Appleton and Co., 1882), p.378.

3. Björn Wittrock, "Modernity: One, None, or Many? European Origins and Modernity as a Global Condition," *Dadealus*, Winter 2000, pp.55—56.

4. Anthony Giddens, *The Consequences of Modernity*(Stanford, CA: Stanford University Press, 1990), p.2.

5. Immanuel Kant, "The Idea of a Universal History with a Cosmopolitan Intent"[1784], in Kant, *Perpetual Peace and Other Essays*, trans. Ted Humphrey (Cambridge, MA: Hackett, 1983). 对这一点的讨论，参见 Andrew Hurrell, "Kant and the Kantian Paradigm in International Relations," *Review of International Studies*, Vol.16, No.3(July 1990), pp.183—205。

6. Adam Smith, *An Inquiry into the Nature and Causes of the Wealth of Nations*[1776](Oxford: Clarendon Press, 1976)。

7. 斯密在他早先知名度不是那么高的著作《道德情操论》中发展了这些思想。斯密的思想受到了休谟的重要影响。见 Dennis C. Rasmussen, *The Infidel and the Professor: David Hume, Adam Smith, and the Friendship That Shaped Modern Thought*(Princeton, NJ: Princeton University Press, 2017)。对斯密道德哲学与国际关系中的关联性的探索,参见 Andrew Wyatt-Walter, "Adam Smith and the Liberal Tradition in International Relations," *Review of International Studies*, Vol.22, No.1(January 1996), pp.5—28。

8. Jeremy Bentham, *A Fragment on Government and An Introduction to the Prin of Morals and Legislation*[1776], ed. with an introduction by Wilfrid Harrison (Oxford: Basil Blackwell, 1948), p.3. 另见 David Armitage, "Globalizing Jeremy Bentham," *History of Political Thought*, Vol.32, No.1(2011), pp.63—82。

9. 这些国际主义思想家担心,各国在面对国际法时是否会限制自己的行动。但是,正如 F. H. 辛斯利(F. H. Hinsley)所指出的,他们的乐观是基于这样一种信念,即国家会遵守法律,因为对自身利益的开明理解和公众舆论的压力,这"应该是对文明国家的充分约束,就像它应该在文明国家内部一样"。F. H. Hinsley, *Power and the Pursuit of Peace*(Cambridge: Cambridge University Press, 1963), p.87.

10. 这种观点的谱系可以追溯到更早的几个世纪。一个特别重要的陈述是伯纳德·德·孟德维尔的《蜜蜂寓言》,出版于 1705 年,由一首诗和评论组成,有这样的著名的句子:"于是,每一部分都充满了邪恶/然而大众整个是天堂/和平时受宠,战争时畏惧/他们受到外国人的尊敬/挥霍他们的财富和生命/其他蜂巢的平衡。" Mandeville, *The Fable of the Bees: Or Private Vices, Publick Benefits*, with an introduction by Phillip Harth(London: Penguin, 1989).大卫·休谟在《论议会的独立性》中也得出了类似的结论:"政治作家们把它确立为一种格言,即在制定任何政体和制定宪法的若干制约措施时,每个人都应该被认为是一个无赖,在他的所有行为中,除了个人利益之外别无他求。我们必须以这种利益来统治他,并借此使他,尽管他有贪得无厌的贪婪和野心,也能为公众利益而合作。" Hume, *Essays: Moral, Political and Literary*[1777](Indianapolis: Liberty Fund, 1987), p.42.同样,卢梭在他的《社会契约论》一开始就承诺"接受人的本来面貌和法律的可能面貌"。这些论点最好的理论陈述是在阿尔伯特·赫希曼的著作《激情和利益:资本主义胜利前的政治争论》中,Albert Hirschman, *The Passions and the Interests: Political Arguments for Capitalism before Its Triumph* (Princeton, NJ: Princeton University Press, 1977)。

11. John Robertson, *The Case for the Enlightenment: Scotland and Naples, 1680—1760*(Cambridge: Cambridge University Press, 2005), p.28.

12. 并不是所有启蒙思想都指向对自由或对未来的乐观朝向。见 Isaiah Berlin,

"The Bent Twig," in Berlin, *The Crooked Timber of Humanity*: *Chapters in the History of Ideas*(London: John Murray, 1990), and Berlin, "The Counter-Enlightenment," in Berlin, *Against the Current*: *Essays in the History of Ideas*(Harmondsworth, UK: Penguin, 1982), pp.1—24。

13. Dennis C. Rasmussen, *The Pragmatic Enlightenment*: *Recovering the Liberalism of Hume*, *Smith*, *Montesquieu*, *and Voltaire* (Cambridge: Cambridge University Press, 2014).

14. Peter Gay, *The Enlightenment*: *An Interpretation* (New York: Alfred A. Knopf, 1966), p.179. 玛格丽特·C.雅各布(Margaret C. Jacob)全面描述了18世纪下半叶以来,欧洲和美国殖民者在经历启蒙思想影响后的日常生活方式,使他们能够"想象完全由人类创造的共和政体和民主政体"。Margaret C. Jacob, *The Secular Enlightenment*(Princeton, NJ: Princeton University Press, 2019), p.3.

15. 见 Nils Gilman, *Mandarins of the Future*: *Modernization Theory in Cold War America* (Baltimore: Johns Hopkins University Press, 2003); Clark Kerr, *The Future of Industrial Societies*: *Convergence or Continued Diversity?* (Cambridge, MA: Harvard University Press, 1983); and Shmuel N. Eisenstadt, ed., *Multiple Modernities*(New Brunswick, NJ: Transaction Publishers, 2012)。

16. 自由国际秩序可以而且已经与这些其他种类的秩序共存;事实上,关于在西方或自由民主世界内组织的自由国际秩序是否会导致并依赖于其他地方的帝国主义和帝国,存在着激烈的辩论。一个重要的论说,见 Atul Kohli, *Imperialism and the Developing World*: *How Britain and the United States Shaped the Global Periphery*(Oxford: Oxford University Press, 2020)。

17. 斯密声称,这是自由贸易和商业社会最重要的(但"最少观察到的")效果,这是他在《国富论》第三卷中的最终论点。

18. 这种说法有许多限定条件和复杂因素。进口替代理论认为,有选择地使用保护主义对寻求在关键部门培育国内产业的发展中国家是有益的,这可以使一个国家在长期内更加富裕。例如,19世纪的美国和21世纪的中国。这些见解的现代表述包括斯托尔珀—萨缪尔森定理和更广泛的赫克歇尔—奥林贸易理论。有关梳理,见 Robert Gilpin, *The Political Economy of International Relations*(Princeton, NJ: Princeton University Press, 1987), chap.5。

19. Hirschman, *The Passions and the Interests*.

20. Jeremy Bentham, *An Introduction to the Principles of Morals and Legislation*[1780](Oxford: Clarendon Press, 1907).

21. 这不是一个世界政府的愿景,而是促进合作的规则和制度。孟德斯鸠抓住了这一点,他认为国际法"从本质上讲是建立在这一原则之上的:各国在和平时期应该为对方提供最大的利益,在战争时期应该尽可能地减少伤害,而不损害其真正的利益"。Charles de Secondat, Baron de Montes-quieu, *The Spirit of the Laws*

[1748]，trans. Anne M. Cohler，Basia C. Miller，and Harold S. Stone(Cambridge：Cambridge University Press，1989)，book 1，p.3.

22. John Gerard Ruggie，"Multilateralism：The Anatomy of an Institution，" in Ruggie，ed.，*Multilateralism Matters：The Theory and Praxis of an Institutional Form*(New York：Columbia University Press，1993)，p.11.

23. 这种区别——尽管在现实中很难完全分开——是法治和依法治国之间的区别。自由国际主义者为描述和解释国际规则和机构的功能和效力而提出的具体理论，在不同的时代和思想流派中是不同的。

24. Robert O. Keohane，*After Hegemony：Cooperation and Discord in the World Pol Economy*(Princeton，NJ：Princeton University Press，1984)。

25. John Rawls，*The Law of Peoples*（Cambridge，MA：Harvard University Press，1999），p.35. 对于国内法治与国际司法机制的联系，参见 Ian Hurd，*How to Do Things with International Law*（Princeton，NJ：Princeton University Press，2017)。

26. 参见 G. John Ikenberry，*After Victory：Institutions，Strategic Restraint，and the Rebuilding of Order after Major War*(Princeton，NJ：Princeton University Press，2001)。

27. *Foreign Relations of the United States：Lansing Papers*，Vol.2(Washington，DC：US Department of State，1939—1940)，p.118.感谢托雅·莱欣（Tolya Levshin)的提示。

28. 克拉伦斯·斯特里特(Clarence Streit)写于1938年，他似乎是第一个指出自由民主国家之间维持和平的经验性趋势的现代作家。见 Streit，*Union Now：A Proposal for a Federal Union of the Leading Democracies*（New York：Harper，1938)，pp.90—92。这被多伊尔（Michael W. Doyle)在 "The Voice of the People：Political Theorists on the International Implications of Democracy"一文中注意到，见 Doyle，*Liberal Peace：Selected Essays*（New York：Routledge，2012)，p.123。正如邓肯·贝尔所言，19世纪已经有了对民主国家和平倾向的信念。见 Bell，"Before the Democratic Peace：Racial Utopianism，Empire and the Abolition of War，" *European Journal of International Relations*，Vol.20，No.3(2014)，pp.647—670。

29. Charles Lipson，*Reliable Partners：How Democracies Have Made a Separate Peace*(Princeton，NJ：Princeton University Press，2005)。

30. 与通过定期选举更换领导人的自由民主国家相比，专制国家的领导层往往更加稳定，而这种稳定性在确保国际协议方面是非常有用的。学者们最近开始探讨专制国家参与合作的不同能力，发现一些促进民主国家合作的制度特征（更强的领导人问责制、有限的政策灵活性和更大的透明度)也可以在一些专制国家找到。见 Michaela Mattes and Mariana Rodríguez，"Autocracies and International Cooperation，" *International Studies Quarterly*，Vol.58，No.3(September 2014)，pp.527—

538。最近的一个论点是，威权国家在国内对民族主义抗议的脆弱性，可以被领导人用来在与其他国家，包括民主国家的国际冲突中获得谈判优势。见 Jessica L. Weeks，"Autocratic Audience Costs：Regime Type and Signaling Resolve，" *International Organization*，Vol.62，No.1(2008)，pp.35—64；Weeks，"Strongmen and Straw Men：Authoritarian Regimes and the Initiation of International Conflict，" *American Political Science Review*，Vol.106，No.2(2012)，pp.326—347；and Jessica Chen Weiss，*Powerful Patriots：Nationalist Protest in China's Foreign Relations* (Oxford：Oxford University Press，2014)。

31. Lipson，*Reliable Partners*.

32. 参见，如 David Lake，"Power Pacifists：Democratic States and War，" *American Political Science Review*，Vol.46，No.1(March 1992)，pp.24—37。

33. 参见 Michael W. Doyle，"Liberalism and World Politics，" *American Political Science Review*，Vol.80，No.4(December 1986)，pp.1151—1169。该文认为，民主国家的行为是基于对彼此的"友好假设"和对独裁政权的"敌意假设"。

34. 有关西方自由民主国家在 19 世纪的"团结"，见 Frank Thistlethwaite，*America and the Atlantic Community：Anglo-American Aspects，1790—1850* (New York：Harper Torchbooks，1963)；Robert Kelley，*The Transatlantic Persuasion：The Liberal-Democratic Mind in the Age of Gladstone* (New York：Knopf，1969)；and John M. Owen，*Liberal Peace，Liberal War：American Politics and International Security* (Princeton，NJ：Princeton University Press，1997)。

35. Michael W. Doyle，"Kant，Liberal Legacies，and Foreign Affairs，Part I，" in Doyle，*Liberal Peace*，pp.20—21.

36. Daniel Deudney and G. John Ikenberry，"The Nature and Sources of Liberal International Order，" *Review of International Studies*，Vol. 25 (1999)，pp.179—196.另见 Deudney，"The Philadelphian System：Sovereignty，Arms Control，and Balance of Power in the American States-Union，1787—1861，" *International Organization*，Vol.49，No.2(Spring 1995)，pp.191—228；Deudney，"Binding Sovereigns：Authority，Structure，and Geopolitics in Philadelphian Systems，" in *State Sovereignty as Social Construct*，ed. Thomas Biersteiker and Cynthia Weber (New York：Cambridge University Press，1996)，pp. 190—239；Deudney，*Bounding Power：Republican Security Theory from the Polis to the Global Village* (Princeton，NJ：Princeton University Press，2007)；and Ikenberry，*After Victory*，chap.1。

37. Paul W. Schroeder，"Alliances：1815—1945：Weapons of Power and Tools of Management，" in Klaus Knorr，ed.，*Historical Dimensions of National Security Problems* (Lawrence：University Press of Kansas，1975)，p.230.

38. 尽管自由主义国家开创并建立了最详尽的共同约束安全机制，但这是一种在地缘政治对手之间也可以更普遍地采用的策略。这种通过"制度上的牵制"来缓解安全竞争的想法是由英国外交官哈利法克斯伯爵爱德华·伍德在 1927 年给同事罗伯特·塞西尔勋爵的一封信中提出的,当时涉及的是英国与苏俄的关系。"如果你能帮助,不要让内阁与苏俄决裂。我看不出这有什么好处,而且我有一种不安的感觉,在整个俄国问题中,有一些东西没有清楚地展示给那些想要突然断绝一切关系的人。也许你永远不会通过呼吁采用正确的国际关系思想来改变俄国,但这个过程会慢得多,只有当俄国本身不再想成为所有人的麻烦时才会出现,而这又只有在它通过贸易和其他方式摆脱了孤立状态时才会出现。如果你站在离一匹马足够远的地方,它可以给你有伤害力的一脚;但如果你在一辆铁路货车的十几匹马中,它们就无法伤害你。"Halifax to Cecil,6 April 1927,Add MS 51084,Cecil of Chelwood Papers,British Library(强调是后加的)。我很感谢托利亚·列夫申的提醒。

39. Karl Deutsch et al., *Political Community and the North Atlantic Area: International Organization in the Light of Historical Experience* (Princeton, NJ: Princeton University Press, 1957). 另见 Emanuel Adler and Michael Barnett, *Security Communities*(Cambridge: Cambridge University Press, 1998)。

40. Hedley Bull, *The Anarchical Society: A Study of Order in World Politics* (London: Macmillan, 1977), p.4.

41. John Gerard Ruggie, "International Regimes, Transactions and Change: Embedded Liberalism in the Postwar Economic Order," *International Organization*, Vol.36, No.2(1982), pp.379—415.

42. 中国今天可能处于这样的地位:寻求参与部分自由国际秩序,但又担心并试图防范其对国内统治的"腐蚀"作用。见 Thomas Christensen, *The China Challenge: Shaping the Choices of a Rising Power*(New York: Norton, 2015)。

43. E. H. Carr, *The Twenty Years' Crisis, 1919—1930: An Introduction to the Study of International Relations*(London: Macmillan, 1951), pp.22—23, 27.

44. 马丁·怀特对"理性主义"的描述抓住了自由国际主义的这种改革精神,他将其与现实主义和革命主义区分开来。见 Wight, *International Theory: The Three Traditions*(Leicester: Leicester University Press, 1991)。

45. 见 G. John Ikenberry, "Liberal Internationalism 3.0: America and the Dilemmas of Liberal World Order," *Perspectives on Politics*, Vol.7, No.1(March 2009), pp.71—87。

46. 对于主权的多维度,参见 Stephen Krasner, *Sovereignty: Organized Hypocrisy* (Princeton, NJ: Princeton University Press, 1999)。

47. 参见 David Lake, *Hierarchy in International Relations* (Ithaca, NY: Cornell University Press, 2009); and Ian Clark, *The Hierarchy of States: Reform and Resistance in the International Order*(Cambridge: Cambridge University Press, 2009)。

48. 见 Josiah Ober, "The Original Meaning of 'Democracy'," *Constellations*, Vol.15, No.1(2008), pp.3—9。民主一词作为一种制度形式的描述,出现在 16、17 世纪法国的让·博丹和英国的托马斯·霍布斯等思想家的作品中,他们都是绝对主义君主制的捍卫者。

49. 自由主义者(liberal)这个词的词根是拉丁语中的 liber,指自由人,与奴隶相对。

50. 共和主义政治理论的传统从古代的波利比乌斯到文艺复兴时期的马基雅维利,再到 18 世纪中期的孟德斯鸠,以及美国建国时期的杰斐逊、麦迪逊和亚当斯。见 Montesquieu, *The Spirit of the Laws*。该传统的主要现代理论家对其的重述,参见 Philip Pettit, *On the People's Terms: A Republican Theory and Model of Democracy*(Cambridge: Cambridge University Press, 2012)。

51. 自由民主是一种概念上的混合,它的两个部分——自由主义和民主——并不必然是相伴的。事实上,它们经常处于紧张状态。自由主义指的是个人权利和对国家权力的司法限制原则,而民主指的是人民主权和多数统治原则。国家可以是民主的,领导人通过民众投票获得职位,但国家缺乏法治和宪法对政府权力的制约。这就是所谓"非自由民主"——今天,这种类型的政权可以在俄罗斯、埃及和土耳其等国找到。相反,国家可以有自由主义的特征——法治和宪法,但缺乏竞争性选举民主的制度。新加坡就倾向于这个方向。然而,在现代社会,自由主义和民主——至少在最近——往往是相伴而生的。无论是"共和国"还是"自由民主",这些政体都在代议制民主和保护权利、约束国家的制度之间寻求平衡,尽管这种平衡是不稳定的。参见 Yascha Mounk, *The People vs. Democracy: Why Our Freedom is in Danger and How to Save It*(Cambridge, MA: Harvard University Press, 2018); and Fareed Zakaria, *The Future of Freedom: Illiberal Democracy at Home and Abroad*(New York: Norton, 2007)。

52. 英国既没有正式的三权分立,也没有独立的司法机构,但其议会机构和规范的运作是为了划分和限制国家权力。关于英国政治制度中分权和有限政府的逻辑和意义的经典表述,见孟德斯鸠的《论法的精神》第 11 卷。

53. 正如迈克尔·多伊尔所观察到的,在自由民主国家,财产可以"通过个人获取(例如劳动)或社会协议或社会效用来证明其合理性"。国家社会主义和国家资本主义不在这个定义之内。Doyle, *Ways of War and Peace: Realism, Liberalism, and Socialism* (New York: Norton, 1997), p.207.

54. Alexis de Tocqueville, *Democracy in America*, 2 vols.(New York: Vintage Books, 1945).

55. Thomas Paine, *The Rights of Man, Common Sense, and Other Political Writings*, ed. Mark Philip(Oxford: Oxford University Press, 1995).

56. 美国 1776 年的《独立宣言》和 1787 年的《宪法》都没有提到民主一词。在这一时期,代议制一词通常被用来描述代议制政府,而民主仍然是一个与直接民众统治相关的标签。迟至 1819 年,詹姆斯·密尔(James Mill)中把"代议制"描述为"现代的重大发现"。此后不久,代议制一词就成了民主制的同义词。密尔的文章重印收入 James Mill, *Political Writings*, ed. Terence Ball(Cambridge: Cambridge University Press, 1992)。

57. 历史学家赫伯特·费雪(Herbert Fisher)捕捉到了美国和法国革命之后的多方面和持续的斗争:"自由精神有多种形式,米拉波的宪政主义,丹东的革命,席勒、雪莱和拉马丁的浪漫,马兹尼的预言,孔多塞和密尔是知识分子,科布登和卡沃尔是实践者,科克伦和加里波第则是好战和冒险的人,但一旦被唤起,它就开始了一场至今仍未结束的竞逐。在法国大革命的罪行和拿破仑的恐怖下幸存,它在 19 世纪末成功地在除俄国以外的每一个重要的欧洲国家建立了议会机构。"Fisher, *A History of Europe*(London: Edward Arnold, 1945), p.791.

58. William McNeill, *A World History*(New York: Oxford University Press, 1967), p.409.

59. David Armitage, *The Declaration of Independence: A Global History*(Cambridge, MA: Harvard University Press, 2008).

60. Christopher Hobson, *The Rise of Democracy: Revolution, War and Transformations in International Politics since 1776* (Edinburgh: University of Edinburgh Press, 2015). 另见 Francis Fukuyama, *Political Order and Political Decay: From the Industrial Revolution to the Globalization of Democracy*(New York: Farrar, Straus and Giroux, 2014), chaps. 27 and 28。对主权国家在国际社会中更深层次和更长时段的身份和目的问题的探索,参见 Christian Reus-Smit, *The Moral Purpose of the State: Culture, Social Identity, and Institutional Rationality in International Relations*(Ithaca, NY: Cornell University Press, 1999)。

61. 引自 James T. Kloppenberg, *Toward Democracy: The Struggle for Self-Rule in European and American Thought*(New York: Oxford University Press, 2016), p.753。

62. 引自 Margaret MacMillan, *The War That Ended Peace: The Road to 1914*(New York: Norton, 2013), p.33。

63. James Mayall, "Democracy and International Society," *International Affairs*, Vol.64, No.1(2000), p.64.

64. 这些民主和共和的宪制理想可以追溯到更早的时代(包括意大利文艺复兴时期)关于政体的理念,其中统治不是基于遗传或神圣的授权,而是基于促进人民的普遍福祉和城市的荣耀。见 J. G. A. Pocock, *The Machiavellian Moment: Florentine Political Thought and the Atlantic Republican Tradition*(Princeton, NJ: Princeton University Press, 1975); and Quentin Skinner, *Liberty before Liberalism* (Cambridge: Cambridge University Press, 1998)。

65. 见 Seva Gunitsky, "Democracy's Future: Riding the Hegemonic Wave,"

Washington Quarterly, Vol.41, No.2(Summer 2018), pp.115—135; Gunitsky, *Aftershocks: Great Powers and Domestic Reforms in the Twentieth Century*(Princeton, NJ: Princeton University Press, 2017); and Samuel Huntington, *The Third Wave: Democratization in the Late 20th Century*(Norman: University of Oklahoma Press, 1993)。

66. 见 Freedom House's *Freedom in the World 2000*, https:/freedom-world/freedom-world-2000。自由国家是那些表现出高度政治和经济自由以及尊重公民自由的国家。在 2020 年的年度调查中,自由之家报告说,全世界政治权利和公民自由的平均得分在 2005 年达到高峰后逐年下降。分数下降最多的是"第三波"民主国家。尽管全球平均水平有所减弱,但 2019 年仍有 86 个国家,即世界总数的约 44%,符合"自由"标准。

67. Carles Boix, "Democracy, Development, and the International System," *American Political Science Review*, Vol.105, No.4(November 2011), pp.809—828. 对大国关系等级、战后安排、政权特征和民主和平之间关系的分解,请见 Patrick J. McDonald, "Great Powers, Hierarchy, and Endogenous Regimes: Rethinking the Domestic Causes of Peace," *International Organization*, Vol.69, No.3(2015), pp.557—588。

68. 见 Boix, "Democracy, Development, and the International System." 塞瓦·古尼茨基(Seva Gunitsky)还追溯了民主和威权浪潮在霸权权力分配中的变化,强调了经济萧条和世界大战的动荡所起的作用,这些动荡产生了"影响世界各地许多国家的改革爆发"。Gunitsky, "Democracy's Future," p.117.

69. 一些学者用"蛋托"或"蛋盒"的比喻来描述各国如何寻求组织国际秩序。菅波英美(Hidemi Suganami)和后来的约翰·文森特,两位英国学派传统的学者,提出了国际社会的"蛋盒"观:"国家/国内社会是鸡蛋,里面充满了营养物质,国际体系(或'国际社会')的主要作用是将它们安全地隔离在各自的壳(或边界)中,这样一个鸡蛋就不会压碎另一个。"与菅波英美的电子邮件通信。另见文森特的讨论,见 John Vincent, *Human Rights and International Relations*(Cambridge: Cambridge University Press, 1987), p.123; 以及 Robert Jackson, "Martin Wight, International Theory and the Good Life," *Millennium*, Vol.19(1990), p.267. 正如尼古拉斯·惠勒(Nicholas Wheeler)所言,国际关系的"台球"比喻将各国视为在台球桌上相互碰撞的硬壳实体,与此相反,国际社会的"蛋盒"概念是"主权国家是鸡蛋,这个盒子代表的是国际社会,它的目的是'隔离和缓冲,而不是采取行动'"。Wheeler, "Guardian Angel or Global Gangster: A Review of the Ethical Claims of International Society," *Political Studies*, Vol.44(1996), p.126.丹尼尔·德尼(Daniel Deudney)用"蛋盒"这个比喻来描述共和国家的安全理论,以及构建国际机制以合作孤立和保护它们的核能力所面临的挑战。参见 Deudney, *Bounding Powers: Republican Security Theory from the Polis to the Global Village*(Princeton, NJ: Princeton University

Press，2007）。

70. 大量文献探讨了自由民主对于战争及国际合作的影响，对其主要主张，参见 Doyle，*Ways of War and Peace*；and John M. Owen，*Liberal Peace，Liberal War：American Politics and International Security*（Ithaca，NY：Cornell University Press，1997）。对这个辩论的考察，参见 Dan Reiter，"Is Democracy a Cause of Peace?，" in *Politics*（Oxford：Oxford Research Encyclopedia，2017），https://oxfordre.com/politics/view/10.1093/acrefore/9780190228637.001.0001/acrefore-9780190228637-e-287。

71. Barry Buzan，"From International System to International Society：Structural Realism and Regime Theory Meet the English School，" *International Organization*，Vol.47，No.3（Summer 1993），p.351.

72. 厄内斯特·哈斯将这个演进中的政治存在称为"自由民族主义"（liberal nationalism）。见 Haas，Nationalism，*Liberalism，and Progress：The Rise and Decline of Nationalism*（Ithaca，NY：Cornell University Press，1997）。

73. 杰弗里·M.克维罗斯（Jeffrey M. Chwieroth）和安德鲁·沃尔特（Andrew Walter）阐明了民主政体的兴起与银行和金融领域的国际冲突和合作之间不断发展和充满矛盾的联系。他们研究了自 19 世纪以来的银行危机，发现了一个民主的"财富效应"。在经济资产不断增长的民主国家中，中产阶级的长期崛起产生了"巨大的期望"，即他们的政府将负责保护这些财富，导致这些政府在金融危机期间从事越来越广泛和昂贵的金融稳定和救助的努力。民主政治压力造成的不稳定使国际合作更加困难，也更加必要。见 Chwieroth and Walter，*The Wealth Effect：How the Great Expectations of the Middle Class Have Changed the Politics of Banking Crises*（Cambridge：Cambridge University Press，2019）。

74. 阿米蒂奇指出："至少在 19 世纪末之前，以及之后几十年的许多地方，世界上大多数人都生活在领土辽阔、内部多样化、有等级组织的政治社区中，这些社区被称为帝国。"但到了 20 世纪末，"人类现在被分成这么多国家，这是我们政治世界的一个显著特点，但同样重要的是，不再有任何自封的帝国"。David Armitage，*Foundations of Modern International Thought*（Cambridge：Cambridge University Press，2013），p.191. 另见 Hendrik Spruyt，*The Sovereign State and Its Competitors*（Princeton，NJ：Princeton University Press，1994）。

75. 参见 Jennifer Welch，"Empire and Fragmentation，" in Tim Dunne and Christian Reus-Smit，eds.，*The Globalization of International Society*（Oxford：Oxford University Press，2017），pp.145—165；and Daniel Gorman，*The Emergence of International Society in the 1920s*（Cambridge：Cambridge University Press，2012）。

76. Cemil Aydin，"Regions and Empires in the Political History of the Long Nineteenth Century，" in Sebastian Conrad and Jurgen Osterhammel，eds.，*An Emerging Modern World，1750—1870*（Cambridge，MA：Harvard University Press，

2018），p.85.

77. 对于"全球性"是如何由帝国塑造的，参见 Tony Ballantyne and Antoinette Burton，*Empires and the Reach of the Global*，*1870—1945*（Cambridge，MA：Harvard University Press，2012）。

78. Jane Burbank and Frederick Cooper，*Empires in World History：Power and the Politics of Difference*（Princeton，NJ：Princeton University Press，2010），pp.3—4.

79. 对这些历史模式的描述，见 Daniel Deudney and G. John Ikenberry，"America's Impact：The End of Empire and the Globalization of the Westphalian System"（unpublished paper，2016）。

80. 诸多讨论中，可参见 John A. Hall，*Powers and Liberties：The Causes and Consequences ofthe Rise of the West*（Berkeley：University of California Press，1986）；and Walter Scheidel，*Escape from Rome：The Failure of Empire and the Road to Prosperity*（Princeton，NJ：Princeton University Press，2019）。

81. 对威斯伐利亚国家体系的描述，见 F. H. Hinsley，*Power and the Pursuit of Peace*（Cambridge：Cambridge University Press，1963）；and Hedley Bull，*The Anarchical Society：A Study of Order in World Politics*（London：Macmillian，1977）。

82. 关于殖民开拓者，参见 Duncan Bell，*Reordering the World：Essays on Liberalism and Empire*（Princeton，NJ：Princeton University Press，2016）。

83. 欧洲民族国家的崛起和欧洲帝国在全球范围内的崛起有着深刻的联系。在拿破仑战争之后的时期,欧洲国家越来越多地成为民族国家,其公民群体积极支持帝国。塞米尔·艾丁(Cemil Aydin)认为:"在这个帝国扩张的时期,欧洲也出现了活跃的公众,他们在各种参与性的过程中把帝国当作自己的国家,部分是以民族主义和爱国主义的名义。"在欧洲帝国的大都市中心,民族主义、基督教和种族主义创造了追求帝国的选民和冲动。见 Aydin，"Regions and Empires in the Political History of the Long Nineteenth Century," in Conrad and Osterhammel，*An Emerging Modern World*，*1750—1870*，p.112.

84. Edward Keene，*Beyond the Anarchical Society：Grotius，Colonialism and Order in World Politics*（Cambridge：Cambridge University Press，2002），p.6.

85. 参见 Andreas Wimmer and Yuval Feinstein，"The Rise of the Nation-State across the World，1816 to 2001," *American Sociological Review*，Vol.75，No.5（2010），pp.764—790。

86. 关于这一主题的发展,参见 Neta Crawford，*Argument and Change in World Politics：Ethics，Decolonization，and Humanitarian Intervention*（Cambridge：Cambridge University Press，2002）。关于威斯伐利亚主权规范在 20 世纪非殖民化斗争中的角色,参见 Jan C. Jansen and Jürgen Osterhammel，*Decolonization：A*

Short History(Princeton，NJ：Princeton University Press，2019)。

87. 我在第七章讨论了这一主题。

88. 关于西方世界安全相互依赖性的深化，参见 Michael Howard，*War in European History*(Oxford：Oxford University Press，2009)。关于安全相互依赖与经济相互依赖的互动，参见 Frederick Hinsley，"The Rise and Fall of the Modern International System," *Review of International Studies*，Vol. 8，No. 1 (1982)，pp.1—8。

89. 最近对工业革命的历史处理强调了它的全球特征，以及在英国勃兴之前的几个世纪里，整个欧亚大陆的农业文明是如何在市场、技术和生产活动中经历进化转变的。贝利将这些世界性的转变称为"工业化革命"。见 C. A. Bayly，*The Birth of the Modern World*，*1780—1914*(Oxford：Blackwell，2004)，chap.2。

90. 相关记录，参见 Peter Mathias，*The First Industrial Nation：An Economic History of Britain*，*1700—1914*(London：Methuen，1969)；Eric J. Hobsbawm，*Industry and Empire*(London：Penguin 1990)；and Michael W. Flinn，*Origins of the Industrial Revolution*(London：Longman，1966)。

91. Barry Buzan and George Lawson，*The Global Transformation：History，Modernity and the Making of International Relations*(Cambridge：Cambridge University Press，2015)，p.33.

92. 关于工业革命的全球诸维度，参见 Bayly，*The Birth of the Modern World*，*1780—1914*，chap.5。

93. Ian Morris，*Why the West Rules—For Now：The Patterns of History and What They Reveal about the Future*(New York：Farrar，Straus and Giroux，2010)，p.503.

94. 1881 年，英国 44% 的劳动者受雇从事工业生产，同期美国为 26%，德国为 36%。

95. Bayly，*The Birth of the Modern World*，*1780—1914*，p.238.

96. 参见 Jeffry Frieden，*Global Capitalism：Its Fall and Rise in the Twentieth Century*(New York：Norton，2006)，p.395。

97. Steve Biddle，*Military Power：Explaining Victory and Defeat in Modern Battle*(Princeton，NJ：Princeton University Press，2006).

98. Trevor N. Dupuy，*The Evolution of Weapons and Warfare*(Indianapolis：Bobbs-Merrill，1981). 另参见 Archer Jones，*The Art of War in the Western World*(Champaign-Urbana：University of Illinois Press，2000)。

99. Robert Keohane and Joseph Nye，*Power and Interdependence：World Politics in Transition*(Boston：Little，Brown，1977)；Barry Buzan and Richard Little，*International Systems in World History*(Oxford：Oxford University Press，2000)；Barry Buzan，Charles Jones，and Richard Little，*The Logic of Anarchy：*

Neorealism to Structural Realism（New York：Columbia University Press，1993）；and John Gerard Ruggie，"Continuity and Transformation in the World Polity：Toward a Neorealist Synthesis，"*World Politics*，Vol.35，No.2(1983)，pp.261—285.

100. Buzan and Lawson，*The Global Transformation*，p.69.

101. 关于重要的功能主义早期研究，参见 Leonard Woolf，*International Government*（New York：Brentano's，1916）；and David Mitrany，*A Working Peace System：An Argument for the Functional Development of International Organization*（London：Royal Institute of International Affairs，1943）。

102. 时间的标准化无疑是现代世界出现的最重要标志之一。正如凡妮莎·奥格尔（Vanessa Ogle）所说："在一个艰巨而漫长的过程中，地方时间被废除，取而代之的是时区和全国范围内的平均时间；公历传播到非西方世界的部分地区；时间最终从自然和农业节奏中分离出来，取而代之的是更加抽象的特质，一个可以嫁接到自然节奏上的网格；时间越来越与职业概念联系起来——工作时间、休闲时间、娱乐时间、获得有用知识的时间。"Ogle，*The Global Transformation of Time*，*1870—1950*（Cambridge，MA：Harvard University Press，2015），pp.1—2.

103. 正如约翰·达尔文（John Darwin）所观察到的，"文化和大陆之间长期的平衡被打破了"，欧洲国家"第一次获得了对欧亚大陆其他地区的绝对领先地位，并获得了将其力量投射到亚洲大帝国腹地的手段"。Darwin，*After Tamerlane：The Rise and Fall of Global Empires*，*1400—2000*（New York：Bloomsbury，2008），p.160. 另见 Kenneth Pomeranz，*The Great Divergence：China，Europe，and the Making of the Modern World Economy*（Princeton，NJ：Princeton University Press，2000）。

104. David Cannadine，*Victorious Century：The United Kingdom*，*1800—1906*（New York：Viking，2017），p.45.

105. 参见 John R. Ferris，"'The Greatest Power on Earth'：Great Britain in the 1920s，"*International History Review*，Vol. 13，No. 4（November 1991），pp.726—750。

106. 一个新的历史描绘，见 A. G. Hopkins，*American Empire：A Global History*（Princeton，NJ：Princeton University Press，2018）。

107. Paul Kennedy，*The Rise and Fall of the Great Powers：Economic Change and Military Conflict from 1500 to 2000*（New York：Random House，1987），p.243.

108. 有关英美霸权时代间的承继与并列关系，见 Joseph Nye，*Bound to Lead：The Changing Nature of American Power*（New York：Basic Books，1990）；Patrick Karl O'Brien and Armand Cleese，eds.，*Two Hegemonies：Britain 1846—1914 and the United States 1941—2001*（Aldershot：Ashgate，2002）；Julian Go，*Patterns of Empire：The British and American Empires，1688 to the Present*（New York：Cam-

bridge University Press，2011）；and Kori Schake，*Safe Passage：The Transition from British to American Hegemony*（Cambridge，MA：Harvard University Press，2017）。

109. 对这个战后秩序构建的逻辑和模式的讨论，见 G. John Ikenberry，*After Victory：Institutions，Strategic Restraint，and the Rebuilding of Order after Major War*（Princeton，NJ：Princeton University Press，2001）。

110. 见 Carr，*The Twenty Years' Crisis，1919—1930；Robert Gilpin，War and Change in World Politics*（Cambridge：Cambridge University Press，1981）；William Wohlforth，"The Stability of a Unipolar World，" *International Security*，Vol.24，No.1(1999)，pp.5—41；and Stephen D. Brooks and Wohlforth，*The World Out of Balance：International Relations and the Challenge of American Primacy*（Princeton，NJ：Princeton University Press，2008）。

111. 对这些辩论的梳理，见 Charles S. Maier，*Among Empires：American Ascendancy and Its Predecessors*（Cambridge，MA：Harvard University Press，2006）。

112. 经典表达有 John Gallagher and Ronald Robinson，"The Imperialism of Free Trade，" *Economic History Review*，Vol.6，No.1（1953），pp.1—15. 另见 Gallagher's Ford Lectures，*The Decline，Revival，and Fall of the British Empire*（Cambridge：Cambridge University Press，1982）；and Ronald Hyam，"The Primacy of Geopolitics：The Dynamics of British Imperial Policy，1763—1963，" *Journal of Imperial and Commonwealth Studies*，Vol.27，No.2(1999)，pp.27—52。

113. John Lewis Gaddis，*Strategies of Containment：A Critical Appraisal of Postwar American National Security Policy*（Oxford：Oxford University Press，1982）.

114. 鲁杰在他经典论述中指出："美国霸权的事实……在第二次世界大战后是决定性的，但这不仅是美国霸权。"Ruggie，"Multilateralism at Century's End，" in *Constructing the World Polity：Essays on International Institutionalisation*（New York：Routledge，1998），p.127.

第三章　国际主义的 19 世纪起源

自由国际主义诞生于 19 世纪，到该世纪末，它已开始形成一个可识别的思想流派——关于组织国际关系的一组独特的思想和议程。这一传统的思想根源可以追溯到启蒙运动以及 18 世纪末和 19 世纪初的民主革命时代。正如外交官、活动家、思想家、商人、和平活动家、法学家和许多其他人所表达的那样，它的政治根源可以追溯到 19 世纪中期欧洲"国际主义"的兴起。一个更古老的国际主义理念——努力建立规则、制度和关系，将不同领土的政体和人民联系起来——可以追溯到几个世纪前。但在 19 世纪，以西方民主世界为中心，国际主义作为一个越来越独特、自觉和有组织的活动领域出现。国家和社会正在现代化，日益强大，并扩大其帝国和商业边疆。现代国际主义是这个转变时代的产物。

国际主义在许多方面是作为现代民族国家意识形态的民族主义的孪生兄弟，后者也是在 19 世纪作为政治运动出现的。一个"民族"或"人民"被认为是政治统治和领土国家的合法基础。在这个意义上，民族主义和国际主义是竞争对手，是意识形态上的替代方案，是人民政治忠诚对象的竞争者。民族主义提倡将人群划分为种族、文化和地理集团，而国际主义则倡导在合作中克服这些差异。然而，从更深刻的意义上说，民族主义和国际主义是同一枚硬币的两面。"无论赋予它什么样的意义,国际主义的意义在逻辑上取决于某种事先的对于民族主义的定义,"佩里·安德森(Perry Anderson)指出,"因为它只有在作出与民族主义相反的解释时才得到普遍认可。"[1]但这两种思想之间的关系并非如此线性化:它们一起发展。现代民族主义是随欧洲国家体系的建立出现的。它在一个更广阔的国家和民族的世界中定义了身份和忠诚。而国际主义则是作为对民族主义和形成中的民族国家世界的回应而出现的。所有类型的国际主义都包含了在一个由人民、民族和国家组成的世界中建立合作关系和团结纽带的努力。

19 世纪自由民主的兴起加强了民族主义和国际主义之间的联系。自由民主既是一项国家工程也是一项国际事业。自由民主制度是国家的,是在领土型民族国家(territorial nation-state)的框架内建立的。正如约翰·斯图尔特·密尔(John Stuart Mill)和朱塞佩·马志尼(Giuseppe Mazzini)等思想家所主张的那样,政治权利和保护应该在国家内部得到保障。在整个 19 世纪,争取自由民主的斗争与国家建设和民族自治的运动紧密相连。但自由民主,源于其启蒙运动的普遍主义愿望,也有一个国际层面的内容。它的制度和理想是以一个贸易、交流和共同体不断拓展的世界为前提。公民社会——自由民主的支柱——提供了对外部世界的开放和联系。此外,自由民主——它的共和体制和开放社会——是脆弱的创造,它对地缘政治力量的脆弱性促使其产生了建立一个保护性国际秩序的动机。

在 19 世纪,国际主义已不仅是一套跨越国界的多样化活动。它成为世界政治的一个有组织的活动领域,为 20 世纪自由国际主义的宏伟计划搭建了桥梁。正如马克·马佐沃(Mark Mazower)所说,到 19 世纪中期,国际主义已成为一种"主义","这一激进的计划与职业和资产阶级、制造业和商业的兴起密切相关,也与它们以强大的社会哲学形式的意识形态表达密切相关,这种社会哲学是在后拿破仑复辟时期首次出现的"[2]。作为一种意识形态和政治活动,国际主义既依赖于也有助于在国际社会中创建新项目和野心。这个世界随着

1914 年世界战争的到来崩溃了。但随后建立和平和秩序的工作,由伍德罗·威尔逊和他的英美及欧洲大陆的同时代人所领导,这一工作建立在早期的国际主义思想和运动基础上。[3]

正是从这些不断演进的国际主义分支——商业的、法律的、社会的、功能的和其他的——中,自由国际主义作为一项政治工程被凝聚起来。第一次世界大战后,伍德罗·威尔逊等人在凡尔赛促成了这个工程的首次亮相。具有讽刺意味的是,正是在有史以来最激烈的战争之后,当和平的世界秩序看起来最遥不可及的时候,自由国际主义才开始了它的时代。

本章提出三个论点。首先,国际主义有很多种类,其中只有一些可以被描述为自由主义。区分另外两种是很有意义的,即帝国型国际主义和威斯特伐利亚型国际主义。它们各自建立在世界政治秩序的两种基本形式之上:帝国和民族国家。帝国型国际主义可以被定义为帝国为支持其帝国项目而建立国际规则、关系和制度的努力。国际主义体现在帝国在更广泛的国际体系中使帝国秩序制度化和永久化的努力。在 19 世纪,这种类型的帝国国际主义表现在欧洲帝国间的合作协议,以稳定它们的全球地位。在 20 世纪,国联和联合国可以被看作欧洲国家——特别是英国——收缩其衰弱的帝国并使之重新正当化而做出的努力。

威斯特伐利亚型国际主义是主权民族国家之间的合作。它体现在关于主权国家体系的规范和制度的基础性协议,以及在安全、经济和全球公域组织等领域更具体的功能协议。19 世纪自由国际主义的各种流派都建立在这两种基本秩序的基础上并与之相联系。在 20 世纪,随着欧洲帝国的衰弱和解体,以及美国崛起为全球主导力量,自由国际主义越来越倾向于将其努力建立在一个不断扩大的威斯特伐利亚国家体系的基础上。

其次,自由国际主义的早期分支是随着西方自由民主的崛起而出现的。它反映在各种不同的、松散的思想和运动中,目的是在自由民主的世界中建立商业、法律、社会和功能上的联系。其中一些运动体现了关于自由贸易和有限政府的古典自由主义思想,而另一些则具有更进步的社会目标。一些国际主义者认为他们的努力主要是"调控"(regulatory)性质的,构建规则和制度以促进国家间更和平和有效的交易。其他国际主义者对全球秩序持有更多的"修正主义"目标,寻求建立超国家机构,促进自由国家内部和之间进步的社会和政治变革。[4]一些自由主义者试图通过贸易、法律和制度方面的国际改革来推动和平事业,而另一些人则认为,稳定的和平需要社会内部的变革,首先是自由民主本身的重置。自由贸易者、和平协会以及各种法律和社会国际主义运动提出了关于规则和制度机制的想法,以组织和管理一个迅速扩大和相互依存的国际社会。这些国际主义团体与 19 世纪的其他类型的国际运动,如各种激进的社会主义和工人运动相共存。

最后,到了 19 世纪末,这些不同的国际主义线索越来越多地与一个更广泛的改革全球秩序的议程相结合,开放的商业关系、仲裁机制、代议和司法机构,以及详细的国际规则和规范都被视为是其中必不可少的元素。如伊尼斯·克劳德(Inis Claude)所说,19 世纪"带来了国家的不断扩散和巩固,特别是在日益增长的民族主义的影响下,以及一种以技术为基础的联系模式的出现,这种联系在范围和强度上都是前所未有的,世界局势为国际组织的出现做了准备"[5]。现代化中的自由民主国家和日益增长的相互依存关系组成的世界需要一个新的规范和制度架构来指导关系。在 19 世纪末,国际活动家和思想家已可瞥见一个开放和基于规则的国际秩序的轮廓,其中主权国家将在多边论坛上相互接触,以解决争端和处理共同问题。

帝国、民族国家和自由国际主义

自由国际主义是在帝国和民族国家不断变化的版图中产生的。

欧洲帝国在 19 世纪主宰了世界,随着它们在全球范围内的扩展,它们变得更强大和具有竞争力。与此同时,在欧洲以及西方世界,民族国家正在获得一个政治立足点,并形成威斯特伐利亚国家体系的核心。在大多数情况下,欧洲大国同时扮演着两种角色——在西方内部巩固民族国家体系,同时在外部建立帝国。正如爱德华·基恩(Edward Keene)所说:"在欧洲内部,国际秩序的主要目的是通过对其他政治制度、文化和生活方式的宽容来促进多元文化世界的和平共处。然而,在欧洲以外,国际秩序致力于一个完全不同的目的:促进文明。"[6]可以想象一个完全建立在这种或那种深厚基础上的世界——帝国的世界或民族国家的世界。但直到 20 世纪的最后几十年,这两种类型的秩序——帝国等级制度和威斯特伐利亚的无政府状态——都在复杂、混合的政治形态中共存。[7]

帝国和民族国家体现了组织地缘政治空间的不同逻辑。作为一种理想形态的帝国,表现出一种"轴辐"(hub-and-spoke)的组织逻辑,其中一个中心对较弱的民族和社会实行控制。它在或多或少封闭的等级空间内组织国际关系。集团、区域和势力范围是帝国秩序的空间标志。[8]与此相反,作为一种理想类型的(民)族国家体系,组织了围绕着主权国家和形式上平等的单位间的开放和多边互动的国际关系。这就是威斯特伐利亚秩序的逻辑。它建立在民族国家基础上,尤根·奥斯特哈默(Jürgen Osterhammel)将其描述为一种"特殊的国家组织,它在 19 世纪首次出现,并开始犹疑不定地、不平衡地在世界各地传播"[9]。

当然,这两种形式的秩序都与它们的理想类型有很大不同。帝国多多少少是正式的、僵硬固化的等级制度。它们的中心使用不同的技术,施加不同程度的强制控制。非正式的帝国体现在商业和金融统治中,几乎没有公开的等级。[10]国家体系在规则和共同理解在多大程度上指导各单位之间的交往也有所不同。[11]威斯特伐利亚秩序以不同程度的等级制度为标志。当主权国家之间存在巨大的力量差异时,例如在第二次世界大战后美国主导的自由民主世界,这种秩序就更具有霸权性。[12]虽然非正式帝国和霸权形态比它们所属的理想类型更难区分,但它们之间的关键区别在于对第三方的开放程度。也就是说,围绕帝国建立的秩序与围绕威斯特伐利亚国家体系建立的秩序的区别在于"排他性"——帝国政府有能力拒绝外部国家或帝国接触帝国内的族群(peoples)和社会。[13]

自由国际主义与这两种秩序的基本逻辑有什么关系? 它们之间的联系既亲密又复杂。自由国际主义是西方自由民主国家在漫长的19世纪所推动的一系列活动,这些国家同时在建立帝国和威斯特伐利亚体系。将帝国、民族国家和自由国际主义视为国际秩序的三种类型是有益的,每一种都有自己的想法和议程。自由国际主义体现了一个组织国际关系的"项目"或项目群,但帝国和民族国家也是如此。帝国和威斯特伐利亚体系体现了国际关系的基本单位或构件,而自由国际主义在这两个单位基础上开展了其活动。结果,它采取了各种混合或杂交的形式。

每种形式的排序都体现了一种国际主义的类型。国际主义可以被理解为这些类型的秩序的能动者——帝国、民族国家和自由民主国家——为建立制度和合作关系以加强这些实体的地位或立场而进行的活动。[14]如按伍德罗·威尔逊的名言,自由国际主义是使世界对民主安全的事业——这意味着以加强自由民主国家的前景和地位的方式建立一个国际秩序——那么"帝国国际主义"也可以有类似的说法:它是一个使世界对帝国安全的事业。"威斯特伐利亚型国际主义"是使世界对威斯特伐利亚国家体系安全的事业。这些国际主义中的每一种都是一种"自我加强"的活动,通过制定国际规则和制度建设来实现。[15]

帝国秩序、威斯特伐利亚秩序和自由主义国际秩序都带有创造国际规则、制度和安排的想法和计划,以支持其独特的组织形式。在某些时间和地点,自由国际主义建立在帝国之上或适应于帝国,表现为帝国型国际主义。在其他时间和地点，它建立在威斯特伐利亚秩序的基础上或适应于威斯特伐利亚秩序，表现为威斯特伐利亚型国际主义。

自由国际主义努力在这个由帝国和民族国家组成的不断变化的世界中行进，适应了这两种逻辑。进入 20 世纪后，它在二者中都有涉足。自由国际主义的这两个世纪可以被看作是一场长期的斗争，这场斗争关于自由国际主义是否以及以何种方式将自己与这两种基本形式联系起来。经过世界大战和随之而来的全球权力转移，这场斗争在英美世界表现为一场英国和美国之间的较量，英国试图维护其帝国，而美国则试图通过在摇摇欲坠的欧洲帝国秩序的废墟上组织国际空间来建立其主导地位。"排他性控制"（preclusive control）的问题是这场竞争的核心。[16] 到 20 世纪下半叶，自由国际主义已经完全建立在威斯特伐利亚体系的基础逻辑之上了。自由国际主义形成了其现代形式，为围绕着主权国家、政府间主义和对复杂的相互依赖的管理而组织起来的后帝国时代全球体系提供了思想和方案。

帝国型国际主义

几个世纪以来，帝国一直是坚决的全球化者。当帝国的政治都会中心试图维护和推进它们的殖民和帝国事业时，它们进行了侵略性的征服和其他强制形式的秩序建设。现代帝国的历史记录对欧洲帝国在全球体系中进行组织和国际化的多种方式提供了丰富描述。在 19 世纪，欧洲的跨洋帝国为人们通常认为的第一个全球化时代提供了动力——通过铁路、电信和蒸汽船建设了全球基础设施。随着商业经济和帝国代理建立起全球转型和通信的能力，世界的各个角落被连接起来。世界各地的时间、空间和度量衡的标准化是欧洲帝国全球化的产物。[17]

帝国国际主义也推动了国际规范和法律。欧洲国家在西方世界内部的威斯特伐利亚规范与国家主权制度的悠久传统基础上,利用国际法来界定政治等级和划分西方与外部世界之间的区隔。"国际社会"和"文明"成为威斯特伐利亚和帝国领域的边界标识。正如珍妮弗·皮茨(Jennifer Pitts)所言:"国际法以及国际治理结构在重要方面是欧洲帝国扩张历史的产物。"[18] 18 世纪的"万国法"(law of nations)话语为 19 世纪的欧洲商业和帝国扩张提供了法律和规范框架。

更一般地,随着旧帝国世界的衰弱和开始让步,欧洲国家试图维护其对殖民地的占有并使之合法化。19 世纪末的英国思想家,担心帝国竞争并烦恼于民主带来的骚动,他们就各种将大英帝国重塑为联邦体系的方案进行辩论,这样的联邦体系将殖民地和白人定居者社区以新的等级联合的形式联系起来。[19] 在 20 世纪初,英国和其他欧洲国家利用国际联盟——后来是联合国——的规范和制度架构,重新组织并合法化它们与正在向独立转变的殖民地间的帝国关系。这种帝国国际主义体现在国联大会给予印度和英国自治领的单独代表权中,即使它们仍在大英帝国境内;也体现在像国联常设委任统治委员会这样与边缘殖民地直接互动的监督性国际机构的成立中。[20] 它还体现在主权国家和边缘殖民地之间的功能性相互依赖中。

帝国国际主义可以被视为一个重建大英帝国及欧洲帝国秩序并使之合法化的事业,也可以被视为一个为正在摆脱帝国的世界寻找过渡性国际架构形式的事业。马佐沃强调,英国和英联邦的主要领导人将国联理解为重塑和维护大英帝国的工具,他称之为"帝国的国际主义强化"[21]。在这一认识中,英联邦和国联反映了帝国式和自由式国际主义的融合,从而为重新建立和确保英国的帝国控制提供了新的制度形式。其他学者强调帝国国际主义的过渡性——认为它是对帝国等级制度的重塑,以促进其融入威斯特伐利亚和自由国际制度。苏珊·佩德森(Susan Pedersen)在国联的委任统治制度中发现了这种逻辑。"委任统治制度……是一个我们可以称之为'国际化'

的工具——某些政治问题和职能从国家或帝国的范围转移到国际领域的过程。当帝国当权者努力捍卫遭受到挑战的权威时,不是通过行政管理,而是将合法化的工作转移到了日内瓦……我们于是在委任统治体系的历史中重新发现了国际联盟作为地缘政治变革推动者的作用。"[22]

显然,国家官员及其他行为体在寻求将帝国带入多边规则和制度的世界时,有着各自不同的意图。一些人试图重新建立并维护等级制和帝国控制。其他人希望迎来一个后帝国的国际秩序,即使必须通过渐进的制度性步骤来加以实现。无论行为者的意图是什么,结果都遵循自己的逻辑,且往往是以意想不到的途径出现的。帝国国际主义者将帝国嵌入国际规则和制度的举动,为活动家、改革者、知识分子和政治团体创造了平台和工具,以推动他们自己的议程。制度不仅是掌权者的工具。它们也是无权者的盾牌,是政治斗争展开的脚手架。从长远来看,帝国国际主义成为正缓慢出现的 20 世纪后帝国国际秩序的助产士。[23]

威斯特伐利亚型国际主义

民族国家的系谱可以追溯到欧洲早期的现代历史。现代国家体系的起源通常被追溯到 1648 年和解决三十年战争的威斯特伐利亚和平协议。用利奥·格罗斯(Leo Gross)耐人寻味的话语来说,威斯特伐利亚是"从旧世界进入新世界"的"宏伟门户"。[24]但现代民族国家体系只是在 19 世纪才出现。"在 19 世纪,我们才可能第一次谈论一种抛开王朝的考虑,服从于一种抽象的'国家理由'(raison d'état)概念的国际政治,"奥斯特哈默写道,"它的前提是,政治和军事行动的正常单位不是世袭专断的君主,而是一个界定和保卫自己边界的国家,一个不依赖于任何特定领导人格的制度存在。"[25]这是欧洲成为主权民族国家体系的时候,威斯特伐利亚型国际主义可以被视为这些民族国家为建立和加强威斯特伐利亚国家体系的规范和制度架构所做的努力。

威斯特伐利亚型国际主义体现在几个世纪以来为深化和扩展主权国家体系的规范和制度所做的努力。如第二章所指出的,威斯特伐利亚最初的主权和相互承认的概念已经扩大,包括了一套更广泛的规范,如不干涉和不歧视。正如丹尼尔·菲尔波特(Daniel Philpott)所言,这些努力可以被理解为国家间关系中正在发生的革命,建立了国际社会的"宪制"[26]。在这个宪制层面上,威斯特伐利亚的规范和架构在现代大国战争和战后和平解决的动荡中被建立、重建以及扩大。[27]

拿破仑战争后,威斯特伐利亚型国际主义在欧洲大国的规则制定和制度建设中发挥作用。几个世纪前,欧洲就出现了大国集团,但1815年的《维也纳协议》为管理它们的关系创造了一个新的复杂框架。正如詹妮弗·米岑(Jennifer Mitzen)所指出的:"欧洲协调被广泛认为是第一个现代国际安全制度,因此是我们今天所知道的国际治理的先驱。"[28]

协调是组织大国关系的一种新方式,如保罗·施罗德(Paul Schroeder)所言,反映了欧洲精英对稳定政治秩序来源的"思想网络"的认同。它是一套规范、实践和制度安排,用于规范大国之间的冲突。[29]欧洲协调是一个大国俱乐部,自居为欧洲共同体的守护者。欧洲的主要大国对较弱的周边国家拥有支配权,建立"会议外交"作为多边秩序管理的核心。协调制度将欧洲的主要国家变成了"董事会",但正如伊尼斯·克劳德所指出的:"这也意味着一个联合体(corporation)的存在。"[30]"大国"的理念成为一个更具体的现实,而"欧洲"的理念也是如此,它成为威斯特伐利亚型国际主义的化身和载体。

协调制度的运作在1878年柏林会议这个例子上被揭示了出来。在巴尔干地区发生政治动乱后,六个主要欧洲强国与奥斯曼帝国和巴尔干国家的代表走到一起,以结束冲突并确定巴尔干半岛各国的领土。列强试图调解争端，甚至决定向该地区派遣一支国际警察力量（an international police force）以恢复秩序。早些时候，随着1878 年夏天《圣斯特凡诺条约》(Treaty of San Stefano) 的签订，俄国政府进行干预，试图将自己的解决方案强加于人，增强自身在巴尔干的地位。由于认为该条约违反了集体解决领土争端的理念，以英国为首的其他列强进行了干预，在柏林达成了替代性的国际解决方案。伦敦《泰晤士报》将柏林会议誉为协调外交的最高标志，"这是真正的大国议会的第一个例子"[31]。

在这一协调的背后，是关于主权、国家权威和国际法的悠久且不断发展的思想。新东西则是一套加强欧洲列强中心地位的制度结晶。那些保守的君主制国家害怕革命，而大会制度提供了一个框架，使他们能够确认彼此的地位，并合作遏制不稳定的社会和政治力量。然而，具有讽刺意味的是，这种大国稳定为其他国际主义类型的出现和传播创造了条件。20 世纪建立的全球性机构——国际联盟和联合国——是这种威斯特伐利亚型国际主义的继承者，它崇尚国家主权，为民族国家之间的合作指明了道路。

威斯特伐利亚型国际主义最普通的形式是政府间合作。这种国际主义是为解决主权国家的各种问题，无论这些国家是自由民主的、专制的还是共产主义的。[32] 它们都参与了这种威斯特伐利亚型国际主义。进入这种国际主义活动并不取决于你的政体特征，而取决于你履行承诺的能力。[33] 在 19 世纪，威斯特伐利亚型国际主义采取的形式是现代化国家建立外交、商业、政治规则和安排，以促进其不断扩大的全球活动。20 世纪，在国际联盟和联合国的主持下开展的多种形式的政府间合作也遵循了这一逻辑。威斯特伐利亚型国际主义在美国和苏联在冷战期间的军备控制协议中发挥了作用。在1945 年后的时代，多种类型的国家合作对抗疾疫流行，例如在全球范围内成功消灭天花的运动。威斯特伐利亚型国际主义的另一种形式，即通过国际合作来保护全球公共资源和应对气候变化，已经涵盖不同地区和不同政治取向的国家。[34]

自由国际主义在两个方面建立在这种威斯特伐利亚型逻辑之上。首先,在其最直接的意义上,自由国际主义表现为自由民主国家间的合作,这一事业在威斯特伐利亚型基础上得到了很好的支撑。这基本上是由恰巧是自由民主国家的主权国家所追求的政府间主义,它预先假定并依赖于一个有序的、运作良好的威斯特伐利亚体系。自由民主政体间的合作发生在一个更广泛的民族国家体系中,这个体系本身可能是全球性的,也可能与帝国或其他非威斯特伐利亚的政治形式共存。其次,作为一个保护和推进自由民主前景的事业,自由国际主义可以借助促进威斯特伐利亚体系更广泛的发展和巩固来更直接地推进。一个稳定的、不断扩大的威斯特伐利亚体系为自由民主国家提供了各种好处:它提供了一个更加稳定的全球秩序,自由民主的子系统可以在其中运作,它还提供了促进与非自由国家合作的规则和制度。

19 世纪国际主义的多样性

各种各样的国际主义在 19 世纪早期和中期的欧洲和美国蓬勃发展,为新兴自由民主国家间的合作提供了思想理念、支持力量和政治空间。"国际"这个词本身就是作为描述致力于国际问题的社团和活动的爆炸性增长的一种方式而产生的。"国际这个术语尤其适用于法律,但也适用于版权、语言、度量衡、邮资,以及广泛的志愿机构,"安东尼·豪(Anthony Howe)指出,"在这一点上,'国际'似乎取代了'普世'(universal)——一个适用于历史、宗教、和平和地理的术语,呼吁人类的兄弟情谊,而不是面向不同国家的公民。"[35]这样一来,国际主义的崛起与民族主义的崛起联系在一起。合作和共同体是建立在正在现代化过程中的民族国家基础上。[36]

　　并非所有的国际主义都是原生自由主义或改革导向的。国际运动跨越了意识形态和政治光谱，它们在改革和革命的雄心上也各不相同。1864 年，卡尔·马克思在第一国际首次提出了有组织的劳工的声音。民族主义本身是在 19 世纪中后期作为一个国际主义运动出现的。[37]正如格兰达·斯路伽（Glenda Sluga）所言："围绕着'国际'这个概念所开辟的政治和制度空间，与民主、自由、社会主义、女权主义、民族主义、帝国主义、资本主义、联邦主义和反殖民主义等多股力量交叉在一起。"[38]在这一背景下，19 世纪的国际主义是自由主义改革派思想的重要载体。到 19 世纪中叶，一组国际行动和运动已成为西方世界及其他地区的一个突出特点。它专注于贸易和商业、和平、法律和仲裁、社会事业和功能性合作。这些国际主义的分支最终在 20 世纪初作为自由国际主义工程的组成部分合并在了一起。

商业国际主义

　　19 世纪国际主义的一个重要分支是商业或市场国际主义，起源于英国的自由贸易运动。工业革命始于英国，然后扩展到欧洲大陆和大西洋彼岸。19 世纪 40 年代，英国的商人和商业团体赢得了具有里程碑意义的议会斗争的胜利，废除了《谷物法》，开启了一个自由贸易的时代，这是重新思考英国在世界经济中的地位的一个重要的分界时刻。其他国家追随英国的步伐，欧洲、美国和其他新兴工业社会的自由贸易和保护主义联盟在随后的几十年里为商业政策和谈判降低关税和贸易条件而斗争。自由贸易的前身可以追溯到 18 世纪末，当时欧洲政府定期放松对进口粮食的限制，贸易协定开始被用作商业外交的工具。亚当·斯密关于贸易和商业社会的想法就出现在这几十年里。法国重农主义者宣扬了他们的自由放任、自由通行的学说。几十年后，随着英国废除《谷物法》，自由贸易被转化为一场国际运动。

旧的重商主义和殖民主义政策和思想并没有消失。但新的社会利益——城市工人阶级以及商业和金融利益——找到了推动英国向更自由的贸易和更多的市场国际主义方向发展的途径。"自由贸易在英国的胜利,"历史学家赫伯特·费舍尔(Herbert Fisher)写道,"是城市对乡村的胜利,是新的制造业对旧的地主利益的胜利,中产阶级在促进自身物质利益的同时也促进了穷人的利益。"[39]在议会中,理查德·科布登(Richard Cobden)和约翰·布赖特(John Bright)成为自由贸易的主要倡导者,将贸易自由化与建立一个更和平的国际秩序联系起来。"任何国家越是按照自由和诚实的原则进行对外贸易,它的战争危险就会越小,"科布登争辩道,"我不相信你能告诉我欧洲大陆的任何政府或人民如何更能强化自己,即使他们选择进行一场征服战争。"[40]和平与繁荣被视为具有内在关联。自由贸易在国家内部和国家之间产生了广泛共享的收益。互惠和消除商业交流障碍所带来的利益使国家间政治关系建立在更有原则的基础上,并削弱了战争的基础。

民族国家的巩固被视为自由贸易成为建立国际关系体系(一种国家的联合体)的机制的前提。商业条约将把民族国家编织在一起,并提供一种调和主权和相互依存关系的方法。在科布登和其他国际主义者看来,贸易协定是一种新型的国际制度,它将把欧洲团结在一个基于日益富足的和平秩序中。"商业条约提供了一种新形式的'国际契约',"安东尼·豪认为,"自由贸易有着将欧洲各国人民团结起来的潜能,从这个意义上说,现在正是它在世界历史上第一次使'国际主义'成为可能。"[41]旧的普世法律愿景让位于围绕消费者、公民和政府间合作组织的秩序愿景。

经济利益、政党政治和意识形态观念塑造了结果。在谢丽尔·舍恩哈特-贝利(Cheryl Schonhardt-Bailey)对废除《谷物法》的研究中,她发现,经济利益和有组织的阶级利益平衡的变化,是这一决定背后的驱动力,但它也与更宏大的改革精神以及意识形态斗争联系在一起,后者则事关英国在迅速现代化的全球世界中的未来。[42]自由贸易是英国更广泛的民主运动的一部分,后者包括议会改革和扩大男性选举权的运动。政治家对国家的现代化压力做出了回应,使其更能代表一个社会,在这个社会中,农民和地主的政治地位正在被工业工人和资本家所取代。这种转变反映在1832年的《改革法案》中,该法案将选民规模扩大了一倍,并将席位从农村选区重新分配出去。自由贸易的知识分子支持者发现,他们与劳工和制造业利益集团以及政府改革游说团体有了共同的事业。[43]

自由贸易运动容纳了对开放市场的各种看法。对于温和的倡导者来说,自由贸易主要是调整英国的经济关系、促进繁荣、加强与其他国家的政治联系的工具。另一些人则支持自由贸易以追求更远大的目标:消除战争的根源或终结帝国。对于最雄心勃勃的人来说,自由贸易是全球转型的前沿,正如安东尼·豪所说,它预示着"帝国的解体、领土兼并的结束,以及对贵族黩武主义的放弃"[44]。起初不乏争议,但到19世纪下半叶,自由贸易是英国全球政策的核心学说。正如戴维·坎纳丁(David Cannadine)指出的那样,它已经成为"大多数维多利亚时代的政治家、银行家、商人和制造商的信条,并将一直保持到19世纪末,而且在某些方面远远超过了这个时期"[45]。

这种思想和利益的扩散,最终导致(英国)与其他西方工业化国家签订各种削减关税条约,尽管经济衰退和恐慌不时地扭转了政策方向。1860年,英国和法国签署了《科布登—谢瓦利埃条约》(the Cobden-Chevalier Treaty),大大降低了这两个主要欧洲大国之间的关税。这些关税让步后来被扩展到其他国家。各西方工业化国家签署了60多个贸易条约。通信和运输方面的技术革命以及经济专业化在世界经济中不断发展,从而推动了这种形式的国际主义。即使欧洲列强在全球范围内扩大其帝国影响力,工业化世界的贸易自由化继续进行。金德尔伯格(Charles Kindleberger)在其经典研究中得出结论,自由贸易在19世纪西欧的兴起,既是由不断扩大的商业和社会利益联盟推动的，也是由自由贸易经济学的意识形态推动的，这是英国和欧洲大陆"政治经济学家的智识胜利"[46]。

战争本身也对国际贸易的增长起到了一定的作用。在19世纪初，拿破仑战争导致整个欧洲提高了关税，事实上，在农民与地主的保护主义联盟的努力下，英国于1812年颁布了《谷物法》。但是，拿破仑在1808年对西班牙和葡萄牙的入侵掀起了整个拉丁美洲的反抗和独立运动浪潮，导致在加勒比海、墨西哥和南美洲成立了新的共和国。这些新国家一旦摆脱了重商主义的限制，就可以加入开放的贸易体系。此外，始于英国的工业革命在欧洲和大西洋世界扩展，带来了生产、运输和通信方面的技术突破，为国际贸易带来了福音。例如，蒸汽机对国际商品市场的一体化产生了深远影响。运输成本的急剧下降，为越来越多的商品的进出口创造了机会。这些情况为国家经济的开放和世界经济的一体化奠定了基础。[47]

自由贸易运动在19世纪中叶得到了最广泛的支持，当时自由贸易意识形态与英美和平运动的关系最为密切。科布登是当时最有影响力的国际主义者。但到了1880年左右，这些情况已经发生了变化。欧洲的帝国竞争加剧了，社会达尔文主义的思想使人们对更早的自由主义关于国家间自然（即使是潜在的）和谐的观点产生了怀疑。在新一代欧洲政治领导人那里，民族主义和自由贸易不再被视为不可避免地有联系的。1873年的全球经济衰退导致对商业国际主义的反弹。此外，欧洲各国政府对收入的要求越来越高，这主要是为了资助战争，使得关税再次变得有用。[48]对于仍在寻求建立一个和平的自由民主国家共同体的国际主义者来说，自由贸易仍然是其愿景的一部分。但其他工具——法律和制度——在更广泛的自由国际主义运动中获得了位置。

在整个19世纪，自由贸易运动是改革工业社会和建立一个更和平的国际秩序的更大努力的一部分。自由贸易是加强代议制民主的工具，它能强化自由权利，并产生蓬勃发展的中产阶级，他们是政治和社会进步的先锋队。理查德·科布登和维多利亚时代的国际主义者坚信,自由贸易将是现代民主社会更普遍进步的一部分,是由开明的自我利益推动的。约翰·霍布森(John Hobson)写道,在科布登的世界观中,"消除贸易壁垒……具有实际的建设性政策的价值,因为它解放了社会和谐的力量,使之能够编织自己的人类合作模式"[49]。

国际和平运动

在英国改革者推动自由贸易的同时,英国和美国以及后来的欧洲大陆也出现了反战社团,推动各种方案以促进和平。19 世纪初,英国和法国的商业领袖开始从事和平事业,并与各种宗教团体结盟。在英国和美国,贵格会领导(Quaker-led)的和平协会倡导杰里米·边沁的国际对话和法律事业。理查德·科布登和约翰·布莱特(他本人就是贵格会成员)在自由贸易与和平运动之间建立了联系。和平运动中的各个派别承担了反帝国主义和废奴主义的相关任务。在此过程中,英美和平运动的社会构成超越了其清教根基,扩展到更广泛的世俗、激进与国际主义团体。虽然这些活动大多发生在欧洲和美国,但在拉丁美洲、非洲和日本也可以看到和平主义活动家的身影。在整个 19 世纪,和平运动帮助推动了国际法律规范,并为仲裁、人道主义和军备控制领域的条约创造了支持者群体。[50]

第一批和平协会是在拿破仑战争后在美国和英国成立的。在美国,几个已有的和平团体于 1827 年在威廉·拉德(William Ladd)的领导下合并为美国和平协会。在英国,威廉·艾伦(William Allen)于 1816 年成立了伦敦和平协会。这些协会主要由不信奉国教的新教徒组成,由贵格会成员领导,在宣传时倾向于使用基督教的论点为其辩护。这些团体在这两个国家独立出现,但最终了解到彼此的存在,并开始交流想法。正如一位成员所说,这些早期团体的目的是"改变公众对战争问题的看法,并说服人们用福音的光芒来审视它"。他们将大部分精力用于论证和传播有关世界和平组织的思想,与其他国家志同道合的活动家建立联系,并避开政党政治,直接向社会发出呼吁。[51]

英美和平团体的早期辩论集中在他们反对战争的程度上。一些人反对所有的战争,这是一种源于基督教和平主义信仰的道德立场。另一些人则更有选择地反对战争,反映了植根于进步和改革信念中的更世俗的国际信念。他们倾向于有所共识的是反对和超越"战争习惯"(custom of war)的重要性。他们共同呼吁各国放弃侵略战争,采纳解决冲突的国际机构和法律规范。"既然人类是理性的生物,我们希望,"拉德在美国和平协会成立后不久主张,"增加和促进已经开始的将国家分歧提出来进行友好讨论和仲裁的做法;并最终通过诉诸理性来解决所有国家的争议……这将由一个国际会议来完成,其法令将由控制世界的公众舆论来执行,然后战争将消逝。"[52]这项对目标的声明早于伍德罗·威尔逊抵达巴黎之前的近一百年提出,反映了关于战争、法律、仲裁和公众舆论的一系列想法,这些想法将一直持续到 20 世纪。

到 19 世纪 40 年代,和平运动已经蔓延到欧洲大陆,最引人注目的是法国和瑞士,并且包含了越来越多的派别和联盟。19 世纪 30 年代,激进的和平运动作为更广泛的社会活动的一部分出现了。在美国的废奴运动及英国与美国的劳工组织的领导下,出现了新的为社会和经济正义展开的斗争。威廉·劳埃德·加里森(William Lloyd Garrison)的新英格兰不抵抗协会成立于 1838 年,在英国努力招募工人阶级的宪章运动参与者加入他们的事业。1846 年,伊莱休·伯里特(Elihu Burritt)成立了人类兄弟联盟,作为一个国际组织,试图吸引工人阶级成员。[53]这些团体代表了劳工和进步团体寻求将社会正义、人权与和平事业结合起来的悠久传统的开端。

和平协会也与自由贸易运动相联系。1840 年后,理查德·科布登在英国成为这两个运动的领导人,他把自由贸易与和平说成是"同一个事业"[54]。自由交换和不干涉被认为是携手并进的。"如果政府不插手,让自由商业往来的共同利益在人们之间编织纽带,"约翰·霍布森在总结科布登的思想时说,"地球上的和平和国家间的善意将得到保护,军备的浪费和挑衅将会消失,每个国家的物质和道德资源将用于改善国民生活和丰富人性。"[55]这种认为国家和社会阶层之间的和平可以通过贸易和交流产生的进步和繁荣来得到实现的信念,在和平界成为一个越来越突出的主题,特别是在废除《谷物法》后。正如塞塞莉娅·林奇(Cecelia Lynch)所言,这种将自由贸易与和平议程相结合的做法,有效地收编了英国"工人阶级的激进主义,通过减少关税来实现繁荣,这反过来又影响了和平活动的进程,将基于经济平等的和平要求转移到基于未来繁荣期许的和平要求上"[56]。

从 19 世纪 40 年代开始,大西洋两岸的和平团体开始召开国际和平大会。这些聚会的目的是为该运动建立支持,特别是在欧洲大陆,并推动他们不断发展的想法和建议。国际和平大会提供了一个论坛来辩论国际制度的计划,这些制度旨在制定仲裁、裁决和和平解决争端的规范。

在 1843 年于伦敦举行的第一次国际和平会议上,与会者就主张将仲裁机制作为解决国际争端的手段,以及建立"国家间高等法院"(high court of nations)来维持欧洲和平的决议达成一致。1848 年的布鲁塞尔大会和 1849 年的巴黎大会也支持仲裁和建立一个国际法院。[57]此外,他们还通过了关于改善国家间交往和反对为"基于野心和征服的战争"筹集贷款和税收的决议。[58]在布鲁塞尔,代表们辩论了(但没有通过)伊莱休·伯里特关于召开国际会议的提案,其灵感来自 19 世纪 20 年代威廉·拉德的想法。从 1843 年开始,大会还通过了呼吁削减军备开支和建立国际裁军体系的决议。但各派对裁军的理由和目的有不同看法。一些人强调和平主义和基督教原则,而另一些人则效仿理查德·科布登,以成本和税收为基础进行争论。一般来说,决议的语言更倾向于国际主义者——世俗的和务实的——而不是和平主义者。

国际和平大会代表了和平运动的一个高点,直到 20 世纪初这一高点才再次被企及。和平联盟仍然是和平主义者和宗教团体、劳工活动家、自由贸易者和建制国际主义者的混合物。这些大会的工作旨在影响公众舆论,也许更直接地,影响大西洋两岸的议员们。最广为流传的提案是那些支持仲裁和解决争端的国际法律机制。1848 年,在未来的条约中推行"保证仲裁"(stipulated arbitration)的决议被提交到法国议院(the French Chamber)和美国众议院,但这些决议在两院都被否决。更为人知的是,理查德·科布登在议会下院提出了一项决议,倡导英国政府与外国政府进行沟通,建立一个世界性的仲裁体系。倡导者没有基于基督教提出主张,而是采用更多的现实操作论据。正如科布登所说:"我只是希望约束(各国)在战前做国家在战后几乎总是要做的事情。"决议被否决了,帕默斯顿认为,仲裁不适用于欧洲各国,也会削弱英国的地缘政治地位。

到 19 世纪 50 年代,贸易和社会改革的思想引导和平团体走向以改革为导向的国际主义,而不是激进的国际主义。科布登对 1848 年的革命动乱持怀疑态度,担心它将使国家分裂成更小的单位,使民族主义恶化,并破坏自由贸易。但也有人将动乱视为一种机遇。意大利民族主义者朱塞佩·马志尼(Giuseppe Mazzini)认为,"国家是人类的研习会(workshops)",民主和民族主义革命将产生一个由大国组成的世界,其中"所有战争的借口都将消失,取而代之的是兄弟情谊和进步道路上的和平效仿精神"。[59] 在未来几十年里,和平运动越来越注重促进国际法律和制度机制,以确保和平。

19 世纪下半叶,和平运动开始退潮。1853 年克里米亚战争爆发后,英国发现自己陷入了 40 年来的第一场大战。爱国主义和民族主义情绪的高涨消减了和平运动的一些支持者。作为英国贸易和和平运动领导人的理查德·科布登和约翰·布莱特在 1857 年失去了议会席位。在美国,美国内战也产生了类似的影响,它导致和平运动的减少,并使美国和英国的和平社团在支持和反对战争方面产生了分歧。随着废奴斗争的展开，以废除奴隶制和社会正义为重点的新团体出现了，和平运动的重要性下降了。

它在 19 世纪的最后几十年里重新出现，其思想和活动更少地扎根于基督教价值观和对公众舆论的呼吁，而更多地侧重于塑造国际规范和制度。新的改革时刻，作为政治积极性和进步主义时代的一部分，推动了争取经济调控、社会立法和政治权利的广泛议程。其中许多团体与较早的和平团体联合起来，致力于仲裁、裁军和建立国际机构。到 19 世纪末，这些进步和和平运动团体与国际法律专家和团体联合起来，寻求加强国际法和以仲裁和平解决争端的制度化规范，并建立一个有着广泛参与并对和平与安全事务有权威的国家间组织。[60]

法律国际主义

19 世纪欧洲国际主义的另一个种类可以被称为法律国际主义（legal internationalism）。这就是杰里米·边沁在其《道德与立法原理导论》中提出国际一词时的想法，他认为国家内部和国家之间的法律需要一种新的一致性和哲学基础来管理"主权国家的相互交易"[61]。在 19 世纪中期，法律理论家和政府进行了各种努力，以认识和商定主权、帝国和殖民秩序的法律基础。国际法作为国家和民族之间的法律领域，既是一门学术学科，也是一种外交实践，将国际主义的新愿景与现代国民国家的现实相结合。[62]

19 世纪的法律国际主义使用"万国法"的语言。这是一种双刃剑式的话语，既为欧洲的帝国扩张和对"文明世界"以外的人民的不平等和歧视性待遇提供了法律依据，也提供了可以用来限制帝国征服的概念和法律工具。早期的现代国际法思想及其在雨果·格劳秀斯（Hugo Grotius）和埃默里奇·瓦特尔（Emerich Vattel）作品中的基础性论述被提炼并重新加工。瓦特尔将国际社会设想为一个自然事实，并认为它是根据可以发现和编纂的规律来运作的。正如珍妮弗·皮茨(Jennifer Pitts)所言:"对万国法的描述是由国家作为地位平等、相互独立的道德共同体的理念来构建的。"[63]在18世纪末和19世纪,由具有国际性取向的法学家所产生的概念、叙事和法律原则,使民族国家存在于国际法律共同体中的观点越来越一致。欧洲国家体系、万国法和关于"国际"的新兴观念共同发展。皮茨指出,到了19世纪初,"欧洲国家制度及其公法逐渐被视为整个国际的代表,代表着一个原始的国际共同体或全球共同体的萌芽"[64]。

到19世纪中叶,这种法律国际主义在欧洲出现,成为管理国家关系的堡垒。国际律师(international lawyers)的关系网在这几十年里努力将他们的学科制度化,并构建一个全球法律秩序的架构,以规范国家间关系以及全球帝国秩序的关系。这种法律国际主义的一个明显表现是1851年在伦敦举行的环球和平大会(Universal Peace Congress)。"在接下来的几十年里,出现了新的跨国精英,他们与和平主义者的观点一致,认为拯救世界取决于改变维也纳会议建立的保守秩序,并挑战外交官的权威,"马佐沃指出:"但这些精英的目标是国际法律实践的法典化和专业化,他们的手段不是大众动员,而是形成一门具有自己的制度、世界观和历史感的新学科。"[65]

欧洲国际法的扩展反映了19世纪全球秩序的双重特征。对于欧洲国家来说,法学家阐明了国际秩序的原则和条款,其基础是通过独立的主权政体间的协议产生的法律。在西方之外,正如塞米尔·艾丁(Cemil Aydin)所言,国际法的作用是"作为欧洲帝国的国际主义手段"[66]。欧洲向非西方世界输出国际法,其条件包括否认主权和强加治外法权。例如,日本、中国和奥斯曼帝国虽然通过达到欧洲制定的"文明标准"而进入了欧洲领导的国际社会,然而,它们继续为争取在全球法律秩序中的平等地位而斗争。到该世纪末,这些非西方主权实体的国际法律师已经开始反击欧洲的法律霸权,批评法律的歧视性应用,并通过国际法的语言来捍卫他们国家或帝国的利益。[67]日本成为第一个在帝国主义列强中获得平等地位法律承认的非欧洲和非基督教国家,但这只是在它打败中国和俄国之后。[68]

19 世纪 70 年代,美国和欧洲的学者和法律专家开始制定涵盖国际关系各个领域的法律准则。在欧洲,学术性的法律协会被创建来编纂这些法典。第一个国际法学会,即 1873 年在根特成立的国际法研究会(Institute for International Law),作为一个"世界良心组织"(organization of the world's conscience),旨在促进国际法的发展和编纂。[69]在布鲁塞尔成立的一个协会,名为万国公法改革和编纂协会(the Association for the Reform and Codification of the Law of Nations),广泛致力于促进国际公法;1895 年,它成为国际法学会,一个大陆法学家的主要聚集场所。俄国法学家于 1880 年在圣彼得堡成立了一个国际法协会,而第一个美洲协会,即美国国际法协会,成立于 1906 年。在欧洲大陆也出现了类似的协会,它们都专注于研制国际法准则。[70]与此同时,欧洲和美洲的外交人员和外交部越来越多地纳入受过法律培训的人。到 19 世纪末,法律学位已是外交部门的一个常见证书。法律规范和规程开始影响各国界定问题和寻求解决国家间冲突的方式。

与将军和政治家相比,国际律师对国际冲突的看法和思维方式不同,他们越来越大的影响力对国家能够达成的协议施加了作用。例如,玛莎·芬尼莫尔(Martha Finnemore)指出,拉丁美洲政府将与美国和欧洲大国的主权债务争端转化为可以通过仲裁而非军事干预解决的法律争端。几个世纪以来,各国都使用军事手段来执行具有法律约束力的合同。"1902 年后,拉丁美洲国家开始就这个法律问题进行反击,"芬尼莫尔指出,"它们诉诸国际法,认为国家主权平等是国际法的基本原则,实际上也是国际秩序的基本原则。"[71]拉美国家通过主权的法律原则重新界定主权债务问题,得以说服"新兴的国际法律学者群体相信他们的观点是正确的,并通过他们说服债权国于 1907 年在海牙签署国际条约,禁止(使用军事力量强制执行合同)的做法"[72]。

更广泛地说,国际法和律师作为一种职业的崛起影响了仲裁运动和多边制度的崛起。国际法提供了一个新的领域,各国可以在此基础上争辩并寻求一致。[73] 律师与其他律师争论相比其他谈判代表(interlocutors)进行类似讨论时更容易达成一致。主权平等等法律原则为弱国提供了与强国接触的工具,并为解决争端的多边机制创造了新的支持者。[74] 1899 年的第一次海牙会议由传统的政治家和军事官员主导,而 1907 年的第二次会议则主要是国际律师的聚会。[75] 1907 年会议的一个主要人物是美国国务卿伊莱休·鲁特(Elihu Root),他曾是美国国际法协会(American Society of International Law)的第一任主席,也是仲裁运动的积极参与者。海牙会议的几位主要人物,包括鲁特,都撰写了大量关于仲裁和制定和平解决争端的国际法律规范的文章。[76] 两次会议结果的差异——第二次会议在国际治理的蓝图达成共识方面更加雄心勃勃,也更加成功,这在很大程度上反映了国际律师作用的上升和他们对议题的框定。

第二次海牙会议将国际法确立为在国家间建立稳定和平的手段,并因此成为国际主义的一种主要形式。正如格伦达·斯鲁加(Glenda Sluga)所言:"在 20 世纪之交,国际法被广泛认为是政治理想和行政实践的重要推动者,而这些政治理想和行政实践被认为使国际主义成为现实。"[77] 法律国际主义在 19 世纪最后几十年的发展势头表现在国际法的发展和国际仲裁法院的建立上。国际律师在外交会议上的存在越来越多,改变了对议题的框定,创造了支持多边规则和制度的新声音。

社会国际主义

社会国际主义也在崛起。为了促进自由社会的改革,组织起来的社会、宗教和公共利益团体建立了大量的国际网络和联系。这一形式的国际主义以多种方式表现出来,但总是根植于自由民主所生发的事业中。这些团体寻求推进政治权利、经济福利和社会正义;为扩大选举权和自由教育而奋斗；推动国内改革运动；并支持劳工运动。大西洋两岸出现的工业经济产生了新的社会问题、阶级结盟和政治改革方案。到 1900 年，老一辈的反奴隶制和工人阶级团体中加入了新一代的进步活动家，寻求改革国内经济和政治体制。虽然专注于国内社会的改革，但他们倾向于不将这些社会问题作为独特的国家问题，而是作为整个工业化世界出现的问题，因此将触角伸向国际社会。[78]

在 19 世纪下半叶，出现了两个新的国际主义运动——一个基于阶级利益，另一个侧重于社会和人道主义问题。从 19 世纪 60 年代开始，国际劳工运动在整个工业世界越来越活跃。开创性运动是第一国际，这是 1864 年 9 月在伦敦举行的一次劳工联合会会议。在英国和法国工会领导人的组织下，逐渐形成了一个以地方团体和国家联盟中的个人成员为基础的统一型政党。它每年召开大会，由位于伦敦的一个由大会选出的总理事会领导。卡尔·马克思的思想影响着这个组织，尽管从其早期开始，第一国际就分裂为相互竞争的意识形态派别。[79]

大西洋两岸的各种团体在工业社会和新兴世界中都推动了社会和人道主义事业。其中一些人道主义活动是作为对克里米亚战争及美国内战对人类造成的破坏的回应而出现的。它试图通过国际行为准则使战争行为更加人性化，并保护非战斗人员。1864 年，红十字会公约在日内瓦成立，以救护战争中受伤的士兵；后来它演变成一个更具普遍性目的的人道主义组织。在 19 世纪 80 年代和进入 20 世纪后，在进步主义和社会改革的旗帜下出现了新的团体——废奴主义者、劳工团体、社区服务工人（settlement-house workers）和女性参政论者（suffragists）。简·亚当斯（Jane Addams）的安置所运动（settlement-house movement）受到英国类似运动的启发。这些改革团体有各种国内政治目标，并对自由放任的经济政策提出了一系列的批评。但它们也认为国际社会的改革与国内社会的改革密切相关。例如，国际妇女和平与自由联盟（The Women's International League for Peace and Freedom）对国际和平运动及其裁军和和平解决争端的运动表示声援。[80]

这些不同形式的社会国际主义反映了自由主义和资本主义社会的成长和演变。正如入江昭（Akira Iriye）所言："19世纪末，许多旨在促进科学家、艺术家、音乐家和其他人跨越国界交流的组织应运而生，从而建立了今天所谓'认知共同体'——分享思想和利益的个人群体。"[81]这些跨国协会在经济增长、贸易和整个资本主义世界中产阶级社会崛起的浪潮中前进。入江昭认为，这些非政府组织和协会是自由主义思想（如个人权利、法治、对国家权力的限制和公民社会）的载体——这些自由主义的世界观在倡导者、活动家和社会团体跨越国界活动的过程中得到了体现。"全球资本主义时代的自由主义，"他写道，"正在变得国际化。"[82]

功能性国际主义

19世纪还出现了所谓"功能性国际主义"，或者马丁·盖耶（Martin Geyer）和约翰内斯·鲍曼（Johannes Paulmann）所说的国际主义的"机制"（mechanics）。他们指的是为了促进和规范旅行、通信和商业标准而建立的国际协议、公约和组织的激增。[83]正如入江昭所写的，这时西方国家同意"将重量和度量衡标准化，采用统一的邮政和电报费率，并应对传染病的危险"——实际上为全球合作奠定了基础结构。[84]尤根·奥斯特哈默（Jürgen Osterhammel）指出，其结果是"在技术、通信和跨境贸易等无数领域制定了历史上前所未有的规范"[85]。

这种形式的国际主义，是对各国日益认识到其相互依存关系的回应，表现在新型的政府间会议和国际会议上。正如伊尼斯·克劳德所观察到的，它涉及"建立大量的机构，其职权范围涉及卫生、农业、关税、铁路、重量和测量标准、专利和版权、麻醉药品和监狱条件等不同领域"[86]。克雷格·墨菲（Craig Murphy）对这些机构的崛起提供了丰富的记录，追踪它们在工业资本主义和帝国间关系（inter-imperial relations）的全球化世界中作为监管和标准制定工具的作用。它们是对扩张的资本主义体系市场、降低交易成本，以及为人员、货物和资本流动提供共同标准所包含压力的功能性反应。[87]

功能性国际主义的一种类型是科妮莉亚·纳瓦里（Cornelia Navari）所说的"行政性国际主义"。随着西方国家的官僚和行政任务的扩大，它们获得了一个平行的国际层面。"政府的每一个部门，"纳瓦里写道，"在其某些职能上都受到某种国际组织的影响，这些组织重复或补充其行政任务。邮政、卫生和欧洲铁路时间表联盟是这种形式的行政国际主义的最早例子。"[88]这些"外部化官僚机构"以两种方式发展。在某些情况下，最先进的工业国家建立了一个机构或服务，随后建立了一个国际机构以促进协调，并反过来导致在国际层面上努力让较不发达的国家效法。创建于 19 世纪 50 年代的万国邮政联盟（The International Postal Union，IPU）＊就是这种发展逻辑的一个例子。18 世纪末，西欧和美国国内邮政服务的建立导致了万国邮政联盟的成立，最初有 22 个国家承诺将所有有关邮政事务的争端提交仲裁。同样的过程也发生在欧洲中央银行的建立过程中，这些中央银行在 20 世纪 30 年代开始共同开展活动，并敦促其他国家效仿它们的做法。在其他情况下，国际协调首先出现，这刺激了国内相关国家机构的发展。例如，19 世纪 50 年代爆发的鼠疫促使国际社会努力遏制这一问题，而这又反过来在国内刺激国家通过公共卫生措施防治疾病的能力建设。

这些国内和国际机构的演变是随着自由民主国家的演变而进行的。"第一批国际行政机构，包括邮政和国际卫生协调机构，是 19 世

＊ 此处作者所谈应为正式成立于 1872 年的万国邮政联盟，Universal Postal Union。——译者注

纪'传统'自由主义的产物,遵从其对公共目的的看法,"纳瓦里写道,"随着'社会问题'开始引起各国政府的关注,第二代'新'自由主义机构开始建立,特别是 1919 年成立的国际劳工组织,以实现劳动条件的平等。"[89]这是一种国际主义,为自由主义国家的现代化创造了工具和能力。正如伊尼斯·克劳德(Inis Claude)所指出的,国际协议和机构"是信息的收集点和交换所,是各国政府讨论共同问题的中心,是通过协议协调国家政策和做法的工具,是促进制定和接受有关领域的统一或最低标准的机构"[90]。国际联盟以及后来的联合国的成立,继续着这种国家与政府间机构发展的逐步增长式(ratchet-like)逻辑。这些国际机构承担了越来越多的任务,其中许多是为了向新兴国家提供发展援助。

19 世纪国际主义的这些类型都是由它们与其他主要变革力量的联系所推动的。自由贸易国际主义与工业资本主义的兴起和世界市场的扩张息息相关。法律国际主义为帝国和殖民主义服务。尽管国际法没有明确地与欧洲帝国对国际社会的理解相抵触,但国际法运动也试图编纂和平解决主权国家之间争端的法律—制度机制。功能性国际主义是对现代全球资本主义的压力和要求的最直接回应。自由主义本身——正如它 19 世纪在欧洲产生时那样——与民族主义的崛起和现代民族国家的巩固紧密相连。正如马丁·贝利(Martin Bailey)所言:"即使小会议和大会(conferences and congresses)声称代表了普遍的原则,它们现在也越来越多地由民族国家的参与来构建。"[91]使这些国际项目变得"自由"的是它们在推动世界走向一个更加开放、基于松散规则、进步导向的秩序形式方面的合力。自由民主的传播对于以自由为导向的国际主义的发展至关重要。但是,自由国际主义是在帝国、帝国主义、民族主义、文明论述和工业资本主义的支持下进入 20 世纪的。

在一个现代化的国际社会中国际法和制度的强化成为欧洲和美国国际主义的核心。这些想法并不新鲜——19 世纪初,和平协会曾倡导召开国际大会(Congress of Nations)、设立国际法院、建立仲裁制度和编纂国际法。但到了 20 世纪初,倡导建立法律和制度秩序的团体和支持者已经发生了变化并扩大。在国际主义者和活动家团体中,人们普遍认为现代国际秩序需要一个拥有广泛成员的国际大会,有尽可能多的成员国(但不包括"野蛮的国家")和一个国际法院,两者都通过国际法准则运作。

几十年来,法律和制度上的国际主义思想已经从关注公众舆论演变为关注政府之间的关系。1815 年后开始的英美和平运动,最初是为了激发公众舆论,进而对政府产生影响。他们认为,在民众中进行鼓动,会促使他们要求政府致力于和平并建立新的国际法律和制度。实际上,政府被视为"公众意愿的工具"。19 世纪中期在伦敦和巴黎举行的和平大会表明,和平运动已转向寻求这两方面的支持——寻求在宗教和贸易团体之外扩大和平运动的吸引力,同时也提出可由立法机构直接采纳的建议。到 19 世纪末,国际团体越来越多地通过专业精英和政府圈子来追求它们的愿景。[92]

对仲裁条约兴趣的增长是这些支持者和联盟变化的结果,但它也反映了国家和社会发展的变化。正如阿瑟·比尔斯(Arthur Beales)所写:"对仲裁的普遍接受与民主的发展同步进行。"[93]这在两个方面是真实的。首先,对仲裁协议的推动,以及对更广泛的国际法律和制度架构的推动,是一项在 19 世纪自由民主国家中展开的深刻的政治进程,这些国家的公民社会是国际主义思想和运动的肥沃土壤。政治运动、和平团体、贸易协会、学术团体、议会联盟——这些都是新式国际主义的参与者和代理人。它们的斗争在议会和外交部展开。其次,由国家间司法和议会组织支持的仲裁理念,在许多方面是自由民主思想在国际社会的延伸。法治与和平解决争端是自由民主的核心,因此这些社会中的团体和运动会寻求将这些理念延伸到国际体系中也就不足为奇。[94]自由民主国家追求仲裁协议和条约的事实进一步表明,这些国家与 19 世纪的法律和制度国际主义之间似乎存在着特殊的亲和力。

到 19 世纪末,凝聚成自由国际主义的各个线索已经完全显现,并松散地交织在一起。这种新的国际主义的政治和思想脉络倾向于形成一套核心思想:开放的商业关系、解决争端的制度机制,以及基本的人权和人道主义规范。国际主义运动和联盟已经超越了 19 世纪中期的宗教和商业社会,直到该世纪最后几十年,国际主义的变体越来越多地被世俗和职业精英,以及直接针对议会和外交部提出建议的进步性改革团体所主导。工业社会之间日益增长的相互依存关系和大国之间的军备竞争,为政府改革和建立国际秩序的新努力提供了变化的环境。

民族主义和国际主义

自由国际主义的源头可以在 19 世纪的国际主义中找到,这种国际主义体现在穿行于新兴自由民主世界开展工作的人们和团体——外交官、商人、和平活动家、工人、知识分子、律师和许多其他人——的万花筒般的活动中。国际主义本身与民族主义和民族国家的兴起和传播密切相关。从某种意义上说,国际主义和民族主义是相互竞争的运动,为政治空间的组织提供了不同的逻辑。但在更深刻的意义上,它们是兴起中的现代世界秩序的两个部分。民族主义和民族国家为西方民主国家的政治秩序和认同提供了框架。国际主义在这些社会的人民和团体跨越国界建立关系、制度和团结的纽带中有着多方面的展现,并体现在对共同事业的追求中。自由民主兴起于 19 世纪,并在西方民族国家体系中扎根。这为国际主义的出现提供了不断扩大的地缘政治空间。

19 世纪兴起的各种国际主义反映了公民日益增长的意识,他们生活在一个现代化和全球化的世界中。和平运动、自由贸易者、国际劳工运动和法学家协会都认识到，相互依存是一个道德与物质的事实，既产生了危险，也带来了机会。过去正在消逝，新的政治和社会形式正在出现。联系、归属、事业、身份和政治组织都获得了新的国际属性。工业社会和大国的全球相互联系是 19 世纪现代性的核心特征。"国际这个词开始意味着一种现实，"比尔斯（Beales）写道，"各国政府和利益集团之间的共同纽带跨越了国界，慢慢地不再仅仅是口头上的了。"[95]国际主义者正在探索组织国际空间的新方法。这些新的全球想象与活动同时涉及民族国家和国际社会的问题。

　　并非所有这些国际主义都是自由主义的。但是，正是从这些多条线索中，自由国际主义最终形成了一个相对连贯的政治工程，尽管它是多方面的，也是变化的。自由国际主义作为一种思想和实践体系，与其说是一套统一的信仰，不如说是一个思想的"家族"，其中许多思想是相互冲突的。19 世纪中叶在欧洲兴起的自由主义有自己的矛盾：自由、平等、私有财产和社会正义等价值观常常相互冲突。自由国际主义是一个思想和事业的集合，它建立在世界正在组织成主权民族国家的图景之上，由西方自由工业社会领导，但其中的一些部分仍然与欧洲帝国和殖民主义有共同的目标。后帝国时代的自决、种族和政治平等，以及普遍权利的规范还不是自由国际主义的核心。国家——越来越多的民族国家——被视为主权权力的来源和所在，但自由国际主义也预见到了集体治理的共享模式的增长。这些紧张关系仍存留在其核心。

注　释

1. Perry Anderson, "Internationalism: A Breviary," *New Left Review*, Vol.14(March/April 2002), pp.5—25.

2. Mark Mazower, *Governing the World: The History of an Idea*(London: Allen Lane, 2012), pp.21—22. 也可参见 Martin H. Geyer and Johannes Paulmann, eds., *The Mechanics of Internationalism: Culture, Society, and Politics from the*

1840s to the First World War（Oxford：Oxford University Press，2001）；Akira Iriye，*Global Community：The Role of International Organizations in the Making of the Contemporary World*（Berkeley：University of California Press，2004）；Davide Rodogno，Bernhard Struck，and Jakob Vogel，eds.，*Shaping the Transnational Sphere：Experts，Networks，and Issues from the 1840s to the 1930s*（New York：Berghahn Books，2015）；and F. S. L. Lyons，*Internationalism in Europe，1815—1914*（Leyden：A. W. Sythoff，1963）。

3. 关于法国思想家、政策界与国务人士对国际主义事业的贡献，见 Sudhir Haza-reesingh，*Intellectual Founders of the Republic：Five Studies in Nineteenth-Century French Republican Political Thought*（Oxford：Oxford University Press，2001）；and Peter Jackson，*Beyond the Balance of Power：France and the Politics of National Se-curity in the Era of the First World War*（Cambridge：Cambridge University Press，2013）。

4. 对国际主义的"管制"模式和"修正"模式之间的区别，特别是当它涉及 19 世纪的国际法和仲裁运动时的差别，来自 Duncan Bell，*Dreamworlds of Race：Utopia，Empire，and the Destiny of Anglo-America*（Princeton，NJ：Princeton Uni-versity Press，2020），chap. 2。

5. Inis L. Claude Jr.，*Swords into Plowshares：The Problems and Progress of In-ternational Organization*，4th ed.（New York：Random House，1971），p.22.

6. Edward Keene，*Beyond the Anarchical Society：Grotius，Colonialism and Order in World Politics*（Cambridge：Cambridge University Press，2002），p.98.

7. 参见 Charles Maier，*Once within Borders：Territories of Power，Wealth，and Belonging since 1500*（Cambridge，MA：Harvard University Press，2016）。

8. 这个帝国的定义借鉴了建立跨洋殖民帝国的欧洲海上强国的模式。正如多米尼克·利芬（Dominic Lieven）所指出的，它们体现了一些原则，包括"专制、保护主义和毫不掩饰地持续剥削殖民地经济，以实现中心都市的繁荣和权力"。见 Lieven，*Empire：The Russian Empire and Its Rivals*（New Haven，CT：Yale University Press，2000），p.17。他后来又针对这一点做了延展讨论，见 Lieven，*The End of Tsarist Russia：The March to World War I and Revolution*（New York：Viking，2015）。关于帝国作为帝国核心和殖民边缘之间的关系，以经济剥削和文化统治为标志的这一概念的代表性阐述，参见 Michael Doyle，*Empires*（Ithaca，NY：Cornell University Press，1986）。我在第七章进一步讨论了这些。

9. Jürgen Osterhammel，*The Transformation of the World：A Global History of the Nineteenth Century*（Princeton，NJ：Princeton University Press，2014），p.394.

10. 对帝国和霸权的讨论，见 Charles Maier，*Among Empires：American As-cendancy and Its Predecessors*（Cambridge，MA：Harvard University Press，2006）；John Darwin，*The Empire Project：The Rise and Fall of the British World-System*，

1830—1970（Cambridge：Cambridge University Press，2009）；and David Lake，*Entangling Relations：American Foreign Policy in Its Century*（Princeton，NJ：Princeton University Press，1999）。另见 A. G.霍普金斯作为剑桥大学斯穆特教授的就职演讲，以小册子的形式出版。A. G. Hopkins，*The Future of the Imperial Past*（Cambridge：Cambridge University Press，1997）.

11. 见 Barry Buzan and Richard Little，*International Systems in World History：Remaking the Study of International Relations*（Oxford：Oxford University Press，2000）。

12. 对这些区别的讨论，见 G. John Ikenberry，*Liberal Leviathan：The Origins，Crisis，and Transformation of the American World Order*（Princeton，NJ：Princeton University Press，2011）。

13. 这一概念是托利亚·列夫申建议的。见 G. John Ikenberry and Tolya Levshin，"Liberal Internationalism and Empire"（unpublished paper，2018）。排他性控制的概念来自 Glenn H. Snyder's study *Alliance Politics*（Ithaca，NY：Cornell University Press，2007），p.14。"任何联盟都将具有排他性的效果，也就是说，它将阻止盟友与其他人达成矛盾的协议，特别是与对手的联盟。"罗伯特·吉尔平也使用了排他性这个词。"当英国因为国力相对下降而不再能够遏制其欧洲大陆对手的帝国主义野心时，它就进行了大规模的'排他性'帝国主义的努力；换句话说，殖民主义的目标是尽量减少潜在的损失，而不是尽量增加潜在的收益。"见 Gilpin，*War and Change in World Politics*（Cambridge：Cambridge University Press，1981），pp. 140—141。

14. 对国际主义没有一致的定义。卡尔（E. H. Carr）认为国际主义是"利益和谐学说的一种特殊形式"，他将其视为乌托邦。Carr，*The Twenty Years' Crisis，1919—1939：An Introduction to International Relations*（London：Macmillan，1951），p.85. 在一个被广泛引用的定义中，弗雷德·哈里戴（Fred Halliday）认为国际主义是"我们都是而且应该是一个比民族或国家更广泛的社区的一部分"的想法。他认为，国际主义的主题是政治实体之间日益增长的相互依存关系，由此产生的合作需要，由政府、工会和活动家等各种行为者进行，并相信这些形式的合作是可取的，因为它们产生"超越国家的国际利益"——即和平、繁荣和稳定的秩序等结果，这些都是国家或民族单独行动所不能提供的。见 Halliday，"Three Concepts of Internationalism," *International Affairs*，Vol.64，No.2（1988），p.187。佩里·安德森赞同这一观点，认为"从历史上看，这一术语可适用于任何倾向于超越国家，走向更广泛的社群的观点或做法，而国家仍然是这些社群的主要单位"。Anderson，"Internationalism," p.6.

15. 艾丁将 19 世纪中期描述为一个"各种帝国、王国和国家自我加强的时代……伴随着王国和帝国的自我加强，他们试图通过国际外交和国际法的新做法，如王室访问、双边条约、交换奖章和参与国际协会来获得合法性"。见 Aydin，"Re-

gions and Empires in the Political History of the Long Nineteenth Century," in Sebastian Conrad and Jürgen Osterhammel, eds., *An Emerging Modern World*, *1750—1870*(Cambridge, MA: Harvard University Press, 2018), p.41。

16. 就美国在英帝国衰落中角色的重要讨论，见 Wm.Roger Louis, *Imperialism at Bay: The United States and the Decolonization of the British Empire*, *1941—1945*(New York: Oxford University Press, 1978)。

17. 事实上，国际主义的主导力量之一是欧洲帝国主义，它在建立全球运输系统和通信网络以及 19 世纪末全球化的其他基础设施方面发挥了作用。关于帝国作为全球化者、秩序建立者和规则制定者的描述，见 Osterhammel, *The Transformation of the World*, chap. 9; C. A. Bayly, *The Birth of the Modern World*, *1780—1914*(Oxford: Blackwell, 2004); and Barry Buzan and George Lawson, *The Global Transformation: History, Modernity and the Making of International Relations*(Cambridge: Cambridge University Press, 2015)。

18. Jennifer Pitts, *Boundaries of the International: Law and Empire*(Cambridge, MA:Harvard University Press, 2018), p.2.

19. 见 Duncan Bell, *The Idea of Greater Britain: Empire and the Future of World Order*, *1860—1900*(Princeton, NJ: Princeton University Press, 2007)。

20. 见 Stephen Legg, "An International Anomaly? Sovereignty, the League of Nations and India's Princely Geographies," *Journal of Historical Geography*, Vol.43(January 2014), pp.96—110。

21. Mark Mazower, *No Enchanted Palace: The End of Empire and the Ideological Origins of the United Nations* (Princeton, NJ: Princeton University Press, 2009), p.46.

22. Susan Pedersen, *The Guardians: The League of Nations and the Crisis of Empire*(Oxford: Oxford University Press, 2015), pp.4—5.

23. 第七章将进一步论证这一点。

24. Leo Gross, "The Peace of Westphalia, 1648—1948," *American Journal of International Law*, Vol.42(1948), p.28.

25. Osterhammel, *The Transformation of the World*, p.394.

26. Daniel Philpott, *Revolutions in Sovereignty: How Ideas Shaped Modern International Relations*(Princeton, NJ: Princeton University Press, 2001).

27. 见 Kalevi J. Holsti, *Peace and War: Armed Conflicts and International Order*, *1648—1989*(Cambridge: Cambridge University Press, 1991); Andreas Osiander, *The States System of Europe*, *1640—1990*(Oxford: Oxford University Press, 1994); Ian Clark, *Legitimacy in International Society*(Oxford: Oxford University Press, 2005); Ian Clark, *International Legitimacy and World Society*(Oxford: Oxford University Press, 2007); and G. John Ikenberry, *After Victory: Institutions*,

Strategic Restraint，*and the Rebuilding of Order after Major War*（Princeton，NJ：Princeton University Press，2001）。

28. Jennifer Mitzen，*Power in Concert*：*The Nineteenth-Century Origins of Global Governance*（Chicago：University of Chicago Press，2013），p.28.

29. Paul Schroeder，"The Transformation of Political Thinking，1787—1848，" in Jack Snyder and Robert Jervis，eds.，*Coping with Complexity in the International System*（Boulder，CO：Westview Press，1993），p.48. 另见 Schroeder，*The Transformation of European Politics*，*1763—1848*（Oxford：Oxford University Press，1994）。

30. Claude，*Swords into Plowshares*，p.26.

31. 引自 F. H. Hinsley，*Power and the Pursuit of Peace*：*Theory and Practice in the History of Relations between States*（Cambridge：Cambridge University Press，1963），p.255. 欧洲协调制度中所缺乏的是一项协议以规定集体调解冲突的案例和情况。这些努力将在该世纪末由各国政府进行尝试。这一案例的地缘政治学及其对作为政治项目的人权的影响，见 Gary Bass，*Freedom's Battle*：*The Origins of Humanitarian Intervention*（New York：Vintage，2009），part 4。

32. 参见 Madeleine Herren，"Governmental Internationalism and the Beginning of a New World Order in the Late Nineteenth Century," in Geyer and Paulmann，*The Mechanics of Internationalism*，pp.121—144。

33. 参见 Daniel Deudney，"Hegemonic Disarray：American Internationalisms and World Disorder," in Hanns W. Maull，ed.，*The Rise and Decline of the Post-Cold War International Order*（Oxford：Oxford University Press，2018），pp.199—216。

34. 参见 Robert Keohane，*Power and Governance in a Partially Globalized World*（New York：Routledge，2002）；Peter Haas，*Epistemic Communities*，*Constructivism*，*and International Eonvironmental Politics*（New York：Routledge，2015）；and John Gerard Ruggie，"The New Institutionalism in International Relations" and "Multilateralism at Century's End," in Ruggie，*Constructing the World Polity*：*Essays on International Institutionalization*（New York：Routledge，1998），pp.45—61 and 102—130。赫德利·布尔认为，威斯特伐利亚型国际主义原则上能够比任何可行的替代方案更好地处理复杂的相互依存关系带来的功能主义挑战，见其书最后一章。Bull，*The Anarchical Society*：*A Study of Order in World Politics*（London：Macmillan，1977）.关于威斯特伐利亚型国际主义应对气候变化等功能主义挑战的能力的怀疑观点，见理查德·福尔克的批评。Richard Falk，"Ordering the World：Hedley Bull after Forty Years," in Hidemi Suganami，Madeline Carr，and Adam Humphreys，eds.，*The Anarchical Society at 40*：*Contemporary Challenges and Prospects*（Oxford：Oxford University Press，2017），pp.41—55.

35. Anthony Howe，"Free Trade and Global Order：The Rise and Fall of a Victorian Vision，" in Duncan Bell，ed.，*Victorian Visions of Global Order：Empire and International Relations in Nineteenth-Century Political Thought*（Cambridge：Cambridge University Press，2007），pp.35—36.

36. 关于民族主义，自由主义与国际主义在 19 世纪和 20 世纪关系的演进，见 Ernst B. Haas，*Nationalism，Liberalism，and Progress：The Rise and Decline of Nationalism*（Ithaca，NY：Cornell University Press，1997）。

37. 其后，在 20 世纪 30 年代出现了法西斯国际主义，见 Jens Steffek，"Fascist Internationalism，" *Millennium：Journal of International Studies*，Vol.44，No.1（2015），pp.3—22。对 19 世纪和 20 世纪极右民族国际主义的讨论，见 David Motadel，"The Surprising History of Nationalist Internationalism，" *New York Times*，3 July 2019。

38. Glenda Sluga，*Internationalism in the Age of Nationalism*（Philadelphia：University of Pennsylvania Press，2013），p.7.

39. H. A. L. Fisher，*A History of Europe*（London：Edward Arnold，1945），pp.901—902.

40. "Richard Cobden，" in Arnold Wolfers and Laurence Martin，eds.，*The Anglo-American Tradition of Foreign Affair*（New Haven，CT：Yale University Press，1956），pp.193—195. 参见 Donald Read，*Cobden and Bright：A Victorian Partnership*（London：Edward Arnold，1967）。

41. Howe，"Free Trade and Global Order，" p.34.

42. Cheryl Schonhardt-Bailey，*From Corn Laws to Free Trade：Interests，Ideas，and Institutions in Historical Perspective*（Cambridge，MA：MIT Press，2006）.

43. 在这一时刻出现的反谷物法联盟是 19 世纪最成功的压力团体之一。见 Norman McCord，*The Anti-Corn Law League，1838—1846*（London：Allen and Unwin，1968）；and Paul A. Pickering and Alex Tyrrekk，*The People's Bread：A History of the Anti-Corn Law League*（Leicester：Leicester University Press，2000）。

44. Howe，"Free Trade and Global Order，" p.27.正如戴维·坎纳丁所言："像科布登和布莱特这样热爱和平的国际主义者相信，自由贸易本身就会在全世界产生公平的关系以及和平与和谐。" David Cannadine，*Victorious Century：The United Kingdom，1800—1906*（New York：Viking，2017），p.267.

45. Cannadine，*Victorious Century*，p.267.另见 Anthony Howe，*Free Trade and Liberal England，1846—1946*（Oxford：Clarendon Press，1997）。

46. Charles P. Kindleberger，"The Rise of Free Trade in Western Europe，1820—1875，" *Journal of Economic History*，Vol.35，No.1（March 1975），p.36.

47. 对 19 世纪欧洲和世界贸易关系的权威研究，见 Ronald Findlay and Kevin

H. O'Rourke, *Power and Plenty: Trade, War, and the World Economy in the Second Millennium* (Princeton, NJ: Princeton University Press, 2007), chap. 7。

48. 参见 Howe, "Free Trade and Global Order," pp.38—39。

49. John A. Hobson, *Richard Cobden: The International Man* [1919] (London: Ernest Benn, 1968), p.21.

50. 关于 19 世纪和平运动及其各种不断变化的信仰的生动描述, 见 Michael Howard, *War and the Liberal Conscience* (London: Temple Smith, 1978), chap. 2。辛思利记录了英美世界和平运动的历史, F. H. Hinsley, *Power and the Pursuit of Peace: Theory and Practice in the History of Relations between States* (Cambridge: Cambridge University Press, 1963), chaps. 6 and 7。另参见马丁·希德尔的综合研究, Martin Ceadel, *The Origins of War Prevention: The British Peace Movement and International Relations, 1730—1854* (Oxford: Oxford University Press, 1996), and *Semi-Detached Idealists: The British Peace Movement and International Relations, 1854—1945* (Oxford: Oxford University Press, 2001); 又见 Peter Brock's trilogy, *Pacifism in the United States: From the Colonial Era to the First World War* (Princeton, NJ: Princeton University Press, 1968); *Pioneers of a Peaceable Kingdom: The Quaker Peace Testimony from the Colonial Era to the First World War* (Princeton, NJ: Princeton University Press, 1971); and *Pacifism in Europe to 1914* (Princeton, NJ: Princeton University Press, 1972)。关于法国和平运动, 见 Jackson, *Beyond the Balance of Power*。

51. Arthur C. F. Beales, *The History of Peace* (London: Bell, 1931), p.48.

52. 引自 Beales, *The History of Peace*, p.53。

53. Brock, *Pacifism in Europe to 1914*, pp.396—397.

54. John Morley, *The Life of Richard Cobden*, Vol.1 (London: Fisher Unwin, 1879), p.230.

55. Hobson, *Richard Cobden*, pp.399—400.

56. Cecelia Lynch, "Peace Movements, Civil Society, and the Development of International Law," in Bardo Fassbender and Anne Peters, eds., *The Oxford Handbook of the History of International Law* (Oxford: Oxford University Press, 2012), p.x.

57. 人们对巴黎会议印象最深的是维克多·雨果在开幕式上的讲话, 他呼吁建立一个欧洲国家联盟——在这个未来, 战争将被"各国的普选权和一个伟大的主权元老院的可敬的仲裁所取代"。

58. Beales, *The History of Peace*, p.79.

59. 引自 Beales, *The History of Peace*, p.75。

60. Cooper, *Internationalism in Nineteenth Century Europe*, pp.13—14. 又见 Claude, *Swords into Plowshares*, chaps. 1 and 2。

61. 见 John Forrest Dillon, "Bentham's Influence in the Reforms of the Nineteenth Century," in Association of American Law Schools, ed., *Select Essays in Anglo-American Legal History*, Vol. 1 (Boston: Little, Brown, and Company, 1907), pp.492—515。

62. Martti Koskenniemi, *The Gentle Civilizer of Nations: The Rise and Fall of I national Law, 1870—1960* (Cambridge: Cambridge University Press, 2001).

63. Pitts, *Boundaries of the International*, p.3.

64. Pitts, *Boundaries of the International*, p.10.

65. Mazower, *Governing the World*, p.66.

66. Cemil Aydin, "Regions and Empires in the Political History of the Long Nineteenth Century," in Conrad and Osterhammel, *An Emerging Modern World, 1750—1870*, p.121.

67. 参见 Arnulf Becker Lorca, "Universal International Law: Nineteenth Century Histories of Imposition and Appropriation," *Harvard International Law Journal*, Vol.51, No.2(2010), pp.475—552。

68. 参见 R. P. Anand, "Family of 'Civilized' States and Japan: A Story of Humiliation, Assimilation, Defiance, and Confrontation," in Anand, ed., *Studies in International Law and History: An Asian Perspective* (New York: Springer, 2004)。

69. 引自 Beales, *The History of Peace*, p.150。

70. Irwin Abrams, "The Emergence of the International Law Societies," *Review of Politics*, Vol.19(1957), pp.361—380; and George Finch, "The American Society of International Law, 1906—1956," *American Journal of International Law*, 50(1956), pp.293—312.

71. Martha Finnemore, *The Purposes of Intervention: Changing Beliefs about the Use of Force* (Ithaca, NY: Cornell University Press, 2003), p.25.

72. Finnemore, *The Purposes of Intervention*, p.26.

73. 阿尔弗雷德·齐默恩对国际主义运动中的法律主义转向进行了详细考察, 并对其结论进行了有力的理论批评。见 Alfred Zimmern, *The League of Nations and the Rule of Law, 1918—1935* (London: Macmillan, 1936)。另见 Oona A. Hathaway and Scott J. Shapiro, *The Internationalists: How a Radical Plan to Outlaw War Remade the World* (New York: Simon and Schuster, 2017)。

74. 克劳德将这种多边外交形式称为"海牙体系",反映了在两次海牙会议上确立的以法律为导向的合作原则和形式。见 Claude, *Swords into Plowshares*, pp.28—34。

75. Finnemore, *The Purposes of Intervention*, pp.38—41.

76. 见 Sondra R. Herman, *Eleven against War: Studies in American Internationalist Thought* (Stanford, CA: Hoover Institution Press, 1969)。关于历史背景, 参见 Stephen Wertheim, "The League of Nations: A Retreat from International

Law," *Journal of Global History*，Vol.7，No.2(July 2012)，pp.210—232。

77. Sluga，*Internationalism in the Age of Nationalism*，p.19.

78. 例如，1862 年，伦敦举办了国际工业展览会。国际妇女理事会成立于 1888 年。

79. Henryk Katz，*The Emancipation of Labor*：*A History of the First International*(Westport，CT：Greenwood Press，1992).

80. 参见 C. DeBenedetti，*Origins of the Modern American Peace Movement*，*1915—1978*(Millwood，NY：KTO Press，1978)。

81. Iriye，*Global Community*，p.14.

82. Iriye，*Global Community*，p.13.

83. 参见 Geyer and Paulmann，*The Mechanics of Internationalism*。

84. Iriye，*Global Community*，p.10.

85. Osterhammel，*The Transformation of the World*，p.510.

86. Claude，*Swords into Plowshares*，p.34.

87. Craig Murphy，*International Organization and Industrial Change*：*Global Governance since 1850*(Cambridge：Polity Press，1994).

88. Cornelia Navari，*Internationalism and the State in the Twentieth Century*(New York：Routledge，2000)，pp.132—133.

89. Navari，*Internationalism and the State in the Twentieth Century*，p.133.

90. Claude，*Swords into Plowshares*，pp.35—36.

91. Bayly，*The Birth of the Modern World*，p.243.

92. Beales，*The History of Peace*，p.128.

93. Beales，*The History of Peace*，p.238.

94. 关于国际制度构架的建议往往直接反映了国内民主制度。例如，1905 年的各国议会大会成立了一个委员会，讨论建立一个常设国家大会的问题。在其报告中，该委员会建议创建一个有两院的世界大会，海牙会议为上院，各国议会联盟本身为下院。这一建议在委员会的报告中没有得到进一步推动。

95. Beales，*The History of Peace*，p.110.

第四章 威尔逊式国际主义

20 世纪上半叶对自由国际主义是严酷的。两次世界大战、大萧条以及法西斯与极权主义大国的兴起，引发了自由国际主义的反复危机。"美好时代"（belle epoque）——横跨世纪之交的几十年，后来欧洲人将其作为一个乐观主义、繁荣、科学进步、文化成就与和平的时代来怀念——只揭示了现代性的一面。为西方国家带来财富、权力和社会进步的工业主义有其潜藏的阴暗面。第一次世界大战的剧烈动荡与地缘政治灾难不仅标志着世界政治的转折点，也标志着自由国际主义的转折点，随后的战争、大萧条和政治危机亦是如此。在 20 世纪，自由国际主义经历了一系列不断交错的黄金时代和全球性灾难。现代性正引领着社会与国际秩序稳步发展的观念反复被战争、社会动荡和非自由主义的重新抬头所骤然驱散。自由国际主义的漫长弧线被视为与现代性的双重特征的持续的、令人绝望的遭遇。

最重要的两个时刻发生在 1919 年和 1945 年。自由国际主义者在经历了难以想象的破坏性的世界大战后，被迫收拾起思想与政治上的残局，对"全球"的性质和现代化世界的深层逻辑进行辩论。而这些战争还产生了瓦解"旧秩序"的效果，为主要国家的领导人创造了历史机遇，提出在新基础上重新构建国际秩序的方案。面对那些似乎要直接否定其前提假定与工作的世界事件，自由国际主义者并没有放弃他们的事业。相反,他们倾向于重新思考并构想它。他们认为,实际上,战争、萧条和对自由民主的非自由主义挑战者等都要求更多的自由国际主义,而不是更少。

伍德罗·威尔逊比任何其他领导人或思想家都要更被视为与自由国际主义相连。"如果我的政府不得不主要处理外交事务,那将是命运的讽刺",他在 1913 年前往华盛顿担任总统的前几天对普林斯顿的一位朋友说。[1]然而,正是在他的八年任期内,自由国际主义作为国际关系中的一种传统逐渐成熟。他主要通过演讲以及在巴黎促和来实现这一点。他的关键思想在他著名的十四点演说中得到了阐述,这是 1918 年在国会联席会议上发表的对美国战争目标的声明。美国将寻求一个"公开达成的和平契约"的世界,一个"绝对的公海自由"的世界,其中"经济壁垒"将被消除。为了确保这个战后新秩序的和平,将建立一个国际组织,在"对大国与小国的政治独立和领土完整的相互保证"的基础上解决争端。[2]威尔逊对战后秩序的设想通常被认为是大胆而新颖的——第一次激起了自由国际主义的想象力。但事实上,他所表达的是在欧洲和美洲已经辩论了几十年的观点。他的贡献与其说是智识上的,不如说是政治上的:他将自由国际主义具体化为一项政治事业。

第一次世界大战和伍德罗·威尔逊及其同时代人的媾和努力,将自由国际主义带入了 20 世纪。只有在暴力和动乱发生后,旧有的对抗性的帝国领域才开始消退,以自由的意象统一和重组国际关系努力才出现。自由国际主义成为一项政治事业——一个理论、意识形态,以及国家间改革的议程。威尔逊的观点既是进步的,也是保守的。它体现了一个围绕自由贸易、集体安全和国际法而重塑国际秩序的全面计划。但威尔逊时代的自由国际主义是保守的,没有正面挑战欧洲帝国、种族或文化等级制度,或者更确切地说,没有挑战国家主权的通行规则。威尔逊试图启动一个政治和道德工程,它不会超越威斯特伐利亚的国际秩序,而是通过政府间的规范和政治关系的演进将独立、自治的国家和人民团结在一起。

在本章中，我提出了四个论点。第一，第一次世界大战迫使威尔逊和其他自由国际主义者站出来，为改革国际秩序提出明确而全面的建议。国际社会中自发和渐进式的进步的观念被打破了。"世界的现实已经改变"，威尔逊在 1919 年指出。战争清楚地表明，需要一个积极的、确保合作和相互保护的制度化体系。但他和他同时代的人还没有看到植根于现代性的和平与自由民主所面临的危险。在他们看来，问题在于国家未能充分实现现代化。现代性还没有完全完成它的工作。威尔逊将德国置于这一批判的中心：正是德国陈旧的社会和政治特征——专制国家、军国主义文化和容克阶层——导致了战争。因此，战争本身被转化为了进步变革的工具。威尔逊在 1919 年 9 月说："战争的目的是摧毁专制权力；也就是说，使任何地方都不可能出现像柏林威廉大街 * （Wilhelmstrasse）那样的一小群军人，他们可以把银行家、商人、制造商、皇帝本人抛在一边，并说：'我们已经完善了一台机器，我们可以用它征服世界。'"[3] 解决方案是建立国际秩序，以便让现代性覆盖世界上更多的地方，包括德国。威尔逊认为，这是有可能的，因为世界仍然处于现代化的道路上；自由民主仍然处于上升阶段。民主社会和民主所释放出的世界舆论可以为国际秩序提供治理机制。

第二，影响战后秩序的核心思想并不新鲜。在过去一个世纪的大部分时间里，这些想法一直被争论，并反映在 19 世纪国际主义的各个分支。这一秩序的核心是对一个由西方自由民主国家组织与领导的国家共同体的愿景，其特点是开放的商业、国际法和冲突解决机制。主权和独立的国家将建立一个永久性的国际制度体系——司法、立法和行政机构——并以一个国家大会或代表大会为中心。在不断发展的国际法和争端仲裁原则的指导下，将建立常设合作机制。

---

* 旧德国政治中心。——译者注

以开明的自利和国际舆论的力量为终极根基,合作和承诺将是自我加强的。这些想法在威尔逊之前就有了,也并非美国独有。

第三,威尔逊对国际秩序的具体设想是一个不断发展的观点的综合,建立在对现代性、自由民主、制度和渐进式变革的一系列假定之上。其建立在这样的前提假定上,即自由民主正在上升,而"文明"作为现代世界的一个深刻而不断发展的特征,将推动和拉动国家间的社会向前发展。威尔逊深信国际法的扩散性和进化性影响,因为它体现在主权国家共同体的规则和规范中。他认为国际联盟是促进一个稳定的和平体系的绝对必要的第一步。在这个新的治理体系中行动,国家领导人将逐渐被社会化,了解其规则和规范,而国际公众舆论将提供一个弥散性的执行机制。正是这种对国际秩序的社会化和进化逻辑的信心,使威尔逊在赔偿、主权及帝国等问题上向欧洲领导人作出了让步。他认为可以在细节上让步,因为他的设想会取得最终胜利。

第四,威尔逊式的国际主义失败了。美国拒绝加入国际联盟,而在随后的几十年里,凡尔赛解决方案以萧条与战争告终。那个威尔逊在1918年7月4日所宣称的体现"以被统治者的同意为基础、以人类有组织的舆论为支撑的法律统治"的国际秩序事业沦为废墟。对于这次失败的原因和后果,一个世纪以来一直在争论。从某种意义上说,他不过把它搞砸了。美国参议院愿意在带有澄清性决议的情况下通过条约,美国的政治主流也不是孤立主义,但威尔逊却拒绝妥协。从更深的意义上说,当西方国家本身不存在一个稳定的地缘政治基础时,威尔逊版本的自由国际主义是根本无法持续的。然而,威尔逊时代确实为后来建立自由主义国际秩序的努力奠定了基础。国际联盟的确诞生了,尽管它未能确保和平,但它成为多边合作的工具,并为帝国的解体提供了一条规范和制度的途径。后世的自由国际主义者吸取了这个时代的教训和遗产。

世界大战、现代性和国际秩序

第一次世界大战是一场全球性的灾难，是世界上有史以来最暴力和最具破坏性的战争。这是工业时代的第一场重大战争，一场造成 1 000 万士兵战死，还有数百万人受伤和终身残疾的血腥冲突。欧洲在 1914 年夏天开赴战争，确信男孩们会回家过圣诞节。他们没有做到。一代年轻人被消灭了。化学武器、堑壕战、大规模杀戮、凡尔登和索姆河战役、加利波利行动、(艾略特的)《荒原》——这可怕的场面，很少有欧洲人没有受到影响。"现在，灾难已经来临，"威尔逊在一次演讲中指出，"血流成河，欧洲国家的花朵被摧毁了……旧的秩序退场了"。[4]这场战争大大超出人们的想象。同时代的人称它为"大战"(the Great War)，因为它具有史诗般的规模，也因为它对人们思考战争、和平和人类状况的方式产生了深刻的影响。[5]

最直接的是，这场战争改变了世界权力的分配。欧亚大陆的旧帝国——沙皇俄国、哈布斯堡和奥斯曼帝国——被摧毁了。新的民族国家应运而生，欧洲殖民地也不断涌现出独立运动。大英帝国幸存了下来，但欧洲列强作为一个整体被大大削弱了。这是一场多面性的权力转移。欧洲大国在 19 世纪实现了工业化，扩大了它们的帝国，在世界范围内建立了越来越大的统治。英国是这一全球性权力扩张的中心，它的帝国是世界上最宏伟的帝国，它提供了一种其他欧洲国家试图模仿的帝国架构。大战结束了这一切。欧洲大国失去了对国际秩序的控制，帝国也失去了作为国际秩序组织逻辑中心的地位。[6]

这场战争的最大受益者是美国。它的力量几十年来就一直上升，得到了一个很大的推动。它的战时经济持续扩张，而其他大国却摇摇欲坠。几乎在一夜之间,美国超过了英国,成为世界主要的金融大国。[7]英美关系是这一全球权力转移的中心。"自19世纪初以来,大英帝国一直是世界上最大的经济单元,"亚当·图兹指出,"1916年的某一天,在凡尔登和索姆河战役之年,大英帝国的总产出被美利坚合众国的产出所超越了。此后,直到21世纪初,美国的经济实力将成为塑造世界格局的决定性因素。"[8]从某种意义上说,这是将领导权的衣钵从19世纪占主导地位的自由主义国家移交给其20世纪的继承者。但美国也代表了一种不同类型的大国——一种在欧洲国家体系之外出现的大国。美国的海岸同时面向欧洲和亚洲。美国在美西战争后获得了帝国的各部分,但其领土扩张在很大程度上仅限于将其联邦制度扩展到北美大陆。美国是在一个由广大帝国主宰的世界中崛起的,它与帝国(既与特定的帝国又与作为秩序组织逻辑的帝国)之间复杂的、冲突的、最终反叛的关系将在整个20世纪上演。[9]权力转移在某种程度上是一种霸权的更替,但它也是更深刻的,从英国对帝国秩序的领导到美国对围绕后帝国世界秩序所展开的全球性持久斗争的领导。[10]

第一次世界大战也为秩序的建立创造了新的机会。旧的秩序在多方面被战争摧毁了。最明显的是,战争破坏了大国及它们的政治关系。国际秩序的规则和体制已经瓦解,在既有国际秩序中运作的选项突然消失了。从严格意义上讲,必须建立一个新的秩序。除此之外,战争和围绕战争的斗争使旧秩序的规则和制度失去了合法性。战争本身就是这种失败的证据。战争还导致了新的权力分配,在强国和弱国之间产生了新的不对称性。就像一场强大的风暴,战争清除了旧的规则和制度结构,并抹去了历史的痕迹。随着旧的限制至少暂时被抛开,一个新的、强大的国家集团有机会站出来重新思考和重建国际秩序。第一次世界大战的结束是一个与1648年、1713年和1815年不一样的时刻,并将在1945年再次出现。新的强大行为体有机会塑造世界政治。在混乱的战后,美国与其他国家的领导人发现自己处于一个提出新的国际关系规则和原则的位置。[11]

第一次世界大战也带来了一场新的全球意识形态斗争。1917 年春天，美国作为自由国际主义和"新外交"的倡导者加入战争。威尔逊试图将战争作为进步变革的工具。在 1917 年 4 月 2 日对国会联席会议的讲话中，他将战争描述为"自由和自治的民族"与"自私和专制的权力"的斗争。[12] 那年秋天，俄国革命使布尔什维克在共产国际主义和无产阶级专政的旗帜下上台。对弗拉基米尔·列宁来说，就如对威尔逊一样，第一次世界大战是他试图领导的世界历史变革的背景。在彼得格勒的芬兰车站发表的著名的《四月提纲》中，列宁将战争描述为由西方资产阶级政府的"资本主义性质"驱动的"掠夺性帝国主义"冲突。他预想，战争将导致更多的革命和建立工人和农民民主国家的"新国际"。在他们对世界新秩序的相互竞争的愿景中，威尔逊和列宁都对世界危机的原因——战争、军国主义和工业社会的动荡——提出了全面的描述。他们都把战争看成是一场大火，从中会出现一个"事物的新秩序"。两人都认为欧洲是倒退的过去的体现，自己的国家则是即将到来的开明时代的灯塔。两人都鼓动宏大的意识形态，并将自己视为国际运动的领导者。这些相互竞争的国际主义意识形态将超越战争，超越凡尔赛协议，超越列宁和威尔逊，并在接下来的几十年里占据主导地位。[13]

意识形态在大国关系中新的重要性，部分是由政权类型的新分歧所驱动的，威尔逊的美国和列宁的俄国就是体现。但意识形态的斗争也反映了公众舆论和民主政治在世界舞台上新的重要性。建立秩序的外交"舞台"已经形成。民主和舆论现在在两个方面成为国际关系的组成部分。最明显的是，实际的外交成为一个更公开的事情——总统和总理们必须建立联盟，并比以前更多地说服他们的人民。这在一定程度上是战争本身的产物，它动员并扩大了大国的公民和士兵队伍。在停战两周后的一次演讲中，英国首相戴维·劳合·乔治（David Lloyd George）宣称，当前的任务是"使英国成为一个适合英雄生活的国家"[14]。巨大的牺牲已经做出，这些牺牲使战后发生的事情——战争目标和和平愿景——具有新的紧迫性。威尔逊在巴黎和会前的欧洲之行取得了胜利，这是新公共外交的所有亮点。但是，西方自由民主制度长达一个世纪的进步在更深的意义上也很重要。国际秩序的原则现在需要与自由民主国家的原则和愿望更紧密地联系起来。合法的国际秩序的定义已经发生了变化，领导人现在必须在建立规则和制度时更加关注民主的敏感性。这反映在威尔逊对旧欧洲地缘政治的腐化和幕后交易的批判，以及他对开放条约和基于规则的关系的呼吁，它还反映在自决的新语言中。自由主义战后秩序的事业最终将取决于它在多大程度上推进了自由民主的原则。

在这些方面，第一次世界大战为国际秩序的重组创造了需求和机会。之所以如此，正是因为战争本身是如此令人震惊：当然，令人震惊的是它的暴力和破坏性，但它也揭示了现代性的性质和西方的进步、理性和社会相互依存的基础。这场战争动摇了西方旧秩序的政治和知识基础。事实上，英国著名的国际主义者诺曼·安吉尔（Norman Angell）在 1910 年出版的《大幻觉》（*The Great Illusion*）一书，认为欧洲国家在金融和商业上的联系如此紧密，以至于战争变得极不理性了。他认为："先进资本主义国家的战争是无利可图的，因此是不可想象的。"[15] 在后来的几十年里，安吉尔因其认为相互依存和对利益的理性计算可以结束战争的天真信念而被嘲笑。然而，他的论点并不是说理性会占上风，而是说如果理性不占上风，西方社会将付出惨痛的代价——而它们也确实付出了代价。[16] 一路走来，西方世界的国家还发现，由于军备造成损害的能力不断增强，它们的处境越来越危险。新的战争技术使现代军队的杀伤力急剧增加。这些新的情况在战争中暴露无遗，使主要国家在和平谈判中的辩论变得十分重要。

自由国际主义的谱系

伍德罗·威尔逊被铭记为自由国际主义的大先知,为重建被战争蹂躏的世界提出了新的想法。他期望有国际仲裁、海洋自由和非歧视性的贸易体系。他期望成文的国际法能够体现这种开放和基于规则的秩序的规范和原则。他还期望建立一个国际联盟,作为这个秩序的象征性和政治性基石。但是,这些自由国际主义建议的要点在战前几十年就已经在流传了。正如我们所看到的,19世纪是(自由主义和其他形式的)国际主义的温床。在拿破仑战争结束后,随着议会和民选政治家在欧洲和美国占据主导,和平协会与改良运动提出并争论了威尔逊后来作为国际秩序的自由主义愿景所倡导的核心思想。威尔逊的影响对于综合这些思想、赋予它们发言权并将它们与美国的全球权力崛起联系起来是非常重要的。

贸易、仲裁和国际组织

第一股线索是自由贸易运动。在英国于1846年废除《谷物法》之后的几十年里,降低关税的努力随着世界经济的增长和欧洲对帝国的推动而起伏。英国仍然致力于自由贸易,甚至在其他国家提高关税时也单方面降低关税。"我们今天站在分叉口上,"1904年贝尔福首相在伦敦对聚集在一起支持自由贸易和门户开放的数千人说,"一条路——一条宽广而容易的路——通向保护主义,通向征兵,通向将自由体制沦为虚名……另一条路通向巩固国内的自由,通向仲裁和友好条约,其自然顺序是阻止和最终削减军备。"[17]

这种关于自由贸易是和平工具的主张,以及对理查德·科布登的其他呼应,在西方国家的首都仍然可以听到。但随着欧洲帝国竞争的加剧,关于贸易的辩论开始从降低关税转向多边贸易原则,如不歧视和最惠国待遇。[18]1899 年,美国国务卿约翰·海(John Hay)宣布了麦金利政府对中国的门户开放政策,就表达了这一重点。欧洲帝国主义列强正在积极瓜分中国,建立贸易港口和势力范围。美国反对欧洲列强在中国建立专属贸易特权的努力。它肯定了所有商人平等进入的原则,并支持中国的领土和行政完整。它的政策实际上是对英国在 19 世纪 40 年代与中国签订的原始贸易协定的重申,该协议采用了最惠国贸易条约的形式,保证了所有各方的平等贸易权利。1895 年的中日战争破坏了开放的贸易关系,因为日本通过操控获得了特殊的领土和港口特权。俄国、法国和德国的类似努力也接踵而至,争夺"特许权"的斗争开始了。1898 年,英国要求美国加入它的行列,敦促其他主要国家保持平等的商业准入政策。麦金利政府决定不采取联合行动,但在 1899 年和 1900 年,国务卿海约翰向其他大国发出了照会,阐述了门户开放政策。[19]

门户开放政策与其说是说明美国对自由贸易的承诺,不如说是说明它急于确保在东亚的准入。作为一名国会议员,威廉·麦金利是一名保护主义者,在他担任总统期间,美国仍然是保护主义最盛的大型经济体之一。门户开放也不是对帝国主义的明确攻击。麦金利政府正在积极行动,以平息菲律宾的叛乱。门户开放的目标是为了保障美国在该地区的贸易利益。这项政策表明,美国现在准备倡导一项涉及国际秩序组织核心的原则——货物和资本的平等准入原则。[20]这是一项针对排他性区域的政策,旨在保护美国不断扩大的经济利益,但它也是将美国与一个广泛开放和非歧视性的国际秩序联系起来的尝试。20 年后,威尔逊和他身边的国际主义者将寻求把这一原则纳入战后的解决方案中。

在威尔逊上任之前,国际仲裁运动也很活跃。仲裁最初是由和平协会在 19 世纪最后几十年倡导的,后来成为国际法律师和外交官追求的改革议程。美国和英国曾在 1784 年的《杰伊条约》和 1814 年的《根特条约》谈判中诉诸仲裁。在 19 世纪,有 200 多起国际争端通过仲裁解决,包括 1890 年至 1900 年间的 60 多起。英国和美国是最积极使用仲裁的国家。这些案件涉及各种问题,包括领土争端、扣押船只和干涉商业。[21] 仲裁成为各国解决复杂的商业、金融、领土和帝国争端的工具。

仲裁运动最雄心勃勃的目标是将这种争端解决机制带入国家间关系的高级政治。如前一章所述,在 19 世纪的最后几十年里,法律协会和其他团体已经开始公布建立国际仲裁制度的正式计划。1872 年达到了一个里程碑,美国和英国同意通过仲裁——在日内瓦举行的正式程序——来解决一系列关于中立国权利的法律争端。这是迄今为止大国对仲裁最重要的使用。在接下来的 20 年里,所有主要西方国家的国际主义者都不断向其议会提交仲裁决议。

1887 年,美国和英国开始谈判一项永久性仲裁条约,这一努力在十年后的 1897 年《英美仲裁条约》中取得了成果。这既是建立政府间争端解决机制的最雄心勃勃的尝试,也是揭示该机制局限性的时刻。各方同意"根据本条约的规定和限制,将它们之间的所有分歧问题提交仲裁,这些问题可能无法通过外交谈判自行解决"。但双方都提出了重要的保留意见——英国不会提交涉及其"国家荣誉或完整"的争端,而美国则不会同意未经参议院批准的解决方案。[22] 即使有这些削弱性的限制,该条约仍被美国参议院拒绝,并从未生效。

在 20 世纪的第一个十年,仲裁运动得到了美国国务卿伊莱休·鲁特(Elihu Root)的领导,他在仲裁事务中有着长期的活动经历。作为一名律师和美国国际法协会的第一任主席,多年来他多次表示支持扩大仲裁在解决国际争端中的作用。在 1905 年至 1909 年担任国务卿期间,他还试图改善与拉丁美洲的关系。1890 年,美国组织了第一届美洲国家会议,建立了后来被称为泛美联盟的机构。尽管美国和 17 个拉美国家未能建立一个贸易协会,但它们确实缔结了一项解决美洲间争端的强制仲裁条约。尽管没有一个国家后来批准了该条约,但其原则被纳入各种外交协议中。作为国务卿,鲁特试图在这些努力的基础上再接再厉,特别是寻找一种方法来扩大仲裁在解决主权债务争端中的作用。[23]

一些国际主义者专注于仲裁和其他解决争端的机制,而另一些人则主张建立更普遍的国家政治联盟。国会或国家联盟的想法可以追溯到欧洲的过去。在 18 世纪,康德设想了一个"自由国家的联邦"。许多其他 18 世纪的思想家——查尔斯·艾琳·卡斯特尔(Charles-Irene Castel)、威廉·潘恩(William Penn)、杰里米·边沁——提议成立国际机构,以解决争端和管理国际事务。19 世纪,建立这样一个组织的呼声更加高涨。从一开始,和平运动就把建立国际大会——一种主权国家的议会——视为其最终目标。[24]

国际主义团体将它们自己的定期集会视为大会或国家联盟的前奏。这些集会中最突出的是 19 世纪中叶在欧洲主要城市举行的一系列世界和平大会。召开这些大会是为了倡导开放贸易、仲裁、裁军、人道主义救济,以及与战争和和平有关的国际法律规范。欧洲和美国的议会间团体、学术团体和国际主义者利用这些集会提出建议。阿瑟·比尔斯在他的 19 世纪和平运动史研究中指出,从 1826 年的巴拿马大会到 1899 年的海牙会议,共举行了一千多场各种类型的国际会议,包括红十字会和邮政大会,以促进各项事业。[25]

这些国际主义运动在 1899 年和 1907 年的两次海牙和平会议上达到了高潮。正如伊尼斯·克劳德(Inis Claude)所指出的,这些会议"标志着为了对国际关系的体系进行一般的、永久的改革而开展的集体活动达到了一个新的高峰,与处理具体的、暂时的情况的目的区别开来"[26]。俄国沙皇尼古拉二世在发给其他国家元首的一封照会中提出了召开会议的实际建议,目的是通过界定"战争法"和谈判限制军备来促进和平。所产生的公约赋予各国政府调解的权利,这是 1856 年《巴黎条约》调解条款符合逻辑的推论。最重要的是,在海牙成立了仲裁法院;在 1914 年 8 月之前,它最终解决了 14 个案件。[27]在

1907 年的第二次海牙会议上,根据英国 1895 年的提案,提出了成立一个世界法院的想法;该法院于 1920 年成立。[28]对这些争端解决机构的使用仍然是可选择性的,由各国自己掌握。

多边主义与主权平等

在两次海牙和平会议上达成的协议是温和有限的,当然也不足以阻止欧洲走向战争的步伐。但它们对不断发展的国际合作准则产生了重要影响。这些国际会议帮助确立了关于多边主义和主权平等的新思想,这些思想将成为威尔逊自由国际主义的核心。

现代外交中的多边主义起源于威斯特伐利亚国家体系和 1815 年的维也纳会议,但直到两次海牙会议才达到其现代形式。[29]维也纳会议在当时是独一无二的,它将许多政府的代表聚集在一起,在同一张桌子前进行谈判。这种多边形式使欧洲大国能够就整个欧洲大陆的领土和政治秩序问题展开集体讨论和行动。维也纳会议之后,大会只在某个大国要求召开会议时才间歇性地召开。协商制度仍然是一个大国俱乐部,这反映了欧洲的政治等级制度,虽然在 19 世纪末这一协商制度偶尔会扩大到纳入其他国家。等级制度和地位,而不是主权平等,是纳入的基础。

然而,在 19 世纪中,多边会议不断发展。参与成员扩大了,引入了投票,会议本身也变得定期了。第一个开放给所有主权国家签署的多边协议是克里米亚战争结束时由英国和法国提出的 1856 年《巴黎海事法律宣言》(Paris Declaration Respecting Maritime Law)。该宣言旨在废除私掠(privateering)行为,并制定规则来规范战争期间公海上中立国和交战国航运之间的关系,最终获得了 55 个国家的批准。[30]同样,和平运动和其他公民社会团体在该世纪中叶组织的大会邀请和平协会参与者参会,无论他们来自哪里。在伦敦和巴黎举行的国际和平大会由英美代表主导,但会议本身的目的是扩大欧洲大陆和非西方社会的参与。1863 年日内瓦战争法会议(The 1863

Geneva Conference on the laws of war），也是由民间团体组织的，获得广泛的参与。在该世纪晚些时候，就职能问题举行的多边会议——邮政联盟、卫生标准等——也有自我选择的参与。在和平会议和职能性会议中，包容性比等级制度更重要，或因为它扩大了和平议程的支持者，或因为它将所有与相关职能运作有关的国家纳入职能协议。

随着 1899 年和 1907 年海牙会议的召开，这种不断发展的多边主义被扩展到关于和平与安全的政府间会议。第一次海牙会议延续了邀请部分国家参加的古老传统，而第二次海牙会议则确立了普遍参与的准则。[31] 以前的欧洲主要会议都是为了交换意见而组织的，但海牙会议是通过投票作出决定的：每个国家有一票。1907 年的会议还与以前的会议不同，这次会议决定定期召开会议。会议设立了一个筹备委员会，处理会议之间的事务，并通过议会式程序进行管理。第二次海牙会议的参与范围扩大了，因为有 18 个拉美国家参加了这次会议，此次会议采用了这些国家在 1826 年巴拿马会议期间制定的参与规范。玛莎·芬尼莫尔（Martha Finnemore）和米歇尔·尤尔科维奇（Michaelle Jurkovich）认为，被后殖民时代的拉美国家所推崇的"主权平等"准则为普遍参与的理念提供了规范性力量。"主权国家，不承认有更高的权威，在国际法上是平等的，"他们写道，"因为主权国家若没有参与就不会受到约束，因此所有国家都需要参与任何规则的制定工作。"[32] 多边主义开始采取其现代形式。

在国务卿伊莱休·鲁特对参加第二次海牙会议的美国代表的指示中，可以看到威尔逊关于建立自由秩序的标志性设想的一丝影子。"这种会议的直接结果必然始终局限于较乐观的人希望看到的一小部分领域；但每一次连续的会议都将把前一次会议上达成的立场作为出发点，并将考虑到对未来国际舆论的推进，这些舆论将受到对既往协议的接受与执行的影响。每一次会议都将不可避免地取得进一步的进展，通过连续的步骤，可能会取得以前看来不可能取得的结果,你们应始终牢记促进这一持续的进程,通过这一进程,国际正义与和平的逐步发展可以继续下去。"[33]

到 20 世纪初,自由国际主义导向的大体轮廓已经显现出来。文明世界的主权国家在一个开放的、松散的以规则为基础的国际秩序中运作,需要建立法律和监管原则,指导各国和平解决争端。正如伊尼斯·克劳德所指出的,目标是"建立能永久为各国所使用的工具和机构"[34]。国家彼此间的不满将通过谈判、仲裁和国际会议来处理。[35]这为常设国际代表和司法机构建立了先例,这些机构将为合作提供机制,并按照多边主义和主权平等的准则解决冲突。其顶点将是一个国家联盟或大会。

英美的战后秩序计划

战争开始后不久,即 1914 年夏天,各国政府就开始考虑和平问题。关于战后秩序目标的辩论是一个庞杂的公共事件,外交官、政治家、学者、公共知识分子和活动家都参与其中。[36]随着战争范围的明朗化,特别是在 1916 年发生了可怕的凡尔登战役和索姆河战役之后,在欧洲各国首都的(战后)规划工作也在加强。在英国,战争是由三党联合政府领导的,关于战后秩序的辩论被放在了欧洲大陆战事的次要位置。起初,威尔逊政府保持美国的中立,并试图充当调停人,发出"和平的声音"。但到了 1917 年,美国在威尔逊的"新外交"和民族"自决"的旗号下加入战争。很快,俄国的布尔什维克推进了他们自己的新外交和革命愿景。第一次世界大战尚未结束,但关于战后秩序建设的辩论却如火如荼。

在英国和美国,这场讨论吸引了来自不同政治领域的国际主义者。在这种多样性中,或许能划分国际主义的两个一般阵营——保守派和进步派。这两派都是自由派,因为他们都致力于改革战后的秩序。战场上的杀戮同样要求做到这一点。他们都认为,改革的核心必须是一个国际组织,它将体现秩序的原则并促进合作。但他们对旧秩序的批判深度不同。保守派国际主义者赞成战后秩序,即依靠大国通过加强国际法和外交体系来维持和平。一些人主张建立一种由大国主导的更新版和扩大版的维也纳会议,而另一些人则强调加强国际法和建立冲突的裁决机制。进步的国际主义者倾向于支持对全球体系进行更深入的改革。他们试图建立一个国际秩序,以支持国内外进步性的经济和社会改革。管理世界日益增长的相互依赖关系需要新的国际规则和制度。[37]

在英国方面,第一个审议战后计划的群体是所谓布赖斯小组(Bryce Group),由历史学家、法学家和英国驻华盛顿大使布赖斯子爵(Viscount Bryce)领导,还有自由派外交政策机构的成员,如 G.洛斯·狄金森(G.Lowes Dickinson)和吉尔伯特·默里(Gilbert Murray)。布赖斯和他的同事们赞成在战后建立一个包括美国在内的盟国集团,该集团将在一个国际联盟性组织内运作以维持和平。该小组最重要的工作是在 1915 年 3 月提出的"避免战争的建议"(Proposals for the Avoidance of War),其中提供了关于联盟宪章的各种想法。[38]布赖斯和他的小组还敦促发展强制性仲裁,以防止冲突升级为武装暴力。签署国将承诺把确定的争端提交给海牙仲裁法庭或其他法庭解决。就其本身而言,该计划不是为了禁止战争,而是通过将争端提交给一个公正的机构来寻求延缓战争。布赖斯提案并没有建议在一个国家拒绝接受仲裁决定时进行自动制裁,也没有为该机构建立一个执行国际法的途径。它只是"希望并期待"海牙会议成为一个编纂和发展国际法的常设论坛。[39]这些想法反映了该集团的温和自由主义倾向。布赖斯小组在形成以安全和大国政治的主流思想为基础的国家联盟方面很有影响力。[40]它与美国共和党政治圈内的国际主义者建立了紧密联系,其想法后来为罗伯特·塞西尔

(Robert Cecil)勋爵所采纳,后者是在巴黎和平会议上提出的英国国际联盟提案的主要设计师之一。

与布赖斯小组相比偏左的是民主控制联盟(Union for Democratic Control, UDC),一个由自由主义和社会主义政治家及知识分子组成的团体,它们支持更进步的战后议程。在拉姆齐·麦克唐纳(Ramsey MacDonald)、诺曼·安吉尔和阿瑟·亨德森(Arthur Henderson)等人的领导下,民主控制同盟最初试图反对战争,反对造成战争的秘密外交和阶级政治的旧传统。它们强调民众和议会对外交政策的控制,推动战后的解决方案,其中民主国家将在公开的国际论坛上合作,以维持和平和推进进步的目标。取代均势制衡,民主控制联盟建议成立一个国际理事会,其审议和决定将是公开的。该机构的主要活动将是开始和管理裁军。

在战争期间,民主控制同盟没有什么影响力,它的许多成员加入了 1915 年初成立的国际联盟协会(the League of Nations Society, LNS)的行列。其成员包括国际主义的中坚力量,如 G.洛斯·狄金森和伦纳德·沃尔夫(Leonard Woolf),这个团体的工作重点是促进战后联盟的建立。当美国最终于 1917 年参战时,国际联盟协会获得了接受,并得到了前外交大臣格雷勋爵(Lord Grey)和扬·史末资(Jan Smuts)将军等政治人物的加入,后者在后来成为巴黎和会的主要规划者。1918 年 6 月,国际联盟协会与自由国家联盟协会联合起来,后者包括吉尔伯特·默里和 H.G.威尔斯(H. G. Wells)等知名人士,成立了一个国联同盟(League of Nations Union)。这个组织搁置了保守派和进步派国际主义者之间的分歧,在巴黎和谈的前夕形成了统一战线。[41]

除了塞西尔勋爵和其他几个人,战争期间,国际联盟在英国政府内部几乎没有拥护者。一种更加现实的观点占了上风,一些人接受了国际联盟的概念,认为它是 19 世纪大会系统的延伸。主要问题是美国是否会加入战后商定的任何安排。英国政府对国际联盟感兴趣,主要是为了确保其对威尔逊政府的战后构想有影响力。[42]这种对美国思想的关注促使威尔逊的首席顾问爱德华·豪斯(Edward House)上校与英国政府在战时的接触,最终于1916年5月达成了《豪斯—格雷备忘录》(House-Grey Memorandum),该备忘录确认了美国在结束战争和谈判和平条款方面发挥积极作用的意图。

1918年初,战争内阁委托菲利莫尔勋爵(Lord Phillimore)主持一项关于国际联盟的影响的研究。菲利莫尔报告调查了早期建立国际联盟或国家大会的努力,并预示了后来成为威尔逊式的想法,报告得出结论,联盟的想法只有在民主国家中才会奏效,"尽管民主民族主义(democratic nationalism)的传播似乎已经为成功铺平了道路",军国主义者和专制国家总是出现,阻挠通过合作实现和平的最佳计划。[43]因此,未来的问题是,民主和"宪政原则"是否会达到足以支持自由主义和平的程度。菲利莫尔报告可以看作对改革必要性的谨慎陈述。战争表明,需要建立解决国际争端的机制,但报告认为,这种制度应建立在19世纪的大会制度传统之上,维护大国采取行动维护秩序的权力。[44]

在美国方面,国际主义运动也分为保守派和进步派。由威廉·霍华德·塔夫脱(William Howard Taft)和哈佛大学校长阿博特·劳伦斯·洛厄尔(Abbot Lawrence Lowell)领导的执行和平联盟(the League to Enforce the Peace,LEP)是最具影响力的团体,主要由共和党的国际主义者组成。该联盟成立于1915年夏天,旨在为战后的国际组织动员支持,它的观点与布赖斯小组的观点相似,在战争年代,这两个组织协调了它们的活动。[45]执行和平联盟的纲领"来自历史的授权"(Warrant from History),呼吁美国参与战后联盟,所有国家将定期举行会议以发布国际法。成员国还必须将"可审理的"争端——那些与条约义务和国际法有关的争端提交给一个司法法庭,而将"不可审理的"争端提交给一个调解委员会。该计划还要求成员国使用经济和军事力量针对任何在将争端提交给解决机构之前就对另一成员国发动战争的国家。[46]到 1916 年年底,执行和平联盟已经确立了自己的地位,拥有数以万计的成员,赞助讲座,并出版小册子。[47]

执行和平联盟的领导人认为自己在调和"两个最高理念"——国际联盟的理念和一个武装和独立的美国的理念。保守派国际主义圈子里的一些同行是法律主义者,如伊莱休·鲁特和哥伦比亚大学校长尼古拉斯·默里·巴特勒(Nicholas Murray Butler),他们试图通过促进对国际法的尊重来改革世界政治。鲁特认为,大国之间的冲突可以通过国际法律规范和由世界法院监督的争端解决机制得到最好的改善。其他保守的国际主义者,如威廉·霍华德·塔夫脱,支持扩大仲裁的使用范围,但同时认为秩序必须由大国在一个新的国际机构内负责执行。[48]

美国的进步人士,像他们的英国同行一样,主张进行更大的改革。这一派国际主义运动由自由主义者、和平主义者、社会主义者和社会改革者组成。托马斯·诺克(Thomas Knock)认为,美国左派"既是所谓新外交的先锋,又是美国式的社会民主的热情倡导者"[49]。一些人物,如女权主义者和社会活动家简·亚当斯(Jane Addams),推进了和平运动的长期理念。亚当斯组织了妇女和平党(the Woman's Peace Party,WPP),该党于 1915 年 1 月在华盛顿特区召集了数千名代表,阐述了"建设性和平的方案"。它的建议类似于英国民主控制同盟提出的那些建议。妇女和平党呼吁立即停火、达成限制军备的国际协议、开放贸易、自由支配海洋、民主控制外交政策、自决、仲裁机制,以及国际协调。与执行和平联盟一样,妇女和平党将自己打造成了一个拥有数千名成员的强大组织,而亚当斯本人也成为国际会议上的一个重要人物。[50]

其他自由派学者和活动家也在战争期间组织起来,支持进步的缔造和平原则。哥伦比亚大学的查尔斯·比尔德(Charles Beard)和詹姆斯·T.肖特韦尔(James T. Shotwell)与赫伯特·克罗利

(Herbert Croly)等记者和莉莲·瓦尔德(Lillian Wald)等社会工作者一起,在1918年成立了美国政策委员会(Committee on American Policy)。它支持威尔逊关于战后公开外交、国家自决、承认殖民地人民权利和门户开放的想法。1918年10月,该组织改组为自由国家协会联盟(League for a Free Nation Association,LFNA),以促进"普遍和民主"的国家间联盟。其1918年的《原则声明》包含了自由国际主义进步派的许多主导理念。一个和平的战后秩序需要在世界范围内进行大胆的改革,并建立必要的承诺和制度来管理工业社会之间日益增长但又脆弱的相互依赖关系。和平将是"国际合作的起点,共同承担的责任的开始",以克服导致战争的社会和经济问题。这些支持联盟的自由主义者认为,目标不是要克服民族主义,而是要使其更加进步。美国需要成为一个支持基于自由贸易和"合作性民族主义"的世界秩序的国家间联盟的中心。[51]

虽然亚当斯领导的和平运动反对战争,但像克罗利和约翰·杜威(John Dewey)这样的自由派知识分子领袖却将战争视为进步议程的助力。[52]最终,威尔逊也是如此。就像他们在英国的同行一样,保守派和进步派在战争结束后走到一起,支持建立一个国家间联盟的建议。在1918年11月威尔逊前往欧洲的前夕,在战争期间一直保持着友好关系的自由党和自由民主党就一项共同的"胜利计划"(Victory Program)达成一致,敦促建立一个国际联盟,以促进"所有国家的自由、进步和公平的经济机会"。该联盟将促进和平解决导致战争的争议,并作为一种"潜在的力量",构成"对任何试图破坏世界和平的国家的长期威胁"。[53]尽管有这种正式的团结表现,分歧仍然存在。执行和平同盟对建立联盟更感兴趣,认为它是执行秩序的一种方式,而进步派则视其目标为纠正导致战争的社会经济条件。

威尔逊本人与这些团体保持了距离,尽管到了1918年,他们的许多想法已被纳入他的"十四点计划"演讲中。执行和平同盟强调对争端的仲裁以及对领土完整和政治独立的保障,这与威尔逊的观点基本一致。威尔逊关于制裁和集体安全在国际联盟内的运作方式的想法也与这些团体相似。威尔逊与自由党的分歧之处在于他对战后国际秩序的信念，如进步的国际主义者所敦促的那样，他试图解决战争的经济原因，并强调裁军和自决。只有在潜在的社会经济条件以及自由民主本身朝着进步的方向发展时，集体安全和仲裁才能保证长期和平。

威尔逊的愿景

美国参战虽迟，但伍德罗·威尔逊将自己置于了战后和平缔造的中心。在他职业生涯的早期，他就接受了国际主义和进步的思想，如自由贸易、政治改革和国际法。他与 20 世纪初的美国人一样，对现代性和走向自由民主的未来抱有信心。但战争迫使他那一代自由主义者接受一种更积极、更有计划、更全面的世界政治路径。改革不能只靠历史的文明化浪潮发展。威尔逊提出了一个以自由贸易、集体安全、国际法和国际联盟为基础的重组的世界秩序。各国需要积极执行和平，并建立一个法律和外交体系，以保护自由民主并使其蓬勃发展。

威尔逊在一系列演讲中阐述了他对改革后的国际秩序的看法。在 1916 年 5 月对执行和平联盟的讲话中，他提出了对自决原则的承诺（他称之为"信条"），指出"每个民族都有权选择他们所生活的主权"，这一原则将适用于小国和大国。他声称，战争"源自侵略和无视人民和国家的权利"[54]。在他 1917 年 1 月的"没有胜利的和平"演讲中，他提出了他对战后和平的制度框架的看法。"必须要有的不是权力的平衡，而是权力的共同体；不是有组织的竞争，而是有组织的共同和平。"这种集体或相互安全的制度将建立在一个各国权利平等、政府以被统治者的同意为基础的世界。一年后的 1 月 8 日,他的"十四点计划"为他的"新外交"提供了总体性的声明。[55]在这一愿景的背后有各种各样的想法和主张。

现代性与全球转型

威尔逊和其他自由国际主义者对现代化以及美国和其他自由民主国家正在行走的道路有一种特殊的看法。世界显然正发生变化。第一次世界大战催生动荡,但国际体系也出现了革命的爆发——1910 年的墨西哥,1911 年的中国,1917 年的俄国。这些运动带来了对工业资本主义和帝国主义的批评。战争和革命暴露了现代社会的深刻内部内涵:旧秩序正在让步,改革和反动政治正笼罩着资本主义社会,而这些动态及其影响正在全球舞台上演。"我们现在和将来都将生活在一个革命的世界中,"沃尔特·李普曼(Walter Lippmann)在威尔逊在国会的支持下发表美国的宣战声明后写道:"这意味着,除其他外,这是一个不安分的实验世界。"[56]

威尔逊也有这种对世界历史性时刻的感觉。这就是全球性的现代性经验。世界是"一个邻里区域",他在 1900 年指出,"每个部分都成为所有其他部分的邻居"。在 1907 年,他又写道,世界正踏上一条伟大的文明旅程;它正被"拉入一个共同市场",其中"和平本身成为一个会议和国际联合的课题。合作是现代世界的行动法则。"[57]对威尔逊来说,现代世界和文明这两个词在本质上是可以互换的,并植根于西方历史文化。自由贸易和社会经济交流将对国家产生现代化和文明化的影响,削弱暴政和寡头垄断,加强国际社会的构造。这是 19 世纪流传下来的自由国际主义的一个核心原则。现代化世界体系的国际主义正在改变着国家和社会。正如劳埃德·安布罗修斯(Lloyd Ambrosius)所言,威尔逊"继续相信,正如他在《国家》(*The State*,1889 年)中所肯定的那样,历史朝着民主胜利的单一方向发展"[58]。现代化的世界对合作提出了新的功能要求。贸易、交流和渐进式变革促进了自由民主社会的出现,它们本身就倾向于成为守规矩的和倾向合作的全球伙伴。

第一次世界大战使这些信念受到怀疑。世界大战的危机促使威尔逊和其他人重新审视他们对全球的理解。但他们并没有从自由国际主义的事业中退缩,而是加倍努力,扩展其范围和雄心。战争向自由主义者揭示世界日益增长的相互关联性。一场欧洲战争不可避免地成为世界大战。威尔逊认为,现代性已经成功地"创造了一个不能被肢解的世界"[59]。战争拒斥了19世纪自由国际主义的期望,即改革会自己发生。威尔逊扭转了这一局面,使战争与和平解决成为其进步议程的工具。[60]

这一转变体现在他对战争的性质和美国加入战争的方式上。对威尔逊来说,这场战争揭示了欧洲现代性的不完整性。他特别指出,不自由的、专制的、军国主义的德国是前现代和旧世界政治形态的一个危险表现。美国及其盟国正在与"一个庞大的军事实体"作战,该机构"秘密地计划主宰世界"。[61]威尔逊开始区分旧世界和新世界,区分欧洲的旧制度和美国的自由民主。无论美国加入世界大战的直接原因是什么,对威尔逊来说,其最终目的是将世界从专制主义、军国主义和财阀主义的统治下拯救出来。E. M.休-琼斯(E. M. Hugh-Jones)写道:"从这个角度来看,美国的宣战是威尔逊自由主义的顶点。"[62]

转向制度

威尔逊和他的追随者看到,世界不能等待自由民主在战后从文明的土壤中有机地涌现出来。这是对20世纪全球政治变化的判断,它激发了威尔逊的著名评论,即需要使世界对民主"安全"。一个现代化的世界不会自动创造一个开放和基于规则的自由主义全球秩序。这里必须要有一个有组织的外交、正式的制度和对集体安全的共同承诺。随着战争的进行,威尔逊开始为世界秩序的改革阐明一个更清晰、更深远的议程。这就是威尔逊时代的"转向制度"[63]。

自由国际主义的事业将集中于建立一个有效的、积极管理的国际秩序。[64]

在他的学术生涯中，威尔逊认为世界正朝着一个进步的方向发展。他认为，民主的传播主要是通过现代性本身的运作，由全球的启蒙运动和西方出现的政治进步所推动。但是，战争使人们对这种现代性是一种新兴的、进步的力量的概念提出了质疑。在关于战争目标和战后解决方案的辩论中，威尔逊认为，一个国家间联盟——更一般地说，在常设多边机构内进行的国际合作——对于支撑民主世界、为自由民主国家共同体提供防御并促进其扩展至关重要。如托尼·史密斯（Tony Smith）所说，这个多边机构将作为一种民主国家和国际官僚的俱乐部，"致力于制定和执行新生的法治，以及在世界各国人民中自主增长的有机意识"[65]。

对威尔逊来说，让世界保持在现代化道路上的关键不是国际机构的约束性条款或执行机制，而是这些机制所体现的规范和期望。这是他成立国际联盟的根据。1916 年 5 月，他在执行和平联盟的一次演讲中第一次公开呼吁建立战后集体安全体系。他说："只有当世界上的大国就它们所认为的对其共同利益至关重要的东西达成某种协议时，以及在任何国家或国家集团试图扰乱这些基本事物时，就某种可行的方法采取一致行动时，我们才能感到文明终于有了存在的理由，并声称其最终得到了确立。"在演讲的后半部分，威尔逊呼吁"各国建立一个普遍的联合体，以维护世界上所有国家共同和不受阻碍地使用的海上通路的安全，并防止任何违反条约契约或在没有警告和充分提交理由给世界舆论的情况下开始的战争——这是领土完整和政治独立的实际保障"。[66]在巴黎和平会议期间，他将为战后和平组织提供更成熟的计划，但基本想法在几年前就已经存在。将建立一个国际组织，体现主权、领土完整与和平解决争端的法律和规范性原则。这些原则的执行将来自共同的道德责任感和世界舆论的压力。

进步主义和国际主义

威尔逊的国际主义与 20 世纪初欧洲和美国出现的进步思想和政治有关。威尔逊是在政府和社会改革的平台上当选总统的。进步主义不是一个统一的传统或运动,而是一个面向工业社会和现代民主的取向。它的追随者主张建立国家能力来解决工业化和现代社会的问题,从而在自由放任的自由主义和革命的社会主义之间寻求一条中间道路。[67]威尔逊在进步的政治圈子里游走,并借鉴了他们的思想。[68]

在世纪之交,进步人士已经被列入各种国际主义运动的行列,包括和平运动和国际法运动。[69]他们的国际主义有几个方面的特点。其一是对战争的社会经济原因的关注。在全世界范围内,旧制度牢牢掌握着权力,由此产生的改革失败造成了经济失调和反动政治。工业社会的问题是全球性的,其后果也是如此——非自由主义和军事侵略。建立战后和平秩序的运动必须包含建立国际能力,鼓励经济改革和社会进步。威尔逊赞同这一观点,并偶尔批评他的国内盟友,如执行和平联盟,认为它们对经济改革不够重视。[70]当他把自由主义描述为"唯一能将文明从混乱中拯救出来的东西——从将淹没世界的极端激进主义的洪流中拯救出来的东西"时,进步人士为他鼓掌。他又说:"自由主义必须比以前更加自由,它甚至必须是激进的,如果文明要摆脱大风暴的话。"[71]战后稳定的和平必须建立在自治、公开外交、自由贸易和国家自决的基础上。

进步人士也关注由外部而来的挑战。战后国际秩序中的制度和政治共同体需要被组织起来以支持自由民主。这就是威尔逊发出的"让世界对民主安全"的著名呼吁的意义所在。国际秩序需要为自由民主提供便利,以实现其改革目标。这不是为了传播民主,而是为了创造民主能够生存的条件。威尔逊在巴黎会议上的法律顾问戴维·亨特·米勒(David Hunter Miller)暗示了这一观点,他认为,矛盾的是,成功的"国际主义只能建立在已经完善的民族主义之上"[72]。他们的愿景是一种进步的民族主义。正如历史学家查尔斯·德贝内代提（Charles DeBenedetti）所写的那样，威尔逊和进步的和平设计师"旨在通过将自由主义的目的与现代民族主义重新联系起来，建立一个可控的国际秩序"[73]。在这个意义上，他们试图恢复19世纪中期的政治冲动，当时民族主义和民主是紧密结合的。国联将为其成员提供一个工具，以实现他们的民族抱负，并将这些抱负与国家间持续共同运作所带来的收益联系起来。[74]

威尔逊的进步主义体现在他坚信战后秩序将成为各国和各国人民讨论其共同挑战并参与集体问题解决的工具。正如特里夫·特龙特维特（Trygve Throntveit）所言，进步主义将公共讨论和政治体验置于自由民主的核心。在一个工业社会的命运彼此紧密相连、相互渗透的时代，这种政治共同体和合作解决问题的愿景必然是国际范围的。[75]进步的民族主义和自由的国际主义相辅相成。国联是审议和解决问题的新全球架构的核心制度。

国际法与社会

威尔逊倡导的是一个以国际法为准则的世界。为了建立一个和平有序的世界，各国需要遵守商定的规则与规范，对威尔逊来说，这些规则与规范在国际法中得到了体现。正如他所说："适用于个人的法律也适用于国家。"[76]然而，他对国际法的看法是19世纪式的。他不认为国际法主要是将主权向上转移到国际或超国家权威的正式的、具有法律约束力的承诺。相反，它更多是一种社会化的动力，创造出国家慢慢接受的规范和期望。

威尔逊在普林斯顿大学发表的一系列演讲中阐述了这种国际法理念。他认为，国际法"不是制造出来的"，而是具有一种有机特性：它是"建立在长期习惯基础上的一套抽象原则"[77]。世界上存在着"基本的、关键的权利原则"，他最终将其追溯到上帝和人类理性。正是这些权利原则提供了建立国家共同体的可能性。"无论种族或宗教",如果各国承认并遵守这些原则,它们就可以加入国际社会。在当代国际体系中,目标是消除"引发战争的无序及对权利的侵犯",代之以"有序的关系与公认的义务",以促进"国家间的共同体意识"。[78]威尔逊认为,具有代表性的法治政体最有可能确定并尊重权利原则。因此,自由民主包含了"大众思想的强劲力量和大众代表的具体制度",这将给国际关系带来"法律咨询的规则、自由辩论的公理精神……(以及)理性相对激情占上风"。[79]

在威尔逊看来,国际法有助于加强生活在一个现代化世界文明中的各国人民之间的社会和道德联系。单纯的"利益"并不足以使国际体系连在一起。正如他1918年9月在英国曼彻斯特的一次演讲中所说的那样。"利益将人分离。只有一件事能把人们联系在一起,那就是对权利的共同奉献。"道德纽带是必要的。1913年10月,他在亚拉巴马州莫比尔(Mobile,Alabama)的一次演讲中也提出了同样的观点,他说,"利益并不能把各国联系在一起,有时还会把他们分开",因此,"我们所寻求的是一种精神上的结合"。[80]法律、制度和道德责任的纽带将成为国际秩序的来源,由世界人民的意见加以约束。[81]

威尔逊是在一个其他人共享的世界观中行动的。如前所述,在1914年之前的几十年里,国际法学家和法律思想家在两次海牙和平会议的启发下,将国际法视为世界事务中的一种秩序力量。在他1912年的诺贝尔和平奖演讲中,前国务卿伊莱休·鲁特认为,世界正在进入一个时代,国际社会将日益迈向对"正确行为"的共同信念。世界正在进入一个宪政政府不断扩大的时代,在这个时代中,公众舆论将对"正义和不正义作出判断……对国家的正义和非正义行为作出判断,就像每个社区的公众舆论对其个别成员的正义和非正义行为作出判断一样"。鲁特宣称,维护世界和平不是靠一个大国或国际警察力量的执法努力,而是靠"遵守或违反社会正确行为标准后的赞誉和指责、荣誉和耻辱"。国际法是在一个由民主国家组成的世界共同体中"正确行为"的体现,这个共同体服从于公众舆论的要求。[82]正如他在 1907 年推广泛美联盟(the Pan American Union)的讲话中所说:"美国在国际关系中的进步……是沿着从将武力作为论证的最终制裁到把公众舆论规则作为依靠的道路前进的,公众舆论规则通过呼吁人们对认可的愿望来执行其法令。"[83]

在威尔逊看来,国际法和国际联盟中的集体安全体系将发挥社会化的作用,并逐渐将各国带入一个"权力的共同体"(community of power)。国际法不仅是国家间基于其利益推导出的契约,而且是国家行为向稳定和平方向演变的催化剂。国际联盟将促进这种意识的长期转变,这对建立基于规则的国际秩序是必要的。威尔逊在 1918 年 3 月向他的顾问爱德华·豪斯上校解释了这种思维方式。"如你所知,我自己的信念是,国联的行政章程必须自然生成而不是被制定;我们必须从庄严的盟约开始,涵盖政治独立和领土完整的实际保障(如果和平会议的第一批领土协议是公平和令人满意的,并且将被延续下去),但是履行这些共同承诺的方法应根据具体情况自行发展。任何试图在开始时将行政权力交到任何特定的大国集团手中的做法,都是在播种嫉妒和不信任的种子,这种种子会立即冒出,并扼杀整个事情。"[84]托尼·史密斯总结了威尔逊的观点:"如果国联能让大众意识有机会以有利于民主政府的方式成熟起来,那么参与其制度也能产生一套国际法,随着时间的推移,这套法律可以构成……国际行为的规则汇编。"[85]参与国联将使政治精英及公众逐渐养成符合国际法和国际社会道德准则所规定的正确行为的习惯、价值观和利益。[86]

集体安全

广为人知地,威尔逊将集体安全置于其国际主义愿景的中心位置。在战后世界里,不允许任何国家通过征服获得领土。各国将被赋予平等的权利,它们将被国际法约束在一个由集体安全原则所支配的道德共同体中。实际上,各国将相互提供政治独立的保证。在他第一任期的早期,威尔逊对拉美国家提出的,在拉美共和制国家与美国之间建立这种保障制度的建议很感兴趣。豪斯上校在向威尔逊强烈提倡这一想法时,认为它可以作为"当和平最终实现时,欧洲国家的典范"[87]。

当威尔逊在 1917 年 1 月的演讲中主张"不在权力的平衡,而在权力的共同体"基础上达成战后协议时,他可能想到了这种模式。在一个集体安全体系中,"任何国家都不应将其政体扩大到任何其他国家或人民"的原则,将由一个承诺和制裁制度来支撑。[88]集体安全将表现为国家承诺和国际机制的复杂计划,从而如伊尼斯·克劳德所说:"防止或制止任何国家对另一个国家的侵略,向潜在的侵略者发出可信的威胁,对潜在的侵略受害者作出可靠的承诺,采取有效的集体措施,从通过经济压力进行外交抵制到军事制裁,以加强和平。"[89]

在战争期间和巴黎和平会议上有关集体安全的辩论中,关键问题在于原则本身及其执行情况。由西奥多·罗斯福、威廉·霍华德·塔夫脱和其他传统的和现实主义导向的国际主义者领导的一派,其中许多人与执行和平联盟有联系,认为国际联盟应该为大国提供一个执行秩序的论坛。成员国将同意和平解决争端,而侵犯领土独立的国家将被威胁受到经济和军事制裁。人们还认识到,联盟成员将继续扩大和编纂国际法,以澄清它们对领土权利和相互防卫义务的共同理解。威尔逊的概念没有什么不同,只是他认为联盟要做得更多。它将体现相互防卫的原则,但它也将包括鼓励裁军、仲裁争端的机制,并对违反宪章的行为作出协调性反应。

对威尔逊来说,集体安全源于并取决于他更大的改革议程的实现。自决、削减军备和自由贸易是战后秩序中同样重要的部分,如果要防止战争,这些其他部分都需要发挥积极作用。此外,当威尔逊主张国际联盟不应为了维护条约的集体安全条款而削弱政府的主权独立时,他与其他人——包括其在参议院的批评者——并无不同。这就是著名的《国际联盟盟约》第10条的含义问题,该条规定了战后体系的执行机制。威尔逊认为没有必要确立正式的法律义务,因为领土保障将通过那些重视集体安全逻辑与道德要求的国家的独立行动来维护。

威尔逊的观点在1918年3月白宫与执行和平联盟领导人塔夫脱和洛厄尔的一次会议上得到了明确阐述。根据塔夫脱的记录,威尔逊认为该联盟的成员国希望"相互保证其完整性和领土,如果有任何违反这些规定的威胁或发生,可以召集特别会议审议这个问题"。威尔逊说,担保国将以普通法的发展方式慢慢出现。最终,通过一系列的会议,将有可能发展出建立和平的机制,其特点将由"先例"(precedents)和"习惯"(custom)决定。威尔逊还"认为美国参议院不会愿意达成一项协议,根据这项协议,大多数其他国家可以告诉美国它们何时必须开战"。洛厄尔问总统,他是否认为参照美国宪法设计者的经验,带着一个更明确的协议去参加和平会议会更好。威尔逊回答说:"(带着)比可能通过的更全面、更详细的具体计划(去参加会议)是明智的。"[90]据塔夫脱说,威尔逊认为"非常有必要照顾小国,确保保护它们的完整性,任何计划都应该考虑到这一点"[91]。他确实为国际联盟制定了一个详细的计划,该计划以他所预见到的方式受到了攻击。[92]

但威尔逊的评论反映了他长期以来对国家间法律和集体安全原则如何才能变得更有效的观点。他在1917年11月对一位瑞士的国际组织专家说:"在我看来,建立一个国家联盟是一个道德说服的问题,而不是一个司法组织的问题。"[93]同样,战后的集体安全体系不是通过涉及主权转移的法律程序来建立的。它是一个政治和道德事业,旨在改变国家和民众对权利和义务以及维护它们的必要性的看法。

美国例外主义

最后,威尔逊认为,由于美国的建国理念、地缘政治地位和开明的领导力（威尔逊认为自己就体现了这一点），美国作为这一运动的先锋，有特殊的责任来领导、指引和激励世界。美国是历史上伟大的道德代言人，是进步变革的助推器。1919 年 7 月，威尔逊在参议院发言时，论证了美国在国际联盟中领导地位的重要性。"美国可以说是刚刚达到它作为世界大国的大部分标准……我们的孤立状态在 20 年前就已经结束了……我们不可能不再是一个世界大国。唯一的问题是，我们能否拒绝由我们进行道德领导，我们是接受还是拒绝世界的信任。"[94]

威尔逊并不主张美国在全球体系中占据霸权地位。事实上，他直接拒绝了大国对国际体系的传统地缘主导地位。他在 1919 年 9 月 25 日于科罗拉多州普埃布洛发表的推动国际联盟的最后一次演讲中，表达了他对美国领导世界走向美好的愿景。在讲话的最后，威尔逊说"有一件事，美国人民总是起身伸出手去，那就是正义、自由与和平的真理。我们已经接受了这一真理，我们将为这一真理所引领，它将引领我们，并通过我们引领世界，进入世界从未梦想过的宁静与和平"[95]。

帝国、种族、民主和自由进步

威尔逊对自由国际主义的看法既有令人惊叹的雄心，又有令人惊讶的局限性——一种开明原则和道德盲目的奇怪混合。这是一个悖论，长期以来一直影响着学术界对威尔逊及其思想的再思考。他宣扬了关于国家和民族的权利及保护的看似普遍的原则，但他从未质疑过普遍的帝国和种族等级制度。他关于国家和民族自决的概念在实践中是相当有限的。在凡尔赛宫，只有崩溃了的欧亚帝国的欧洲部分的人民获得了国家身份的承认。其他民族则被归为"保护国"。鉴于威尔逊对美国内战后种族秩序的支持,这种对帝国和种族等级制度质疑的缺失是可预见的,即使也是令人遗憾的。作为一名学者,他曾批评过给予黑人平等公民权利和政治权利的重建努力(Reconstruction effort)。作为总统,他主导了公务员制度的种族隔离,正如一位传记作者所说,他"胆小、冷漠,对种族公正问题几乎无动于衷"[96]。

威尔逊的和平计划吸引了进步运动知名人士的支持,包括W. E. B. 杜波依斯(W. E. B. Du Bois)和其他民权人士。他们起初认为,加入威尔逊的海外民主战争,可以或至少可以间接地推动国内的种族民主前景,但他们一再地感到失望。杜波依斯曾在1912年支持过威尔逊的竞选,但在威尔逊第一个任期失败后,他在1916年拒绝再这么做。然而,值得注意的是,他和其他民权领袖前往参加巴黎和平会议——仍然认为威尔逊可能会在整个世界的注视下抓住时机。杜波依斯在巴黎寻求与威尔逊会面,但没有得到机会。他确实会见了豪斯上校(Colonel House),并敦促美国代表团讨论非洲的未来和种族平等问题,但代表团没有这样做。杜波依斯后来写道:"在这里和其他地方一样,我对威尔逊作为一个学者的认识是失望的。在凡尔赛,他似乎不了解欧洲,不了解欧洲政治,也不了解世界范围内的种族问题。"[97]在巴黎,威尔逊似乎不愿意将他的自决和民族平等原则扩展到非白人民族。

虽然威尔逊对欧洲帝国并无好感,但他的和平理念并不意味着要消灭它们。他与欧洲帝国主义的对抗是有限度的。从"门户开放"时期开始,到威尔逊时期,美国确实在寻求建立一个开放的多边贸易和交流体系,并反对将世界划分为帝国圈和封闭集团。在威尔逊看来,这些帝国形态对美国商业不利,而且更重要的是,它们是专制和军国主义的温床。他为战后和平制定的原则——自决和国家平等——在抽象意义上是反帝的。但在巴黎,当对他的思想进行实际阐述时,他对帝国的反对很快就被妥协掉了。在一个特别令人震惊的案例中,中国代表团来到和平会议,呼吁结束在中国的帝国主义体制,却震惊地发现,英国、法国和意大利已经签署了一项秘密条约,将德国在中国占领的领土所有权转让给日本。中国没有签署《凡尔赛和约》。[98]

威尔逊"对动摇帝国种族等级制度或全球肤色界线没有兴趣,"亚当·图兹(Adam Tooze)指出:"美国的战略强调要压制的是帝国主义,它不是被理解为生产性的殖民扩张,也不是白人对有色人种的种族统治,而是法国、英国、德国、意大利、俄罗斯和日本的'自私'和暴力化竞争,这种竞争有可能把一个世界分割成不同的势力范围。"威尔逊有一个"反帝国主义和反军国主义的议程",而国际联盟将成为结束帝国间竞争的工具。[99]

同样,威尔逊对人权和种族平等也没有特别宽广的视野。《国际联盟盟约》中没有提到这两点。威尔逊在权利和价值观方面提出了一个普遍主义的愿景,但很快就为了方便妥协了。即使在他最理想主义化的时候,他也没有攻击西方关于种族和文明等级的想法。在起草盟约的过程中,日本人在凡尔赛提出了一项关于种族平等的决议。威尔逊也一直在考虑一项关于宗教自由的决议,并曾一度考虑将其与日本的决议结合起来。最后,出于务实的原因,他主动取消了种族平等的决议。英国将其视为一种威胁,特别是在澳大利亚。由于担心失去英国对条约的支持,威尔逊援引了一致同意条款来确保决议的失败。岛津直子(Naoko Shimazu＊)对这一事件的记录表明,威尔逊抵制种族平等提案的原因不是担心其对美国种族隔离的影响,而是"他个人也没有致力于将种族平等作为一项普遍原则"[100]。他强调民族自决而不是种族平等,而欧洲以外的自决本身就是由大国管理的。

威尔逊的自由反殖民主义的局限性反映到了整个非西方世界

＊ 此处原书笔误作 Naoiko Shimazu。——译者注

"威尔逊时刻"的快起快落上。中国和印度等国家最初受到威尔逊在巴黎阐述的原则——多边主义、公开外交和自决——的鼓舞，但却只看到希望的幻灭。正如埃雷兹·马内拉（Erez Manela）所言："对于来自世界各地的被殖民、被边缘化和无国籍的人民——中国人和韩国人，阿拉伯人和犹太人，亚美尼亚人和库尔德人，以及其他许多人——来说，这次会议似乎提供了前所未有的机会来追求民族自决的目标。"[101] 但到了 1919 年春天，这些聚集在巴黎的团体越来越清楚地看到，威尔逊不惜与英法帝国的利益相勾结，西方对他们社会的统治也不会结束。正如马内拉所叙述的那样，这次幻灭标志着一个反殖民民族主义时代的开始，亚洲和非洲的领导人重新思考他们的战略，激励国内支持者，并开始了自决运动。[102] 日本并不是殖民主义的受害者，它走的是一条不同的道路，东京的政治领导人接受了国际主义的理想，并参加了战后的主要倡议——国际联盟、华盛顿和伦敦海军会议、《五国条约》和《白里安-凯洛格公约》。日本的"威尔逊时刻"随着 1931 年 9 月满洲*（Manchuria）爆发的冲突而结束。[103] 日本的国际主义针对的是威尔逊的"大国协调"的想法，而不是针对自决原则，它在重申其在中国的帝国主义利益时显然忽略了这一点。

威尔逊的战后设想从两个方面使他在道德和政治上出现了失误。其一是他认为国际联盟将成为纠正错误和克服和平解决方案中缺陷的工具。在他看来，唯一最重要的目标是成立国际联盟；其他一切都会随之而来。因此，他愿意在巴黎会议上向他的谈判对象让步，如果这能为他们参加战后机构铺平道路。这就是他处理日本关于种族平等决议的方式。正如与威尔逊密切合作起草盟约最后草案的罗伯特·塞西尔（Robert Cecil）所说："我们并不寻求为世界制定一个在所有方面都已完成和完整的架构。"威尔逊认为，在巴黎达成的协议已经实现了他最基本的目标，使大国走上了制度化合作的道路。

＊　即中国东北。——译者注

条约中的任何不公正都可以在适当的时候得到纠正。[104]

这种逻辑来自他对国联作为一个萌芽中的政治共同体的看法。威尔逊对国际关系的思考渗入了他的基督教信仰。国联可以被认为是小镇上的一个教会。威尔逊作为教会的领导者，自然会认为让小镇稳定、和平、文明的最重要方式是让人们去教堂。他知道，潜在的教会信徒并不一定能以基督徒的方式行事。镇上有帮派和妓院，有赌坊和毒贩子，教会的一些领导人在这些黑暗活动中也有染指。但威尔逊有信心，教会将做它的工作。即便这一代的教会信徒不改过自新，他们的孩子也会改过自新，而这个小镇也会慢慢转变。从本质上讲，这似乎是威尔逊对国联的看法。它将是一个有生命力的东西，它的正直和正确（rectitude and right）的原则将慢慢地启迪那些活动在其会议厅的人。

威尔逊设想的第二方面是他对民主稳步发展的信念，这使他忽视了自由主义理想的逸出性（transgression）力量。他于 1918 年12 月出发前往欧洲，认为世界正处于一场民主革命之中。在他对伦敦、巴黎、罗马和米兰的成功访问中，他受到了公众的特别崇拜，似乎证实了这一观点。如果说他的新愿景有什么支持者的话，那就是西方国家的公民及世界上其他有志于民主的民族。他直接向人民而不是对欧洲领导人发出道德和意识形态方面的呼吁。[105]在整个 1917 年和 1918 年，自由主义原则在欧洲获得了支持，部分原因是俄国革命为整个欧洲的左派政党注入了活力，并在整个政治领域引起了知识界的发酵。英国的激进分子也吵着要建立一个自由的战后秩序。[106]在巴黎和会召开之前，威尔逊乐观地认为，欧洲民主政治的上升趋势将带来支持他的战后秩序建议的中左翼和进步政府。他确信，从长远来看，世界范围内的民主浪潮将使国际联盟站稳脚跟，扩大自由主义和平的支持者，并加强公众舆论作为执行国际联盟原则和协议的机制的作用。

在更深层次上，威尔逊认为全球政治变革是一种缓慢的演变过程。法律和政治反映了社会进步的渐进和有机运作。这使得他那一代的国际主义者更容易调和自由主义与西方帝国主义。他们认为，从长远来看，帝国会消失，但这要随着现代性逻辑的发展推进，将需要时间。威尔逊在1885年写道："当民主仅仅被当作一套学说教条时，就会被错误地理解。它是一个发展的阶段，是通过缓慢的习得建立起来的。它的过程是经验，它的基础是积习（old wont），它的意义是国家的有机统一和有效的生命。它的到来，就像男子汉一样，是成熟的，是被赋予了自由和自我控制的成熟，而不是其他。"[107]讽刺的是，这种认为世界正朝着自由民主的未来前进的进步观点，让他认可种族和帝国的等级制度，并将其消除交给历史的缓慢力量。

威尔逊国际主义从狭义的角度看待国际合作的领域。它本质上是一个由多边主义和国际法的规则和规范约束的集体安全和自由贸易体系。威尔逊并没有呼吁国际社会促进人权、社会保护或经济发展的广泛理念。可以肯定的是，有一个潜在的前提假定，即国际体系会自然做这件事。但这一时期的自由国际主义并不包含一项明确的议程，即建设国际能力以捍卫或推进宏伟的社会目标。作为战后秩序的蓝图，《凡尔赛和约》因对进步性变革的经济和社会基础缺乏了解而受到广泛批评。[108]

失 败 的 遗 产

威尔逊的自由国际主义是一个历史性的失败，而不仅是因为美国参议院不愿意批准《凡尔赛和约》。真正的失败在于没有创造出集体安全体系能够发挥作用的基本条件。威尔逊版本的自由国际主义是围绕着一套单薄的制度承诺建立的。其力量被期望来自一套厚实的规范和压力——公众舆论和政治家的道德操守——在需要时可以启动制裁来实现领土和平。威尔逊绕开了参议院不会让步的主权自治问题，强调了将各国联合起来维持稳定和平的非正式规范。与法律独立和平等有关的国家主权将不会受到损害或改变。国家只是被期望表现得更好，对威尔逊来说，这意味着它们将被社会化为一个"权力的共同体"。

在两次世界大战之间，这一设想并没有实现。相反，美国从对和平与安全的积极参与中抽身退出。20世纪20年代和30年代的国际主义在许多方面回到了19世纪的国际主义——金融家、商人和社会团体的项目。它再次成为银行和商业公司的私人国际主义，努力管理一个收缩了的世界经济的影响。法律国际主义在《白里安-凯洛格公约》中得到了恢复，该条约试图回到19世纪使用仲裁条约来解决国家间的争端的做法。[109]这一多边条约使各国政府有机会放弃对其他条约成员的战争，除非是为了自卫或某些其他情况，它甚至不如国际联盟那样是一个正式的安全条约。它与威尔逊的自由国际主义一样，坚信公众舆论和道德劝导是激活合作和集体安全的手段。

虽然美国没有加入国际联盟，但该联盟确实在1920年开始运作。虽然它没有成功地解决安全争端，但联盟成为不断扩大的各种国际活动的中心，这些活动跨越了经济、社会和教育领域。这样一来，国联在赋予现代国际秩序的政府间和跨国性质的雏形方面发挥了重要作用。正如格伦达·斯拉佳（Glenda Sluga）所言："1919年形成的国际秩序创造了前所未有的政治空间，以代表世界人口的不同利益……由代表团、行政人员和非政府组织的流动所组成，并不断进行重塑。"[110]

在这幅图景中，威尔逊几乎是作为一个伯里克利式的人物出现的：有缺陷，被傲慢和道德上的盲目所困扰，但充满了活力和灵感。他说，"只有一件事能把人们联系在一起，那就是对权利的一道奉献"，这几乎是对雅典伟大领袖的葬礼演说的直接引用。[111]威尔逊式的自由国际主义愿景试图将基于均势制衡、势力范围、军事竞争和联盟的旧全球体系转变为基于民族国家和法治的统一的自由国际秩序。权力和安全竞争将被一个主权和平等的国家共同体所取代。但威尔逊的国际主义并不涉及深刻的政治体制变革。自由主义的国际秩序将围绕着公众舆论和道德谴责的软法来构建。威尔逊认为,国际联盟将"作为全世界人民的道德组织力量",将"良心的探照灯"照向世界各地的不法行为。他乐观地断言:"只要有一点曝光,就能解决大多数问题。"[112]回过头来看,威尔逊的安全承诺显然过于单薄,而厚厚的遵约和集体行动规范又不够厚实。

凡尔赛的盟国和平缔造者——乔治·克莱蒙梭(Georges Clemenceau)、戴维·劳埃德·乔治(David Lloyd George)和伍德罗·威尔逊永远无法逃脱历史的评判,在结束一场世界大战的同时,他们埋下了下一场战争的种子。他们达成的解决方案几乎令所有人失望。第一次世界大战启动了巨大的力量,这些力量几乎是外交官们所无法驾驭的:四个帝国的崩溃,欧洲大国秩序的内爆,英美权力的转移,革命的俄国的崛起,以及关于自决的新观念的传播。胜利者对德国的处理方式——摧毁该国脆弱民主的苛刻的和平——是灾难性的愚蠢行为。但国联,即使没有美国,也开辟了一个社会和经济合作的新时代,为后来重塑自由国际主义事业的努力奠定了基础。

注　释

1. 引自 Arthur S. Link, *Wilson The Diplomatist: A Look at His Major Foreign Policies*(New York: New Viewpoints, 1974), p.5。

2. Woodrow Wilson, "An Address to a Joint Session of Congress," 8 January 1918, in *The Papers of Woodrow Wilson*(hereafter PWW), 69 vols.(Princeton, NJ: Princeton University Press, 1984), Vol.45, pp.534—539。

3. Woodrow Wilson, "An Address in the Minneapolis Armory," 9 September 1919, in *PWW*, Vol.63(Princeton, NJ: Princeton University Press, 1990), p.134.

4. Wilson, "An Address in the Minneapolis Armory," p.133.

5. 参见 Thomas W. Zeiler, David K. Ekbladh, and Benjamin C. Montoya, eds., *Beyond 1917: The United States and the Global Legacies of the Great War*(Oxford: Oxford University Press, 2017); Jay Winter, *Sites of Memory, Sites of*

Mourning: *The Great War in European Cultural History* (Cambridge: Cambridge University Press, 1995); and David Reynolds, *The Long Shadow*: *The Great War and the Twentieth Century* (New York: Simon and Schuster, 2013)。

6. 参见 Daniel Gorman, *The Emergence of International Society in the 1920s* (Cambridge: Cambridge University Press, 2012)。

7. 1916 年,在英国财政部任职的约翰·梅纳德·凯恩斯指出:"可以毫不夸张地说,在几个月后,美国的行政部门和美国公众将能够在对我们影响比他们更大的问题上对这个国家发号施令。"引自 James Joll, *Europe since 1870*: *An International History* (London: Weidenfeld and Nicolson, 1973), p.422。

8. Adam Tooze, *The Deluge*: *The Great War*, *America*, *and the Remaking of the Global Order*, *1916—1931* (New York: Viking, 2014), p.12.

9. 我在第六章和第七章探讨了美国与大英帝国的关系,包括大英帝国问题。

10. 对这一主题的讨论,见 Peter Clark, *The Last Thousand Days of the British Empire*: *Churchill*, *Roosevelt*, *and the Birth of the Pax Americana* (London: Bloomsbury, 2009)。

11. 参见 G. John Ikenberry, *After Victory*: *Institutions*, *Strategic Restraint*, *and the Rebuilding of Order after Major War* (Princeton, NJ: Princeton University Press, 2001)。

12. Woodrow Wilson, "An Address to a Joint Session of Congress," 2 April 1917, in *PWW*, Vol.41 (Princeton, NJ: Princeton University Press, 1983), p.523.

13. 参见 Arthur Herman, *1917*: *Lenin*, *Wilson*, *and the Birth of the New World Disorder* (New York: Harper, 2017); and Arno J. Mayer, *Wilson vs. Lenin*: *Political Origins of the New Diplomacy*, *1917—1918* (New York: Meridian Books, 1964)。

14. 英国首相戴维·劳埃德·乔治 1918 年 11 月 24 日在伍尔弗汉普顿的讲话。第二次世界大战的代价和牺牲使政治领导人有了寻求一个更美好世界的道德义务,这种观点在第二次世界大战后得到了呼应。Speech by Prime Minister David Lloyd George at Wolverhampton, 24 November 1918, http://ww1centenary.oucs.ox.ac.uk/body-and-mind/lloyd-georges-ministry-men/. 在诺曼底登陆 20 周年纪念上,前总统德怀特·艾森豪威尔(Dwight Eisenhower)在诺曼底美军公墓(Normandy American Cemetery)对记者沃尔特·克朗凯特(Walter Cronkite)说:"这些人给了我们机会,也为我们争取了时间,所以我们可以比以前做得更好。"见"Eisenhower Recalls the Ordeal of D-Day Assault 20 Years Ago," *New York Times*, 6 June 1964。这种情绪最感人的表达可能是林肯的葛底斯堡演说,发表于 1848 年欧洲革命失败十五年后。

15. Norman Angell, *The Great Illusion*: *A Study of the Relation of Military Power in Nations to Their Economic and Social Advantage* (London: William Heine-

mann，1910）.引自 Michael Bentley，*The Climax of Liberal Politics*（London：Edward Arnold，1987），p.121。

16. 参见 J. D. B. Miller，"Norman Angell and Rationality in International Relations，" in David Long and Peter Wilson，eds.，*Thinkers of the Twenty Years' Crisis：Inter-War Idealism Reassessed*（Oxford：Oxford University Press，1995），pp.100—121。安吉尔在阐明这个论点时并非完全原创的。俄罗斯裔波兰银行家伊万·布洛赫（Ivan Bloch）在一系列出版物中推广了这一观点，收录在 *Is War Now Impossible?*（London：Richards，1899）。

17. 引自 Frank Trentmann，*Free Trade Nation：Commerce，Consumption，and Civil Society in Modern Britain*（Oxford：Oxford University Press，2008），pp.148—150。

18. 对柯布登及 19 世纪自由主义的遗产，参见 Anthony Howe and Simon Morgan，eds.，*Rethinking Nineteenth Century Liberalism：Richard Cobden Bicentenary Essays*（New York：Routledge，2006）。

19. 历史学家对门户开放政策有各种各样的记录。威廉·阿普尔曼·威廉姆斯将其视为"美国版的非正式帝国或自由贸易帝国主义的自由政策"。Williams，*The Tragedy of American Diplomacy*（New York：Norton，1959），p.157。弗兰克·宁科维奇强调自由主义意识形态而不是帝国主义作为动机。Ninkovich，"Ideology，Open Door，and Foreign Policy，" *Diplomatic History*，Vol.6，No.2（September 1982），pp.185—208. LaFeber，*The American Age：U.S. Foreign Policy at Home and Abroad*，Vol.1（New York：Norton，1994），p.103。另见 Michael H. Hunt，*The Making of a Special Relationship：The United States and China to 1914*（New York：Columbia University Press，1983），pp.143—168。

20. 参见 Tooze，The Deluge，pp.15—16。

21. Benjamin F. Trueblood，"International Arbitration at the Opening of the Twentieth Century，" *Advocate of Peace*，Vol.67，No.4（April 1905），p.80. 对这一历史的考察，见 Alfred Zimmern，*The League of Nations and the Rule of Law，1918—1935*（London：Macmillan，1936）；and Sir James Headlam-Morley，*Studies in Diplomatic History*（New York：Alfred King，1930）。作者借鉴了他们在战争与和会期间为英国外交部及菲利莫尔委员会（the Phillimore Committee）的工作。最近的研究见 Martti Koskenniemi，*The Gentle Civilizer of Nations：The Rise and Fall of International Law，1870—1960*（Cambridge：Cambridge University Press，2001）。

22. 参见 Nelson M. Blake，"The Olney-Pauncefote Treaty of 1897，" *American Historical Review*，Vol.50，No.2（January 1945），pp.228—243。

23. Martha Finnemore，*The Purposes of Intervention：Changing Beliefs about the Use of Force*（Ithaca，NY：Cornell University Press，2003），pp.33—35.

24. 参见 F. H. Hinsley，*Power and the Pursuit of Peace*(Cambridge：Cambridge University Press，1963)；and Paul Kennedy，*The Parliament of Man：The Past，Present，and Future of the United Nations*(New York：Random House，2006)。

25. A. C. F. Beales，*The History of Peace*(London：Bell，1931)，p.238.

26. Inis L. Claude Jr.，*Swords into Plowshares：The Problems and Progress of International Organization*，4th ed.(New York：Random House，1971)，p.30.

27. 仲裁法院实际上是一个由声誉卓著的仲裁员组成的常设小组，希望利用他们的服务来处理任何特定的争端的国家都可以使用。国际法院是在国际联盟下设立的，在联合国下改名为常设国际法院，是第一个真正意义上的国际法院。

28. 参见 Calvin DeArmond Davis，*The United States and the First Hague Peace Conference*(Ithaca，NY：Cornell University Press，1962)；Davis，*The United States and the Second Hague Peace Conference：American Diplomacy and International Organization*，*1899—1914*(Durham，NC：Duke University Press，1975)；and Sandi Cooper，*Internationalism in Nineteenth Century Europe：The Crisis of Ideas and Purpose*(New York：Garland，1976)。

29. 英国外交部邀请历史学家查尔斯·韦伯斯特对维也纳会议进行研究，为巴黎和会做准备，这是决策者意识到制度形式的历史脉络的一个好例子。这项研究后来出版，Webster，*The Congress of Vienna*，*1814—1815*(Oxford：Oxford University Press，1919)。韦伯斯特私下抱怨他在外交部的同事没有利用他的工作，但他后来在第二次世界大战期间英国方面设计战后秩序时发挥了突出作用。参见 Ian Hall，"The Art and Practice of a Diplomatic Historian：Sir Charles Webster，1886—1961,"*International Politics*，Vol.42，No.4(December 2005)，pp.470—490。

30. 这一宣言也是第一次在和平时期编纂适用于战时的海事规则的多边尝试。我很感谢亚当·罗伯茨(Adam Roberts)向我指出了这一协议。

31. 参见 Martha Finnemore and Michelle Jurkovich，"Getting a Seat at the Table：The Origins of Universal Participation and Modern Multilateral Governance,"*Global Governance*，Vol.20(2014)，pp.361—373。对日本和德国在海牙和平会议的角色，参见 Klaus Schlichtmann，"Japan，Germany，and the Idea of the Hague Peace Conferences,"*Journal of Peace Research*，Vol.40，No.4(2003)，pp.377—394。

32. Finnemore and Jurkovich，"Getting a Seat at the Table,"p.365.

33. Elihu Root，"Instructions to the American Delegates to the Hague Conference of 1907," Department of State，Washington，DC，31 May 1907，in James Brown Scott，ed.，*Instructions to the American Delegates to the Hague Peace Conferences and Their Official Reports*(New York：Oxford University Press，1916)，p.72.

34. Claude，*Swords into Plowshares*，p.31.

35. 英国方面在其战时委员会关于战后秩序的报告中——所谓菲利摩尔委员会报告——注意到了这一愿景背后长期存在的国际思想传统。回顾三十年战争、路易十四的战争，以及革命和拿破仑时期的战争之后的解决方案，该报告试图从大量的计划和愿景中找出实际的见解。参见 George W. Egerton，*Great Britain and the Creation of the League of Nations*（Chapel Hill：University of North Carolina Press，1978）。

36. 一项研究称，在战争爆发的头六个月里，关于"如何防止类似灾难在未来重演以及如何建立永久和平"，仅用英语出版的书籍就有两千多本。John Mez，*Peace Literature of the War：Material for the Study of International Polity*，*International Conciliation*，*Special Bulletin*（New York，1916），pp.3—4.引自 Elizabeth Cobbs Hoffman，*American Umpire*（Cambridge，MA：Harvard University Press，2013），p.197。

37. 关于自由主义与民族主义的保守和进步版本区别，见 Thomas Knock，*To End All Wars：Woodrow Wilson and the Quest for a New World Order*（Oxford：Oxford University Press，1992），chap. 4；Charles DeBenedetti，*Origins of the Modern American Peace Movement*，*1915—1929*（Millwood，NY：KTO Press，1978）；Andrew Williams，*Failed Imagination? New World Orders of the Twentieth Century*（Manchester：Manchester University Press，1998）；以及"Conservative Internationalism：British Approaches to International Organization and the Creation of the League of Nations，"*Diplomacy & Statecraft*，Vol.5，No.1(1994)，pp.1—20。彼得·J.伊尔伍德(Peter J. Yearwood)对伊格尔顿(Egerton)将菲立普·科尔(Philip Kerr)解释为一个保守的国际主义者的做法提出了质疑，Peter J. Yearwood in "'Real Security against New Wars'：Official British Thinking and the Origins of the League of Nations，1914—19，"*Diplomacy & Statecraft*，Vol.9，No.3(2007)，pp.83—109。战时和战后英国官方内部两种国际主义的相互作用的丰富讨论，见 Yearwood，*Guarantee of Peace：The League of Nations in British Policy*，*1914—1925*（Oxford：Oxford University Press，2009）。

38. 参见 Martin David Dublin，"Toward the Concept of Collective Security：The Bryce Group's 'Proposals for the Avoidance of War，'1914—1917，"*International Organization*，Vol.24，No.2(1970)，pp.288—318。

39. Henry R. Winkler，*The League of Nations Movement in Great Britain*，*1914—1919*（Metuchen，NJ：Scarecrow Press，1952），pp.18—20.

40. 布赖斯小组的影响力还体现在后来其他小组的后续工作受到了其制度框架的影响。这一点在下书得到讨论，Winkler，*The League of Nations Movement in Great Britain*。

41. 参见 Donald Birn，*The League of Nations Union*，*1918—1945*（Oxford：Clarendon Press，1981）。

42. 这一点被伊尔伍德所强调，Yearwood，*Guarantee of Peace*，especially in chaps. 2 and 3。

43. 引自 Williams，*Failed Imagination*？，p.30。

44. 在外交部长格雷的备忘录中，这个对国际联盟的温和主张被重申，战争性质的变化使得权力均势和安全的自我管理体系难以为继。见 Williams，*Failed Imagination*？，p.32。

45. 执行和平同盟的成立会议 1915 年 6 月 17 日在费城独立会堂召开，来自不同领域的 120 多人参加。

46. 参见 Ruhl J. Bartlett，*The League to Enforce the Peace*（Chapel Hill：University of North Carolina Press，1944），pp.40—41。

47. 参见 Sondra R. Herman，*Eleven against War：Studies in American Internationalist Thought*，*1898—1921*（Stanford，CA：Hoover Institution Press，1969）。

48. Knock，*To End All Wars*，56. 这些不同也可见 Stephen Wertheim，"The League That Wasn't：American Designs for a Legalist-Sanctionist League of Nations and the Intellectual Origins of International Organization，1914—1920，" *Diplomatic History*，Vol.35，No.5（November 2011），pp.797—836。

49. Knock，*To End All Wars*，pp.viii—ix.

50. Knock，*To End All Wars*，p.51.

51. 引自 DeBenedetti，*Origins of the Modern American Peace Movement*，1915—1929，pp.8，9。

52. 参见杜威的经典著作，*The Public and Its Problem*（New York：Henry Holt，1927）。对杜威思想的丰富描述，见 Alan Ryan，*John Dewey and the High Tide of American Liberalism*（New York：Norton，1995）。

53. 引自 Bartlett，*The League to Enforce the Peace*，221。

54. Woodrow Wilson，"An Address in Washington to the League to Enforce the Peace，" 27 May 1916，in *PWW*，Vol.37（Princeton，NJ：Princeton University Press，1981），pp.113—116。

55. 讲话稿于 1918 年 1 月 5 日在白宫起草，威尔逊和豪斯上校使之成型。豪斯这样在其日记中记录："我们一直工作到十点半，然后完成对世界地图的重画，当完成时已经是十二点半了。"Knock，*To End All Wars*，p.142.

56. Walter Lippmann，"A Clue，" *New Republic*，14 April 1917，p.317.

57. 引自 Frank Ninkovich，*Power and Modernity：A History of the Domino Theory in the Twentieth Century*（Chicago：University of Chicago Press，1994），pp.39，41。

58. Lloyd E. Ambrosius，*Woodrow Wilson and the American Diplomatic Tradition：The Treaty Fight in Perspective*（Cambridge：Cambridge University Press，1987），p.11.

59. Woodrow Wilson，"An Address at Bismarck，" 10 September 1919，in *PWW*，Vol.63（Princeton，NJ：Princeton University Press，1990），p.155.

60. 在他的学术著作中,威尔逊对内战的影响也提出了类似的观点,他认为内战是美国作为一个国家向前迈出的决定性一步。在他的五卷本关于美国人民的历史中,威尔逊提出了这样一个主题:"这个国家被那四年永远不会被遗忘的可怕战争所动摇,不能回到他们之前的思想或生活。一个古老的时代已经过去,一个新的时代已经到来,伴随着那巨大的风暴。每一件事都受到它所造成的变化的影响。"Wilson，*A History of the American People*，5 vols.(New York：Harper and Brothers，1902)，Vol.4，p.265.另见 Ronald J. Pestritto，*Woodrow Wilson and the Roots of Modern Liberalism*(Lanham，MD：Rowman and Littlefield，2005)，chap. 3。

61. 引自 Ninkovich，*Modernity and Power*，p.52。

62. E. M. Hugh-Jones，*Woodrow Wilson and American Liberalism*(New York：Collier Books，1962)，201.

63. David Kennedy，"The Move to Institutions，"*Cardozo Law Review*，Vol.8，No.5(April 1987)，pp.841—988.肯尼迪认为,1918 年"实现了前体制和体制之间的断裂"(第 844 页)。这就是约翰·鲁杰所说的"20 世纪的中断……"最重要的是,在1919 年,一种全新的形式被添加到国家的制度体系中:多目的、普遍的成员组织,首先是国际联盟,然后是联合国。以前的国际组织的成员是有限的,是根据权力、职能或两者来决定的,它们被指派了具体和被高度限制的任务。相比之下,这些组织仅仅基于共同的愿望,有着广泛的议程,大大小小的组织都有宪章规定的发言权。Ruggie，"Multilateralism：The Anatomy of an Institution，"*International Organization*，Vol.46，No.3(Summer 1992)，p.583.

64. 伊尼斯·克劳德(Inis Claude)在他对国际组织的经典研究中指出,第一次世界大战和国际联盟(League of Nations)的建立是现代国际机构发展的奠基时刻。"将 19 世纪视为国际组织的准备时期是有用的,为此目的,将 1815 年维也纳会议年和 1914 年第一次世界大战爆发年作为其时间边界。由此开始,我们将自 1914 年重大事件以来的岁月确立为建立国际组织的时代,在这些方面,国际组织被视为 20 世纪的一种现象。"Claude，*Swords into Plowshares*，p.41.

65. Tony Smith，*Why Wilson Matters：The Origins of American Liberal Internationalism and Its Crisis Today*(Princeton，NJ：Princeton University Press，2017)，p.63.

66. Wilson，"An Address in Washington to the League to Enforce the Peace，"pp.113—116.

67. 参见 Daniel T. Rogers，*Atlantic Crossings：Social Politics in a Progressive Age*(Cam-bridge，MA：Harvard University Press，1998)；and Rogers，"In Search of Progressivism，"*Reviews of American History*，Vol.10，No.4(December 1982)，pp.113—132。

68. 关于威尔逊的进步主义根源的最系统的研究,参见 Trygve Throntveit，*Power without Victory：Woodrow Wilson and the American Internationalist Experi-*

ence(Chicago：University of Chicago Press，2017）。在具体的方面，威尔逊借鉴了进步思想家的思想：赫伯特·克罗利的"没有胜利的和平"思想，在"十四点"的语言上则借鉴了沃尔特·李普曼。有关进步时代思想家的梳理，参见 James T. Kloppenberg, *Uncertain Victory：Social Democracy and Progressivism in European and American Thought*，*1870—1920*（Oxford：Oxford University Press，1986）。有关美国进步主义、世纪之交的英国"新自由主义"及欧陆讨论工业社会改革的自由主义理论家间的关系，见 Helena Rosen-blatt, *The Lost History of Liberalism：From Ancient Rome to the Twenty-First Century*（Princeton，NJ：Princeton University Press，2018），chap. 7.

69. 参见 Herman, *Eleven against War*。

70. 参见 Knock, *To End All Wars*, p.57。

71. "From the Diary of Raymond Blaine Fosdick," 11 December 1918，in *PWW*, Vol.53（Princeton，NJ：Princeton University Press，1986），p.366.

72. 引自 DeBenedetti, *Origins of the Modern American Peace Movement*, p.14。

73. DeBenedetti, *Origins of the Modern American Peace Movement*, p.14.

74. Throntveit, *Power without Victory*.

75. 参见 Throntveit, *Power without Victory*。

76. Woodrow Wilson, "An Address in the City Auditorium in Pueblo, Colorado," 25 September 1919，in *PWW*, Vol.63（Princeton，NJ：Princeton University Press，1982），p.504.

77. 威尔逊的国际法讲座于 1894 年在普林斯顿大学举行。这些讲座的记录以详细的笔记保存下来 Andrew Clarke Imbrie，Mudd Library，Princeton University。

78. Woodrow Wilson，Imbrie notes from Lecture 2.

79. 引自 Knock, *To End All Wars*, p.9。

80. 引自 Hugh-Jones, *Woodrow Wilson and American Liberalism*, pp.137，140。

81. 世界舆论是和平的最终执行者，或者正如威尔逊在 1915 年所说："如果我的信念有任何正确性，舆论最终将统治世界。"Woodrow Wilson, "Remarks to the Associated Press in New York," 20 April 1915，in *PWW*, Vol.33（Princeton，NJ：Princeton University Press，1980），p.37.

82. Elihu Root, "Towards Making Peace Permanent," Nobel Peace Prize Address，1912，https://www.nobelprize.org/prizes/peace/1912/root/lecture/.

83. Elihu Root, "The Pan American Cause...," Washington，DC，18 May 1907.

84. Woodrow Wilson to Edward M. House，22 March 1918，in *PWW*, Vol.47（ton，NJ：Princeton University Press，1984），p.105.我感谢约翰·A.汤普森（John A. Thompson）对这一点的提醒。

85. Smith，*Why Wilson Matters*，p.115.

86. 威尔逊对渐进式有机主义的这种信念，与当时的其他自由国际主义者，如扬·司默慈(Jan Smuts)、吉尔伯特·穆雷(Gilbert Murray)以及阿尔弗雷德·齐默恩(Alfred Zimmern)，都有相同的看法。珍妮·莫利菲尔德(Jeanne Morefield)将这种有机主义追溯到 T.H.格林的社群自由主义。Jeanne Morefield，*Covenants without Swords：Idealist Liberalism and the Spirit of Empire*(Princeton，NJ：Princeton University Press，2005)。莫利菲尔德把这个论点延伸到司默慈，见 Jeanne Morefield，*Empires without Imperialism：Anglo-American Decline and the Politics of Deflection*(Oxford：Oxford University Press，2014)。

87. 引自 Knock，*To End All Wars*，p.39。见 Smith，*Why Wilson Matters*，pp.92—93。

88. Woodrow Wilson，"An Address to the Senate，" 22 January 1917，in *PWW*，Vol.40(Princeton，NJ：Princeton University Press，1982)，pp.533—539.

89. Claude，*Swords into Plowshares*，p.246.

90. 塔夫脱与威尔逊会面的记录，1918 年 3 月 29 日，*PWW*，Vol.47(Princeton，NJ：Princeton University Press，1984)，pp.200—201。

91. 塔夫脱与威尔逊会面的记录 1918 年 3 月 29 日，*PWW*，p.201。

92. 参见 John Milton Cooper Jr.，*Woodrow Wilson：A Biography*(New York：Knopf，2009)，pp.429—430。

93. "A Translation of a Memorandum by William Emmanuel Rappard，" 1 November 1917，in *PWW*，Vol.44(Princeton，NJ：Princeton University Press，1983)，p.488.

94. Woodrow Wilson，"An Address to the Senate，" 10 July 1919，in *PWW*，Vol.61(Princeton，NJ：Princeton University Press，1989)，pp.435—436.

95. Woodrow Wilson，"An Address in the City Auditorium in Pueblo, Colorado，" 25 September 1919，in *PWW*，Vol.63(Princeton，NJ：Princeton University Press，1990)，p.513.

96. Gary Gerstle，"Race and Nation in the Thought and Politics of Woodrow Wilson，" in John Milton Cooper Jr.，ed.，*Reconsidering Woodrow Wilson：Progressivism，Internationalism，War，and Peace*(Baltimore：Johns Hopkins University Press，2008)，p.93.

97. Kenneth M. Glazier，"W. E. B. Du Bois's Impression of Woodrow Wilson，" *Journal of Negro History*，Vol.58(October 1973)，p.459.

98. Jonathan D. Spence，*The Search for Modern China*，2nd ed.(New York：Norton，1999)；and Rana Mitter，*A Bitter Revolution：China's Struggle with the Modern World*(Oxford：Oxford University Press，2004).

99. Tooze，*The Deluge*，p.16.

100. Naoko Shimazu, *Japan, Race and Equality: The Racial Equality Proposal of 1919*(New York: Routledge, 1998), p.155.

101. Erez Manela, *The Wilsonian Moment: Self-Determination and the International Origins of Anticolonial Nationalism*(Oxford: Oxford University Press, 2007), p.2.

102. Manela, *The Wilsonian Moment*, pp.8—9.

103. 参见 Frederick R. Dickinson, "More Than a 'Moment': Woodrow Wilson and the Foundations of Twentieth Century Japan," *Japanese Journal of Political Science*, Vol.19, No.4(December 2018), pp.587—599; and Dickinson, *World War I and the Triumph of a New Japan, 1919—1930* (Cambridge: Cambridge University Press, 2013)。对日本的长时期影响及其与自由国际主义的接触纠葛,参见 the special issue: Takashi Inoguchi, "The Wilsonian Moment: Japan 1912—1952," *Japanese Journal of Political Science*, Vol.19, No.1(December 2018)。

104. 引自 Knock, *To End All Wars*, p.226。

105. 引自 Arno J. Mayer, *Politics and Diplomacy of Peacemaking: Containment and Counterrevolution at Versailles, 1918—1919* (New York: Vintage, 1969), p.368。

106. Laurence W. Martin, *Peace without Victory*(New Haven, CT: Yale University Press, 1958), chap. 3.

107. Wilson "The Modern Democratic State," ca. 1—20 December 1885, in *PWW*, Vol.5(Princeton, NJ: Princeton University Press, 1969), p.63.

108. 参见 John Maynard Keynes, *The Economic Consequences of the Peace* (New York: Harcourt Brace Jovanovich, 1920)。

109. 参见 Ninkovich, *The Wilsonian Century*, chap. 3。

110. Glenda Sluga, "Remembering 1919: International Organizations and the Future of International Order," *International Affairs*, Vol.95, No.1 (January 2019), p.25.另见 Daniel Laqua, "Transnational Intellectual Cooperation, the League of Nations, and the Problem of Order," *Journal of Global History*, Vol.6, No.2(2011), pp.223—247。

111. 我感谢托雅·莱辛(Tolya Levshin)对这点的启发。

112. 引自 Lloyd Ambrosius, *Wilsonianism: Woodrow Wilson and His Legacy in American Foreign Relations*(London: Palgrave: 2002), p.52。

第五章　罗斯福的国际主义

　　20 世纪 30 年代和 40 年代蔓延的危机与动荡冲击了自由民主的核心。大萧条、法西斯主义和极权主义的兴起,以及世界大战的再次爆发,使人们对西方资本主义国家的生存,以及它们建立有效国际秩序的能力产生了严重怀疑。富兰克林·罗斯福和他同时代的人被迫放弃了自由国际主义的许多假设,这些假设在威尔逊时代的和平谈判中曾起到了主导作用。公众舆论是支持在全球范围内实施和平的软肋。如果说"文明"的社会化效应在世界政治中是一种可信力量,其效果也来得过于缓慢。最重要的是,现代性本身蕴含着事关存亡的危险(existential dangers)。法西斯主义和极权主义国家的问题不在于它们不够现代,而是它们太现代了。它们利用工业国家的现代化能力而变得强大和具有威胁性。20 世纪中期颠覆世界的暴力和非自由主义来自西方内部。正是这种"世界"的新特性,迫使自由主义国际主义者重新审视自己。

　　1919 年后出现的国际秩序几乎没有支持者。美国没有加入国际联盟,法国没有得到它所寻求的安全保障,而德国则怨气冲天。非西方世界的民族主义自决运动遇到了挫折。凡尔赛解决方案在现实主义和理想主义看来似乎都有缺陷。它既没有提供安全,也没有提供正义。和平已经建立,却很少有人感到满意。"我们正处于我们命运的淡季(dead season)。"约翰·梅纳德·凯恩斯(John Maynard Keynes)在他著名的反对和平条约的论战中写道:"在如今在世的人的一生中,人的灵魂的普遍精神从未燃烧得如此黯淡。"[1]拿破仑战争后的维也纳协议持续了近一个世纪。凡尔赛协议只持续了不到20年。

不过,整个西方世界还是构建了一种稳定的假象。自由民主制度在战争中幸存下来。在一些自由主义国家,战争本身已催化了民主改革,增强了它们的能力,扩大了选举权。值得注意的是,在20世纪20年代初,苏联以西的整个欧洲都是由代议制议会政权组成的。在全世界65个左右的独立国家中,自由宪政几乎是普遍性的。当然,在国家体系之外的世界仍然被困在帝国之中;世界上三分之一的人口生活在殖民统治之下。[2]在整个工业世界,可以看到经济增长和政治稳定的迹象。一个可行的外交系统在西方大国中重新出现了。

但在一连串的经济和地缘危机下,这种乐观情绪消失了。20世纪30年代世界经济的崩溃,以及法西斯主义和极权主义的兴起引发了人们对自由民主未来的严峻怀疑。对于自由国际主义者来说,1919年后的几年里,充满了关于凡尔赛、国联和集体安全的失败的辩论。随着轴心国的侵略和战争的回归,赌注也随之提高。"深刻不确定性的轰鸣,一种没有地图指引的感觉,仍然无情地笼罩着,"艾拉·卡岑涅森(Ira Katznelson)在他对20世纪30年代美国的描写中写道,"一种普遍的恐惧气氛深深地影响了政治认识和关切。没有什么是确定的。"[3]工业和现代国家权力已经显示出它们的黑暗面。自由民主能在这个世界上重新站稳脚跟吗?

从20世纪30年代末到40年代末,自由国际主义思想发生了重大转变:它们获得了新政自由主义和正在出现的冷战国家安全概念的印迹。议程变得更加宽泛和进步,同时带有对普遍性权利、保护以及西方民主世界团结的呼唤。这是一个秩序将在不断扩大的政府间制度实现的愿景,并在冷战到来后,由美国的霸权主义力量来维持。

对伍德罗·威尔逊来说，自由民主国家是维系国际秩序的黏合剂。对于20世纪30年代末和40年代的自由主义国际思想家来说，改革后的国际秩序是维系自由主义民主国家的黏合剂。

本章提出了三个论点。首先，20世纪30年代和40年代的大萧条、战争和蔓延的非自由主义迫使人们对西方民主的可行性，以及现代工业社会的特征和轨迹进行了长期辩论。旧的自由主义秩序的失败引起了跨越整个政治光谱对现代性问题的重新思考。法西斯主义和极权主义的兴起，作为西方自由主义的重大意识形态替代方案，加重了利害关系，而西方民主资本主义和苏联共产主义之间的意识形态斗争进一步影响了这场辩论。人们可以采取许多不同的立场：那些广泛认同自由民主世界观的人接受了从古典自由主义到社会民主的各种思想。尽管存在这些分歧，但人们普遍认为凡尔赛解决方案未能为自由资本主义民主建立一个稳定的基础。

其次，在两次世界大战之间的几十年里，自由国际主义的思想发生了转变。威尔逊时代的自由主义者将现代性视为一种发展的力量，推动和拉动世界走向自由民主。经过了20世纪30年代和40年代的蹂躏破坏，自由主义者越来越多地看到现代性对自由主义和非自由主义国家都赋予力量，并在全球范围内产生了一系列更加复杂的危险和机会。早期国际主义愿景中隐含（或明确）的种族、宗教和文明等级制度让位于普遍的权利和自由概念。在20世纪30年代和40年代，自由国际主义思想变得更加"全球主义"和"现实主义"。全球主义的意义在于，国际秩序需要做更多的事情来稳定和保护自由民主国家。它需要在其范围和目的上更加多元化。但是，它也变得更加现实，因为它需要更深入地嵌入一个由美国和其他工业民主国家领导的、稳定的、理想合作的大国秩序。如果西方自由民主国家要生存下去，它们就需要建立一种新型的国际秩序并在其中运作。自由国际主义者之间关于战后秩序的辩论是由这一共同的信念驱动的。

最后，罗斯福、他同时代的人和继任者将这种新思维具体化。新政和冷战的自由主义重塑了自由民主和国际秩序之间的联系。这种新思维的核心是对自由主义秩序的逻辑和功能有一个更全面的看法。自由民主国家的目的和能力已经发生了变化，因此，支持和保护现代自由社会的国际秩序也必须发生变化。随着国家与社会安全概念的扩大，现代自由主义将需要一个更积极的议程来组织和管理国际秩序。威尔逊的自由国际主义是围绕着国际法建立的，并由公众舆论和道德制裁来执行，而20世纪30年代和40年代出现的自由国际主义则包含了政治权利和社会保障的新概念。如果自由民主要生存下去，它就需要一个"容器"，以适应经济和安全相互依存的日益复杂和脆弱。一个开放的、基于规则的国际秩序将更加需要管理。开放将被"嵌入"确保稳定和保护公民和工人福祉的规则和制度中。随着冷战的出现，这种自由主义秩序变得更加依赖霸权，围绕着世界上最强大的国家的主导而组织。

二十年危机

除了凡尔赛会议的诸多挫折，西方国家在20世纪20年代确实紧密合作，管理经济和政治的不稳定，并建立了战后工作秩序的基础。国际联盟于1920年开始运作，有42个创始成员，大部分是欧洲国家，这是第一个致力于维护世界和平的政府间组织。[4]在国联的主持下，各国政府合作推进全球健康、重新安置难民、促进劳工权利和保护少数族裔。德国在1926年被邀请加入。海权强国谈判达成的海军协议开启了外交和军备控制的新时代。欧洲和美国的银行和金融机构重新建立了业务，并与它们的政府合作，重新谈判了债务和赔偿问题。[5]在1913年和1929年之间，因为消费者对汽车和其他现代产品的需求不断增长,欧洲的工业生产翻了一番。在 20 世纪 20 年代中期,美国经济以每年 7% 左右的速度增长,失业率下降到 2% 以下。在 1929 年 3 月的就职演说中,美国总统赫伯特·胡佛(Herbert Hoover)的讲话似乎代表了所有自由民主国家,他认为:"我们已达到了世界历史上前所未有的舒适和安全程度。"[6]

然而,在短短十年间,这种战后秩序就被突如其来的、持续的经济和政治危机所打破。为管理战后体系而形成的自由主义国家联盟瓦解了。"一层接一层,一块接一块,一个接一个问题,"亚当·图兹(Adam Tooze)写道:"这个伟大的民主联盟……瓦解了。"[7]世界秩序的脆弱基础持续不停地被撕裂,最终导致了全球战争。涌现的危机越来越多——经济崩溃、法西斯主义和专制主义的崛起、安全竞争和战争——是西方资本主义民主国家以前从未见过的。在经历了长期的、前所未有的投机性繁荣之后,大萧条给工业国家带来了大规模失业。当政府疲于应对时,国际合作成为第一个牺牲品。由于各国争相保护就业与市场,保护主义蔓延。随着经济危机打开了大门,反动和独裁的运动得以涌入。德国、日本和苏联开始了大规模的重新武装计划。世界经济的崩溃使 19 世纪流传下来的自由市场和古典经济自由主义的理念失去了信誉。随着法西斯和极权主义国家的强大,自由民主的深层价值和制度,即历史学家埃里克·霍布斯鲍姆(Eric Hobsbawm)所说的"自由文明",受到了质疑。[8]

经济危机根深蒂固,但随着 1929 年 10 月华尔街的股票市场崩溃和随后的世界性商业恐慌的突然出现,为 20 世纪最严重的经济滑坡创造了条件。国际金融体系停滞不前,世界贸易崩溃了。各国政府争相提高关税,以保护日益减少的市场份额。在美国,1930 年的《斯穆特—霍利关税法》(Smoot-Hawley Tariff Act)对来自急于向美国市场销售以偿还其美元债务的国家的进口产品施加了严格的限制。这引发了一轮竞争性的保护主义。德国和法国将贸易置于直接控制之下。1932 年在渥太华举行的大英帝国经济会议上,英国及其伙伴建立了一项帝国优惠制度,对非帝国的农业和工业产品生产商进行打压。竞相推行的关税保护使世界经济支离破碎并处于封闭之中。失业和贫困是这场危机最明显的标志。在美国,1932 年每四个工人就有一个失业。在德国,每五个人中就有两个人失业。在大多数工业国家,包括美国,都没有社会保障和失业援助的公共规定,这使得经济衰退变得更加令人痛苦。

政治危机造成自由民主的削弱,以及法西斯主义和极权主义挑战者的崛起。1920 年,欧洲大部分地区是民主的。到 20 世纪 30 年代末,随着世界大战的临近,大多数欧洲国家被专制领导人和一党制政权所统治。英国、法国、北欧小国、美国和英国的自治领是最后剩下的民主国家。各国以各种形式通往独裁和威权统治。1917 年后,俄国短暂的宪政民主实验让位于布尔什维克革命,到 20 世纪 30 年代中期,斯大林赶走了他在党内的最后一个对手,巩固了其专断统治。在欧洲的其他地方,专制统治向政治右翼移动,随后由民粹独裁者领导的法西斯或准法西斯政党夺取权力,或者由军事或保皇派统治者重新掌权。在意大利,意大利法西斯党领袖贝尼托·墨索里尼(Benito Mussolini)于 1922 年当选为总理,这为 1926 年的一党统治和 30 年代的一人独裁创造了条件。1923 年,西班牙紧随意大利之后,一位将军夺取了对一个软弱的议会政权的控制权。在短暂恢复共和制后,西班牙在内战中瓦解,到 1939 年,弗朗西斯科·佛朗哥(Francisco Franco)确立了自己的最高领导人地位。在波兰,军事领导人约瑟夫·毕苏斯基(Józef Pitsudski)在 1926 年控制了政府,在 30 年代,该国成为军方主导下的一党国家。[9] 在日本,自由派政府在 1931 年被一个军国主义政权取代。[10]

1933 年,随着希特勒的上台,欧洲从议会民主制的背离在德国迈出了最关键的一步。与墨索里尼一样,希特勒和纳粹党在保守派的支持下上台,后者与他们组成了联合政府。纳粹党迅速破坏了权力分享的安排,并通过取缔其他政党来巩固其统治。第二年,希特勒将总理和总统的职务合并，正式成为德国元首。1936 年，希特勒的警卫队长海因里希·希姆莱（Heinrich Himmler）控制了德国的所有警察和安全力量。至此，希特勒的独裁统治已经牢固确立。随着在德国的胜利，法西斯主义成为一个国际性运动。[11] 在他执政初期，希特勒曾宣布："1914 年的边界对德国的未来毫无效力。"[12] 现在，这些话在整个欧洲回荡。

随着自由民主世界的退却，地缘政治危机加剧了。在 20 世纪20 年代，英国和法国强大到足以迫使《凡尔赛和约》生效并领导国际联盟。它们保留了自己的帝国，并利用联盟的委任制度来维持其对殖民地的影响力。1925 年，英国、法国、德国、意大利和比利时签署了《洛迦诺公约》（Locarno Treaty），保证了它们的领土疆域。几年后，法国外交部长阿里斯蒂德·白里安（Aristide Briand）向美国提议使该条约具有普遍性。1929 年 8 月，他在巴黎与美国国务卿弗兰克·凯洛格（Frank Kellogg）会面，签署了《白里安－凯洛格公约》（Kellogg-Briand Pact），宣布除自卫外诉诸战争为非法。[13] 有 65 个国家最终签署了该宣言。但是，《白里安-凯洛格公约》并没有开启一个新的民族主义时代，而是成为其巅峰。在接下来的几年里，世界经济的崩溃，民族主义和反民主的政治运动，以及德国、日本和意大利的地缘政治扩张野心，都对国际秩序进行了反复的攻击。面对日本1931 年对中国东北的占领和意大利 1935 年对埃塞俄比亚的入侵，国际联盟束手无策，其领导人只顾自己的利益，他们正面临着经济和政治困难。同样在 1935 年，希特勒不顾《凡尔赛和约》，宣布了重新武装的计划。1936 年 3 月，在埃塞俄比亚危机的高峰期，他命令德国军队重新占领莱茵兰地区（Rhineland）。1938 年 3 月，德国吞并了奥地利。[14] 1938 年 9 月，当英国、法国、意大利和德国的领导人在慕尼黑会晤时，他们已站在了凡尔赛的废墟之上。

随着危机降临到自由民主世界，政治领导人和知识分子努力理解他们日益严峻的处境。资本主义、民主、自由主义和现代性的未来受到了激烈的讨论。自由民主的生存被广泛认为处于危险之中,危机在这十年的发展中加深了。1931 年,历史学家阿诺德·汤因比(Arnold Toynbee)在他的国际事务年鉴中写道,世界各地的人们开始意识到"西方的社会系统可能会崩溃,不再起作用"。八年后的 1939 年 5 月,他在伦敦经济学院发表了题为"文明的衰落"的年度霍布豪斯讲座(the annual Hobhouse lecture)。汤因比认为,虽然没有任何不可抗拒的规律导致文明的崩溃,但鉴于历史的证据和当前的时刻,"现代西方文明,如所有先例所显示,有可能……崩溃和分离,并最终解体"[15]。

一个相关的辩论集中在资本主义的危机上。经济学家对大萧条的原因和性质以及最佳对策提出了相互矛盾的理论。在捍卫古典自由主义的人与推动社会民主变革的人之间存在着巨大的分歧。在这里,弗里德里希·冯·哈耶克(Friedrich von Hayek)和约翰·梅纳德·凯恩斯(John Maynard Keynes)的宏大思想体现了这场延续至今的争论。1931 年移居英国的奥地利经济学家哈耶克提出了自由市场的观点,认为大萧条是投资不足和信贷过度扩张的结果。正确的反应是增加储蓄,将经济稳定在较低的价格和工资水平。剑桥大学的经济学家和公共知识分子凯恩斯曾是凡尔赛宫英国代表团的成员,他认为危机是由需求不足引起的。在 1936 年出版的代表作《就业、利息和货币通论》(*The General Theory of Employment*, *Interest and Money*)一书中,凯恩斯详细阐述了他的观点,他认为市场的自由化并不能像哈耶克所说的那样能治愈大萧条。[16]市场社会并没有产生复苏的自动力量。需要通过国家支出来重新雇佣工人,创造足够的需求来实现充分就业。虽然哈耶克主张提高储蓄率,但凯恩斯指出了"节俭的悖论":在不确定的条件下,提高储蓄会导致停滞和缓慢增长。[17]

哈耶克和凯恩斯之间的辩论超越了经济政策。他们的想法反映了对资本主义现代变革和工业社会未来的不同理解。[18]哈耶克认为现代国家是一种专制性力量，威胁着政治自由和经济自由。在他1944 年出版的《通往奴役之路》（*The Road to Serfdom*）一书中，他从道德和经济角度为自由放任经济学辩护。[19]凯恩斯试图在不受约束的资本主义与苏联和欧洲出现的国家主义经济之间阐明一个中间立场。他认为："我们所处的经济社会的突出缺点是未能提供充分就业，以及任意和不公平地分配财富和收入。"[20]凯恩斯的思想在战争年代和战后早期的几十年中占据了主导地位——尤其是他积极参与了关于战后世界经济规则和制度的谈判。哈耶克的思想一直沉寂到20 世纪 70 年代，当时整个发达工业国家的凯恩斯主义共识开始瓦解。哈耶克为后来的新自由主义奠定了思想基础。他的思想启发了后世的保守派经济学家和政治家，他们主张严格限制政府在经济中的作用。在 20 世纪末，一些新自由主义的观点也为大西洋两岸的中间派政府的政策提供了参考。值得注意的是，哈耶克的观点并不是简单地主张国家从经济中撤出。他们并不是在为一个"守夜人"政府提出论据。自由民主和现代国家的双重发展意味着回到 19 世纪的市场社会是不可能的。相反，哈耶克认为，必须建立和管理不受约束的市场的基础条件。正如奎因·斯洛博迪安（Quinn Slobodian）所言，哈耶克和他的追随者并不是在寻求"解放"市场，以至于把它们嵌入社会和法律机构中。[21]哈耶克和凯恩斯的思想最终都与广阔的政治课题联系在一起。

其他思想家对破坏旧的国际秩序并使自由民主陷入危机的深层力量提出了全面的论点。匈牙利裔美国经济学家卡尔·波兰尼（Karl Polanyi）比凯恩斯走得更远，他对世界市场体系的崩溃提出了宏大叙事。在 1944 年出版的《巨变》（*The Great Transformation*）中，波兰尼认为自由放任政策本身就是危机的罪魁祸首："这场灾难的根源在于经济自由主义试图建立一个自我调节的市场体系的乌托邦式努力。"[22]市场社会的兴起在 19 世纪达到顶峰，并被第一次世界大战所摧毁，它始于现代早期欧洲强大国家的出现，这些国家积极重组了劳动、土地和市场体系。波兰尼认为,"自我调节"的市场并非冒出(emerge),而是被建立和嵌入地缘政治权力和社会秩序的国际体系中;因此,它既不是自然的,也不是真正自我调节的。相反,它"嵌入在(人们的)社会关系中"[23]。两次世界大战之间的危机是这个复杂的嵌入式系统崩溃的结果。波兰尼认为,如果要在第二次世界大战后重建市场社会,就必须在一个更广泛的合作性国际秩序中重建社会保护和政治团结的制度,这是一项社会民主事业。

1939 年战争前夕,历史学家 E. H.卡尔出版了《二十年的危机,1919—1939》(*The Twenty Years' Crisis*,*1919—1939*),描绘了此前二十年的政治和经济不稳定。卡尔认为,威尔逊和凡尔赛的自由派和平缔造者试图在乌托邦式的愿景而非权力现实的基础上建立战后秩序,从而播下了危机的种子。自由派和平缔造者为他们的工作带入了共同的但是错误的信念,那就是利益的和谐。他们犯了一个致命的错误,那就是认为在有着共同利益和同情心的自由主义国家所组成的世界社会中,国际合作可以通过建立解决冲突的制度而得以延续。[24]被第一次世界大战摧毁的 19 世纪政治秩序并不是建立在普遍的理性原则或道德标准之上的。它是建立在权力的配置上的,是一种"对当时经济发展和相关国家而言"特有的力量平衡。[25] 20 世纪20 年代的"愿景希望"忽视了权力政治这个深刻现实。卡尔认为,19 世纪的自由主义者和凡尔赛的自由主义者都认为,他们的国际项目之所以成功,而且还将再次成功,是因为理性主义的深层力量和利益的和谐。但这是一种幻觉。它们实际上是建立在霸权和自由主义意识形态的基础上。

在卡尔看来,稳定的国际秩序必须建立在权力的优势和霸权国家的主导之上。这就是英国在 19 世纪扮演的角色,它导致了一个"不断扩大领土和市场的黄金时代,一个由自信且又不太苛刻的英国霸权来维持秩序的世界,一个一致的'西方'文明,其冲突可以通过逐步扩大共同发展与探索的领域而得到协调,基于一个轻率的假设,即对一个人好就是对所有人好,经济上正确的东西不可能是道德上错误的"[26]。霸权国家创造了国际秩序,它们的权力使它们有权限这样做。但是,稳定的国际秩序也需要一定程度的共识,或至少需要弱国的默许,而这有利于那些霸权国家,这些国家是"宽容和非压迫性"的,或者至少比其他可能成为霸权的国家更宽容。在卡尔看来,二十年的危机首先是由英国的衰落造成的,它削弱了 19 世纪秩序所依赖的力量;由于一个新的霸权国家——估计是美国——尚未出现,这种失败的后果更加严重。[27]这也是一场道德危机,因为"反对自由放任的革命"破坏了体现在对自我利益的开明追求中的公共美德概念,却又没有设计出适合大众政治和现代自由民主时代的新公共道德。[28]

1941 年 11 月,在珍珠港事件发生前的一个月,在纽约的外交政策协会会长维拉·迪安(Vera Dean)发表了《为世界秩序而斗争》(*The Struggle for World Order*),呼吁建立一套新的原则或"生活哲学"(philosophy of life),以指导国际秩序的重建。迪安认为,第二次世界大战是对凡尔赛和平解决方案失败的暴力化证明。但这种失败与其说是外交的失败,不如说是政治想象力的失败。西方民主国家根本没有适应工业革命带来的社会和经济变革。工业现代化使西方社会的大众变得贫穷和丧失公民权(disenfranchised),这破坏了自由资本主义,为纳粹和共产主义运动创造了机会。在迪安看来,民主国家的"真正任务"是在国内和国际上重塑自己,去定义"民主的战后秩序概念,使全世界人民相信,西方大国的胜利不是戏剧的结尾,而是扩大和振兴民主的时期的启幕"[29]。

民主世界需要建立一个"新的社会秩序"(new social order),促进"普通人的福利"(welfare of the common man),保护基本权利和自由。19 世纪的民主制度和自由放任的资本主义必须让位给一种协调个人主义和社会的政治经济秩序。这个重建民主资本主义的项目既涉及政治体制的改革,也涉及对自由主义现代性的新意识形态或"精神"(spirit)的阐述。迪安认为:"在不受约束的个人行动和不受约束的国家行动这两个极端之间,有一个广阔的中间地带,可以实现富有成效的合作式生活。"[30]打赢反对纳粹主义的战争是第一步。对西方大国来说,更重要的任务是为它们的共同存在制定一个新的愿景,迪安称之为"民主的新视野"(new horizon of democracy)[31]。

因此,20世纪30年代末和40年代的辩论集中在对危机的性质和国际秩序的来源的争论上。尽管有分歧,但这些公共思想家普遍认为,危机不只是自由主义国家的领导人未能推行正确的政策或解决他们的分歧并合作的结果。更深层次的力量正在改变着的世界。将西方带入现代的19世纪的国际秩序已经瓦解,也无法再重建。正如卡尔所认为的:"20世纪的弊病不能用19世纪的良药来治愈。"[32]经济、技术、政治和社会力量已经破坏了旧秩序,大战最终摧毁了它。一个新的全球秩序的基础尚待建立。

反思自由国际主义

在20世纪30年代和战时的灾难中,自由国际主义者被迫反思他们的想法。这些国际主义者中的许多人都参与了凡尔赛和谈,认同威尔逊的观点,并支持国际联盟。威尔逊的国际主义是以一个稳定和不断扩大的自由民主世界的假设作为前提的。人们认为,现代性正在释放出经济、技术和政治力量,鼓励世界向自由民主的方向发展。威尔逊这一代的自由国际主义者并不是卡尔所描述的乌托邦主义者。[33]之所以要有国际联盟,正是因为不存在自然或不可避免的"利益和谐"。然而,他们确实认为有一些基本的共同利益切实存在,而国际联盟可以培育这些利益。他们坚信,自由民主国家在1919年后可以设计出一套可行的贸易与集体安全体系,将它们结合在一起,形成一个稳定的、逐步发展的国际秩序。经历了20世纪30年代和第二次世界大战的自由主义国际主义者——包括富兰克林·罗斯福和他的顾问圈——继续拥护这个愿景的大体轮廓。但他们的经验视野与1919年的自由主义者的经验视野完全不同,这也反映在他们不断变化的思想中。

随着20世纪30年代世界陷入萧条和战争,大西洋两岸的国际主义者就如何治理世界的问题展开了辩论。在两次大战间隔期,国际关系这门学科本身也慢慢形成。第一次世界大战后,外交官的失败与不受欢迎,为学术界扮演外交政策专家打开了空间。[34]像纽约的外交关系委员会(Council on Foreign Relations)和伦敦的皇家国际事务研究所(查塔姆研究所)(The Royal Institute of International Affairs, Chatham House)这样的机构被建立起来,为政府提供专业知识和建议,在德国、法国、奥地利和瑞士也建立了其他的研究中心。国际联盟也成为国际主义思想的发源地。以洛克菲勒基金会和卡内基国际和平基金会为首的慈善组织资助了大学的和平研究和国际事务课程。专业协会和年度性学术会议也为国际主义研究和辩论增加了越来越多的知识和机构基础设施。[35]在这种背景下,西方内外的知识分子和实践者都在努力解决阿诺德·汤因比所说的当时的"主要问题",即在一个世界秩序的旧基础正在让步的时代,重新建立一个国际关系的稳定体系。贯穿战后凡尔赛解决方案的国际主义显然已经失败。在比1919年更糟糕的情况下,自由国际主义者寻找着新的想法和愿景。[36]

20世纪30年代和40年代的国际主义辩论范围很广,集中于无政府主义和国家主权、技术和商业、国际组织和世界联邦主义等不同的主题上。[37]但自由国际主义反思的核心是对现代性看法的改变。工业主义和技术变革并不只是对自由民主有利。事实上,20世纪30年代爆发的危机和不稳定迫使自由民主国家为自己的生存而战。凡尔赛宫的失败不能仅仅通过改变国际联盟的体制设计来补救。在这个意义上,对威尔逊主义的现实主义批判没有抓住要领。正是工业社会更深层次的变革危及了自由主义的国际事业。强大的法西斯主义和极权主义国家的崛起表明,现代性可以被用于非自由的目的,这是令人恐惧的。法西斯和极权主义国家似乎对 30 年代的经济危机反应更快,或者找到了避免其最严重后果的方法,这一事实只是强化了这一点。[38]与此同时,现代性的力量正在产生一个如此复杂和相互联系的世界,以至于旧的管理全球空间的方式不再可行了。1933 年,曾担任劳合·乔治的私人秘书并倡导国际联盟的英国政治家菲利普·克尔(Philip Kerr)对自由民主制度的危机蔓延进行了反思。他认为,危机不是"自由体制的失败",而是"在一个时间和空间迅速压缩的世界上,由于国家间的无政府状态,自由体制越来越不可能发挥作用"。[39]自由主义的国际目标仍然是组织世界,使自由民主国家安全,但这样做的全球条件已经改变。

对"全球"的这种不断变化的理解推动了关于世界秩序的争论。大萧条和战争的动荡暴露了一个新的、危险的世界。奥尔·罗森博伊姆(Or Rosenboim)在调查 20 世纪中期英美关于世界秩序的政治辩论时认为,国际主义思想家正在努力理解"全球的新政治空间"。他们在观察世界时,对全球的政治意义有了新的认识,认为它是"一个由相互联系的不同政治单位组成的统一整体"[40]。这些思想家以不同的方式构想了这个全球空间,调用了跨国的、世界性的和国际的思想。一些关于全球空间秩序的计划需要重建威斯特伐利亚的政府间制度,而另一些则要求建立新型的政治共同体和世界政府。罗森博伊姆认为,这些国际主义思想家的共同点是相信现代世界秩序不能再依靠欧洲权力和帝国的基础。他们寻找的是能够形成后帝国世界秩序的原则和架构。这种对世界秩序新概念的探索也是出于对自由民主的未来的关注。在战时和战后,民主所面临的国内和国际威胁都很突出。自由民主需要改革,但这只能在一个重组的国际民主秩序中进行。[41]

在这种情况下,曾经拥护威尔逊主义和国际联盟的英国和美国国际主义者发现他们正在重新考虑自己的计划。概括地说，这些思想家变得更加全球化和现实主义。重建世界秩序将需要"做更多的工作"。它需要在支持和保护自由民主国家方面更加雄心勃勃地努力。自由民主世界在 1939 年受到的威胁是 1919 年所没有的，它需要以更彻底的方式来组织自己。同时，威尔逊时代的国际主义者也对自由国际秩序的地缘政治基础进行了更多思考。一个稳定的大国秩序是必要的，最理想的情况是美国与其他大国合作，共同维护这一秩序。

在英国方面，诺曼·安吉尔在《大幻觉》（在 1909 年以《欧洲的错误幻觉》[*Europe's Optical Illusion*]为题出版）中提出了一个著名的观点，即在经济相互依存度上升的条件下，现代工业社会将认识到战争和征服的无用性。[42] 1914 年战争的爆发迫使安吉尔重新思考他的观点，20 世纪 30 年代秩序的瓦解也是如此。在整个两次世界大战间隔期，安吉尔仍然是国际联盟的拥护者，由于这些努力，他在 1933 年获得了诺贝尔和平奖。他继续坚持认为，现代社会从大国战争中得不偿失，但他承认，经济民族主义和对权力的追求会压倒他所认为的和平的理性基础。[43] 安吉尔的期望是，知识的传播和公共教育将慢慢改变社会——表现为开明的公众舆论——计算其利益的方式。到了 20 世纪 30 年代，安吉尔不再认为这已足够了。在 1933 年对其早期思想的反思中，他认为必须通过集体防御来保障安全。主要国家需要集中力量，共同维护国际规则和制度。必须通过集体协议来使用武力以维护全球秩序。"现实可行的政治结论……不是坚持要求世界突然从武装的无政府状态跳到一个完全没有武力或武器的世界，而是作为第一阶段，一个垫脚石或桥梁，将武力转移到法律，组织起来成为一个共同体的工具；而且，义务应建立在明确的政治和外交义务之上。"[44] 安吉尔就各国如何构成一个有组织的社会以实现共同防御提出了各种想法，但西方自由民主国家将构成这个社会的核心。

在对威尔逊主义的批评中，卡尔特别提到了阿尔弗雷德·齐默恩（Alfred Zimmern），后者是牛津大学的一名古典学学者，在制定英国的国际联盟提案方面发挥了主导作用。齐默恩在自由主义的政治圈子里活动,在战争期间,他被沃尔特·李普曼招募为《新共和》(*The New Republic*)杂志撰稿,这是一本当时由赫伯特·克罗利(Herbert Croly)编辑的进步杂志。齐默恩阐述了主流的自由国际主义思想,即使他依然坚定地支持大英帝国。他赞同威尔逊时代对权力均势和秘密外交的批判,对战前自由放任的自由主义也持批评态度,并认识到国家在管理工业社会方面日益重要。他同意许多自由主义者的观点,即民族主义是战争的一个原因,但他对国际主义者对世界政府的呼吁持怀疑态度。[45]相反,齐默恩倡导的是一种"自由民族主义"(liberal nationalism)——或如他所说的"马志尼主义"(Mazzinism)被"更新以适应我们大规模文明的规模"。[46]从一开始,齐默恩就支持国际联盟作为预防未来战争的工具。他的这一观点与其说是基于对集体安全理念的信仰,不如说是基于这样的信念,即国际联盟将促进大国之间的联系,而大国又将采取集体行动来维护战后秩序。齐默恩认为:"国际联盟实际上是一个合作的工具。"对此,他这样论证:

> 它是一个常设机构,为那些具有合作精神的国家的共同行动提供便利。只要它们渴望合作,国际联盟就可以为它们所用。当这种交际能力、团结意识和团队精神得到充分体现时,国际联盟组织就会以最小的摩擦发挥作用,而国际联盟本身也几乎成为一个联邦(Confederation),但绝不是完全的联邦。但是,每当这种精神减弱,竞争和嫉妒重新开始,联盟的活动就会停止。在这种时候,真正的联盟就不存在了。
>
> 机制存在,但精神已经离开了它,机制不能靠自己的努力发挥作用,也不能靠自己的动力无限期地生存下去——这种动力最初是由外部提供的。
>
> 只有它们(成员国)的意愿,也只有它们的意愿才能使联盟成为活生生的现实。[47]

在 20 世纪 30 年代,齐默恩开始怀疑国际联盟能否凝聚足够的团结力量,从而成为一个有效的基于条约的组织。面对联盟未能对中国东北和阿比西尼亚(即埃塞俄比亚)危机作出反应,齐默恩敦促英国和法国"大声疾呼"。他认为世界分为两个集团——"福利国家"(welfare states)和"强权国家"(power states),前者是自由民主国家,其政府"从责任角度考虑",后者是修正主义国家,则"从武力角度考虑"。[48]一个稳定的国际秩序不能通过弥合它们之间的鸿沟来建立。"强权国家"间必然会产生对抗。随着世界在 20 世纪 30 年代变得支离破碎,齐默恩认为,国际秩序必须建立在"福利国家间的合作"之上。他仍然坚定他对世界政治进步的可能性的信念,他认为,从长远来看,法治可以指导国家关系。但到了 20 世纪 30 年代末,他确信这种秩序需要在自由民主的世界内组织起来。[49]

罗伯特·塞西尔(Robert Cecil)是战时英国政府内提议建立国际联盟的主要设计师,在两次世界大战的间隔期仍是国际联盟的支持者。从 1923 年到 1945 年,他担任了国际联盟协会(the League of Nations Union)的主席,这是英国支持国际联盟的主要政治团体,他还在日内瓦的国际联盟内部担任过职务。[50]1938 年,他因自己的努力获得了诺贝尔和平奖,在获奖演讲中,他重新思考了军国主义和领土侵略的回归,以及国际联盟的失败。他看到了"旧观念"的回潮——反动的民族主义和军国主义的学说——这些学说曾在 1914 年将世界带入战争。与其他自由国际主义者一样,在 20 世纪 30 年代初日本、意大利和德国的侵略之后,塞西尔放弃了他对公众舆论力量的信念,转而主张由具有广泛包容性的全球机构组织及被授权的军事制裁。[51]但他的国际主义思想仍然没有改变。国家间的相互依存是现代世界的一个固有特征,因此"国际合作原则"符合所有国家的利益。阻碍这一原则的不是人民,而是他们的政府。塞西尔认为,"自由政府"在促进人民的个人发展和福利方面具有独特的能力。国际体系的改革仍然是可能的。毕竟,如他所说,英国的宪法进步也花了几个世纪才实现。[52]和齐默恩一样,塞西尔把他最大的希望寄托在西方民主国家的集团上,当世界退缩成反动和军国主义集团的时候,这些国家需要合作来保持国际联盟的理想。[53]塞西尔认为,在西欧,这样的国家集团可以采取"一个在国际联盟的总体框架内的独立国家的宪法联盟"的形式。[54]在这一反思中,他与其他国际主义者一起,寻求民主国家可以组织起来维护一个更广泛的规则和制度体系的新方式。

在美国方面,美国未能参加国际联盟是战间期的决定性事件。在这些年里,自由国际主义者就凡尔赛的失败、美国孤立主义的难题,以及国际主义的未来进行了辩论。[55]沃尔特·李普曼(Walter Lippmann)作为"调查组"(为和平谈判做准备的研究小组)的成员,为威尔逊的和平建议做出了贡献,他还随美国代表团前往巴黎,他的经历反映了许多观察家对威尔逊主义的失望。[56]他的不满甚至发生在参议院拒绝威尔逊提议的条约之前:他写道,和平解决方案的惩罚性太强,没有体现出进步的理想。在接下来的 20 年里,他的批评更加深入。他认为,威尔逊的最大错误在于他高估了人民和他们的领导人追求他们开明的自我利益的能力。"我们不过是凡人,力量有限,智慧有限。"[57]然而,李普曼仍然是一个坚定的国际主义者,他支持海军裁军,与世界法院合作,以及国际联盟为维护和平而进行的斗争。他所寻找的是一种更加务实的国际主义。在李普曼看来,稳定的国际秩序的关键是围绕削减军备和国际争端仲裁来组织。[58]20 世纪 30 年代初,即使在德国和日本开始侵略之后,李普曼仍然没有呼吁美国与欧洲民主国家结盟,而是希望世界能够集体行动,通过"国际良知和国际法的引导"来击退修正主义大国。

当美国加入对德国和日本的战争时,1941 年底,李普曼早先的观点已经成为一个"破碎的梦",他开始为围绕美国主导的西方民主国家之间的合作建立战后秩序提出了更广泛的论点。[59]这些后威尔逊时代的观点在他 1943 年出版的《美国外交政策:共和国的盾牌》(U.S. Foreign Policy: Shield of the Republic)中得到了发展。李普曼断言："如果我们的时代要有和平，那就必须是主权国家之间的和平。"[60]这些国家之间的安全来自这样一种政治秩序，它存在于自由主义国家之间，有美国的力量和联盟系统的支持。李普曼已经对威尔逊式的集体安全观失去了信心。李普曼在写给著名国际关系学者昆西·赖特（Quincy Wright）的信中认为，一个以集体安全为基础的战后新联盟将不可避免地分解为相互竞争的地缘政治联盟。"下一代国际组织的伟大目标是将同盟凝聚在一起，并且几乎不惜一切代价将其凝聚在一起，"他坚持认为，"我想找到一些一定能将同盟团结在一起的办法，我不相信同盟能仅仅通过任何一般性契约就能连结起来。"[61]李普曼正在寻找一种国际主义，它与美国的孤立主义支持者和"一个世界"或"普遍主义"的战后秩序愿景保持距离。

其他国际主义者并没有与威尔逊主义完全决裂，而是为围绕美国领导、全球制度和进步目标建立战后秩序提供了务实的论据。哥伦比亚大学的历史学家和杰出的国际主义者詹姆斯·肖特维尔（James Shotwell）走的就是这条道路。与李普曼一样，他也曾是调查委员会的成员，并参加了巴黎和平会议，后来他在创建国际劳工组织方面发挥了重要作用。在第二次世界大战期间，他是一个工作小组的成员，为取代国际联盟的新国际组织制定了计划，后来他还帮助起草了《联合国宪章》。在这几十年中，肖特维尔一直致力于进步与改革的国际主义议程。他是《白里安-凯洛格公约》的设计师之一，该公约宣布战争为非法。肖特维尔希望在该条约之后能有一个制裁制度，作为一种执行工具，为美国提供一个机会，使其最终参与到一个集体安全体系中。[62]后来，随着世界经济的崩溃，他鼓励美国参加1933年夏天在伦敦举行的由国际联盟主持的世界经济会议。这次会议主要关注稳定欧洲货币和金融关系，但基本上失败了，部分原因是富兰克林·德拉诺·罗斯福不愿意与欧洲人在战争债务的国际解决问题上合作。肖特维尔认为，罗斯福没有完全理解"军事民族主义的不祥崛起"，这一崛起以希特勒去年1月上台为标志，因此罗斯福未向"欧洲的自由主义力量"提供足够的支持。[63]

即便 20 世纪 30 年代秩序崩溃，或者正因如此，肖特维尔仍然相信美国需要找到一种方法将自己与国际联盟联系起来。从这个意义上说，他的批评与其说是关于威尔逊主义的局限性，不如说是针对美国未能支持威尔逊主义。随着 20 世纪 30 年代中期欧洲局势的恶化，肖特维尔提出了一个改革国联的建议，以建立"分级责任"（graded responsibilities）和"相关成员资格"（associated membership）的角色。只有在某一地区有特定利益的国家才能为该地区的和平与安全提供保障。根据这一方案，美国在维护和平进程中只能发挥更有限的作用。[64]

随着世界大战的爆发，肖特维尔的想法继续发展。战后需要某种集体安全体系，但其成功最终将取决于大国之间的合作。在战争结束时，他认为，一个稳定的战后秩序与其说取决于一个有效的集体安全体系，不如说取决于为经济稳定和社会进步创造条件。他希望苏联能加入一个重组的战后秩序，但这个秩序的核心需要围绕自由民主国家来建立。如果民族国家之间的关系要发生"革命"，它将首先发生在欧洲和大西洋世界。肖特维尔继续相信联合国中的普遍原则，但他认为这些原则必须由西方民主国家共同体来捍卫。到 20 世纪 40 年代，他已将他的国际主义与自由民主世界和经济及社会进步计划联系起来。"除了警察行动或威胁对侵略进行报复之外，联合国家（United Nations）还有另一种更有力的捍卫和平的方式，"他认为，"这就是在福利方面建立共同利益。"[65]这意味着围绕一个由志同道合的国家组成的核心集团来建立战后秩序，这些国家将在追求安全和进步目标方面进行合作。肖特维尔认为，现代性的力量——科学、技术、工业化——将继续带来社会的逐步改善，但是，就像议会民主制的出现和法治的发展一样，它将通过文化和人类理解的逐步转变而缓慢发展。同时，大西洋两岸的自由民主国家将不得不形成新兴全球秩序的核心。

萨姆纳·韦尔斯（Sumner Welles）是另一位主要的自由国际主

义者,在整个罗斯福任内担任高级外交职务。他的外交生涯始于第一次世界大战期间,受到伍德罗·威尔逊的启发,接受了自由贸易、集体安全和自决等核心国际主义理想。在 20 世纪 20 年代,韦尔斯仍然致力于这些事业,在国务院内部运作,支持加强与欧洲和拉丁美洲的多边经济和政治联系。作为罗斯福的亲密朋友和顾问,他成为新政府中最强烈主张美国主导的国际主义的人之一。在 20 世纪 30 年代,他发表演讲,呼吁美国主导世界重建一个开放的世界经济,结束经济民族主义和殖民主义。[66]他认为拉丁美洲是他的国际主义议程的一个特别有前途的地区。在为罗斯福撰写的政策文件中,他主张美国和南美国家在主权平等、不干涉和增加贸易的原则基础上签订新的合作协议。韦尔斯将此称为"美洲体系"(the "American System"):美国和该地区的国家将建立自己的政治共同体,由一个永久性的地区机构来解决西半球的争端。[67]这些想法中的一些被纳入罗斯福的"睦邻政策"(Good Neighbor policy)中,在 20 世纪 30 年代的多次西半球会议上,美国和拉丁美洲的代表们聚集在一起,讨论泛美团结的条件。对韦尔斯来说,尽管威尔逊主义作为一种全球秩序已经失败,但西半球为自由国际主义思想提供了一个有希望的政治空间。

20 世纪 40 年代初,随着罗斯福政府转而考虑战后计划,韦尔斯将他不断发展的自由主义国际思想带到了辩论中。他是联合国的拥护者,但他认为联合国应该建立在区域基础之上。"我想,我们大多数人都不相信世界和平是可以维持的,除非能建立一些范围普遍的国际组织,"他在 1946 年写道,"但我们大多数人也相信这个组织的设计方式应该是让世界上几个地理区域的国家,即西半球、欧洲、远东和近东,承担起维护和平以及在各自区域内推动社会和经济进步的最大责任。"[68]在某种意义上,韦尔斯提供了一个基于国际联盟和睦邻政策更新版本的国际秩序模式。这个全球组织将提供一个国际法律框架,并奉行经济开放和人权原则,但创造秩序和追求经济进步的真正工作将在大国领导的区域集团内进行。[69]在这个战后秩序中，美国将作为一个霸主领袖站出来。美国的利益将得到保护，确保在全世界范围内获得资源和市场。但韦尔斯认为这种秩序愿景有更深的规范基础，它植根于主权平等和自决的原则，以及对经济和社会进步的道德承诺。

在大西洋两岸，支持凡尔赛自由议和目标的国际主义者在20世纪30年代和40年代都被迫重新思考他们的想法和议程。1919年后国际秩序的崩溃、法西斯势力的崛起，以及世界大战的重现，都对自由民主的未来提出了存亡攸关的问题（existential questions）。在前几代人看来有利于自由民主的现代性力量现在威胁着它的生存。面对这些严峻的事态发展，两次世界大战之间的国际主义者并没有放弃他们对全球秩序进行合作性重组的投入。如果有什么变化的话，他们认为他们的想法对于一个被商业民族主义、非自由主义和修正主义大国撕裂的世界来说，更有意义而不是相反。[70]但对欧洲和美国的国际主义者来说，如果自由民主的世界要生存下去，就必须在一个新的、更坚实的基础上进行重建。两次世界大战之间的自由国际主义辩论范围很广，但它们最终都集中在寻找一种组织自由民主秩序的新方式上。威尔逊式的国际主义是以自由民主的兴起和传播为前提的，它是开放贸易、集体安全和国际联盟的可靠基础。到了20世纪30年代和40年代，这种想法发生了逆转：自由民主现在受到威胁，需要一个新的国际秩序来确保其生存。

宽泛地讲，这种对新的自由主义国际秩序的探索朝着两个彼此互补的方向发展。从某种意义上说，这种新思维更具全球性。自由国际主义者认为现代化的世界比19世纪的世界更复杂，范围更大，而且充满危险。因此，国际秩序需要更加全面，以促进对更多问题的管理。国际秩序不仅是维持和平，它将在自由社会追求经济和社会进步的过程中促进集体行动与合作。这种新思维也更加现实，因为它更注重自由国际主义的大国基础。自由主义项目需要建立在一个稳定的地缘政治基础之上。对一些人来说,如韦尔斯,这意味着战后与苏联建立稳定关系的可能性,以及在联合国的主持下建立区域秩序。但其他自由国际主义者,如安吉尔,认为自由主义秩序的地缘政治基础有必要且不可避免地与西方自由主义民主国家的联盟或同盟联系在一起。自由主义国际原则具有"同一个世界"的逻辑,但一个稳定而有效的国际秩序必须建立在自由资本主义民主国家的团结上。

罗 斯 福 革 命

20 世纪 30 年代自由主义反思的根底是自由民主的危机。矛盾的是,现代民主国家现在被认为是更为脆弱的,但对社会的安全和福祉来说却更加不可或缺。这一时期的动荡暴露了自由民主体制的脆弱与无力。这体现在自由民主国家在认识和应对经济危机方面的挣扎;体现在它们在面对经济危机所释放的反动政治时的软弱;体现在它们面对国境外的混乱时新的脆弱性。在第二次世界大战前夕,只有少数宪政民主国家还能屹立不倒。然而,现代民主国家正承接新的角色和责任。公民越来越期待国家提供福利和安全。现代国家的合法性,当然还有其领导人的选举命运,比以往任何时候都更多地与它提供就业和机会的能力相联系。[71] 在自由民主国家里,国家和公民之间的关系越来越多地围绕着权利和保护的政治来组织。[72]

罗斯福担任总统的 12 年为这些变革所定义。[73] 1936 年,他认为美国正发起的"不仅是一场反对匮乏、贫困和经济堕落的战争",而且是一场"为民主的生存而战的战争"。[74] 美国政府被要求扩大其能力,以解决新的和前所未有的经济和社会问题,这要求国家政治秩序本身进行改革,同时要求总统监督建立一个新的进步的国内联盟。民主党、劳工、社会运动和政治利益集团都被卷入美国自由主义的重塑之中。正如戴维·波洛克(David Plotke)所说，新的政治愿景"将民主和现代化的主题融合在一个进步的自由主义中，主张政府采取行动来实现经济稳定，加强社会保障，并扩大政治参与"[75]。工业社会的危机产生了改革的要求，并动员公民寻求更大的安全和机会。通过新政，罗斯福承诺政府将为美国人民提供社会经济保障。"在我们的目标中，我把国家的男人、女人和孩子的安全放在第一位"，他在1934年夏天对国会说。作为总统，他的职责是确保"安全，防止生活中的几个主要干扰因素，特别是那些与失业和老年有关的因素"[76]。

在20世纪30年代的英国，一个由劳工、社会团体和进步改革者组成的类似联盟已经形成，并推动了意义深远的政治和社会改革。英国在战争结束后，政府对经济和社会实行了前所未有的集中化控制。1943年，由保守党和工党组成的联合政府接受了威廉·贝弗里奇(Sir William Beveridge)爵士领导的一个委员会的建议，建立了新的全民社会保障体系。此后，又扩大了免费中学教育的机会。在这些黑暗的岁月里，人们对社会改革的希望越来越大，导致工党在1945年7月获得胜利，为十年的进步性行动创造了条件，包括引入国家卫生服务。正如历史学家詹姆斯·乔尔(James Joll)所观察到的，英国人民的"被轰炸经历、普遍的军事和民防服务以及共同生存的危险感，都促成了对社会改革和新社会的渴望，体现了战争期间所讨论的一些平等和社会正义的理想"[77]。在欧洲大陆，法国和瑞典等国家也追求社会改革和扩大自由民主。[78]

在整个工业世界中，自由民主国家被迫去寻找新的运作方式以继续生存。在自由民主国家中，"治理"的含义变得更大、更复杂。"20世纪使政府必须进行治理的场合成倍增加，"埃里克·霍布斯鲍姆(Eric Hobsbawm)写道，"那种仅限于为企业和公民社会提供基本规则的国家……就像激发了这个比喻的'守夜人'一样过时了。"[79]现代民主国家越来越多地为其在管理工业资本主义的不稳定与不安全方面的作用所定义。

现代自由主义国家的转变具有深刻的国际意义。为了使自由民主国家站稳脚跟，需要一种新型国际秩序。大萧条和世界大战扩大了对战后秩序有利益关联的支持团体。国际秩序需要为更多的人做更多的事。甚至国际秩序或世界秩序的概念在那时也刚刚变成为人熟悉的术语，它们说明必须建立和管理其多方面的体制和社会目的，其功能与政府在国内实现其扩张目标的能力有很大关系。[80]这种自由主义的重新思考有几个方面。

第一，在20世纪30年代，自由主义者越来越多地认为，国际秩序应该为促进经济安全和社会福利服务。国际秩序的目标不仅是为了防止战争，而且是为了促进在现代工业社会中追求人类的进步。在自由民主国家扎根的进步思想被带到了改革国际体系的辩论中。当美国的新政树立了榜样，英国、法国、澳大利亚、瑞典、挪威和墨西哥等国家也在试验更强有力的就业和福利计划。20世纪30年代是各国政府为解决日益严重的经济和社会问题而进行政策试验的年代。整个自由民主世界的专家们互相研究彼此的政策。[81]他们也密切观察着苏联和极权主义政权对危机采取更多的国家主义和中央计划对策。[82]大萧条恰逢苏联政权的第一个五年计划，美国和欧洲的许多左派知识分子将苏联共产主义视为新文明的先锋。比特丽斯·韦布（Beatrice Webb）与悉尼·韦布（Sidney Webb）夫妇以及哈罗德·拉斯基（Harold Laski）等社会主义者受到了苏联实验的启发，而凯恩斯等自由主义者虽更加怀疑，但也承认其政治潜力和历史意义。[83]凯恩斯还认为，亚尔马·沙赫特（Hjalmar Schacht）20世纪30年代在德国通过非自由放任的手段减少失业方面做得很好。在这种经济危机、政治实验、意识形态竞争和世界大战的全球环境中，自由主义者开始将改革后的、进步导向的国际秩序视为其愿景的组成部分。

在美国，这种新思维的核心是推进政治权利和社会保护。罗斯福1941年在国会发表的国情咨文是一个里程碑式的声明。他宣称，在"暴政的新秩序"被打败后,世界必须确认四项"人类基本自由":言论自由、宗教自由、免于匮乏的自由和免于恐惧的自由。[84] 当他和丘吉尔在纽芬兰海岸会面时,他们将这些想法向前推进了一步,起草了《大西洋宪章》,这是一份指导战后解决方案的自由主义原则总声明。他们承诺将寻求一种战后秩序,以促进充分就业、社会福利和国家间新的团结。他们的政府将不寻求"领土或其他方面的扩张",并将尊重"所有人民选择他们将生活的政府形式的权利"。在经济合作的新时代,所有国家都可以自由地获得世界的原材料。该宪章对于战后的安全合作有意地含糊其词,只说将有一个"更广泛和永久性的总体安全体系"[85]。

通过这一声明,甚至在美国正式参战之前,英国和美国领导人宣布了他们对战后秩序的设想。有趣的是,罗斯福和丘吉尔商定的草案并不是完结性的。当他们准备离开时,丘吉尔收到了由工党领袖克莱门特·艾德礼(Clement Attlee)领导的战争内阁的一封邮件,说内阁赞同这些原则,但提出了一个额外的原则。这成为了宪章的第五点:对经济发展和社会安全的承诺。正如历史学家西奥多·威尔逊(Theodore Wilson)所指出的:"新的段落得到了罗斯福的热情批准,因为它体现了他的四大自由之一。"[86] 会面结束后,罗斯福将《大西洋宪章》送交国会,并在其附信中增加了一个推论。他注意到宣言中不言而喻地包括了"世界对宗教自由和信息自由的需求,"他认为,"世界上任何一个根据所宣布的原则组织起来的社会,如果没有这些自由都无法生存,而这些自由是我们为之奋斗的整个自由的一部分。"[87]

《大西洋宪章》向英国和美国人民发出的信息是,"如果你们打赢这场战争,我们将在同时建立一个更好的世界"。在会面六天后的一次广播中,丘吉尔强调,宪章包含了与第一次世界大战后盟国的战后愿景"明显和显著的差异"。他特别指出,"我们没有像 1917 年那样试图通过各种额外的贸易壁垒和限制来破坏德国的贸易,而是明确采取了这样的观点",即任何"国家不繁荣或被排除在通过工业和企业为自己和人民创造体面生活的手段之外","是不符合世界利益的"。[88] 对罗斯福来说,国内新政将导致"世界新政"[89]。敦巴顿橡树园、布雷顿森林和旧金山是沿途的站点。国内经济的稳定和改革,以及建立一个有能力的、积极的政府,与建立一个更广泛的、稳定的、运作良好的自由民主国家的世界是一回事。"《大西洋宪章》和四大自由的言论构想了一种国际秩序,使之具有一种国际化的品质。政治理论家称之为一个'体面的'社会,"伊丽莎白·博格沃特(Elizabeth Borgwardt)指出,"它将国内新政转变为盟国的战斗信念。"[90]

第二,自由国际主义者看到了经济和安全的相互依存度上升所产生的新的脆弱性。这种相互依存关系被认为是植根于现代性的深层力量,因此即使不是不可能,也很难能逃脱。尤其是美国人发现越来越难以躲开世界其他地方。现代工业社会越来越容易受到其他国家不明智政策的影响。金融危机、保护主义、军备建设——它们会像传染病一样蔓延。自由国际主义者也看到了相互依存的好处。贸易和交流产生收益,从长远来看,推动了人类的巨大进步。战后的国际秩序需要实现这些好处,同时避免危险。

对美国来说,相互依存的问题体现在世界经济崩溃和轴心国侵略的双重打击中。美国受到辽阔大洋的保护,但技术和工业社会的深度融合使孤立不再可行。1940 年,在 20 世纪 30 年代反对新政但在第二次世界大战后转为坚定的国际主义者的共和党参议员阿瑟·范登堡(Arthur Vandenberg)主张采取"绝缘"(insulation)政策。"隔绝"(Isolation),他承认,可能难以实现,"在目前这个紧密互联的世界上,人们可以在 36 小时内跨越大西洋,但从现在开始,我们能希望的最好的结果是'绝缘'。我应该说,'绝缘主义者'(insulationist)是一个想要保留现代环境所允许的所有隔离的人。"[91] 美国的政治领导人和政策专家一直在辩论这些"现代环境"的特点和影响,直到珍珠港袭击发生。

在这些年里,罗斯福的国际主义越来越被他对现代经济和安全相互依存的脆弱性所界定。[92]他经常谈到现代国际关系中的"传染"效应。在1937年著名的"隔离演说"(Quarantine Speech)中,他谈到了战争如何像传染病一样蔓延,直到吞噬"远离初始敌对场景的国家和人民"[93]。1939年1月,他告诉参议员们,美国不能再像海权时代那样在两大洋之后保持安全。空中力量的新时代意味着国家将需要在欧洲和太平洋岛屿建立第一道防线。在同月的一次公开演讲中,他更进一步说道:"我们已经了解到,世界上敬畏上帝的民主国家在与其他国家打交道时遵守条约的神圣性和诚意,但不能安全地对任何地方的国际违法行为漠不关心。他们不能没有有效抗议,永远放任对兄弟国家的侵略行为——这些行为会自动损害我们所有人。"[94]历史学家戴维·雷诺兹(David Reynolds)认为,这份演讲包含了"新外交政策的胚胎"(embryo of a new foreign policy)。出于安全和意识形态的原因,美国需要关心千里之外的事件。[95]第二年12月,罗斯福在给教皇皮乌斯十二世(Pope Pius XII)的信中提出了更普遍的观点:"因为这个国家的人民已经认识到,时间和距离不再以旧的意义存在,他们明白,伤害人类的一部分就会伤害所有其他部分。"[96]他在1941年1月给美国驻东京大使的信中也表达了这一观点:"我们现在面临的问题是如此巨大,如此相互关联,以至于任何试图陈述这些问题的努力都会迫使人们想到五大洲和七大洋。"[97]这种全球现代性(global modernist)情绪日益成为自由国际主义愿景的中心。美国和其他自由民主国家必须找到方法来减轻相互依存的危险。

第三,对建立永久性的多边治理制度有了新的强调。国家间制度化合作的想法并不新鲜。自19世纪以来,自由国际主义者一直倡导召开和平大会、仲裁委员会和政府间联盟。国际联盟也是一个先行者。但20世纪30年代出现的多边合作议程更加雄心勃勃。国际制度和职能机构——罗斯福称之为"一套可行的工具"(a workable kit of tools)——将成为国际秩序的核心,以加强自由主义国家处理其现代脆弱性与责任的能力。

在1944年布雷顿森林会议的欢迎辞中,罗斯福将现代化的世界经济日益增长的脆弱性置于战后多边经济治理议程的核心。"经济弊病具有高度的传染性,"他说,"因此,这就意味着每个国家的经济健康都是其所有邻居,无论远近,都应该关注的问题。""那些需要也必须被做的事情只有共同行动才能完成。"[98]这种认为新的政府间组织可以促进经济稳定和增长的想法,得到了凯恩斯主义思想的推动。当时的美国著名经济学家雅各布·维纳(Jacob Viner)认为,任何国家自己都很难应对商业周期和萧条,但通过国际合作,"商业周期和大规模失业可以在很大程度上得到解决"[99]。罗斯福在要求国会批准布雷顿森林协定时指出,国际货币基金组织和国际复兴开发银行等组织将成为战后经济合作的"基石"。正是通过这些机构,民族国家才能"生产更多的商品,创造更多的就业机会,扩大贸易,提高全体人民的生活水平"[100]。在粮食及农业、航空、金融和货币关系等领域,各机构和组织将提供一个国际合作框架,使各国政府有能力处理战后社会和经济问题以及安全问题。

国际联盟为罗斯福时代的这些扩大机构合作的雄心提供了重要的经验。国联未能阻止亚洲和非洲发生的领土侵略,但它确实悄悄地将自己打造成了一个在金融和贸易、人道主义救援和非殖民化等领域开展各种社会和经济活动的场所。苏珊·佩德森(Susan Pedersen)认为,尽管联盟在维持和平方面失败了,但它还发挥了其他两项功能:在从帝国世界向民族国家的世界的大转变中,它帮助稳定新的国家,管理少数民族(minorities)和托管体系;它促进了对各种跨境流动的监管。[101]在这两个方面,联盟都是第二次世界大战后出现的多边主义的预演。

第四,威尔逊时代的自由国际主义的关键是"舆论"。威尔逊认为,这种分散的、非正式的执行机制将使1919年后的秩序稳定而和平。世界舆论会对各国施加压力,使其遵守公认的国际规范和标准。但在20世纪30年代,自由国际主义者慢慢地放弃了这一假设。极权主义国家在压制外部新闻来源的同时,还让它们的人民接受大量的宣传。1936年1月,罗斯福向他威尔逊派(Wilsonian)的驻德国大使威廉·E.多德(William E. Dodd)提出了这一点:"伍德罗·威尔逊的理论,即人们可以越过政府首脑向公民呼吁,已经站不住脚了,原因是新闻的传播——真正的新闻……已经不可能了。"[102]自由国际主义事业不能依靠世界舆论和规范的散播。新兴的专制国家几乎不关心自由民主国家的想法,它们可以简单地压制新闻在其人民中的传播。[103]罗斯福和其他自由主义者仍然相信,在20世纪30年代的民族主义和非自由主义之下,潜伏着一个更加团结和合作的国际社会。但要实现这一目标,需要一个更发达、更有管理的国际秩序,一个由强大的权力联盟组成的国际秩序。

如果国际秩序不能依靠公众舆论来执行规范,它就必须建立在地缘政治结盟、大国合作和共同社会目的等更深层次的基础上。国际法不可能就这样被强制执行。各国必须接受约束,因为它们希望成为一个秩序良好、安全和繁荣的国家集团的一部分。参加这个俱乐部有实实在在的回报,但也有其条件。自由民主国家只要为俱乐部的安全需求做出贡献,并遵守规则,就可以加入。自由国际主义者必须对他们试图建立的秩序抱有雄心壮志,因为有序和合作行为的激励因素必须来自内部国家的经济和安全收益。

第五,这些想法中存在着一种新生的普世主义(nascent universalism)。与威尔逊时代相比,全球经济动荡和战争发生的规模要大得多。时间和空间的不断压缩意味着世界上有更多的东西是重要的,有更多的东西在发挥作用。这些思想本身——"四大自由"和《大西洋宪章》——在某种意义上是战时宣传,是为了在西方争取支持,助力英国和美国所处的斗争。但重要的是,这些想法本身被表达了出来。它们很难被收回或狭隘地限定。罗斯福在一个连续的独白

(one continuous monologue)中向他的演讲撰稿人口授了他的"四大自由"思想。当哈利·霍普金斯(Harry Hopkins)听到"世界上所有地方"这一短语时,他插话了,"这涵盖了一个非常大的领域,总统先生。我不知道美国人对爪哇的人民会有多大兴趣"。罗斯福回答道:"恐怕他们总有一天会感兴趣的,哈利……世界变得如此之小,甚至连爪哇的人民都要成为我们的邻居了。"[104]即使人们怀疑罗斯福拥护普遍权利与保护的诚意,他的话对后来争取人权和全球规范的斗争产生了影响。[105]

自由主义国际思想的普遍化也是由于罗斯福和其他自由民主国家领导人感受到了来自崛起的法西斯主义和极权主义对手的意识形态竞争。随着战争的临近,罗斯福为美国的参与提出了理由,他认为利害攸关的不仅是国家的安全,还有国家的价值观和生活方式。如果说威尔逊的"十四点原则"是对列宁和俄国革命的部分回应,那么罗斯福的"四大自由"则是回应动员美国人民以面对更危险的一系列威胁,以及更危险的意识形态对手这一要求。罗斯福引入普世价值有其实际目的,但也对自由主义的国际主义产生了长久的影响。

强化这种普世主义的是对西方和非西方世界之间关系思考的变化。可以肯定的是,欧洲人和美国人保有许多关于文明和种族等级制度的深刻假设,这些假设为威尔逊时代的国际主义者提供了依据。但他们对西方现代性本身的危险有更清醒的认识。现代化的世界使强大的非自由国家得以崛起,它们日益威胁将世界划分为集团和帝国区。专制国家和独裁者可以利用现代性来达到自己的侵略目的。这标志着其与威尔逊观点的分歧,在威尔逊看来,德国的侵略是一种前现代的陈规陋习。西方本身——而不是"文明程度较低"的非西方——才是真正的威胁所在。因此,自由民主国家群体需要进行重组,并置于更进步的治理之下。国家权力必须受到约束和限制,如果有必要的话,必须进行平衡。

最后,也是最普遍的,西方自由民主国家理解"安全"的方式逐渐发生了变化。在美国,经济萧条和新政带来了"社会安全"(social se-curity)的概念,而世界大战的暴力和破坏带来了"国家安全"的概念。两者都不只是话术。它们反映了国家在确保人民的健康、福利和安全方面作用的新概念。"社会安全"标志着政府在稳定经济和保持高就业率方面的责任越来越大。这种责任反映在一长串的法案和措施中,从威尔逊时代的进步立法到 1935 年的《社会保障法》和 1946 年的《充分就业法》。[106]同样,在早期的几十年里,描述军队总体目的的最常见的术语是国家防御,它指的是保护美国领土免受传统军事攻击。"国家安全"一词是在第二次世界大战期间创造的,以表达一个积极的、持久动员的国家在经济、政治和军事领域保护其利益的新愿景。[107]"国家安全"要求美国积极塑造其外部环境——协调机构,创造资源,制定计划,并建立联盟。1947 年的《国家安全法》体现了这一新的愿景,该法重新调整了进行冷战的机构和部门。[108]

新的安全语言反映了国家在保护其公民、机构和生活方式方面的作用的重新定义和扩大。国家政府需要在更多的地方做更多的事情,以实现更多的目的——无论是在国内还是国外。在 1914 年至 1931 年期间,"国家安全"这个词只被美国总统说过四次,两位总统用了这个词。[109]到了 20 世纪 30 年代中期,罗斯福在确定其政府的目标时经常使用这个词。"你们和我都同意,安全是我们最大的需要,"罗斯福在 1938 年 4 月的一次炉边谈话中告诉他的听众,"因此,我决心尽我所能帮助你们实现安全。"[110]在战争期间,罗斯福多次回到这个主题上。在 1944 年 1 月的一次炉边谈话中,他提出了自己的设想:"我们为每个国家和联合国讨论的未来的一个最高目标可以用一个词来概括:安全。而这不仅意味着提供免受侵略者攻击的人身安全。它还意味着国际大家庭中的经济安全、社会安全、道德安全。"[111]发生在现代世界中心的动荡——大萧条和法西斯侵略的兴起——在美国和整个民主世界产生了一种新的、意义深远的不安全状况。因此,现代自由主义国家的任务将是生成安全。[112]在一个经济和安全相互依存的世界里，一个国家的安全越来越取决于其边界以外的发展，因此对安全的寻求越来越与广泛的国际主义议程联系在一起。对罗斯福来说，随着国家走向战争，这意味着建立和支持自由民主世界。"在罗斯福之前，"历史学家安德鲁·普雷斯顿（Andrew Preston）认为，"没有一个美国政治家将安全视为具有两个平等的部分——物理的和规范的，领土的和意识形态的——的一个综合的、不可分割的，适用于全世界的整体。"[113]这种国家安全理论为美国组织和领导战后世界新秩序奠定了基础。

罗斯福革命最好被理解为自由国际主义者思考国际秩序的方式转变的汇合。这个时代的危机使现代自由主义国家有能力使它们的社会安全无虞，而这只有在自由民主世界本身被组织起来以解决现代工业社会的问题时才能做到。这将需要建立永久性的政府间机制来管理相互依赖的条件。市场将是开放的，但它们将被嵌入国家和国际制度中，使政府拥有管理不稳定和保障工作的工具。罗斯福的这一愿景既是深刻的西方观念，也是普世意义的。罗斯福的"四大自由"在一定程度上是一种战时努力，以对抗纳粹德国的"新秩序"意识形态运动，并激励美国的国际主义，但"四大自由"也提出了关于权利和保护的普遍性的主张。自由民主与其崛起的非自由挑战者间的意识形态较量，强化了罗斯福和其他人对困扰自由民主世界的挑战的构思。然而，与此同时，罗斯福的自由国际主义也被紧紧地与西方自由民主国家的联盟捆绑。为了解决自由工业社会的问题，先进的西方民主国家将要以新的方式合作。它们需要作为一个民主国家集团或俱乐部来运作，而美国将是它们的"军火库"。美国和它的伙伴们将如何具体地为自由民主国家建立一个新的容器，还需要等到战争结束之后。

新出现的共识还包括，一个开放的、运作良好的国际经济是稳定和平的重要组成部分：通往第二次世界大战的道路是由保护主义、贸易集团和货币联盟铺就的。但是，开放的市场需要政府的监管与管理,否则将以灾难告终。在国际层面上,这意味着建立监管和公共产品机制,以防止很容易蔓延的经济功能失调或失败。政府现在有义务确保就业、经济福利和社会安全——美国需要创造一个更有利的国际环境,以更好履行其经济安全义务。新政中的自由主义进步理念成为美国对国际秩序的看法的一部分。[114]随着冷战的兴起,杜鲁门政府和后来的总统建立了一个"自由霸权"秩序,将罗斯福时代的自由国际主义纳入美国霸权领导的更广泛的工程。美国带头塑造了一个由政权、联盟、伙伴关系、附从国(client states)和区域秩序组成的世界,并将自身置于所有这些的中心位置。

注 释

1. John Maynard Keynes, *The Economic Consequences of the Peace*[1919], with a new introduction by Michael Cox(London: Palgrave, 2019), p.216.

2. 参见 Eric Hobsbawm, *The Age of Extremes*, *1914—1991*(London: Abacus, 1995), pp.110—111。

3. Ira Katznelson, *Fear Itself: The New Deal and the Origins of Our Time*(New York: Liveright, 2013), p.12.

4. 在1934—1935年,最大的时候,该联盟有58个成员国,大部分来自欧洲,两个来自非洲(利比里亚和埃塞俄比亚)。关于1919年和平进程的百年评估,请参见 Margaret MacMillan, Anand Menon, and Patrick Quinton-Brown, eds., "World Politics 100 Years after the Paris Peace Conference," special issue of *International Affairs*, Vol.95, No.1(January 2019); and Alan Sharp, *Versailles 1919: A Centennial Perspective*(London: Haus, 2019). 对于最近关于凡尔赛时期的学术研究的回顾,参见 John A. Thompson, "Review Article: American Power and Interwar Internationalism," *Historical Journal*, Vol.61, No.4(2018), pp.1137—1148.

5. 参见 Daniel Gorman, *The Emergence of International Society in the 1920s*(New York: Cambridge University Press, 2012)。

6. Herbert Hoover, "Inaugural Address," 4 March 1929, htt/20th_century/hoover.asp.

7. Adam Tooze, *The Deluge: The Great War and the Remaking of Global Order*(New York: Viking, 2014), p.511.

8. Hobsbawm, *The Age of Extremes*, *1914—1991*.

9. 对20世纪30年代欧洲政治以及法西斯主义和专制主义兴起的研究,参见 Zara Steiner, *The Light That Failed: European International History*, *1919—*

1933 (Oxford：Oxford University Press，2007)；Mark Mazower，*The Dark Continent：Europe's Twentieth Century* (London：Allen Lane，1998)；and Richard Overy，*The Inter-War Crisis* (New York：Routledge，1994)。

10. 参见 Ian Nish，*Japanese Foreign Policy in the Interwar Period* (Westport，CT：Praeger，2002)。

11. 对希特勒崛起的研究，参见 Richard Evans，*The Coming of the Third Reich：How the Nazis Destroyed Democracy and Seized Power in Germany* (London：Penguin，2004)；Thomas Childers，*The Third Reich：A History of Nazi Germany* (New York：Simon and Schuster，2017)；and Ian Kershaw's two-volume biography，*Hitler*，vol. 1，*1889—1936：Hubris* (New York：Norton，1999)，and vol. 2，*1936—1945：Nemesis* (New York：Norton，2000)。

12. 引自 Evans，*The Coming of the Third Reich*，p.197。

13. 有关签署协议之前的外交研究，参见 Robert Ferrell，*Peace in Their Time：The Origins of the Kellogg-Briand Pact* (New Haven，CT：Yale University Press，1952)。有关该协定及其对全球法律秩序影响的理想主义解释，参见 Oona Hathaway and Scott Shapiro，*The Internationalists and Their Plan to Outlaw War* (London：Allen Lane，2017)。

14. 就第二次世界大战爆发前十年的军备竞赛，参见 Joseph Maiolo，*Cry Havoc：The Arms Race and the Second World War*，*1931—1941* (London：John Murray，2010)。

15. 引自 Richard Overy，*The Twilight Years：The Paradox of Britain between the Wars* (New York：Viking，2009)，pp.38，43。

16. John Maynard Keynes，*The General Theory of Employment*，*Interest and Money* (London：Macmillan，1936).当然，凯恩斯对凡尔赛解决方案的批判早在他1919 年发表的《和约的经济后果》(*the Economic Consequences of the Peace*) 一书中就已开始。在这本书中，凯恩斯认为凡尔赛的和平缔造者未能为政治和经济秩序建立一个稳定的框架。战争已经"动摇了这个系统，危及欧洲的生活"，但没有规定的情况下重建欧洲和新国家的稳定，以及忽视努力恢复法国和意大利的财政状况，"将播种衰变的整个欧洲的文明生活"。有关对凯恩斯的反思，参见 Jonathan Kirshner，"The Man Who Predicted Nazi Germany，" *New York Times*，7 December 2019。有关凯恩斯在国际关系上不断发展的观点的研究，见 Donald Markwell，*John Maynard Keynes and International Relations：Economic Paths of War and Peace* (Oxford：Oxford University Press，2006)。

17. 参见 Mary Nolan，*The Transatlantic Century：Europe and America*，*1890—2010* (New York：Cambridge University Press，2012)，pp.108—111。

18. 凯恩斯和哈耶克从未正式辩论过，而是在论文和观点文章中阐述他们的分歧。他们偶尔见面，彼此产生了有限的尊重。凯恩斯在 1933 年的一封信中写道：

"哈耶克在这里(剑桥)度周末。我们在私人生活中相处得很好。但他的理论简直是胡说八道——我今天觉得连他自己都开始不相信了。"哈耶克在不同场合对凯恩斯发表了类似的评论,认为凯恩斯思想的影响更多地在于他的魅力和博学,而不是他理论的说服力。见 Alan O. Ebenstein, *Friedrich Hayek: A Biography*(New York: St. Martin's Press, 2001), p.72。

19. Friedrich von Hayek, *The Road to Serfdom* (Chicago: University of Chicago Press, 1944).

20. Keynes, *The General Theory of Employment, Interest and Money*, p.372.

21. Quinn Slobodian, *Globalists: The End of Empire and the Birth of Neoliberalism*(Cambridge, MA: Harvard University Press, 2018).

22. Karl Polanyi, *The Great Transformation: The Political and Economic Origins of Our Times*(New York: Farrar and Rinehart, 1944), p.31.

23. Polanyi, *The Great Transformation*, p.46.

24. E. H. Carr, *The Twenty Years' Crisis, 1919—1939*(London: Macmillan, 1940).

25. Carr, *The Twenty Years' Crisis, 1919—1939*, p.29.

26. Carr, *The Twenty Years' Crisis, 1919—1939*, p.224.

27. 最重要的是,卡尔关于英国霸权衰落和国际秩序瓦解的观点影响了战后的理论家,特别是 Charles P. Kindleberger, *The World in Depression, 1929—1939*(Berkeley: University of California Press, 1973); and Robert Gilpin, *War and Change in World Politics*(Cambridge: Cambridge University Press, 1981)。

28. 在 1942 年撰写的《和平条件》(*Conditions of Peace*)一书中,卡尔认为,只有当"经济实力得到控制,就像 19 世纪前民主国家的军事实力得到控制一样",自由民主才能再次发挥作用。卡尔坚持认为,自由民主国家最好借鉴法西斯和共产主义国家的规划经验。E. H. Carr, *Conditions of Peace*(London: Macmillan, 1942), p.33.

29. Vera Micheles Dean, *The Struggle for World Order*(New York: Foreign Policy Association, 1941), p.22.

30. Dean, *The Struggle for World Order*, p.25.

31. Dean, *The Struggle for World Order*, p.94.

32. Carr, *Conditions of Peace*, p.31.

33. 在过去的二十年里,越来越多的学者开始重新评估威尔逊时代和两次世界大战之间国际主义者的观点。广义地说,这些修正主义文献对卡尔将这些思想家描述为乌托邦的特点提出了异议,相反,发现了各种各样的观点,各种各样的理想主义、实用主义和改革派。参见 Peter Wilson, "The Myth of the 'First Great Debate,'" *Review of International Studies*, Vol.24, No.5(December 1998), pp.1—16。另见 David Long and Peter Wilson, eds., *Thinkers of the Twenty Years' Crisis:*

Inter-War Idealism Reassessed (Oxford: Oxford University Press, 1995); and Lucian M. Ashworth, "Did the Realist-Idealist Great Debate Really Happen: A Revisionist History of International Relations," *International Politics*, Vol. 16, No.1(2002), pp.33—51。从国际无政府状态这个术语的使用中,安德烈·欧斯安德 (Andreas Osiander)在所谓"理想主义者",如狄更生、沃尔夫、齐默恩和安吉尔的思想中发现了"现实主义者"的思想。Osiander, "Rereading Early Twentieth-Century IR Theory: Idealism Revisited," *International Studies Quarterly*, Vol. 42, No. 3 (1998), pp.409—432.

34. 这一点见 Michael Riemens, "The Scientific Study of International Affairs in the Inter-War Years: The International Studies Conference and the Netherlands Co-ordinating Committee for International Studies," in N. Nienke de Deugd, M. Drent, and P. Volten, eds., *Conference Proceedings: Towards an Autonomous European IR Approach—Relevance and Strategy: 20-Year Anniversary Conference of the Department of International Relations/International Organization of the University of Groningen, 4—5 October 2007* (Groningen: Groningen University Press, 2008), p.3. 我感谢布赞在此的帮助。

35. 要了解国际关系作为一门专业的兴起,参见 Jan Stöckmann, "The Formation of International Relations: Ideas, Practices, Institutions, 1914—1940" (PhD diss., Oxford University, 2017)。

36. 参见 Daniel Laqua, ed., *Internationalism Reconfigured: Transnational Ideas and Movements between the World Wars*(New York: I. B. Tauris, 2011)。

37. 对战间期英美对于国际秩序危机的辩论,参见 Overy, *The Twilight Years*; Robert Boyce, *The Great Interwar Crisis and the Collapse of Globalization*(London: Palgrave, 2009); and Michael Pugh, *Liberal Internationalism: The Interwar Movement for Peace in Britain*(London: Palgrave, 2012)。

38. 参见 Kiran Klaus Patel, *The New Deal: A Global History*(Princeton, NJ: Pri University Press, 2016), pp.3—4。

39. Philip Kerr, "Liberalism in the Modern World," lecture to the Liberal Summer School, published as a pamphlet(London, 1933), reprinted in John Pinder and Andrea Bosco, eds., *Pacifism Is Not Enough: Collected Lectures and Speeches of Lord Lothian*(London: Lothian Foundation Press, 1990), p.148.

40. Or Rosenboim, *The Emergence of Globalism: Visions of World Order in Britain and the United States, 1939—1950* (Princeton, NJ: Princeton University Press, 2017), pp.3, 4.

41. Rosenboim, *The Emergence of Globalism*, p.8.

42. 参见前面对安吉尔的讨论。

43. 参见 J. D. B. Miller, "Norman Angell and Rationality in International Re-

lations," in Long and Wilson, *Thinkers of the Twenty Years' Crisis*, pp.100—121。对安吉尔在 1918 年后观点转变的研究,参见 Martin Ceadel, *Living the Great Illusion: Sir Norman Angell, 1872—1967*(Oxford: Oxford University Press, 2009), chaps. 7 and 8; and Lucian M. Ashworth, *Creating International Studies: Angell, Mitrany, and the Liberal Tradition*(Aldershot: Ashgate, 1999)。

44. Norman Angell, *The Great Illusion, 1933*(London: Heinemann, 1933), pp.369—370; and Angell, "The International Anarchy," in Leonard Woolf, ed., *The Intelligent Man's Way to Prevent War* (London: Victor Gollancz, 1933), pp.19—66. 早在 1918 年,安吉尔就暗示,自由民主国家有必要将自己组织成一个合作安全体系,"就有效使用武力而言,西方民主国家的生存取决于它们在战争期间和战后作为一个整体使用武力的能力"。参见 Angell, *The Political Conditions of Allied Success*(London: G. P. Putman's Sons, 1918), p.4。

45. 参见 Paul Rich, "Alfred Zimmern's Cautious Idealism: The League of Nations, International Education, and the Commonwealth," in Long and Wilson, *Thinkers of the Twenty Years' Crisis*, pp.79—99; and D. J. Markwell, "Sir Alfred Zimmern Revisited: Fifty Years On," *Review of International Studies*, Vol.12 (1986), pp.279—292。

46. 引自 Rich, "Alfred Zimmern's Cautious Idealism," p.82。

47. Alfred Zimmern, *The League of Nations and the Rule of Law, 1918—1935*(London:Macmillan, 1936), pp.283—284.

48. Alfred Zimmern, *Quo Vadimus?* (Oxford: Oxford University Press, 1934).

49. 齐默恩主张强烈抵抗纳粹的侵略,主张重整军备和结盟的政策。具有讽刺意味的是,卡尔赞成绥靖政策。至于他观点的变化,参见 Jeanne Morefield, *Covenants without Swords: Idealist Liberalism and the Spirit of Empire*(Princeton, NJ: Princeton University Press, 2005)。

50. 就塞西尔的国际主义思想,参见 Peter Raffo, "The League of Nations Philosophy of Lord Robert Cecil," *Australian Journal of Politics and History*, Vol.20, No.2(August 1974), pp.186—196; and Gaynor Johnson, *Lord Robert Cecil: Politician and Internationalist*(London: Routledge, 2013)。

51. 正如塞西尔在 1941 年所言:"事实上,国际联盟在那些无争议的工作中取得了显著的成功,但随之而来的是欧洲战争的复燃,这是那些敦促欧洲联盟作为一个维持和平的机器而没有强制力量的人所犯的错误的明显证据。"Robert Cecil, *A Great Experiment: An Autobiography by Lord Robert Cecil*(Oxford: Oxford University Press, 1941), p.328.

52. Robert Cecil, "The Future of Civilization," Nobel Lecture, 1 June 1938, https://www.nobelprize.org/prizes/peace/1937/chelwood/lecture/。

53. 塞西尔在一本小册子《紧急政策》(*An Emergency Policy: An Urgent Proposal for the United Nations*, London: Hutchinson, 1948)中阐述了这种观点。塞西尔在书中呼吁建立一个由有意愿的自由民主国家组成的核心,作为安全理事会的补充或替代机制来维持和平,他当时已经意识到,安全理事会在所有重要问题上都会因大国分歧而陷入瘫痪。

54. Cecil, *A Great Experiment*, p.351.

55. 对于美国孤立主义者和国际主义者之间的斗争的概述,见 Christopher McKnight Nichols, *Promise and Peril: Amer ica at the Dawn of the Global Age* (Cambridge, MA: Harvard University Press, 2011)。关于战时国际主义运动的描述,见 Warren F. Kuehl and Lynne K. Dunn, *Keeping the Covenant: American Internationalists and the League of Nations, 1920—1939*(Kent, OH: Kent State University Press, 1997)。关于罗斯福国际主义的标准说法,强调其与威尔逊国际主义的连续性,见 Robert Divine, *Second Chance: The Triumph of Internationalism during World War II*(New York: Atheneum, 1967)。关于更多强调不连续性的近期历史,见 Andrew Johnstone, *Against Immediate Evil: American Internationalists and the Four Freedoms on the Eve of World War II* (Ithaca, NY: Cornell University Press, 2014); and John A. Thompson, *A Sense of Power: The Roots of America's Global Role*(Ithaca, NY: Cornell University Press, 2015)。

56. 参见 David Milne, "The Syndicated Oracle: Walter Lippmann," in *Worldmakers: The Art and Science of American Diplomacy*(New York: Farrar, Straus and Giroux, 2015), chap. 4。

57. 引自 Townsend Hoops and Douglas Brinkley, *FDR and the Creation of the U.N.*(New Haven, CT: Yale University Press, 2000), chap. 1。

58. 参见 Ronald Steel, *Walter Lippmann and the American Century*(Boston: Little, Brown, 1980), p.327。

59. Steel, *Walter Lippman and the American Century*, pp.335—336.

60. Lippmann, *U.S. Foreign Policy: Shield of the Republic* (Boston: Little, Brown and Co., 1943), p.106.

61. 引自 Steel, *Walter Lippmann and the American Century*, p.407。

62. 参见 Hathaway and Shapiro, *The Internationalists*。

63. James T. Shotwell, "Franklin Roosevelt, Cordell Hull, and the Birth of the United Nations," in *The Faith of an Historian and Other Essays*(New York: Walker, 1964), p.280.

64. Harold Josephson, *James Shotwell and the Rise of Internationalism in America*(Madison, NJ: Fairleigh Dickinson University Press, 1975), pp.207—211.

65. James T. Shotwell, *The Long Way to Freedom* (Indianapolis: Bobbs-Merrill, 1960), pp.586—588.

66. Christopher D. O'Sullivan, *Sumner Welles*, *Postwar Planning*, *and the Quest for a New World Order*, *1937—1943*(New York：Columbia University Press，2009)，p.xii.

67. O'Sullivan, *Sumner Welles*, *Postwar Planning and the Quest for a New World Order*, p.12.

68. Sumner Welles, *Where Are We Heading?*（New York：Harper and Brothers，1946)，p.27.

69. O'Sullivan, *Sumner Welles*, *Postwar Planning and the Quest for a New World Order*, pp.43—44.

70. 参见 Josephson, *James T. Shotwell and the Rise of American Internationalism in America*, p.179。

71. 对于这个转变过程的描述 Alan Brinkley, *The End of Reform*：*New Deal Liberalism in Recession and War*(New York：Alfred A. Knopf，1995)；Mary Ann Glendon, *Rights Talk*：*The Impoverishment of Political Discourse*(New York：Free Press，1993)；and Michael Kazin, *American Dreamers*：*How the Left Changed a Nation*(London：Vintage，2011)。关于其扎根于进步主义时期，见 Daniel T. Rogers, *Atlantic Crossings*：*Social Politics in a Progressive Age*(Cambridge，MA：Harvard University Press，1998)，chap. 10。

72. 海伦娜·罗森布拉特认为,美国和西方自由主义在 20 世纪 30 年代的转变,最好被视为从作为道德共同体的自由主义社会的旧视野转向基于个人主义、政治权利和社会保护的自由主义的新视野。见 Rosenblatt, *The Lost History of Liberalism*：*From Ancient Rome to the Twenty-First Century*(Princeton，NJ：Princeton University Press，2018)。

73. 罗斯福在这些年里发挥了巨大的作用,他是挽救自由民主的命运和赋予自由主义民主模式以现代形态的最重要的那个人物。罗斯福是最强大的民主国家在其最大危机时代的领导人,他的政策积极性和实用主义——加上乐观的态度——对大西洋两岸的自由主义想象力产生了几十年的深远影响,实际上这种影响一直持续到今天。在罗斯福逝世十周年之际,哲学家以赛亚·伯林写了一篇文章,讲述了罗斯福对大萧条时期在欧洲长大的年轻人意味着什么。"当我说有些人占据了一个人的想象力很多年时,这简直就是罗斯福先生对我这一代英国年轻人的影响,可能在欧洲许多地方,甚至在整个世界都是如此。如果一个人在 30 年代还很年轻,并且生活在一个民主国家,那么,无论他的政治立场如何,如果他有一点人类的感情,或者最微弱的社会理想主义的火花,或者任何对生活的热爱,他的感觉一定非常像欧洲大陆的年轻人在复辟时期拿破仑失败后的感觉:一切都很黑暗和安静,一个巨大的反应在国外,没有什么激起,也没有什么抵制……黑暗中唯一的光亮是罗斯福先生的政府和美国的新政。在民主世界的软弱和日益绝望的时候,罗斯福先生散发出自信和力量。他是民主世界的领袖,即使在今天,在 30 年代的所有政治家中,只有他一个人没有阴云,无论是他还是新政,在欧洲人眼中,新政仍然是人类历史上的一个光明篇章。"Originally published in the *New Republic* in July 1955. Reprinted in Isaiah Berlin, "President Franklin Delano Roosevelt," in *Personal Impressions*(London: Hogarth Press, 1980), p.23.

74. Franklin Roosevelt, "Acceptance of Renomination, June 27, 1936," in *The Public Papers and Addresses of Franklin D. Roosevelt*, Vol.5, ed. Samuel I. Rosenman(New York: Random House, 1938), p.236.

75. David Plotke, *Building a Democratic Political Order: Reshaping American Liberalism in the 1930s and 1940s*(New York: Cambridge University Press, 1996), p.1.

76. Franklin Roosevelt, "Message to Congress on the Objectives and Accomplishments of the Administration," 8 June 1934, in *The Public Papers and Addresses of Franklin D. Roosevelt*, Vol.3, ed. Samuel I. Rosenman(New York: Random House, 1938), p.292.

77. James Joll, *Europe since 1870: An International History*(London: Weidenfeld and Nicolson, 1973), p.442.

78. 参见 Sherri Berman, *The Social Democratic Moment: Ideas and Politics in the Making of Interwar Europe*(Cambridge, MA: Harvard University Press, 1998)。

79. Hobsbawm, *The Age of Extremes*, p.140.

80. 在这几十年里,这些术语与国际组织一词一起,正在进入学术界和大众的词典。参见 Pitman B. Potter, "Origin of the Term International Organization," *American Journal of International Law*, Vol.39, No.4(October 1945), pp.803—806。

81. Patel, *The New Deal*, pp.114—116.

82. 参见 Wolfgang Schivelbusch, *Three New Deals: Reflections on Roosevelt's America Mussolini's Italy, and Hitler's Germany, 1933—1939*(New York: Metropolitan Books, 2006)。

83. David Caute, *The Fellow Travelers: Intellectual Friends of Communism*(New Haven, CT: Yale University Press, 1988).关于凯恩斯的观点,参见 Anthony Arblaster, *The Rise and Decline of Western Liberalism*(Oxford: Basil Blackwell, 1984), chap.17。

84. 据报道,罗斯福的部分动机是为了对抗纳粹德国的"新秩序"宣传。因此,它是对威尔逊的"十四点建议"的历史呼应,后者对俄国革命做出了回应。

85. 对大西洋宪章会面的记述,参见 Douglas Brinkley and David R. Facey-Crowther, eds., *The Atlantic Charter*(New York: St. Martin Press, 1994); and Theodore A. Wilson, *The First Summit: Roosevelt and Churchill at Placentia Bay 1941*(Boston: Houghton Mifflin, 1969)。

86. Wilson, *The First Summit*, p.205.

87. 引自 Forrest Davis, *The Atlantic System: Story of Anglo-American Control of the Sea*(New York: Reynal and Hitchcock, 1941), p.307。

88. Winston Churchill, "Broadcast Regarding his Meeting With Roosevelt," 24 August 1941, https://www. jewishvirtuallibrary. org/churchill-broadcast-regarding-his-meeting-with-roosevelt-august-1941.

89. 报纸专栏作家安妮·奥黑尔·麦考密克在 1942 年 6 月认为,"世界新政的理念"是罗斯福政府战后秩序计划的核心主题。参见 O'Sullivan, *Sumner Welles, Postwar Planning, and the Quest for a New World Order*, p.78。另见 William Range, "A Global New Deal," in *Franklin D. Roosevelt's World Order*(Athens: University of Georgia Press, 1959), chap. 10。

90. Elizabeth Borgwardt, *A New Deal for the World: America's Vision for Human Rights*(Cambridge, MA: Harvard University Press, 2005), pp.280—281.

91. Arthur H. Vandenberg Jr., ed., *The Private Papers of Senator Vandenberg* (Boston:Houghton Mifflin, 1952), pp.3—4.

92. 参见 Frank Ninkovich, *Modernity and Power: A History of the Domino Theory in the Twentieth Century*(Chicago: University of Chicago Press, 1994); Neil Smith, *American Empire: Roosevelt's Geographer and the Prelude to Globalization* (Berkeley: University of California Press, 2003); and Alan K. Henrikson, "FDR and the 'World-Wide Arena,'" in David B. Woolner, Warren K. Kimball, and David Reynolds, eds., *FDR's World: War, Peace, and Legacies*(New York: Macmillan, 2008), pp.35—62。

93. Franklin D. Roosevelt, "Quarantine Speech," 5 October 1937, The Miller Center, University of Virginia, https://millercenter.org/the-presidency/presidential-speeches/october-5-1937-quarantine-speech.

94. Franklin D. Roosevelt, "Annual Message to Congress," 4 January 1939, The American Presidency Project, https://www.presidency.ucsb.edu/documents/annual-message-congress.

95. David Reynolds, *America, Empire of Liberty: A New History*(London: Allen Lane, 2009), p.355.

96. FDR to Pope Pius XII, 23 December 1939, in *Roosevelt's Foreign Policy, 1933—1941: Franklin D. Roosevelt's Unedited Speeches and Messages*(New York: W. Funk, 1942), p.29.

97. "President Roosevelt to Ambassador Grew, Letter of 21 January 1941," in US Department of State, *Foreign Relations of the United States*, Vol. 4 (Washington, DC: US Department of State, 1941), p.8.

98. Franklin D. Roosevelt, "Statement by President Roosevelt to Members of

the United Nations Monetary and Finance Conference," 29 June 1944, CVCE.EU, https://www.cvce.eu/en/obj/statement_by_franklin_d_roosevelt_29_june_1944-en-051f8720-94b9-4aee-991b-901dd926a578.html.

99. Jacob Viner, "Objectives of Post-War International Economic Reconstruction," in W. McKee and L. Wiesen, eds., *American Economic Objectives* (New Wilmington, PA: Economic and Business Foundation, 1942), p.168.

100. President Roosevelt's Message to Congress on Bretton Woods Money and Banking Proposals, 12 February 1945, Richard H. Immerman, Temple University, https://sites. temple. edu/immerman/president-roosevelts-message-to-congress-on-bretton-woods-money-and-banking-proposals/.

101. Susan Pedersen, "Review Essay: Back to the League of Nations," *American Historical Review*, Vol.112, no. 4 (October 2007), pp.1091—1117.另见 Pedersen, *The Guardians: The League of Nations and the Crisis of Empire* (New York: Oxford University Press, 2015); and Patricia Clavin, *Securing the World Economy: The Reinvention of the League of Nations, 1920—1946* (New York: Oxford University Press, 2013)。

102. 引自 Ninkovich, *Modernity and Power*, p.105。

103. 参见 Michael Howard, *War and the Liberal Conscience* (London: Temple Smith, 1978), p.96。

104. 参见 Michael Fullilove, *Rendezvous with Destiny: How Franklin D. Roosevelt and Five Extraordinary Men Took America into the War and into the World* (New York: Penguin, 2013), p.121。关于罗斯福第九次国情咨文演讲的起草情况,其中包括四项自由作为演说的内容,见 Samuel I. Rosenman, *Working with Roosevelt* (New York: Harper and Brothers, 1952), pp.262—263。

105. 参见 Borgwardt, *A New Deal for the World*。

106. 一个概览,参见 Andrew Shonfield, *Modern Capitalism* (New York: Oxford University Press, 1965)。

107. 关于第二次世界大战前和第二次世界大战期间国家安全一词在美国外交和国防规划界的兴起,见 Dexter Fergie, "Geopolitics Turned Inwards: The Princeton Studies Group and the National Security Imagination," *Diplomatic History*, Vol.43, No.4 (September 2019), pp.644—670。另见 Emily S. Rosenberg, "Commentary: The Cold War and the Discourse of National Security," *Diplomatic History*, Vol.17, No.2 (Spring 1993), pp.277—284。

108. 参见 Andrew Preston, "Monsters Everywhere: A Genealogy of National Security," *Diplomatic History*, Vol.38, No.3 (2014), pp.477—500。关于国家安全学说的兴起,参见 Danicl Yergin, *Shattered Peace: The Origins of the Cold War and the National Security State* (New York: Houghton Mifflin, 1977); John Lewis Gad-

dis, *Strategies of Containment: A Critical Appraisal of American National Security Policy during the Cold War*, rev. ed.(New York: Oxford University Press, 2005); and Melvyn P. Leffler, *A Preponderance of Power: National Security, the Truman Administration, and the Cold War* (Stanford, CA: Stanford University Press, 1992)。

109. Preston, "Monsters Everywhere," p.487.

110. Franklin D. Roosevelt, "On the Recession," Fireside Chat 12, 14 April 1938, The Miller Center, University of Virginia, https://millercenter.org/the-presidency/presidential-speeches/april-14-1938-fireside-chat-12-recession.

111. 引自 Julian E. Zelizer, *Arsenal of Democracy: The Politics of National Security—From World War II to the War of Terrorism* (New York: Basic Books, 2010), p.55。

112. 参见 Maurizio Vaudagna, "Social Protection and the Promise of a Secure Future in War time Europe and America," in Marco Mariano, ed., *Defining the Atlantic Community: Culture, Intellectuals and Policies in the Mid-Twentieth Century*(New York: Routledge, 2010)。

113. Preston, "Monsters Everywhere," p.492.

114. 参见 Anne-Marie Burley, "Regulating the World: Multilateralism, International Law, and the Project of the New Deal Regulatory State," in John G. Ruggie, ed., *Multilateralism Matters: The Theory and Praxis of an Institutional Form* (New York: Columbia University Press, 1993), pp.125—156。

第六章　自由主义霸权的崛起

第二次世界大战是人类历史上最为暴力和最具破坏性的武装冲突。当战争在 1945 年夏天结束时，美国成为世界上最强大的国家。当其他大国——轴心国和同盟国——在战争中被削弱或被摧毁时，美国却变得更加强大了。它的国民生产总值在战争期间增加了60%，到战争结束时，美国已成为领先的军事大国，生产的武器比轴心国的总和还要多，几乎是苏联的三倍。美国无处不在，是一个全球大国，其军队和前哨基地遍布世界各地。它占领了日本及德国的部分地区。以欧洲为中心的国际秩序已经毁坏。"一场世界大战就像一个熔炉，"爱德华·莫蒂默（Edward Mortimer）写道，"它把世界熔化，使其具有可塑性。"[1] 第二次世界大战则是一座高炉，在它结束之时，美国发现自己有一种不同于以往的能力来塑造一个新的世界秩序。

美国领导人领会了这种全球断裂所带来的机会。"美国的实力和权力正在极大地增长；其他国家正在迅速消耗自己；它们与美国之间的资源不平衡正在不断扩大，"1941 年 9 月外交关系委员会的一份规划文件指出，"展望未来，很明显，美国的政策首先回答了战争结束后会出现什么样的世界。"[2] 到战争结束时，很明显，美国将有机会塑造和主导战后体系。真正的问题是：它将以何种方式来这么做，又为了什么目标？美国将寻求建立和主导什么样的国际秩序？答案并不明显。毕竟，美国和其他自由民主国家刚刚像以往一样濒临灭亡。军国主义大国使现代世界再次陷入困境——这已是 30 年来的第二次。但是，世界大战既是原因也是后果。世界经济的崩溃，法西斯主义和极权主义的崛起，以及自由民主的脆弱和倒退，都是通往战争的漫长而混乱的道路的一部分。在美国和欧洲，世界大战被广泛认为是更深层次失败的一部分——可以追溯到凡尔赛甚至更早，这些失败未能为现代自由资本主义社会建立一个稳定的基础。[3]

在 1944 年至 1951 年期间，美国及其伙伴们展开了有史以来影响最为深广的国际秩序建设。该秩序围绕新的经济、政治和安全合作形式建立。大型多边机构被建立起来：联合国、布雷顿森林体系、关税及贸易总协定、世界卫生组织和一系列区域组织。1948 年，美国启动了大规模的马歇尔计划，该多边援助计划旨在帮助重建西欧经济并防止共产主义的蔓延。六个欧洲国家组织了一个煤钢联营共同体来规范重工业的生产，为欧洲经济共同体奠定了基础。美国与欧洲和东亚伙伴建立了安全同盟，最终在 1949 年春天签署了《北大西洋公约》。前一年，联合国大会通过了《世界人权宣言》，宣布了"人类大家庭所有成员"的固有尊严和权利。这种多层面的秩序建设发生在权力分配与大国关系迅速转变的时候。它始于美国和苏联作为盟友合作击败德国和日本，终于美国与德国和日本合作，平衡和遏制苏联。

在冷战的阴影下，美国及其伙伴建立了一种独特的秩序。这种秩序被贴上过各种标签——"美国治下的和平"（Pax Americana）、自由世界、民主和平（Pax Democratica）、费城式体系（the Philadelphian system）、西方秩序、美国自由主义霸权。[4]这些不同的术语反映了人们试图捕捉西方战后体系的逻辑和特征的努力。要说这个秩序不是什么，那就更容易了。它不仅是冷战时期权力平衡的一个产物。[5]该秩序背后的思想和冲动早于 1945 年后美国和苏联之间的斗争。它也不是一个简单的美国式帝国。美国确实主导了这一秩序,它通过干涉和胁迫拉丁美洲、中东和其他地区的弱小政权,从事了各种野蛮的帝国主义行为。但是,其他开放性的特征,包括协商一致的规则制定和分散的互惠性,尤其是在西方自由民主国家之间的这些特征,与帝国的逻辑相抵触。这种秩序的独特之处在于,它体现了西方自由民主国家在重组国际空间方面的努力,从而使自由民主国家可以在其中生存和繁荣。美国作为这个体系中最强大的国家,利用其权力来促进其利益。随着世界从世界大战走向冷战,美国的这些利益指向了一个相对开放、稳定和友好的战后秩序。

1919 年,自由国际主义得到了伍德罗·威尔逊和英国国际主义者的支持,并在凡尔赛和平会议上进入了秩序建设进程。1945 年,秩序的建立更为分散,费时也更长。没有一个单一的时刻——如在镜厅(the Hall of Mirrors)签署和平协定——奠定了战后秩序的设计。即使在美国国内,也有许多关于秩序的设想:现实主义的、自由主义的、孤立主义的、理想主义的,等等。选择、环境、不确定性和即兴发挥都对政策结果产生了影响。美国对世界的思考融合了关于自由民主、国际主义、大国关系和国家安全的新旧观念。推动美国在战后建立秩序的核心动力是它认识到,鉴于其无可匹敌的实力,它有机会塑造国际环境,制定它和其他国家的运作规则,而且在这一过程中它可以将目光放得更长远一些。一个布置安排(ordering)的时刻已经到来,面对巨大的威胁和机遇,美国处于一个独特的、也许是转瞬即逝的位置来发号施令(ordering)。在这个复杂多变的过程中,在 20 世纪 30 年代和战时被重新思考和争论过的自由主义国际思想和议程,帮助塑造了美国如何界定其利益和建立秩序的目标。具有讽刺意味的是,尽管它开始时并不如 1919 年之前的秩序实践连贯,但 1945 年后美国领导的秩序最终更加持久和实用,从而在其核心成员间产生了一种更深的共同承诺和社会目的感。

在这一章中,我提出了四个论点。第一,美国领导的战后秩序不是一个"单一秩序"，它也不是简单的"自由秩序"。它不是在某一特定时刻产生的，而是在几年和几十年的轧制锤炼过程（rolling process）中被拼凑（cobbled together）起来的。它有许多项目和活动部件，并通过适应、试错以及解决问题而演变。它包含各种组织逻辑——权力平衡、等级制度和志同道合的自由国家之间的共识合作。这个战后体系的特点是由两个秩序建设项目塑造的。一个是西方的项目，意在先进的工业世界中重组和加强自由民主的基础。这个项目是从两次世界大战之间几十年的危机中发展起来的，反映了20世纪30年代和新政时代流传的自由主义国际思想及辩论。另一个是冷战工程，旨在同苏联的斗争中建立起政治伙伴关系和联盟。冷战并不是西方民主国家间关系变革的原因，但它塑造了追求这一目标的方式。这两个项目都指向同一个方向，即把美国的力量用于创造一个开放的、制度化的和合作的环境，在这个环境中，自由民主国家可以得到保全。

第二，这些战后项目最终产生了一个有效的政治秩序——可以称之为自由主义的霸权秩序。这是一个在冷战两极体系的西方一极出现的秩序。富兰克林·德拉诺·罗斯福所阐述的自由国际主义的"同一个世界"（one world）愿景在冷战的阴影下让位于"自由世界"的愿景。战后的全球性制度——联合国和布雷顿森林体系——并没有消失。但在冷战两极化的条件下，美国越来越多地站出来，围绕其经济和联盟系统来组织和管理美国的霸权秩序。这种霸权秩序既有自由主义的特点，也有帝国主义的特点。它是有等级的，但也是围绕着先进自由民主国家之间基于规则的互惠关系而组织的。它建立在美国、西欧和日本之间的政治和安全交易上。它为整个先进工业世界的精英和政党提供了一个功能性制度和政治稳定的平台，以追求他们的议程。现代自由民主涉及平衡各种相互竞争的价值观——自由和平等，个人和集体权利，开放和社会保护，人民主权和宪政。战后的西方体系涉及创建一个制度化的政治秩序，对它们进行权衡。

第三,这种自由主义霸权秩序为合作与共同的社会目的提供了一个相对稳定的基础。它建立在全球两极体系的一端,其核心是由志同道合的自由主义国家组成的集团。这个秩序有一种"俱乐部"的特质:加入其中就能进入一个共同的贸易和安全体系。这个秩序为各国政府提供了制度上的支持,以管理经济相互依赖的问题。贸易带来了经济收益,而开放带来的脆弱性则得到了控制。加入该秩序就是加入一个最广泛意义上的安全共同体。但是,成员资格也带来了限制和责任:与其他成员合作,追随美国而不是制衡它。美国是最强大的国家,而霸权秩序提供了驾驭(harness)其权力获得共同利益的方法,同时建立了一些制度和规范,至少提供了一丝保护,防止美国权力的胁迫性及不加区分的行使。但是,霸权主义秩序不仅是美国的秩序。特别是在 20 世纪 70 年代及之后,自由主义霸权秩序建立了共同治理的领导机制,并为正在经历经济和政治自由化的国家提供了机会,并参与融入其不断扩展的框架。以合法性、集体行动和制度化为衡量标准,战后的自由主义秩序取得了显著的成功。想加入的国家多于想退出的国家。值得注意的是,这一秩序的多边基础为在经济、政治、安全、环境和全球公域建立合作的广泛努力提供了一个平台。

最后,这个由美国主导的战后秩序建立在一系列矛盾之上,而这些矛盾在冷战期间大多被淹没。其中一个矛盾是其理想和意识形态的普遍性和其西方政治基础的特殊性。罗斯福和他的继任者谈到了普遍的权利和保护,但自由主义秩序本身是作为美国、欧洲和日本之间的贸易和安全条约建立的。它的等级逻辑——被观察家视为自由霸权或非正式帝国——与它的开放、多边主义和互惠原则之间也存在着矛盾。美国只接受了对自己使用权力的最低限度的限制。它试图将其他国家束缚在商定的规则和制度下,而使自己尽可能不受这些约束。美国有动力按照共同的规则和规范行事,因为这些规则和规范在一定程度上为其权力提供了合法的掩护,并鼓励较弱的国家与美国这个霸主合作,而不是抵制它。这些紧张关系反映了作为一个民主国家的俱乐部或共同体与作为一个组织更广泛的世界的平台之间的更根本的矛盾——这个问题将在冷战结束后更充分地显现出来。

美国权力和战后秩序的建立

第二次世界大战的破坏使人们不可能再回到旧的国际秩序中去。战争和围绕战争进行的斗争证明了该秩序的失败与其规则和制度信誉的丧失。它们还创造了一种新的权力分配,在强国和弱国之间出现了新的不对称。以欧洲为中心的旧世界秩序已经崩溃,其侧翼边缘(periphery)的大国——美国和苏联——崛起成为新的强国。[6]战争中前所未有的暴力——6 000 万人死亡、大屠杀的邪恶、广岛和长崎的暴力景象使第一次世界大战相形见绌。玛格丽特·麦克米伦(Margaret MacMillan)认为:“在第一次世界大战结束时,我们可以考虑重回此前正常的生活状态。然而,1945 年是不同的,如此不同,以至于它被称为‘零年’”。[7]

美国在战争期间不仅变得更加强大。它对其国家和战略利益的想法也在扩大。战争本身使美国军队分散在欧洲和亚洲各地。正如保罗·肯尼迪所指出的,他们“在那”(over there),并无处不在。[8]美国的战后利益也是如此。罗斯福和杜鲁门政府的政策官员和战略思想家在许多方面存在分歧,但他们普遍有一个基本信念:有必要利用美国的力量来重塑国际秩序的基础。他们感兴趣的不是简单地确保具体利益或谈判临时性的交易。他们当然不希望国家向内转。相反,他们希望构建美国所处的国际环境,以符合美国长期安全和利益的方式重建国际秩序。一个新的国际制度与国际关系的基础设施将被建立起来，创造一个持久的环境，在其中美国能够繁荣和安全。[9]

秩序的建立并非一蹴而就，也没有依照统一的愿景。在这个意义上，1945 年与 1919 年不同。战后秩序问题的解决没有某个明确的时刻。美国也没有一个像伍德罗·威尔逊带到巴黎的那种具体计划。第二次世界大战后的秩序建设是一个轧制淬炼过程。在世界从世界大战到重建再到冷战的过程中，决定和协议被制定和修改。罗斯福在战争结束前就去世了，他在 1941 年 8 月的大西洋宪章会议或 1945 年 2 月的雅尔塔会议上设想的世界并不是哈里·杜鲁门（Harry Truman）、克莱门特·艾德礼（Clement Attlee）和其他领导人遇到的世界。需要解决的问题的范围比凡尔赛的和平缔造者所面临的要大得多，而且有更多的声音和支持者试图影响会议的结果。[10]

从开始计划和平的那一刻起，罗斯福政府就希望建立一个开放贸易和大国合作的战后体系。"美国参战并不是为了重塑世界，"历史学家沃伦·金博尔（Warren Kimball）指出，"但一旦进入战争，这种世界改革的概念就是指导罗斯福行动的前提。"[11]在改革后的"同一个世界"全球秩序中，大国将在一个新的全球组织中共同行动，提供集体安全。它们和国际管理制度将拥有比威尔逊曾提议的更多的权力，而罗斯福的国家"家庭圈"（family circle）——即战后的四个大国——将管理开放性和稳定性。[12]《大西洋宪章》为这一愿景提供了一丝曙光，而在布雷顿森林、敦巴顿橡树园以及其他地方举行的战时会议则提供了架构规划。

战后美国和欧洲官员所面临的情况使罗斯福的"家庭圈"无法实现，并将美国的政策推向新的方向。重建西欧和组织应对苏联的侵袭问题引发了一个更持久与精心设计的秩序建设过程，这反过来又改变了美国采取的讨价还价、制度和承诺行为。在这一过程中，世界经济的管理从布雷顿森林体系的愿景转变为围绕美元和美国主导的市场来建立。安全合作从联合国安理会转移到北约和其他由美国领导的联盟。随着冷战将世界分成两个集团，罗斯福的"同一个世界"

经济和安全体系成为一个西方体系,而这个秩序本身在许多方面成为美国的一个国际延伸。

回顾过去,战后秩序是由两个相互关联的工程组成的——每个都有自己的政治愿景和思想依据。第一个任务旨在重组自由民主国家之间的关系,这也是罗斯福和自由主义国际主义者从 20 世纪 30 年代末开始的驱动力所在。目标是将资本主义民主国家团结在一个开放、合作的体系中,为自凡尔赛以来一直缺失的西方秩序建立一个稳定的基础。主要的工业民主国家将通过密集的多边制度、政府间联系以及对西方和世界政治经济的联合管理,自行"规范"其交易。西方国家的安全与稳定被视为与一系列制度紧密相连——联合国及其下属机构、关税及贸易总协定(GATT)等——这些制度将民主国家联系在一起,限制冲突,促进政治共同体的发展。美国、西欧和后来的日本在共同的自由民主价值观和相互关联的多边制度的基础上建立了战后秩序。

1947 年 3 月,杜鲁门总统在贝勒大学发表讲话,支持这一事业,他认为世界需要从前十年的灾难中吸取教训。"随着 30 年代经济战争中每一场战斗的进行,"他指出,"不可避免的悲剧性结果越来越明显。从霍利和斯穆特的关税政策(the tariff policy of Hawley and Smoot),世界走向了渥太华会议与帝国特惠制(Ottawa and the system of imperial preferences),又从渥太华走向了纳粹德国所采取的详尽细致的限制。"他重申了美国对"经济和平"(economic peace)的承诺,这将涉及关税削减和管理贸易和投资的规则和制度。当出现经济分歧时,"所有人的利益都将得到考虑,并将找到一个公平和公正的解决方案"。冲突将在一个规则、标准、保障措施和程序的笼子里被捕获和驯服。杜鲁门总结说:"这是一个文明社会的方式。"[13]

另一个工程则是针对与苏联关系恶化的反应,导致了以权力平衡、核威慑以及政治和意识形态竞争为基础的遏制秩序。这就是冷战对抗的计划。1947 年 3 月 12 日,杜鲁门在国会发表了著名演讲,宣布对希腊和土耳其的援助,并将其纳入美国支持全球自由事业的承诺中。杜鲁门主义的声明是遏制秩序的创始时刻,它将美国人召集到一个新的宏大事业中,反对苏维埃共产主义对世界统治的追求。杜鲁门说,一个"决定命运的时刻"已经到来,世界人民"必须在两种不同的生活方式中做出选择"。美国将需要在这场斗争中起带头作用。[14]

随着这一行动动员,自由国际主义被带入了长达几十年的冷战中。制衡、威慑和遏制的现实主义逻辑与美国对"自由世界"的领导权联系在一起。虽然权力均衡(以核武器为后盾)可能有助于避免大国战争,但它也为致命的冲突留下了空间。随之而来的是一系列军事冲突和军事干预,可称为冷战时代的"边缘地带战争"(peripheral wars)——朝鲜、越南、阿富汗、中美洲和非洲(安哥拉和其他地方)。这些战争背后的动机各不相同;对朝鲜的干预与对越南的干预不同。但是,这些战争既暴烈又代价高昂,导致数百万人死亡,还有数百万人流离失所。[15]越南战争造成了特别血腥的代价——超过 300 万人被杀,其中一半是越南平民,以及 5.8 万美国士兵——并使美国发生了严重的分裂。尽管如此,在冷战时期,美国的外交政策存在着广泛共识,即支持威慑和遏制苏联,保卫非共产主义世界。[16]这种共识部分反映了美国地缘政治利益与自由国际主义主张之间笼统但决定性的一致性。自由国际主义政策支持现实主义的目的。现实主义的手段支持自由国际主义的目的。这就是冷战时期美国外交政策的优势,也是有时让人感到恐惧之处。[17]

美国权力在 1945 年后的自由国际主义事业中的核心地位,使人们很容易认为任何维持或扩大这种权力的措施都是正当的。这与共产主义的威胁(包括地缘和意识形态)相结合。虽然这种威胁经常被夸大,但它肯定是真实的。因此,从逻辑上讲,阻止共产主义的蔓延是自由国际主义者和现实主义者共同关注的一个焦点。鉴于这一目标,干涉——即使是支持非自由主义势力或使用非自由主义的手段——都可以被理解为支持更广泛的自由主义国际目标。在这种结果导向（consequentialist）的算计下，支持非自由主义政权作为对抗共产主义扩张的堡垒或进行军事干预是美国在冷战期间自由国际主义的特征，而不是错误。对许多美国的自由国际主义者来说，它们是达到基本目的的一种无奈的手段。[18]

20世纪50年代初，重组和捍卫自由民主世界和遏制苏联权力这两个工作走到了一起。与西欧和东亚建立安全伙伴关系和开放的经济关系是打赢冷战的关键，同时冷战的必要性加强了自由民主世界内部的合作，并为美国的主导地位创造了国内支持。在"同一个世界"的秩序中重建自由民主国家之间的关系的规划与建立一个抗衡苏联共产主义的"自由世界"相吻合。罗斯福时代的目标是建立一个由美国力量支撑的开放的、制度化的秩序，这一目标在冷战爆发后仍然存在。变化的是，建立自由秩序的规划是在一个分裂的世界中进行的，而且是在两极体系"内部"进行的。但目标仍然是建立一种新的秩序，以保护美国和其他自由民主国家。著名的国家安全委员会规划文件NSC-68的起草人承认这一点，该文件提出了遏制理论。文件认为，美国需要"建立一个健康的国际社会"，"即使没有国际威胁，我们也很可能这样做"。目标是建立一个"美国体系能够生存和发展的世界环境"。[19]换句话说，老式的地缘政治学与自由国际主义的目标紧密相连。

这两个努力决定了美国主导的战后秩序的形态。这一秩序包含了一种秩序逻辑的混合体，它将自由贸易和多边主义的自由主义思想与权力平衡和霸权的现实主义原则相结合。它比原先预期的要更以西方为中心、更多层次、更深入的制度化，它使美国直接参与这个体系的政治和经济管理。苏联的威胁促进了资本主义民主国家之间的凝聚力，推动了重建世界经济的合作。美国对欧洲和亚洲的军事保证为日本和西方民主国家开放市场提供了国家安全的理由。开放的贸易有助于巩固联盟，而联盟反过来又有助于解决经济争端。

在安全和经济领域,美国发现自己承担了新的承诺和职能角色。它的经济和政治体系实际上成为更大的自由主义霸权秩序的核心组成部分。美国国内市场、美元和冷战联盟成为建立和管理战后秩序的关键机制和制度,以至于美国和西方自由秩序融合为一个体系。美国在管理战后秩序方面有更为直接的权力,但也发现自己与该秩序中的其他国家也有了更紧密的联系。美国成为公共产品的提供者——维护一套限制其行使权力的规则和制度,并提供互惠的政治影响机制。20 世纪 40 年代末,安全合作从联合国安理会转移到北约和其他由美国主导的联盟。由大国管理的全球集体安全体系成为一个以西方为导向的安全共同体。[20] 同样地,世界经济管理也从布雷顿森林的全球多边主义愿景转向了美国主导的美元和市场体系。[21] 一种新型的国际秩序正在形成——它融合了自由国际主义、国家安全、冷战自由主义、均势制衡政治和美国霸权的各种要素。

自由霸权秩序的逻辑

战时与战后的美国官员和规划者都有一个核心信念,即美国由于其实力和利益,需要支撑起一个新的战后国际秩序。从形式上看,美国只是在重复过去那些从战争中崛起的大国的步伐,为秩序制定规则。随着一个崛起国的财富和权力的增长,它的利益往往向外扩张。其边界以外的世界更加重要。它可以得到更多,也可能失去更多。它组织国际规则和关系的利益以及动机在扩大,它这样做的能力也在扩大。沿着这条道路,一场大国战争产生了一个短暂的关节点,澄清了这些利益并创造了新的秩序机会。这就是国家兴衰与塑造世界秩序的周期性斗争的宏大逻辑。[22] 如果一个领先的国家有足够的力量和机会,它将希望塑造国际关系发生的整体环境或氛围。

它希望建立起秩序的制度和原则。[23]这种冲动不只是为了支配和获得对特定国家的优势,而是为了形成国家合作与竞争的更广泛的组织场景。[24]

这些动机一直影响着强大的国家,无论其政权性质或历史年代如何。但是,当美国在20世纪40年代及以后根据这一动机采取行动时,它是带着独特的秩序诉求来做的。它的目标不仅是建立对其他国家的主导地位,而且是建立一个稳定的国际秩序,以支持和保护其国内秩序和更广泛的西方自由民主国家体系。正如我在第五章中所论述的那样,经济和国家安全的概念在20世纪30年代和40年代不断发展,即使在自由民主的潜在弱点变得越来越严重的时候。美国和其他西方自由国家向它们的公民承诺了新的权利和保护,这些权利与保护的实现需要一个新的和更复杂的国际秩序。美国与过去的大国一样有创造秩序的冲动,但它也为这项任务带来了一系列新的愿景和目标。

美国从战争中脱颖而出成为主导世界的大国,它认为自己拥有"与世界事务的所有重要问题有关的深刻的新责任",正如对罗斯福规划过程的官方历史报告所述。美国的安全被认为与更广泛的大国秩序建构联系在一起,而美国将策划和主导这种秩序。美国规划者认为,有必要"不仅从美国的立场,而且从世界和平要求的角度来考虑我们自己未来的安全政策。我们的需求正与世界和平的需求不断融合"[25]。1939年11月,迪安·艾奇逊(Dean Acheson)在耶鲁大学的一次演讲中认为,美国需要承担英国以前扮演的角色,"19世纪的经济和政治体系,在全世界范围内产生了财富和人口生产的惊人增长",它依赖于英国的金融和海军力量。随着英国的衰落,美国现在有必要承担"一些责任,使一个有秩序的世界成为可能"。[26]八年后,美国国务卿乔治·C.马歇尔(George C. Marshall)对普林斯顿大学的毕业生说,"你们这一代人最重要的'必修项目'"是"培养一种对世界秩序和安全的责任感,培养一种对世界秩序和安全的意识,认识到在世界秩序和安全方面,这个国家的行动和不采取行动具有压倒性的重要意义"。[27]由于美国在全球的主导地位以及外部世界对其利益和安全的影响,美国将对全球体系的和平要求承担主要责任。斯图尔特·帕特里克(Stewart Patrick)指出:"国家安全和世界秩序的概念被越来越多地混为一谈。"[28]美国把自己的安全等同于全世界的稳定和安全关系。这种信念,即美国将为世界秩序提供保障,是战争期间出现的最有影响的美国思想的前沿。

事实上,由之兴起的国际秩序反映了各种想法和项目的混合。自由国际主义本身也在不断发展,与其他议程相互竞争与结合。在美国政府内部做出政策选择时,以及在美国与其他国家之间展开的谈判中,情况都是如此。美国在 20 世纪 40 年代和 50 年代利用其强大的力量建立并主导战后秩序——在此过程中,它借鉴了各种政治理念和组织逻辑,其中一些是自由国际主义的。尽管如此,从这些不同的想法和项目中,一个独特的由美国主导的秩序确实形成了。它既是横贯(cross-cutting)等级性的,又是围绕着制度而建立的。这个秩序是"自由霸权性质"(liberal hegemonic)的,因为它的特点是以美国的超然地位为基础的等级原则,以及由自由民主国家组成的核心集团所产生的团结和主权平等。

这种战后的霸权秩序有各种组成部分,或者说逻辑。第一,经济开放的逻辑,这是一种自由主义的国际主义思想,在 19 世纪和 20 世纪一直存在。这种关于如何组织全球体系的根深蒂固的信念,把美国和欧洲决策者的经济、意识形态和地缘政治思维的各个环节结合在一起。其中一个团体由国务院的自由贸易者组成,以国务卿科德尔·赫尔(Cordell Hull)为首。他和他的同事提出了经济相互依赖作为和平与繁荣的重要条件的经典论点。在 1938 年 11 月的一次演讲中,赫尔指出:"我知道,如果不在公平交易和平等对待所有人的基础上扩大国际贸易,就不可能在国家内部或国家之间实现稳定和安全,我知道,一个国家如果退出与世界其他国家的有序贸易关系,就不可避免地导致国家生活的所有阶段都受到管制,人权受到压制,而且经常导致战争准备和对其他国家采取挑衅态度。"[29] 与其说他在强调自由贸易,倒不如说他在强调去除歧视和平等的商业机会。根据美国官员的说法,开放贸易有双重好处。它将确保美国进入世界各地的市场和原材料,这是它自世纪之交的开放政策以来一直追求的目标;它将促进经济增长和相互依赖,在和平的国际秩序中创造共同利益。[30]

另一个支持开放市场的群体是由政府内外的战略规划者和安全思想家组成的。在一个充满帝国、集团和势力范围的世界里,美国崛起为一个全球大国。长期以来,世界一直被大型的大陆及海洋帝国所主宰。在 20 世纪 30 年代和战争期间,随着德国、日本和苏联建立区域势力范围,以及英国建立其帝国统治体系,人们有可能设想一个围绕封闭的帝国集团建立的全球秩序。美国的规划者和学者们争论,如果美国被孤立在自己的半球内,它作为一个大国是否还能继续生存。经济学家在外交关系委员会为国务院进行的规划研究中,利用"大区"(grand area)的概念探讨了这个问题。[31] "大区"要有多大,美国才能作为一个大国而繁荣? 经济学家认为,它必须包括整个世界。如果不能获得来自亚洲和欧洲的贸易和资源,美国就不能保持其作为一个领先的生产性经济体的地位。"从经济角度来看,美国可以在一个包括大部分非日耳曼世界(non-German world)的地区最好地保护自己,"该小组报告说,"这被称为'大区'。它包括西半球、英国、英联邦与帝国的其余部分、荷属东印度群岛、中国和日本。"[32] 战后的日本和英国也需要获得其地区体系之外的贸易和资源。如果美国要保持领先的工业大国地位,并在战后与其他大国建立合作同盟,世界经济体系就需要开放。正如历史学家卡洛·桑托罗(Carlo Santoro)对"大区"论专家的信息的总结:"唯一足够大的地区是相当于整个世界经济并由美国驱动的地区。"[33] 美国认为其利益与帝国集团和势力范围的瓦解,以及构建一个开放的战后秩序联系在一起。

其他国防规划者和战略思想家也赞同这一观点，认为美国的战后安全将取决于开放程度和能否进入欧洲和亚洲。在这些辩论中，耶鲁大学地缘政治理论家尼古拉斯·斯皮克曼（Nicholas Spykman）是一个有影响力的人物。在他 1942 年的研究报告《世界政治中的美国战略》（*America's Strategy in World Politics*）中，斯皮克曼认为美国在西半球范围内不可能获得经济或安全方面的保障。[34] 它作为世界大国的地位取决于在欧亚大陆维持一个开放和平衡的大国关系体系。进入欧洲和亚洲的市场并获取资源是很重要的，这意味着要与友好的大国建立联盟，并形成向这些地区投送力量的能力。在战时和战后，战略家和规划者都认同这一观点。[35] 战后美国面临的最大威胁是欧亚大陆被敌对的大国主导，建立封闭的集团和势力范围。美国需要积极介入这些地区以防止这种结果。如果对开放和进入的威胁是政治和经济的，而不是军事的，美国将需要支持这些地区的重建。正如梅尔文·莱弗勒（Melvyn Leffler）指出的那样，国防界的主流观点是：“美国的繁荣需要开放的市场，不受阻碍地获得原材料，以及大部分——如果不是全部——欧亚大陆沿着自由资本主义的方向的复兴。”[36]

第二，制度化合作的逻辑。对罗斯福政府中的一些人来说，这种观点呼应了威尔逊时期关于建立一个围绕着国际法和集体安全的世界的老派观点。例如，国务卿科德尔·赫尔在 1943 年认为，美国在战后应该致力于用国际“道德、法律和正义的规则”来取代“毫无节制和不协调的民族主义、经济和政治的无政府状态”。[37] 这一理念借鉴了美国 19 世纪的宪政传统，旨在建立全球层面的制度，采纳融入美国政体的原则和规范：法治、平等相待、透明公开、义务对等、相互制衡、相互妥协。[38] 最近的一个灵感启发是罗斯福政府在“新政”下为稳定资本主义社会而设计新型制度性框架的努力。现在，美国寻求建立新的国际制度，以帮助相互依存的国家处理其经济、社会和政治问题。制度是对日益增长的经济和安全相互依存关系的再回应。这种思维方式与传播自由主义价值观的关系不大,而是要创造实用的工具,为现代全球挑战提供技术专家和实用主义。[39]

在这一时期建立的许多制度背后有各种各样的动机和目的。如果有一个统一的愿景,那就是建立一个由美国主导的政府间合作体系,旨在通过建立治理能力和管理相互依赖的条件来强化战后工业社会。[40]联合国奉行主权平等与和平解决争端的原则。这个新的世界组织还保留并扩大了国际联盟的经济和社会活动。联合国为大国使用武力创造了制度化授权,但它也为人权、教育、科学和经济发展领域的共同运作奠定了基础。[41]有些制度只是谈判的框架。《关税及贸易总协定》建立在 1935 年的《互惠关税协定》之上,该协定建立了政府权力,以谈判对等降低关税水平。战后,《关税及贸易总协定》为继续这些努力提供了一个多维度的框架。其他制度,如国际货币基金组织(IMF),提供了政府可以利用的专业知识和金融能力,以解决国际收支问题并稳定其货币。世界卫生组织的成立也是为了建立科学和管理能力,以促进公共卫生和防治流行病。以美国为首的制度旨在将各国捆绑在一起,进行相互保护,从而提供建立可信承诺和保证的机制。它们还为讨价还价和联合决策提供了体制渠道,这反过来又促进了对以美国为中心的安全秩序的支持。[42]

美国试图建立一个合法和持久的战后秩序。制度为该秩序提供了工具和机制。在建立这些制度的过程中,美国并没有放弃大量的正式政策自主权。它同意在这些多边制度内工作,但它保留了对这些制度运作的实质性影响,至少是那些最重要的国际制度。"美国压倒性的经济实力使它能够决定当时正在筹建的国际组织的形式,"历史学家戴安娜·孔兹(Diane Kunz)说:"美国的目标变成了国际现实;多边主义往往变成了变相的单边主义。"[43]这些制度的"约束性"特征与其说是正式和法律性的,不如说是政治性的。[44]美国和它的伙伴们同意建立它们都接受的制度。此后,约束力体现在随后的政治进程中。以最简单的方式,制度提供了一个"拉动和牵引"(pulling and hauling)的场所。制度创造了一个互动和相互影响的平台。除此之外,制度建立了关于特定领域合作的规范和期望。如果一个制度的运作确实为其内部的人带来了利益,这就赋予了该制度以价值。在某种程度上,如果这些战后制度削弱或缓和了美国和其他强国的粗暴统治,它们就为秩序提供了一定程度的合法性——即使对强国来说,合法性也是重要的。[45]

第三,是社会议价的逻辑,是调和开放与社会及经济安全的努力。自 20 世纪 30 年代以来,工业民主国家一直在扩大国家对经济安全和社会福利的承诺。正如我前面指出的那样,现代自由民主本身越来越多地被这种努力所定义和合法化。这也是新政的核心所在。因此,当以美国和英国为首的各民主政府试图构建战后的规则和制度以支持它们努力履行这一承诺时,这并不令人惊讶。要做到这一点,同时又支持构建开放型世界经济,是很棘手的,因为这两个目标并非完全互补。在这种两难境地中,出现了一种政治妥协——或者说一种社会讨价还价。[46]如果这些国家的公民同意生活在一个更加开放的世界经济中,他们的政府将采取措施,通过现代福利国家的工具,如就业保险、工人再培训和退休支持,来稳定和保护他们的生活。通过这种方式,战后体系的设计师试图建立国内支持,并在各国内部围绕着一个既有利于经济开放又有利于社会保护的国际秩序建立起了广泛的联盟。约翰·鲁杰(John Ruggie)称这种妥协为"嵌入式自由主义"(embedded liberalism)——一种有管理的开放体系。[47]

这种在开放和安全之间寻求妥协的努力在关于布雷顿森林体系的谈判中得到了体现。在战争期间,英国对科德尔·赫尔和美国国务院倡导的相对鲜明的开放性世界经济愿景持怀疑态度。1941 年8 月,约翰·梅纳德·凯恩斯(John Maynard Keynes)前往华盛顿讨论对英国的租借援助条款,这一著名的谈判使得这些分歧变得更加明显。美国官员希望在战后重建一个开放的贸易体系,但英国战时内阁希望确保充分就业和经济稳定。在随后的几个月里，以凯恩斯和哈里·德克斯特·怀特（Harry Dexter White）为首的英国和美国官员就战后货币和金融关系的条款进行了谈判。他们就建立可兑换货币的规则和体制机制达成了一致，并允许国政府管理汇率失衡，同时促进以增长为导向的调控手段。1944 年达成的布雷顿森林协议反映了这一共识，并建立了实施规则和机制。[48]战后世界经济的制度旨在鼓励工业化民主国家为其公民提供新水平的社会支持。

美国经济学家雅各布·维纳（Jacob Viner）在 1942 年指出，这些新态度与前几个时代的领导人的观点形成了鲜明的对比。"今天，人们普遍认为，大萧条、大规模失业是社会公害，政府有义务……防止它们。"此外，"人们还普遍认为，任何国家要单独应对周期性繁荣和萧条的问题，即使不是完全不可能，也是极其困难的……而通过国际合作……商业周期和大规模失业的问题可以得到很大程度的解决"。[49]英国和美国专家一致认为，战后的世界经济需要一个合作的框架。它必须提供货币的可兑换性（currency convertibility）和汇率的稳定性，允许政府用扩张性政策而不是紧缩性政策来解决国际收支赤字，并建立新的国际经济管理技术，使政府有能力将贸易和资本的流动与促进稳定和充分就业的经济政策相协调。[50]大西洋两岸的政治领导人都接受了这种开放市场和社会稳定之间的妥协。

第四种逻辑是合作安全。尽管它不在罗斯福的最初设想中，但很快就成为该体系的组成部分。合作安全——或安全绑定（security binding）——是指国家在经济和安全机构中把彼此绑在一起以促进合作和克制的战略。安全绑定出现在整个战后国际秩序中，在北约联盟中最为明显。它体现在法国决定通过煤钢共同体与德国建立连接，这使法国对德国经济一体化的条件有一定的控制。它还体现在西欧国家在一个共同的经济共同体中的绑定，以及美国通过大西洋联盟对欧洲的绑定。这一战略是对冷战压力上升的回应，以平衡苏联的力量，但它也是最初的自由国际主义项目的一部分，重组西方民主国家之间的关系。西方国家不是作为潜在的安全对手而相互平衡，而是同意将自己嵌入以安全联盟为顶点的各层职能机构中，将它们锁定在长期合作和相互克制中。[51]

对美国来说，这一战略意味着同意与其他民主国家保持紧密的联盟关系，特别是通过北约和美日联盟。这一安全体系确保了民主大国不会重回战略竞争的旧模式。大西洋联盟有多重和不断变化的目的。美国渴望看到德国融入一个统一的战后欧洲，特别是在冷战加剧的情况下，而英国和法国政府则试图将美国与欧洲联系起来。法国人坚持认为，只有在一个将美国包括在内的安全框架内，德国的重新统一才是可以接受的。如果美国领导的联盟将德国和美国都与一个开放和统一的欧洲联系在一起，那么它也强化了英国和法国对这一目标的承诺。为了呼应威尔逊对大战后欧洲"旧政治"的批评，1945年后美国官员强调需要改革民族主义和帝国主义的倾向。在他们看来，一体化不仅会使德国对欧洲安全，也会使欧洲对世界安全。马歇尔计划反映了美国人的这种想法，正如杜鲁门政府对《布鲁塞尔条约》、欧洲防务共同体和舒曼计划的支持。1948年谈判北约条约时，美国官员向欧洲人明确表示，美国的安全承诺取决于欧洲一体化。[52]

大西洋国家制度性讨价还价（institutional bargaining）的要素——北约、马歇尔计划和战后的多边机构——都是相互配合的。正如历史学家劳埃德·加德纳（Lloyd Gardner）所说的："每一个都是一个整体的一部分。它们共同旨在'塑造大西洋国家的军事特征'，防止欧洲国防体系的巴尔干化，创造一个足以维持西欧资本主义的内部市场，并将德国锁定在铁幕的西侧。"[53]华盛顿政策的演变，从推动战后欧洲成为一个统一和独立的"第三力量"，到接受北约内部的持续安全承诺，都以美国的不情愿和欧洲的坚持为标志。每一次，欧洲领导人都同意在美国做出相应保证和承诺的前提下向更大的一体化迈进。北约所体现的美国安全承诺是对多个相互交织的问题的解决方案:对德国军国主义重新崛起的担忧,英国对欧洲经济一体化的矛盾心理,日益增长的苏联威胁,以及对美国力量的不确定性。[54] 尽管北约是战后安全联结的顶点,但它的逻辑可以在整个战后国际秩序中看到。

第五种逻辑是民主团结。早在冷战将全球体系划分为两个相互竞争的武装阵营之前,战后秩序的美国和欧洲设计者就已经感受到了一种共同的共同体意识。可以肯定的是,战后领导人支持的总体秩序原则是普遍性的:开放、不歧视、多边主义。等等。但是,他们试图将这一秩序建立在西方自由民主国家的一套核心承诺和制度之上。他们有一个真诚的信念,在华盛顿和欧洲各国首都以及后来在日本及东亚都能感受到,"自由世界"不仅是一个反对苏联的临时联盟,而是一个有着共同命运的共同体。[55] 例如,国务卿迪安·艾奇逊在向美国公众介绍北约协议时强调了这种民主团结。大西洋联盟的纽带是"根本的"——是"最牢固的纽带,因为它们基于道德信念,基于对相同生活价值的接受"[56]。这些国家相互之间的联系不仅是出于暂时的需要,而是基于几个世纪的共同纽带。正如历史学家安妮·戴顿(Anne Deighton)所言,北约一直是"在欧洲体现西方含义的总体组织"[57]。战后所出现秩序的特点反映了这种意识,即美国、欧洲和更广泛的自由民主世界形成了一个由共同的命运和共同的价值和认同感界定的政治共同体。

这种秩序以西方自由民主国家的联盟为基础,部分原因是罗斯福的"同一个世界"愿景的失败,以及像布雷顿森林协议这样的世界性机构没有能力处理战后出现的实际经济和安全问题。重建欧洲经济和构建一个安全联盟需要大西洋两岸的紧密合作。美国和欧洲面临共同威胁的意识加强了西方的团结。这种共同的认同有几个层次。丘吉尔和罗斯福在大西洋宪章会议上引用的一个层次是英美关系。由于会议是在纽芬兰省布雷森莎湾(Placentia Bay, Newfoundland)的皇家海军威尔士亲王号(HMS Prince of Wales)上举行的,两位领导人可能也希望提醒纳粹德国，他们仍然掌控着海洋。用《伦敦每日电讯报》(*London Daily Telegraph*)的话说，这也是一个提醒，即大西洋不再是"分隔我们的深渊"，而是"团结的手段和纽带"。[58]在其他时候，这种联系被定义为西方或大西洋共同体或自由民主国家的共同体——一个与地理或西方无关的"自由世界"。但在所有这些形式中，都是一个由共同价值观和民主治理所定义的政治甚至道德共同体，它的存在为合作和建立战后制度创造了特殊的机会。这种共同体意识非常重要，因为它带来了一种期望，即美国、欧洲和其他自由民主国家之间的交往将建立在政治互让、达成共识和广泛互惠的基础上，而不是建立在美国权力的帝国或"恩主—侍从"(patron-client)式的行使上。

美国在大西洋关系中偶尔也会诉诸粗暴的强权政治，最著名的是在苏伊士危机期间，美国总统威胁说，如果英国不取消对埃及的入侵，将对其金融体系造成严重损害。[59]但这更多的是例外，而不是常规。正如约翰·刘易斯·加迪斯(John Lewis Gaddis)在谈到美国在冷战初期的政策时指出："美国人并不是没有能力迫使他们的盟友就范，令人惊讶的是，这种情况很少发生；美国人付出了多少努力，为了说服其北约伙伴——很多时候甚至是服从于其北约伙伴……北约的历史因此在很大程度上是一部妥协的历史，尽管美国处于主导地位。"[60]

最后，战后的秩序有一种霸权主义逻辑。美国将自己置于中心位置，承担起领导该系统运作的职责，并享有"首席公民"(first citizen)的权利和特权。美国的权力在战后时期显得非常重要。在战后秩序的建设中，这既是一个问题也是一个机会。它是一个问题，因为弱国和次要国家不得不担心美国的胁迫和主宰。为什么这些国家会寻求与美国结盟，而不是与美国抗衡？但力量的差距也是一个机会。相对于其他国家，美国是如此强大，以至于它可以对国际秩序的长期形态进行算计。它不需要在每条战线上讨价还价来达到自己的目的。它可以专注于创建制度,制定规则,并组织等级制度的规定。从某种意义上说,这是一种更深刻的权力行为,而不是将其意志强加于日常斗争中,以获得对特定国家的优势。这种长期的战略计算,是自由国际主义及其围绕多边合作框架组织国际空间的想法与计划对战后秩序的设计者具有吸引力的原因。

讨价还价、支持者和平台

在冷战的几十年里,这种组织思想和逻辑的混合体形成了一种初步的政治体系——自由主义的霸权秩序。它有组织原则、权力关系、职能角色、共同的期望和固定的做法,各国通过这些做法来进行交易。在美国的领导下,它存在于更大的冷战两极秩序中。它带有一个相对稳定的政治共同体的特征。它有多层重叠的制度——欧洲的、大西洋的、三边的和世界的,或者至少是潜在的世界的。但它的核心是一个由先进的自由民主国家主导的政治共同体。与苏联的冷战意识形态斗争使人们更清楚地认识到,这个西方体系不仅是一个临时的制衡联盟。它是一个政治共同体,一个由自由民主国家组成的"自由世界"集团。在正式与非正式的方面,它有一个有效的政治体系的各种标志——在它的许多制度和政治团体中,它有政治边界、成员、规则、期望以及一个松散的共同政治身份。这个以美国为首的霸权主义秩序的演变动态可以从其战略议价、支持者和政治项目中看到。

该秩序的核心是美国与其欧洲和东亚伙伴之间的战略谅解——有些是明确的,有些是默契的,这构成了一种"霸权议价"。美国将主导和管理国际秩序,提供安全,支持经济开放,并维护其规则和制度,而其他国家将同意在这个秩序中运作并接受美国的主导。[61]

自由主义的霸权秩序有两种类型的战略议价——安全议价和政治议价。[62]在安全议价谈判中，美国同意在一个开放的世界经济中提供军事保护和进入美国市场、技术和资源的机会。作为回报，美国的盟友同意成为可靠的合作伙伴，并为美国提供外交、经济和后勤支持。这种议价在美国与欧洲和东亚的安全联盟中得到了最明确的体现。美国的核保护伞和延伸威慑路线将美国的安全与盟友的安全联系在一起。在整个冷战期间，美国做出了安全承诺，派驻了军队，并保持了持续的战略伙伴关系。联盟伙伴获得了进入美国市场的机会，从而促进了他们的发展，并使他们的政府与美国的关系更加紧密。尤其是日本和西德，它们高度依赖美国的安全保护，并感到有义务支持华盛顿的贸易和货币领导地位。正如卡拉·诺罗夫（Carla Norrlof）所言，美国的货币霸权促进了合作，并为其他国家提供了利益，但它也允许美国将调整的成本转嫁给其盟友，而如果没有这些"位置优势"（positional advantages），美国将不得不自己承担这些成本。[63]各国默许了这种霸权体系，它给予美国特权，使其可以单方面采取行动来促进自己的利益。作为回报，美国为这个秩序的规则和制度提供了保障，使这些国家能够促进自己的经济繁荣和政治议程。[64]

政治议价的重点是与美国的超群地位有关的不确定性。没有哪个国家像美国在第二次世界大战结束时那样，相对于世界其他国家如此强大。盟国的危险是美国的主宰和抛弃。美国可能试图以帝国性超级大国的身份将自己强加于世界，或者不可预测地干预和撤出它们的地区。政治议价是为了使美国的力量对欧洲和东亚的国家更有吸引力——事实上是使其更有用，反过来又使这些国家更愿意与美国合作，支持美国的霸权主义领导。随着战后国际组织的不断扩大，美国与其他国家之间的联系日益紧密，这些组织也为各国政府提供了合作和集体行动的工具，并提供了一个政治框架，在这个框架内，各国可以相互交易，并进行协商一致的决策。正如迈克尔·马斯坦杜诺（Michael Mastanduno）所言："多边决策程序的效率可能较低，强国往往倾向于单边行动。但多边程序有助于向其他国家保证，它们不是简单地被胁迫或被指示听从主导国家的指令。"[65] 在倡导这些战后机构并同意在这些机构内运作时，美国实际上是同意开放自己与其他国家，特别是自由民主国家的政治接触。

这种霸权秩序的特点在不同地区、不同关系和不同功能领域都有所不同，并且随着战后时代的发展而变化。在这个秩序的某些部分，等级制度具有自由主义的特点，特别是在美国和其他主要自由民主国家之间的关系中。这些国家有"发声的机会"（voice opportunities）。冷战时期的两极竞争和一系列多边机构强化了妥协和互惠的模式。美国有动力与盟国建立密切的关系，将日本和德国纳入秩序，分享贸易收益，并以被认为是双方都能接受的方式运作。正如戴高乐不情愿地指出："面对当前的危险，自由世界除了接受华盛顿的'领导'之外，别无他法。"[66] 在这个秩序的其他部分，美国以更传统的大国或帝国的方式行使其权力。在与拉丁美洲和中东的关系中，美国从事的更多的是老套的胁迫和主宰。

这个由美国主导的霸权体系有一个独特的架构。这些制度和政治议价创造了一个框架，在这个框架内，政府可以推进不同的政治工作，并将对经济开放的承诺与支持和保护稳定的国内政治秩序相协调。"工业化的西方在国家、阶级、政党和团体之间的妥协的基础上重建了其政治经济，"杰弗里·弗里登（Jeffry Frieden）指出，"各国政府在国际一体化和国家自治、全球竞争和国家选民、自由市场和社会民主间取得了平衡，社会主义者和保守派、基督教民主党和世俗自由派一道建设现代福利国家。"[67] 在整个欧洲大陆，新一代的领导人努力平息旧时民族主义的积怨，建立制度和经济关系将他们的国家联系在一起，这些领导人包括法国的让·莫内（Jean Monnet）和罗伯特·舒曼（Robert Schuman）、比利时的保罗-亨利·斯巴克（Paul-Henri Spaak）、意大利的阿尔契·德·加斯贝利（Alcide De

Gasperi),以及德国的康拉德·阿登纳(Konrad Adenauer)和沃尔特·哈尔斯坦(Walter Hallstein)。[68]通过这些不同的方式,自由主义霸权秩序将不同的支持者和利益相关者聚集在一个政治屋顶下。[69]

在英国,克莱门特·艾德礼和工党在 1945 年的选举中击败了丘吉尔,在接下来的十年里,他们推行了福利国家发展和以大西洋为中心的国际主义议程。约翰·贝(John Bew)和迈克尔·考克斯(Michael Cox)认为:"在许多方面,我们仍然生活在艾德礼创造的世界中","1945—1951 年他所执掌的政府是历史上最激进(radical)的政府,为英国提供了国民健康服务(NHS)、国家保险、北约和原子弹"。[70]艾德礼相信美国权力的进步潜力,认为"新政"为自由民主国家指明了前进的道路,他与杜鲁门合作,塑造了战后的主要经济和安全制度。与其他经历过 20 世纪 30 年代的欧洲人一样,他认为西方处于与极权主义黑暗势力的世界历史性斗争中。他和他的外交大臣欧内斯特·贝文(Ernest Bevin)对美国采取了批评但友好的态度。[71]工党试图围绕福利国家和政府对经济的积极管理建立一个新的英国民族主义。布雷顿森林体系、大西洋安全伙伴关系体系,以及西方民主国家在意识形态上的联合都符合艾德礼的议程。英国收到的 30 亿美元的马歇尔计划援助也起到了作用。英国在处置其帝国的问题上与美国进行了斗争,但在其职业生涯结束时,艾德礼最引以为豪的两件事是 1946 年的《国民保险法》和印度的独立。[72]

战后,西德在欧洲和大西洋制度内得到了重建。它的战后领导人发现,这些多边框架有助于为德国创造空间和工具,以重塑自己并恢复国际地位。[73]到 1948 年,西德被重新纳入欧洲经济复苏的总体计划中。马歇尔计划的援助和货币改革引发了一个快速的经济复苏期。起初,社会民主党对西方就像对苏联一样持怀疑态度,但它逐渐与其马克思主义的过去决裂,成为英国工党的同伴,强调在自由资本主义体制内进行改革。在联邦德国国家形成的时期,基督教民主联盟(the Christian Democratic Union),由康拉德·阿登纳(Konrad

Adenauer)领导,直到他 1963 年退休,在很大程度上使联邦德国回到了西方。冷战强化了这一进程;正如亚当·图兹(Adam Tooze)所指出的,它"使阿登纳的西向(Westbindung,与西方结合)看起来比苏联的替代方案要好得多"[74]。这些年增长的恢复似乎支持了自由市场和议会制政府。阿登纳和基督教民主联盟利用这些增长的年头,形成了一个独特的经济愿景,将古典市场资本主义和社会福利国家结合起来。

在外交政策方面,阿登纳还利用冷战的统一压力,定义了联邦德国在西方的新角色。联邦德国通过与法国建立密切的联系并融入更广泛的区域经济和安全制度,重新获得其作为欧洲大国的地位和影响力。玛丽·汉普顿(Mary Hampton)写道,在 20 世纪 50 年代初,阿登纳和联邦德国的决策者能够追求他们的国家目标,是通过"在这个国际紧张局势加剧的时期,将华盛顿对军事安全的关注与 1949 年《北大西洋公约》中规定的规范和原则联系起来"[75]。面对法国对重新武装联邦德国的抵制,阿登纳坚持援引自由联合国家之间地位平等和不歧视的原则,作为联邦德国对西方防御的要求。[76] 在美国坚持全面和永久裁军的五年后,它发现自己在敦促联邦德国作为一个完全的合作伙伴建立其军队。

日本也走了一条类似的道路。其战后第一任首相吉田茂(Shigeru Yoshida),通过在 1951 年 9 月缔结《旧金山和平条约》和《日美安全保障条约》,带领日本加入了西方社会。这些协议使日本能够加入美国的联盟体系,并获得进入美国市场和技术的机会。吉田茂是一个民族主义者和保守主义者,由于与军方领导人的冲突,他被调任为驻英国大使,从而逃脱了战争的责任。回到日本后,他担任了占主导地位的自由民主党的领导职务,在更极端的民族主义者和政治左翼之间走了一条中间路线。1960 年签署的《共同合作与安全条约》将美国确立为日本的安全守护者。日本的宪法禁止它保持"陆海空三军",并放弃"以武力威胁作为解决国际争端的手段"。吉田茂阐述了日本作为一个"贸易国家"的愿景,它以与美国和西方民主国家相关的自由主义原则为指导。这个国家将致力于经济增长，融入西方自由市场贸易体系，不使用军事力量，并忠于宪法的民主原则。[77]

像西德一样，日本能够利用战后联盟和多边制度来塑造一个独特的大国角色。在 1946 年至 1954 年的首相吉田茂的领导下，日本获得了"非军事/文明化"（civilian）大国的身份——不是通过拥有传统的权力资产，而是作为一个维护国际规则和规范的利益相关者国家来获得权威和大国地位。[78]"这是吉田的赌博"，历史学家肯尼斯·派尔（Kenneth Pyle）写道："日本通过参与美国体系能比积极抵制它更好地实现其利益。"[79]该联盟使日本在国防方面依赖美国，但这使它能够集中精力重建其经济并作为一个贸易国重新进入国际体系。"其好处是巨大的，"派尔说，"在接下来的几十年里，日本的安全完全依赖于美国的军事基地，它能够获得比其他国家更多的经济援助、技术和市场准入。"[80]一路走来，战后几代日本领导人都接受了国际主义议程——无核主义、核不扩散和联合国。战后的经济和安全合作体系，为日本重新成为一个非军事大国提供了框架。在战后关于国家角色和身份的辩论中，日本领导人在右翼民族主义和左翼和平主义之间走了一条中间道路。正如理查德·塞缪尔斯（Richard Samuels）所言："左翼学会了与联盟共存，右翼学会了与第九条共存。安全政策现在将以加强自治为目标，但将以贸易和国际合作为中心。一个新的共识将围绕着一个'无核、轻度武装、经济超级大国'的日本而达成。"[81]

与此同时，日本通过快速增长和经济发展，而非在东亚的地缘政治上的主宰，在国际体系中获得了权威和地位。它成为亚洲和整个发展中世界外国援助的主要提供者和联合国的主要支持者。它阐述了关于"人类安全"和"综合安全"的各种观点，并成为先进能源和环境技术的先锋。在所有这些方面，日本通过在联合国系统和美国领导的自由主义秩序中工作，开创了一个独特的身份和角色。在美国的支持下，日本于 1952 年加入国际货币基金组织和世界银行，1956 年加入联合国，1956 年加入关税及贸易总协定贸易体系，

1966 年加入经济合作与发展组织（OECD），并于 1976 年加入所谓的七国集团体系。日本支持美国的领导角色，而作为回报，它也获得了作为盟友和领先国家的发言权和权威。[82] 日本在战后更广泛的体系中找到了一种方法，通过将自己与美国和西方世界经济体制联系在一起，重新获得其作为东亚大国的地位。[83]

在战后的头几十年里，这种以美国为首的霸权主义秩序为整个自由民主世界的经济和政治进步的实践提供了场所。正是在 20 世纪 50 年代和 60 年代，西方国家经历了它们的"黄金岁月"——经济的高速增长，其标志是国内生产总值的上升、充分就业、死亡率的下降、技术变革和商业的国际化。正是在战后秩序创造的空间里，欧洲统一的运动势头高涨，欧洲在非洲和亚洲的殖民统治也基本结束。正如历史学家詹姆斯·乔尔（James Joll）所说，欧洲一体化的实践提供了一种"维护欧洲身份和恢复欧洲在世界上的地位"的方式，而此时欧洲国家正在丧失它们的帝国，不再像美国和苏联那样强大。[84] 在整个欧洲，社会民主党从激进左翼团体中分离出来，加入了执政的政府联盟。这些发展得到了更广泛的西方发达国家的支持。马歇尔计划和诸如经合组织这样的战后组织在欧洲和大西洋两岸促进了温和派、一体化和以增长为导向的政策。[85] 美国和加拿大于 1960 年加入经合组织，日本于 1964 年加入，该机构成为西方资本主义问题的协商论坛，促进了国家经济政策的透明度和同行审查。经合组织的影响力在20 世纪 70 年代减弱，但它继续在幕后运作，就它所说的"现代社会的问题"促进合作和提供专业知识。[86] 随着 1975 年 11 月在朗布依埃（Rambouillet）召开的世界经济峰会（World Economic Summit），年度领导峰会成为先进民主世界多边经济外交的核心部分。美国利用北约和经合组织等多边制度来行使领导权，并吸引其他西方国家加入有利的政策联盟。[87] 美国将自己置于这些多边环境中，让自己的政策接受监督，并在经济增长和社会进步的条件下进行外交妥协。

更广泛的战后体系还为广泛的国际合作努力提供了一个平台。

在联合国的主持下，在《世界人权宣言》的基础上，一系列人权宣言和公约肯定了各种各样的政治和社会理想，并宣布种族灭绝和酷刑等暴力行为非法。在20世纪60年代和70年代，美国和苏联通过谈判达成了一系列的控制核武器和常规武器协议。《核不扩散条约》旨在防止核武器和技术的扩散，并促进核能的和平利用，于1970年生效。在20世纪80年代，美国和苏联同意签署全面的武器削减条约，作为后来结束冷战的外交解决方案的一部分。在全球公域和环境领域签署的一系列协议包括《外层空间条约》《海洋法公约》，以及治理海洋污染和平流层臭氧消耗、保护濒危物种和野生动物、减少导致全球变暖的气体排放的机制。方框1罗列了这些不同的国际协议、机构和机制。总的来说，在战后的前50年里，政府间组织的数量翻了两番多（见图6.1）。

方框1　战后政府间合作

联合国（旧金山，1945年）
　　—联合国组织和会议的各种职能
贸易和经济开放性
　　—关税及贸易总协定和世界贸易组织
　　—布雷顿森林（国际货币基金组织和世界银行）
　　—进出口银行
　　—《1934年互惠贸易协定法》
人权
　　—《1947年世界人权宣言》
　　—纽伦堡和东京战争罪法庭
　　—将极端侵犯人权的行为，如种族灭绝和酷刑定为非法行为
国际军备控制
　　—杜鲁门的巴鲁克计划
　　—艾森豪威尔的"原子能为和平服务"和"开放天空"
　　—肯尼迪、约翰逊和尼克松时期的美苏核军控条约
　　—核不扩散条约
　　—里根和乔治·H.W.布什结束冷战的大刀阔斧的武器削减条约
全球公域和环境
　　—外层空间条约
　　—《海洋法公约》（Law of Sea Treaty）
　　—电信和航空旅行的国际制度
　　—治理海洋污染和平流层臭氧消耗的制度，保护濒危物种和野生动物的制度，以及减少导致全球变暖的气体

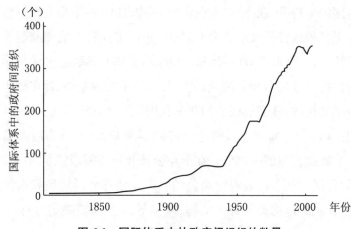

图 6.1 国际体系中的政府间组织的数量

这些无数的协议和条约的有效性被广泛讨论。但引人注目的是,西方战后秩序及其多边机构的架构如何为经济、政治、环境和安全领域的新合作形式的爆发提供了一个平台。

美国主导了这个西方战后秩序。这是一个建立在权力不对称基础上的秩序,但不是一个简单的帝国体系。它是一个复杂的、多层次的政治结构,具有自由主义的特点——开放性和基于规则的原则,为其他国家加入和运作提供了激励和机会。[88] 在战后的几十年里,各国——不仅是自由民主国家,还有其他类型的政权——都找到了进入其复杂的规则和制度体系的路径。德国和日本在战后秩序中找到了角色和权力地位,而自冷战以来,东欧、东亚和其他地区的许多国家都加入了其经济和安全伙伴关系。该秩序的多边逻辑使各国相对容易加入并在其中崛起。它是围绕着制度建立的,这为国家之间不断变换和扩大联盟以共享领导权提供了机会。这个秩序的复杂性和多层次性为各国追求利益和发挥领导力提供了多种多样的场所和论坛。战后霸权秩序的这些方面为自由民主国家和其他国家融入其核心经济和政治领域创造了激励因素和机会。霸权主义的多元化特征使各国能够"运作系统"(work the system)——以促进其利益的方式加入、谈判和操纵。这反过来又创造了一种秩序,它的支持者不断扩大，与它的持续发展有着密切的关系。

这一战后秩序将罗斯福时代的重建自由民主世界的任务与冷战对抗的任务结合起来。"同一个世界"变成了"自由世界"的秩序，建立在兴起的两极体系中。正是在这里，自由主义霸权扎下了根，成为自由民主国家获得更大安全和保护的一种容器。置身于自由主义霸权秩序中，就是置身于一套提供全面服务的经济、政治和安全制度中。它既是一个由规则、制度和政府关系界定的"社会"（Gesell-schaft），也是一个由共同的价值观、信仰和期望界定的"共同体"（Ge-meinschaft），与美国的全球权力体系紧密相连，但它也表现为一个新生的政治或安全社群。加入这一秩序就能获得更多的安全和繁荣。它被合法化为一种道德共同体。但是，与威尔逊的设想不同的是，这个系统并不依赖于道德上的正确性和全球公众舆论的纪律和约束。这些来自秩序的规则和制度。它们是为安全利益所付出的代价。

这种美国主导的战后秩序提供了对自由民主国家有用的制度和工作关系。现代自由主义国家本身就是围绕着各种相互矛盾的价值观建立起来的——自由和平等、个人和集体权利、开放和社会稳定、等级制度和主权平等。西方体系提供了一个框架，自由主义国家可以在这个框架内管理和权衡这些紧张关系。这在不同方面都是切实的。战后"嵌入式自由主义"国家的体系为这些国家提供了管理经济开放条件的机制和能力。各国政府被赋予了一些工具来协调和平衡开放贸易的利益同经济稳定和社会保障的要求。联盟体系为分担安全保护的成本提供了基础，使各国政府能够管理"大炮和黄油"（guns and butter）之间的权衡。联盟——连同更广泛的多边制度体系——提供了一个框架，使德国和日本从战争中重新成为"非军事"大国，促进了西方自由民主国家之间更大的团结和共同体。霸权秩序背后的议价和制度也使这些国家有能力平衡等级制度和主权平等。美国利用其卓越的地位来支撑和领导这一秩序，但它与其他自由国家之间具有约束力的制度联系改变了统治的条件。

然而,美国霸权秩序中固有的紧张和矛盾并没有消失。美国仍然是规则的制定者和特权的获得者。对其权力的限制与其说是正式的和法律的,不如说是非正式的和政治性的。它仍然可以自由地确定自己的利益,无论是否开明。美国战后秩序中所体现的普世主义的理念——开放、不歧视、互惠、权利和保护——在实践中仍然只是部分地、不均衡地实现。一些多边制度和秩序原则确实是全球性的,如联合国和《世界人权宣言》。但美国的安全体系更具排他性。西方的秩序具有俱乐部的性质,这也是它具有一致性和功能性的原因。有的国家在这个自由主义的霸权秩序里面,有的在外面。最后,民主国家共同体的愿景在某些方面只是一个愿景。促进西方民主国家之间合作的目标并没有消除旧式的强权政治,美国和其他自由主义国家在西方体系内外继续实行这种政治。美国和其他自由民主国家建立了一个战后秩序,但这是一个具有许多层次和领域的秩序,同时具有自由和非自由的特征。

注 释

1. Edward Mortimer, *The World That FDR Built*: *Vision and Reality*(New York: Charles Scribner's Sons, 1988), p.4. 1919 年和平会议的一位观察员也谈及了类似的形象。"举办会议的巴黎不再是法国的首都了。它变成了一个巨大的国际大都市商队,充斥着前所未有的生活和动荡,充满了四大洲的种族、部落和语言的奇特样本,他们来观看并等待着神秘的明天……所有这些人都渴望接近世界政治和社会制度将被熔化和重新铸造的熔炉。"E. J. Dillon, *The Inside Story of the Peace Conference*(New York: Harper and Brothers, 1920), pp.4, 6.

2. Arthur Sweetser, Memorandum on Approaches to Postwar International Organization, 17 September 1941, War and Peace Studies of the Council on Foreign Relations,引自 John A. Thompson, *A Sense of Power*: *The Roots of America's Global Role*(Ithaca, NY: Cornell University Press, 2015), p.183。

3. 本章陈述建立在下书的观点基础上,G. John Ikenberry, *Liberal Leviathan*: *The Origins*, *Rise*, *and Crisis of the American World Order*(Princeton, NJ: Princeton University Press, 2011),尤其是"The Rise of the American System," pp.159—219。

4. 参见 Timothy Garton Ash，*Free World：America，Europe，and the Surprising Future of the West*（New York：Random House，2004）；James Huntley，*Pax Democratica：A Strategy for the 21st Century*（London：Palgrave Macmillan，1998）；Daniel H. Deudney，"The Philadelphian System：Sovereignty，Arms Control，and Balance of Power in the American States-Union，circa 1787—1861，" *International Organization*，Vol.49，No.2（Spring 1995），pp.191—228；and Ikenberry，*Liberal Leviathan*。

5. 关于最近现实主义学者将西方战后描述为冷战平衡的产物的努力，见 John Mearsheimer，"Bound to Fail：The Rise and Fall of Liberal International Order，" *International Security*，Vol.43，No.4（Spring 2019），pp.7—50；and Graham Allison，"The Myth of the Liberal Order，" *Foreign Affairs*，Vol.97，No.4（July/August 2018），pp.124—133。关于现实主义者、自由主义者和建构主义者就西方战后秩序中的凝聚力和合作的来源进行的辩论，见 G. John Ikenberry，ed.，*America Unrivaled：The Future of the Balance of Power*（Ithaca，NY：Cornell University Press，2002）。

6. 超级大国这个词在这些年里进入政治词典，正是为了捕捉这种新的权力现实。见 William T. R. Fox，*The Super-Powers：The United States，Britain，and the Soviet Union*（New York：Harcourt，1944）。

7. Margaret MacMillan，"Rebuilding the World after the Second World War，" *Guardian*，11 September 2009.世界并没有忘记美国力量的这一现实。这是一个与近几个世纪所见不同的权力现实。这不是简单地从英国权力过渡到美国权力——这次的差距更大，而且权力的特征也更加多面化。正如马丁·怀特所观察到的，美国相对于其盟国的地位，"不是像卡斯特里赫的英国相对于反对拿破仑的大联盟中的其他国家那样，而是像罗马共和国相对于公元前二世纪中期的希腊君主那样"。

8. 见 Paul Kennedy，*The Rise and Fall of Great Powers：Economic Change and Military Conflict from 1500 to 2000*（New York：Random House，1987），p.359。

9. 对这一逻辑的阐述，见 G. John Ikenberry，*After Victory：Institutions，Strategic Restraint，and the Rebuilding of Order after Major War*（Princeton，NJ：Princeton University Press，2001）。

10. 关于战后领导人面临的问题的范围和复杂性，参见 Andrew Baker，*Constructing a Post-War Order：The Rise of U.S. Hegemony and the Origins of the Cold War*（New York：I. B. Tauris，2011）；Peter Clarke，*The Last Thousand Days of the British Empire：Churchill，Roosevelt，and the Birth of Pax Americana*（London：Bloomsbury，2008）；and Robert Hilderbrand，*Dumbarton Oaks：The Origins of the United Nations and the Search for Postwar Security*（Chapel Hill：University of North Carolina Press，1990）。

11. Warren F. Kimball，*The Juggler：Franklin Delano Roosevelt as War time*

Statesman（Princeton，NJ：Princeton University Press，1994），p.17.另见 Robert Divine，*Second Chance：The Triumph of Internationalism in Amer ica during World War II*（New York：Atheneum，1971）；and Robert Dallek，*Franklin Roosevelt and American Foreign Policy，1932—1945*（Oxford：Oxford University Press，1979）。

12. 关于罗斯福政府对战后秩序的规划背后的多种声音和愿景的描述，见 Kenneth Weisbrode，"The Master，the Maverick，and the Machine：Three War time Promoters of Peace，" *Journal of Policy History*，Vol. 21，No.4（2009），pp.366—391。

13. Harry S. Truman，"Address on Foreign Economic Policy，Delivered at Baylor University，" 6 March 1947，Harry S. Truman Library and Museum，https://www. trumanlibrary. gov/library/public-papers/52/address-foreign-economic-policy-delivered-baylor-university.

14. Harry S. Truman，"Message to Congress Recommending Assistance to Greece and Turkey，" 12 March 1947，National Archives，https://www. archives.gov/historical-docs/todays-doc/index.html?dod-date＝312.

15. 参见 Odd Arne Westad，*The Global Cold War：Third World Interventions and the Making of Our Times*（Cambridge：Cambridge University Press，2007）。

16. 关于冷战政策的原则和战略争论，见 John Lewis Gaddis，*Strategies of Containment：A Critical Appraisal of American National Security Policy during the Cold War*（Oxford：Oxford University Press，2005）。

17. 对冷战自由主义的研究，见 Jan-Werner Müller，"Fear and Freedom：On 'Cold War Liberalism，'" *European Journal of Political Theory*，Vol.7，No.1（January 2008），pp.45—64；and Jason K. Duncan，John F. Kennedy：*The Spirit of Cold War Liberalism*（New York：Routledge，2014）。关于冷战自由主义者和反战进步国际主义者之间的紧张关系，见 Randall Bennett Woods，"The Rhetoric of Dissent：J. William Fulbright，Vietnam，and the Crisis of International Liberalism，" in Martin J. Medhurst and H. W. Brands，eds.，*Critical Reflections on the Cold War：Linking Rhetoric and History*（College Station：Texas A & M University Press，2000），pp.187—208.关于"9·11"事件后的声明和重新考虑，见 Peter Beinart，*The Good Fight：Why Liberals—and Only Liberals—Can Win the War of Terror and Make American Great Again*（New York：HarperCollins，2006）；and Beinart，*The Icarus Syndrome：A History of American Hubris*（New York：Harper，2010）。

18. 在更现代的背景下对这些权衡进行的探讨，见 Michael Ingatieff，*The Lesser Evil：Political Ethics in an Age of Terror*（Princeton，NJ：Princeton University Press，2005）。

19. NSC-68 文件被发布在 Ernest May，ed.，*American Cold War Strategy：Interpreting NSC-68*（New York：St. Martin's Press，1993），p.40。

20. 参见 John Baylis，*Diplomacy of Pragmatism*：*Britain and the Formation of NATO*，*1942—49*（Kent，OH：Kent State University Press，1993）；Marc Tractenberg，*A Constructed Peace*：*The Making of the European Settlement*，*1945—1963*（Princeton，NJ：Princeton University Press，1999）；and Wallace Thies，*Why NATO Endures*（Cambridge：Cambridge University Press，2009），chaps. 3 and 4。

21. 这是吉尔平著作的一个主题。Robert Gilpin，*Political Economy of International Relations*（Princeton，NJ：Princeton University Press，1987）。

22. 对权力转移理论的经典论述，见 Robert Gilpin，*War and Change in World Politics*（New York：Cambridge University Press，1981）；and A. F. K. Organski，*World Politics*（New York：Knopf，1967）。对大国转型的全面历史描述，见 Kennedy，*The Rise and Fall of the Great Powers*。崛起国和衰弱国大战略的梳理，见 Randall L. Schweller，"Managing the Rise of Great Powers：History and Theory," in Alastair Iain Johnston and Robert Ross，eds.，*Engaging China*：*The Management of an Emerging Power*（New York：Routledge，1999），pp.1—31。

23. 见 G. John Ikenberry，ed.，*Power*，*Order*，*and Change in World Politics*（New York：Cambridge University Press，2014）。

24. 对环境导向战略的经典讨论是 Arnold Wolfers，*Discord and Collaboration*：*Essays on International Politics*（Baltimore：Johns Hopkins University Press，1965）。对通过规则和关系进行控制和管理，参见 Ikenberry，*Liberal Leviathan*，chap. 3。

25. Harley Notter，*Postwar Foreign Policy Preparation*（Washington，DC：U.S. Department of State，1950），p.126.

26. Address at Yale University，28 November 1939，in Dean Acheson，*Morning and Noon*：*A Memoir*（Boston：Houghton Mifflin，1965），pp.267—275.

27. George C. Marshall，"Commencement Speech at Princeton University," 22 February 1947，The George C. Marshall Foundation，https://www.marshall foundation. org/library/digital-archive/6-026-speech-princeton-university-february-22-1947/.

28. Stewart Patrick，*The Best Laid Plans*：*The Origins of American Multilateralism and the Dawn of the Cold War*（New York：Roman and Littlefield，2009），p.53.

29. Cordell Hull，"The Outlook for the Trade Program," speech delivered before the Twenty-Fifth National Foreign Trade Convention，New York City，1 November 1938.另见 Arthur W. Schatz，"The Anglo-American Trade Agreement and Cordell Hull's Search for Peace，1936—1938," *Journal of American History*，Vol.57，No.1（June 1970），pp.85—103。

30. 参见 Patrick，*The Best Laid Plans*，chap. 4。

31. 外交关系委员会的这个项目"美国在战争与和平中的利益研究"（Studies of

American Interests in the War and Peace），由一系列正在进行的研究小组组成，由学者和政策专家领导。"经济和金融小组"的核心人物是雅各布·维纳和阿尔文·汉森，他们都是领先的国际经济学家和美国经济协会的前主席。

32. Council on Foreign Relations, "Studies of American Interests in the War and the Peace," New York, "Methods of Economic Collaboration: The Role of the Grand Area in American Economic Policy," E-B34, 24 July 1941, p.1.

33. Carlo Maria Santoro, *Diffidence and Ambition: The Intellectual Sources of U.S. Foreign Policy*(Boulder, CO: Westview Press, 1992), p.94.

34. Nicolas J. Spykman, *America's Strategy in World Politics: The United States and the Balance of Power*(New York: Harcourt Brace, 1942). 关于斯皮克曼的讨论，见 Or Rosenboim, *The Emergence of Globalism: Visions of World Order in Great Britain and the United States, 1939—1950*(Princeton, NJ: Princeton University Press, 2017)。

35. 参见 Thompson, *A Sense of Power*, chap. 6; Neil Smith, *American Empire: Roosevelt's Geographer and the Prelude to Globalization*(Berkeley: University of California Press, 2004); Andrew Baker, *Constructing a Post-War Order: The Rise of U.S. Hegemony and the Origins of the Cold War*(New York: I. B. Tauris, 2011); and Patrick J. Hearden, *Architects of Globalism: Building a New World during World War II*(Fayetteville: University of Arkansas Press, 2002)。

36. Melvyn P. Leffler, "The American Conception of National Security and the Beginning of the Cold War," *American Historical Review*, Vol. 89, No. 2 (1984), p.358.

37. Cordell Hull, "Our Foreign Policy in the Framework of Our National Interests," *Department of State Bulletin*, 18 September 1943, p.178.

38. 参见 Patrick, *The Best Laid Plans*, p.54。

39. 在冷战期间，这种技术官僚式的国际主义隐藏在美国对外援助、援助计划以及现代化和国家建设的意识形态背后。见 Michael E. Latham, *Modernization as Ideology: American Social Science and "Nation Building" in the Kennedy Era* (Chapel Hill: University of North Carolina Press, 2000)。

40. 历史学家斯蒂芬·韦特海认为，罗斯福和他的顾问们从狭隘的工具性角度看待联合国，将其作为建立美国全球军事优势项目的合法掩护，尽管他丰富的档案证据显示了更广泛的工具性设计，包括促进集体安全和载入和平解决争端的规范。见 Wertheim, "Instrumental Internationalism: The American Origins of the United Nations, 1940—1943," *Journal of Contemporary History*, Vol.54, No.2(2019), pp.265—283。沃特海姆没有注意到 1942 年 1 月 1 日签署的《联合国家宣言》，这是 26 个（后来是 47 个）盟国承诺在经济、社会和安全领域建立新形式的国际合作，并以《大西洋宪章》中概述的"共同目的和原则方案"为依据。

41. 参见 Dan Flesch and Thomas G. Weiss, eds., *Wartime Origins of the Future United Nations* (New York: Routledge, 2015)。关于 20 世纪 30 年代国联活动在经济规划和就业及农业政策领域的遗留影响，见 Patricia R. Clavin, *Securing the World Economy: The Reinvention of the League of Nations, 1920—1946* (Oxford: Oxford University Press, 2013)。

42. 见 Thomas Risse-Kappen, *Cooperation among Democracies: The Euro Influence on U.S. Foreign Policy* (Princeton, NJ: Princeton University Press, 1995)。

43. Diane Kunz, *Butter and Guns: America's Cold War Economic Diplomacy* (New York: Free Press, 1997), p.12.

44. 我在下文发展了这一观点，见 G. John Ikenberry, "Reflections on After Victory," British Journal of Politics and *International Affairs*, Vol. 21, No. 1 (2019), pp.5—19。

45. 对这点的经典论述，见 Inis Claude, "Collective Legitimation as a Political Function of the United Nations," *International Organization*, Vol. 20, No. 3 (1966), pp.367—379。另见 Thomas M. Franck, *The Power of Legitimacy among Nations* (Oxford: Oxford University Press, 1990); and M. Patrick Cottrell, *The Evolution and Legitimacy of International Security Institutions* (Cambridge: Cambridge University Press, 2016)。

46. 对这一两难的经典论述，参见 Karl Polanyi, *The Great Transformation: The Political and Economic Origins of Our Times* (Boston: Beacon Press, 1957)。

47. John Gerard Ruggie, "International Regimes, Transactions, and Change: Embedded Liberalism in the Postwar Economic Order," in Stephen D. Krasner, ed., *International Regimes* (Ithaca, NY: Cornell University Press, 1983), pp.195—232.

48. 对这些谈判的记述，Benn Steil, *The Battle of Bretton Woods: John Maynard Keynes, Harry Dexter White, and the Making of a New World Order* (Princeton, NJ: Princeton University Press, 2013); Richard Gardner, *Sterling-Dollar Diplomacy in Current Perspective* (New York: Columbia University Press, 1980); Armand Van Dormael, *Bretton Woods: Birth of a Monetary System* (London: Macmillan, 1978); and Alfred E. Eckes Jr., *A Search for Solvency: Bretton Woods and the International Monetary System, 1944—71* (Austin: University of Texas Press, 1975)。

49. Jacob Viner, "Objectives of Post-War International Economic Reconstruction," in William McKee and Louis J. Wiesen, eds., *American Economic Objectives* (New Wilmington, PA: Economic and Business Foundation, 1942), p.168.

50. 参见 G. John Ikenberry, "Creating Yesterday's New World Order: Keynesian 'New Thinking' and the Anglo-American Postwar Settlement," in Judith

Goldstein and Robert O. Keohane, eds., *Ideas and Foreign Policy: Beliefs, Institutions, and Political Change* (Ithaca, NY: Cornell University Press, 1993), pp.57—86。

51. 对安全与制度联结的讨论,见 Ikenberry, *After Victory*, chap. 3。对于安全绑定的重要论述,见 Deudney, "The Philadelphia System"; and Daniel Deudney, *Bounding Power: Republican Security Theory From the Polis to the Global Village* (Princeton, NJ: Princeton University Press, 2007)。

52. 对于联盟作为管理安全公约内国家关系的工具的经典说法,见 Paul W. Schroeder, "Alliances, 1815—1945: Weapons of Power and Tools of Management," in Klaus Knorr, ed., *Historical Dimensions of National Security Problems* (Lawrence: University Press of Kansas, 1975), pp.227—262。近期的例子,见 Patricia A. Weitsman, *Dangerous Alliances: Proponents of Peace, Weapons of War* (Stanford, CA: Stanford University Press, 2004); and Jeremy Pressman, *Warring Friends: Alliance Restraint in International Politics* (Ithaca, NY: Cornell University Press, 2008)。在一部新的北约历史中,蒂莫西·安德鲁斯·赛尔认为,战后的欧洲和美国政府精英将北约视为一种保险机制,以防止善变的民主选民过快地屈服于和平的颠覆,破坏冷战的威慑和力量平衡。见 Sayle, *Enduring Alliance: A History of NATO and the Postwar Global Order* (Ithaca, NY: Cornell University Press, 2019)。

53. Lloyd Gardner, *A Covenant with Power: America and World Order from Wilson to Reagan* (New York: Oxford University Press, 1984), p.81.

54. 这种环环相扣的联盟逻辑体现在伊斯梅勋爵的调侃中。北约的存在是为了"把俄国人挡在外面,把美国人拦在里面,把德国人压在下面"。虽然没有记录显示伊斯梅说过这句话,但多年来北约的许多文件都提到了这句话,作为对北约目的的一种解释。见 Sayle, *Enduring Alliance*, pp.2—3。

55. 见 Ash, *Free World*。

56. Secretary of State Dean G. Acheson, Department of State, press release of address to television networks, 18 March 1949.

57. Anne Deighton, "The Remaking of Europe," in Michael Howard and Wm. Roger Louis, eds., *The Oxford History of the Twentieth Century* (Oxford: Oxford University Press, 1998), p.192.

58. 引自 Forrest Davis, *The Atlantic System*, p.303。

59. 见 Wm. Roger Louis, *Ends of British Imperialism: The Scramble for Empire, Suez and Decolonization* (New York: I. B. Tauris, 2006); and Stanley Hoffmann, "Sisyphus and the Avalanche: The United Nations, Egypt and Hungary," *International Organization*, Vol. 11, No.3 (Summer 1957), pp.446—469。

60. John Lewis Gaddis, *Now We Know: Rethinking Cold War History*,

rev. ed.(New York：Oxford University Press，1998)，pp.201—202.

61. 关于霸权秩序背后的内部逻辑和政治讨价还价的文献越来越多，见 G. John Ikenberry and Daniel Nexon，"Hegemony Studies 3.0：The Dynamics of Hegemonic Orders，" *Security Studies*，Vol.28，No.3(2019)，pp.395—421。

62. 迈克尔·马斯坦杜诺对西方大国之间的冷战和冷战后的讨价还价做了开创性的工作，见 Mastanduno，"System Maker and Privilege Taker：US Power and the International Political Economy，" in G. John Ikenberry, Michael Mastanduno, and William C. Wohlforth, eds., *International Relations Theory and the Consequences of Unipolarity*(New York：Cambridge University Press，2011)，pp.140—177；and Mastanduno，"Partner Politics：Russia, China, and the Challenge of Extending U.S. Hegemony after the Cold War，" *Security Studies*，Vol. 28，No.3 (2019)，pp.479—504。

63. Carla Norrlof，*America's Global Advantage：U.S. Hegemony and International Cooperation*(New York：Cambridge University Press，2010).

64. 见 Benjamin Cohen，*Organizing the World's Money：The Political Economy of International Monetary Relations*(New York：Basic Books，1977)。

65. Michael Mastanduno，"Preserving the Unipolar Moment：Realist Theories and U.S. Grand Strategy after the Cold War，" *International Security*，Vol.21，No.4(Spring 1997)，p.61.

66. Charles de Gaulle，*The Complete War Memoirs of Charles de Gaulle*，Vol.3：Salvation，1944—1946，trans. Richard Howard[1959](New York：Simon and Schuster，1960)，p.906.

67. Jeffry Frieden，*Global Capitalism：Its Fall and Rise in the Twentieth Century*(New York：Norton，2006)，p.279.

68. 参见 Andrew Rawnsley，"Brave New World：The Search for Peace after the Second World War，" *Guardian*，1 September 2019。

69. 关于第二次世界大战对西欧和美国新的政治联盟的出现和社会民主的诞生的影响的研究，见 Arthur Marwick，*War and Social Change in the Twentieth Century：A Comparative Study of Britain，France，Germany，Russia，and the United States*(New York：St. Martin's Press，1974)；and Isser Woloch，*The Postwar Moment：Progressive Forces in Britain，France，and the United States after World War II*(New Haven，CT：Yale University Press，2019)。

70. John Bew and Michael Cox，"A Man for All Seasons：The Life and Times of Clement Attlee，" London School of Economics blog post，14 March 2017，https://blogs.lse.ac.uk/politicsandpolicy/the-life-and-times-of-clement-attlee/.

71. 关于艾德礼国际主义的研究，见 Raymond Smith and John Zametica，"The Cold Warrior：Clement Attlee Reconsidered，1945—47，" *International Affairs*，

Vol.61，No.2(1985)，pp.237—252；and Peter Weiler，"British Labour and the Cold War：The Foreign Policy of the Labour Governments，1945—51," *Journal of British Studies*，Vol.26，No.1(January 1987)，pp.54—82。

72. John Bew，*Clement Attlee：The Man Who Made Modern Britain*(Oxford：Oxford University Press，2017).

73. 对西德参与战后西方体系的权威性说明，参见 Ludolf Herbst，Werner Bührer，and Hanna Sowade，eds.，*Vom Marshallplan zur EWG：Die Eingliederung der Bundesrepublik Deutschland in die westliche Welt*(Munich：Oldenbourg，1990)。

74. Adam Tooze，"Democracy and Its Discontents," *New York Review of Books*，6 June 2019，https：//www.nybooks.com/articles/2019/06/06/democracy-and-its-discontents/.

75. Mary L. Hampton，*The Wilsonian Impulse：U.S. Foreign Policy，the Alliance，and German Unification*(Westport，CT：Praeger，1996)，p.24.

76. 见 Hans-Jürgen Grabbe，"Konrad Adenauer，John Foster Dulles，and West German-American Relations," in Richard H. Immerman，ed.，*John Foster Dulles and the Diplomacy of the Cold War*(Princeton，NJ：Princeton University Press，1992)，pp.109—132。

77. Terry Edward MacDougall，"Yoshida Shigeru and the Japanese Transition to Liberal Democracy," *International Political Science Review*，Vol.9，No.1(1988)，pp.55—69.

78. 对非军事大国，见 Daniel Deudney and G. John Ikenberry，"The Nature and Sources of Liberal International Order," *Review of International Studies*，Vol.25，No.2(April 1999)，pp.179—196。另见 Hanns W. Maull，"Germany and Japan：The New Civilian Powers," *Foreign Affairs*，Vol.69，No.5(Winter 1990/91)，pp.91—106。

79. Kenneth B. Pyle，*Japan in the American Century*(Cambridge，MA：Harvard University Press，2018)，p.175.

80. Pyle，*Japan in the American Century*，p.209.

81. Richard Samuels，*Securing Japan：Tokyo's Grand Strategy and the Future of East Asia*(Ithaca，NY：Cornell University Press，2007)，p.35.

82. 参见 G. John Ikenberry，"The Stakeholder State：Ideology and Values in Japan's Search for a Post-Cold War Global Role," in Yoichi Funabashi and Barak Kushner，eds.，*Examining Japan's Lost Decades*(New York：Routledge，2015)，pp.296—313。

83. 权威记录，参见 John W. Dower，*Embracing Defeat：Japan in the Wake of World War II*(New York：Norton，2000)。

84. James Joll，*Europe since 1870：An International History*(London：Weiden-

feld and Nicolson，1973)，p.474.

85. 见 William I. Hitchcock，"The Marshall Plan and the Creation of the West，" in Melvin P. Leffler and Odd Arne Westad，eds.，*The Cambridge History of the Cold War*(London：Cambridge University Press，2013)，pp.154—174。

86. Matthias Schmelzer，*The Hegemony of Growth：The OECD and the Making of the Economic Growth Paradigm*(New York：Cambridge University Press，2016)，pp.254—258.

87. 见 William Glenn Gray，"Making Hirschman Multilateral：The United States，the OECD，and Trans-Atlantic Relations，1945—1975"(unpublished paper，2018)。

88. 见 G. John Ikenberry，"Why the Liberal World Order Will Survive，" *Ethics and International Affairs*，Vol.32，No.1(Spring 2018)，pp.17—29。

第七章 自由主义与帝国

　　两个世纪以来,自由国际主义一直被其与帝国的关系所塑造。自由民主国家在 18 世纪末和 19 世纪初出现在一个帝国的世界里。美国最初是由 13 个试图挣脱帝国束缚的反叛殖民地组成的。它继续征服并吸收了广大的大陆领土。自由民主在欧洲站稳了脚跟,甚至欧洲大国也同时建立和扩大了它们的帝国。在世纪之交,美国在美西战争后开始了自己的帝国生涯。仅仅 20 年后,在第一次世界大战期间,伍德罗·威尔逊认为,在战后的世界中必须坚持自决原则。接下来的几十年里,人们大力将帝国作为一项治理原则加以诋毁,其源头就在这一刻。威尔逊在凡尔赛的同事,包括主要的英国国际主义者,都拥护国际联盟,正是因为它提供了一种将他们的帝国置于更稳定与合法的基础之上的方法。第二次世界大战后,处于从属地位的人民的自决权成为联合国的一个组织目标。然而,即使是在帝国衰落的时候,帝国的非正式经济和制度性工具仍然存在。虽然对一些观察家来说,自由国际主义为战后的世界提供了一个后帝国愿景,但对另一些人来说,它只是一个掩饰帝国统治深刻连续性的无花果叶遮羞布(fig leaf)。

　　引人注目的是,自由国际主义在帝国的世界历史经验的两边,都被用来捍卫和操作帝国。在 19 世纪和 20 世纪初,英国和其他欧洲国家同时倡导帝国主义和自由主义的秩序原则。在维多利亚时代，英国继续建立其帝国，如1876年维多利亚女王加冕为印度皇帝时所象征的，但它也接受自由贸易、仲裁和西方工业社会的多边合作。在建立国际联盟的过程中发挥了关键作用的个人——包括罗伯特·塞西尔（Robert Cecil）和扬·史末资（Jan Smuts）——同时是大英帝国的捍卫者和坚定的自由国际主义者。在任何时候，国家都有可能既是自由主义又是帝国主义的，许多国家的领导人也是如此。

帝国的污点伴随着自由国际主义走过了两个世纪，并进入了当前美国主导全球的时代。关于自由国际主义的辩论遵循两条批评路线，这两条路线都有深刻的思想和政治根源。一条是来自政治左派和修正主义派的历史学术研究，认为自由主义的国际思想和计划对改变包括美国在内的西方大国的深刻的帝国主义特征没有什么作用，19世纪和20世纪初的帝国之间的连续性比不连续性更令人震惊。[1]这一批评的主要证据往往是伍德罗·威尔逊，他阐述了"新外交"（new diplomacy）的宏大原则，包括自决、自由贸易、法治和集体安全，但在谈判《凡尔赛和约》的过程中，他基本上屈服于欧洲的帝国利益。此外，潜伏在威尔逊的自由国际主义背后的是对种族和文化等级制度的深刻信念。[2]批评者接着说，这种帝国主义思想的残余一直延续到当今时代，即使是正式帝国不复存在。自由国际主义的规则和制度可能会削弱和限制西方资本主义和大国统治的帝国冲动，但归根结底，它们更倾向于使这些财富、权力和特权的等级制度合法化，而不是从根本上改变它们。[3]

另一种批评来自现实主义传统内部：一些现实主义者认为，自由主义在其核心中蕴含着一种激进的冲动。美国的自由主义传统使其走上了一个世纪的被误导的和危险的对外冒险之旅。随着美国在20世纪的崛起，它的利益和目的被其自由主义思想和制度所塑造，在最宏大的层面上，从威尔逊开始，它的几代领导人试图以自己的形象"重塑世界"，追求军事干预和理想主义的十字军东征，而忽视了对国家利益的冷静算计。[4]这种现实主义批判的最新版本聚焦于冷战后几十年的美国,当时两极世界的权力平衡规则让位于美国的单极化时代。在这几十年里,在冷战阴影下建立的自由主义霸权体系成为美国泛滥的全球行动主义和统治项目的基础。[5]在这些批评者看来,失败且代价高昂的伊拉克战争是美国自由干预主义的顶峰。

这些现实主义者有时会与那些针对帝国的腐蚀性影响提出了古典共和主义忧虑的批评者形成共识。这是一个漫长的传统,可以追溯到19世纪的和平运动,威廉·詹姆斯(William James)、马克·吐温(Mark Twain)、沃尔特·李普曼和J.威廉·富布赖特(J. William Fulbright)等不同的人物都阐述过这一传统。斯蒂芬·金泽(Stephen Kinzer)在美西战争后阐述了美国的反帝国传统,其思想今天可以在自由主义者对华盛顿无限制的军事干预主义的批评中找到。[6]与现实主义的分析不同,这种批评植根于自由主义传统。戴维·亨德里克森(David C. Hendrickson)将其追溯到自由主义的启蒙运动和美国创始人的共和思想。共和国——或者我们今天所说的自由民主国家——是脆弱的实体,很容易受到由军事力量和战争带来的非自由力量的影响。军事力量的动员具有加强国家行政权力的作用,威胁着公民自由、制衡和法治。随着美国国家安全政府(national security state)在战后的崛起,共和国的自由已被置于危险之中。出于同样的原因,对帝国的追求,包括表现为在世界各地不断进行军事干预的非正式帝国,也是一种危险。[7]对这些批评者来说,自由主义传统是他们反帝国主义的来源。

在本章中,我用四个论点来探讨这些主张。首先,我认为,自由国际主义是在欧洲帝国的背景下被带入20世纪的。自由民主以几种方式适应了西方帝国。它的启蒙根基和自由现代性的早期愿景使自由主义者能够将他们的等级和文明概念与他们的长期世界历史进步思想相协调。自由国际主义也适应——事实上是赞美——全球资本主义的进步逻辑。19世纪的英国霸权和20世纪的美国霸权为自由国际主义与强大的自由主义国家的利益和野心挂钩创造了重要机会。在所有这些方面，自由国际主义有着一双脏手。它的思想和计划与塑造现代世界的其他巨大力量有关：民族主义、资本主义、霸权主义和帝国。

其次，我确定了长期以来在多个层面上发挥作用的一系列力量，这些力量将自由国际主义与帝国主义区分开。一种力量是地缘政治，表现为美国在两次世界大战后为进入世界各个地区所做的努力，当时反帝国主义是大国政治的一种工具。有关国际秩序的思想和规范的变化也对帝国主义不利。罗斯福的"四大自由"是第二次世界大战期间和战后自由民主国家在思想和规范上发生转变的公开和明显的一角，它在一个新兴的国际社会中为普遍原则创造了新的支持者。从国际联盟开始，国际制度也创造了一些平台，专家和活动家可以在这些平台上为自由主义的多边项目服务。它们成为各种支持者和行动的场所——帝国的和非帝国的。自由国际主义者发现自己正在助力西方帝国时代的结束，而且往往是以讽刺性和非刻意的方式。

再次，随着世界本身从以帝国为基础的秩序转向威斯特伐利亚国家体系，自由国际主义的基础也发生了变化——这是现代社会的重大变革之一。帝国的衰落是一个复杂的世界历史进程，其中技术、生态、地缘政治和规范理念的变化都发挥了作用。帝国衰落的部分原因来自在一个不断扩展的威斯特伐利亚秩序中人民和社会寻求独立和地位的"拉力"。随着旧的帝国秩序的崩溃，领先国家寻求获得市场和政治影响的"推动"也是它的动力。到第二次世界大战结束时，自由国际主义的政治项目牢牢扎根于威斯特伐利亚国家体系，并提出了一个围绕主权国家的后帝国世界的愿景，该世界由多边和政府间合作的规则和制度联系起来。

最后，我们还剩下自由干预主义（liberal interventionism）的问题。自由主义国家是否天生就是修正主义者？这基本上是左派中注重克制的现实主义者和批评者的主张。在某种深层次上，答案似乎是肯定的。自由国际主义始于现代性的理念——世界正在通过科学、技术和工业创新无情地改造自己。自由资本主义体系正在不断被重塑。贸易和投资是经济和社会变革的内在力量。如果说自由国际主义有一个核心思想，那就是促进国际秩序，使自由民主国家繁荣和安全。它不是简单的基于权力平衡的秩序，而是一个具有整合性和扩张性的政治和经济的工作系统。但这并不意味着自由国际主义本身就是帝国主义的。自由主义国家的思想和制度可以用来重新约束和抵制帝国主义，并且有能力从帝国主义的丑陋后果中吸取教训。

自由主义与帝国

自由主义与帝国的关系如何？乍一看，两者是政治对立的。帝国是关于统治的，而自由主义是关于对统治的抵抗。作为秩序的类型，它们体现了不同的组织原则。帝国有许多不同的含义和表现形式，但从本质上讲，它可以被理解为一种等级制的秩序形式，在这种秩序中，一个主导国对一个较弱的政体行使正式或非正式的政治控制。这是一种关系，如迈克尔·多伊尔（Michael Doyle）所写："在这种关系中，一个国家控制着另一个政治社会的有效政治主权。"[8]关系是垂直组织的，通常是以轴辐的方式。处于边缘地带的弱小民族和社会依赖于帝国中心，并被强迫地与帝国中心联系在一起。它们是一个遥远的强大国家的外来统治的对象。然而，在实践中，帝国很少是严格的强制统治体系。18世纪和19世纪的欧洲帝国依靠的是非正式的控制和对当地精英的收编。大英帝国由一系列广泛的等级关系组成：正式的殖民地属地、非正式的治理安排、保护国，以及影响和控制范围。[9]然而，尽管政治和权力关系的多样性，帝国的秩序最终都是由主导国家的强制力来执行的。

相比之下，自由主义则是建立在对国家权力的宪政限制的探索上。自由主义植根于约翰·洛克、孟德斯鸠、美国宪法奠基人和其他思想家的思想，提供了一种基于权力限制的政治秩序愿景；其原则包括法治、分权、保护财产权，以及对政治权利和自由的保障。同样，自由国际主义也为后帝国时代的世界组织提供了原则和计划。在自由主义的国际视野中，秩序是由自由民主国家领导的独立自治国家建立的，它们合作维护一个相对开放和基于规则的国际空间。不可避免地会有强国和弱国，但每个国家都对自己的国内和外交政策有一定程度的控制。在自由民主国家创造的国际空间里，帝国主义的秩序原则应该是不受欢迎的。

然而，尽管有这些差异，自由主义和帝国在知识上和政治上是纠缠在一起的。在 19 世纪，自由主义者一般都是国际主义者，他们支持开放的贸易和国际法，但他们的自由国际主义被广泛理解为只适用于"文明"国家。邓肯·贝尔（Duncan Bell）认为："当时和现在一样，自由主义者在帝国问题上仍然存在分歧。他们中的大多数人支持帝国，但大多数非自由主义者也支持帝国，自由主义的帝国主义者在他们所捍卫的帝国形式、他们所提供的支持力度，以及也许最重要的是他们所阐述的理由方面存在分歧。"[10]自由主义者对平等和自治的承诺使他们对帝国感到怀疑，至少在现代自由主义国家的世界里是如此。但是，自由主义的其他特点使其对帝国持宽容甚至支持的态度，包括其发展性的历史观和对非西方政治和文化制度的怀疑。[11]

要确定自由主义与帝国和帝国主义的共谋是很容易的。但这种共谋是自由主义所固有的，还是它的偶然性？尤代·梅塔（Uday Mehta）在他有影响力的研究报告中认为，帝国的"冲动"是自由主义"内在"的。[12]仔细观察约翰·洛克和约翰·斯图尔特·密尔的思想，梅塔认为 19 世纪的自由主义把近几个世纪的西方政治经验变成了一种抽象的普遍历史理论。文明、先进和合法的含义是以欧洲为中心的术语定义的。19 世纪的自由主义者对帝国的"冲动"来自对文明和进步的发展性理解。那些在现代文明"之外"的人在全球发展的等级中处于较低的位置。文明的发展被认为是经过阶段性的,但进步不是自动的,因此帝国——被定义为来自优越文化力量的外部统治——提供了一条道路。正如约翰·斯图尔特·密尔在 1861 年所论述的那样,帝国可以推动欠发达社会向前发展,"扫除改进的障碍,而这些障碍如果任由臣民在其幼稚的倾向和机会中发展,可能会无限期地持续下去"[13]。在梅塔的解读中,19 世纪的自由主义者将洛克的理性主义与密尔的文明和历史进步观联系起来,产生了建立帝国的"冲动"。梅塔发现,帝国的理由被深深编码进自由主义的思想源泉中。[14]

但其他关于早期自由主义思想的论述,在他们对帝国的取向中看到了更多的多样性和偶然性。桑卡尔·穆图(Sankar Muthu)对包括康德、狄德罗和赫德在内的 18 世纪早期自由主义哲学家(protoliberal)的研究,确定了强大的反帝国论点的分支。这些思想家坚信人类的基本道德平等——相信所有的人都"应该得到某种程度的道德和政治尊重",这是他们共同的人性的结果。在这些哲学家身上,穆图发现了一种丰富的对人类的赞赏,即人类是文化的主体,在这个世界上应该是而且将是多样化的。整个社会和民族不应该仅仅根据与欧洲模式的比较来判断优劣。正如穆图所认为的,这些启蒙运动的论点给了反帝国主义分子捍卫非欧洲人的社会秩序自由的理由。[15]

珍妮弗·皮茨(Jennifer Pitts)也发现了反帝国主义思想中重要的自由主义分支。从埃德蒙·伯克、杰里米·边沁和亚当·斯密的思想里,皮茨发现了与约翰·斯图尔特·密尔的"帝国自由主义"相对的早期观点。她认为,在批评欧洲帝国主义时,这些思想家借鉴了以下观点:"人类的权利和外国专制主义的不公正,自由贸易的经济智慧和征服的愚蠢,堕落的文明对自然人的腐蚀,自治共和国统治无权无势的子民所需要的虚伪,以及在国内维持自由而在国外实行暴政的不可能。"[16]从这些描述中产生了多种思想传统,产生了支持和反对帝国的自由主义"冲动"[17]。

在整个维多利亚时代,自由主义者对帝国和帝国主义继续持有不同的观点。正如卡斯帕·希尔维斯特(Casper Sylvest)所指出的:"自由主义内部的许多基本分歧——科布登的尖锐的理性主义,帕麦斯顿的虚张声势的自信,以及格莱斯顿既谦虚又深远的宗教信仰,都可以转化为对帝国扩张的各种看法。"[18]自由主义的观点可以在整个国际主义光谱上找到,从科布登派激进的反殖民主义观点到那些主张帕麦斯顿扩大帝国以促进贸易的战略。反谷物法联盟的领导人约翰·布莱特(John Bright)提出了一个著名的观点,即大英帝国是"一个为贵族提供外部救济的巨大系统"[19]。自由主义者对帝国的支持或反对部分取决于他们究竟是如何理解这个词汇的。与其他类型的帝国属地相比,英国自由主义者更倾向于支持"白人定居者"殖民地("white settler" colonies),而且他们往往认为自己的帝国比其他欧洲国家的冒险更加开明。[20]如果维多利亚时代的自由主义者确实有共同的观点,那可能是格莱斯顿的观点,他声称"虽然我们反对帝国主义,但我们致力于帝国"[21]。

有几个因素决定了自由主义者对帝国的"冲动"。第一,自由民主国家在18世纪末和19世纪初出现在一个全球性的帝国体系中。因此,从一开始,自由主义国家就必须对是否以及如何建立、反对、容纳或绕开西方和非西方帝国做出选择。如第三章所述,19世纪的自由国际主义者经常与"帝国国际主义者"(imperial internationalists)达成共识,后者致力于建立全球基础设施,以支持欧洲帝国体系的扩张。自由主义和帝国国际主义之间还没有明确的界限,无论是在思想上还是在政治上,都可以同时兼而有之。在工业革命和全球资本主义的推动下,"全球"的前景是一条汹涌澎湃的河流,每个人都在上面航行。他们都是国际主义者,有着重叠的议程,与欧洲帝国和帝国主义合作,并使自己与欧洲帝国和帝国主义相容。

这种思想也可以在第一次世界大战期间和之后拥护国际联盟的英国自由国际主义者身上看到。他们中的大多数人认为,国际联盟是朝着建立一个开放和基于规则的国际秩序迈出的一步,同时也是将大英帝国置于稳定地位的工具。驯服无政府主义的力量和加强大英帝国是相辅相成的。例如,这就是圆桌运动(the Round Table)的重要成员的观点,该运动在战前成立,旨在促进联邦制的大英帝国和英联邦。该运动的三名主要成员——莱昂内尔·柯蒂斯(Lionel Curtis)、菲利普·克尔(Philip Kerr)和罗伯特·塞西尔——也是大英帝国出席巴黎和平会议代表团的有影响力的成员。作为圆桌会议的成员,他们关注的是"帝国问题"(imperial problem)——也就是说,他们认为迫切需要给大英帝国一个新的制度架构,使其能够在民族主义、民主和以改革为导向的国际主义时代生存。这些思想家在最终提出英联邦的想法之前,曾对"帝国联盟"(imperial union)和"帝国议会"(imperial parliament)等想法进行过努力。[22]帝国将继续存在,但作为一个具有共同传统、法律和承诺的政治共同体,正如克尔所写的那样,它体现了"西方的自治和自由主义思想"[23]。

英国官员将自由主义和帝国主义的议程带到了巴黎和会以及对国际联盟的支持中。这可以从三个有影响力的人物——扬·史末资、阿尔弗雷德·齐默恩和罗伯特·塞西尔——的思想中看出。每个人都在其自由国际主义中加入了对大英帝国的捍卫。史末资是南非的民族主义者,他是一个早期的国际联盟的拥护者,并为联盟公约撰写了一份有影响力的蓝图草案。他将大英帝国设想为一个能够加强各领地政治地位的框架,将英联邦描述为"世界各国人民在摸索建立和平国际政府过程中的一盏明灯",以及全球秩序组织的典范。[24]国际联盟反过来可以"加强英联邦,使其具有合法性,同时将大英帝国和美国联系起来"。史末资在1918年认为,国际联盟将占据"许多欧洲老牌帝国所空缺的位置"[25]。它将提供一个框架来处理失败帝国的领土,在世界尚未准备好建立主权国家的地区创造稳定。

同时,英联邦将成为战后世界的核心支柱。对史末资来说,国际联盟体现了开明的原则,将促进自治和国际法的传播,同时巩固英国的帝国体系。马克·马佐沃称这是"国际主义的帝国强化"[26]。

另一位对国际联盟规划有影响的英国国际主义者是牛津大学古典学学者阿尔弗雷德·齐默恩。齐默恩是圆桌会议的重要成员,也是国际联盟协会的创始人,他为外交部工作,作为菲利莫尔委员会(Phillimore Committee)的成员,他参与了国际联盟详细提案的起草工作。与史末资一样,他也是国际和平与和解的参与者,倡导将国际联盟作为战后国际秩序改革的核心。[27]齐默恩的自由主义拥护帝国的立场植根于关于西方文明的进步作用的道德论证。在战后世界重建和平的挑战是使其"在精神关系上与经济关系上一样相互依存"[28]。齐默恩提出了一个由西方文明的理想塑造和激励的国际社会愿景,其中英联邦所体现的原则将指导战后秩序的组织。国际联盟不是欧洲帝国体系的替代品,而是一个能够稳定大英帝国的框架,并为英国和美国的领导地位奠定了基础。这种领导力反过来将引导世界走向自由与自治。[29]

保守派政治家和外交家罗伯特·塞西尔也是国际联盟的主要设计者和捍卫者。他在英国帮助建立对国际联盟的支持,后来与史末资一起担任国际联盟委员会的英国成员。塞西尔是一位热衷于自由贸易的国际主义者,他赞同科布登派的观点,即一个由商业、国际法和和平解决争端组成的世界。他主张将国际联盟作为推进这一国际愿景的一种方式,正如他所说:"将国际关系的旧丛林理论连根拔起。"[30]他还将国际联盟视为改革大英帝国的工具。与史末资相比,他不太相信英联邦能成为更广泛的战后体系的模式,而是希望国际联盟能吸引美国积极限制英国和法国将其帝国扩张到奥斯曼帝国领土的诱惑。[31]尽管如此,塞西尔还是非常尊重作为文明堡垒的大英帝国。国际联盟将重振帝国,使英联邦国家在议会辩论中处于更平等的地位,这既能加强它们的独立性,又能加强它们与英国的团结。正如塞西尔所认为的，"说国际联盟的制度是维护大英帝国的一个几乎理想的机制也不为过"[32]。

在美国方面，伍德罗·威尔逊在言辞上支持各国的自决和平等。在1916年的一次公开演讲中，他宣布支持战后联盟，他承认美国未能充分尊重这些原则。[33]在这个意义上，他把美国放在了一个反对帝国的位置上。但威尔逊对帝国的批判是有限的；在凡尔赛，权宜之计支配着他的决定，使他与欧洲帝国主义的对抗受到了明显的限制。亚当·图兹认为，从门户开放时期到威尔逊担任总统期间，美国"对打破帝国的种族等级制度或全球肤色分界线没有兴趣。美国的战略强调要压制的是帝国主义，它不是被理解为富有成效的殖民扩张，也不是白人对有色人种的种族统治，而是法国、英国、德国、意大利、俄罗斯和日本的自私和暴力竞争，这种竞争有可能将一个世界分割成不同的势力范围"[34]。威尔逊是帝国的批评者，但在与欧洲国家的对抗中，他挥舞的是一个反军国主义的议程，而不是一个反帝国的议程。国联将成为结束临时性帝国竞争的工具，只有从长远来看，它才能慢慢引导世界远离帝国。

在所有这些方面，自由国际主义者适应并围绕着欧洲的帝国体系开展工作。这一时期的自由国际主义者对帝国和帝国主义提出了意义深远的控诉。民主控制联盟的领导人物约翰·霍布森（J. A. Hobson）、诺曼·安吉尔（Norman Angell）、亨利·布雷斯福德（H. N. Brailsford）和海伦娜·斯旺威克（Helena Swanwick）以及伦纳德·伍尔夫（Leonard Woolf）等思想家，确实将国际联盟作为结束帝国主义世界秩序的框架。但对于战时的大多数英国自由国际主义者来说，大英帝国——如果不是欧洲帝国主义本身——将是战后秩序的一个组成部分。[35]随着帝国本身被改组为英联邦，帝国不仅可以被看作西方体系之外的一个非自由的秩序领域，而且是传播法治和有限政府的工具。在这种英国例外主义世界观的强烈版本中，帝国本身被视为自由主义。[36]

第二，在 19 世纪和 20 世纪，自由民主国家是一个小而独特的国家群体。在自由主义的想象中，这些国家很自然地认为自己是独一无二的——一种现代类型的政权，它打破了过去，接受了更加开明的政治原则。在对自由主义崛起的全面叙述中，自由民主国家是引领世界进入新政治时代的先锋国家。自由国际主义者看到世界正在被现代性的力量所重塑：一些国家正在引领，其他国家则在跟随。虽然这些国际主义者倾向于认为自由民主国家在主权平等的水平面上（horizontal plane）运作，但他们也认为更广泛的世界是一个由先进和落后国家和社会组成的垂直性景观（vertical landscape）。这种植根于自由主义现代性发展逻辑的全球等级观念，使人们更容易将世界划分为自由主义和帝国主义的领域。

在寻求建立世界秩序的过程中，自由主义国家无一例外地将这种"内部"秩序与外部世界区分开来。爱德华·基恩将此称为世界政治中的"秩序的二元性质"。自由民主国家之间的关系是建立在欧洲国家体系的基础之上的。同时，在这些国家和欧洲以外的世界之间建立的"外部"秩序是以欧洲领导的殖民和帝国体系为基础的。基恩认为，现代国际秩序的每一种模式"都致力于自己的目标，因此拥有自己独特的规范和制度结构"[37]。欧洲或西方秩序致力于建立基于相互承认、主权平等和领土独立的关系。欧洲以外的秩序则致力于促进一种特定的文明理念，并将其所谓好处传递给世界其他地区。在这个外部领域，关系的建立不是基于国家间主权独立的相互承认，而是基于帝国对个人和财产权利的执行。正如基恩所指出的，这种分化的世界观在 19 世纪中叶得到了充分的发展，它标志着"文明国家大家庭"（family of civilized nations）和"落后和未开化"（the backward and uncivilized）的世界之间的分野。[38]

现代国际法的发展反映了编纂两个世界之间的这种划分的努力。国际法通常可以追溯到 17 和 18 世纪欧洲国家的崛起。在这段历史的某些版本中，法律原则是为了规范欧洲国家之间的关系而制定的,后来被输出到世界其他地区。[39] 然而,最近的学术研究阐明了国际法也是欧洲帝国的产物和延续西方统治的一个思想体系的复杂方式。珍妮弗·皮茨追溯了 18 和 19 世纪的法律和政治条约中所体现的思想,从基督教的法学思想到受瓦特尔(Emer de Vattel)在 18 世纪中期具有里程碑意义的《万国公法》(*The Law of Nations*)启发的世俗的普遍法律概念。她表明,这些早期的国际法著作往往是在提出普遍的理想,将"文明世界"作为一个道德共同体团结起来。但这些著作中的普遍主义和平等待遇的概念往往掩盖了以欧洲为中心的排斥性思维。不断发展的"万国法"被用来为帝国主义国家及其代理人的行为辩护,并为追求领土、扣押其他国家的船只和实施歧视性贸易制度提供法律依据。[40]

在 19 世纪,国际法成为一个旨在界定"文明"国家之间的共同体领域并形成欧洲帝国主义的法律基础的秩序项目,正是在这个时代,西方殖民主义的法律和行政特征被转化为一个更加正式和全面的系统,即劳伦·本顿(Lauren Benton)所说的"帝国宪法"(imperial constitutional law)[41]。殖民地官员和国际法学家阐述了编纂帝国关系的法律概念。寻找一个法律结构来定义和规范帝国的条款,是由帝国属地在政治上的不确定性所驱动的。臣民当然不是主权者,他们在帝国国家内也没有法律地位。所面临的挑战是,如何在这些附属政体中确定权利和义务的等级,从而制定国际法。[42] 就英国的经验而言,印度是核心问题,因为律师和殖民官员试图澄清本土精英的权威和他们自己对内部事务的帝国管辖权。到 19 世纪末,这些调和殖民主义与国家间法律的努力形成了独特的帝国法律秩序。[43]

在国际法对文明世界和落后世界的划分进行编纂的同时,国际法律基础设施也为帝国的批判提供了工具。自由主义者用法律的语言来辩论西方的文明使命、国家的等级制度,以及人民的权利和政治地位。安德鲁·菲茨莫里斯(Andrew Fitzmaurice)认为,19 世纪对帝国持法律怀疑态度的人并不是出于理想主义或人道主义的动机,而是担忧帝国对自由的破坏性影响。英国、法国和美国的现代革命赢得了帝国所威胁的自由。正如菲茨莫里斯所言,帝国"创造了一个空间,在这个空间里,专制统治和专制主义可以回归或被遣返回欧洲"[44]。在 19 世纪末争夺非洲的过程中,法学家之间的辩论更激烈了。一些自由主义改革者认为,国际法是促进帝国主义国家之间合作的工具,以便欧洲的帝国主义扩张可以继续下去而不危及和平。这就是 1885 年柏林会议的议程,这次会议是由德国首相奥托·冯·俾斯麦主持的欧洲大国的聚会,会议的目的是绘制非洲的殖民边界(其中大部分边界至今仍未改变)。国际法学家被要求澄清主权、财产和帝国权利的法律基础。帝国的自由主义批评家,担心关于自由民主世界内脆弱的权利和自由,他们利用国际法努力限制欧洲进入帝国征服的新时代。

国际法的这些领域并不是由自由国际主义者发明的。但自由主义者确实将国际秩序的模糊性作为自己政治课题的基础。不断发展的帝国国际法对自由国际主义有双重影响。一方面,帝国主义越来越多地被纳入国际法律框架,这使得自由国际主义者更容易将帝国(对英国人来说,至少是他们自己的帝国)与一个由法律和合作组成的世界的愿景相协调。但另一方面,从长远来看,这种帝国法律秩序也提供了法学家和政治活动家可以用来反对帝国的原则和制度。

第三,维多利亚时代和 20 世纪初的自由国际主义与种族和文明的等级观念交织在一起,这些经常不言而喻的规范性假定潜伏在西方关于自由主义和帝国的辩论的背景中。[45]在自由主义出现之前,种族和文明等级的观念就已经存在了。古希腊人和罗马人区分了文明世界和野蛮世界。只要有征服、镇压和跨越种族与文化鸿沟的剥削,这些观念就会存在。19 世纪的西方思想家将种族和文化优越性的观念带入他们塑造全球秩序的努力中,这并不奇怪,而这些观念又是由欧洲在帝国和殖民主义方面的实际经验形成的。[46]这些思想和形象被交织在自由国际主义之中。

文明或文明世界这个词有着悠久的历史和不同的含义,但在 19 世纪,它被欧洲思想家广泛用于描述西方社会相对于其他民族的特点。它传达了这样一种理念:欧洲社会因其先进的制度和文化而有别于其他社会。对于哪些具体的价值观能将文明社会与非文明社会区分开来,人们只达成了松散的共识。但这是一种关于承认的学说。文明——作为一个人口、民族或国家——就是被承认为领先和最先进的政治共同体的成员之一。那些被认可的国家有权按照这个特权国家集团的规则和规范来对待。[47] 例如,美国殖民地在脱离大英帝国的过程中,试图通过展示"对人类意见的尊重"来寻求这种承认。[48] 在这个意义上,文明标志着全球秩序的内部和外部领域的界限。它将围绕主权和国家平等组织的国际社会同其他所有一切分割开来。

在 19 世纪末,文明日益成为一项法律原则,有了江文汉(Gerrit Gong)所称的"文明标准"的具体标志。这些标志包括自由、财产和商业的权利,一个有组织和有效率的政治官僚机构,对国际法的遵守,国内法院和法律体系,以及对"文明"社会和文化习俗的接受。[49] 这实际上是一个欧洲标准,与欧洲帝国的"文明使命"有关。在 1885 年的柏林会议上,欧洲帝国国家利用这种文明话语来界定他们与非洲和其他殖民地人民之间的关系。《柏林法案》(Berlin Act)的签署者同意"在非洲的某些地区规定最有利于贸易和文明发展的条件",并"约束自己注意保护本地部落,关心改善他们的道德和物质福利条件",目的是"指导本地人,给他们带来文明的祝福"。[50]

将世界划分为"文明"和"落后"民族是文化和种族的人造产物。西方根据种族和文明组织的世界形象至少可以追溯到欧洲的地理探索时代。自由主义传统中的许多早期人物——从约翰·洛克和美国的创始人开始——都轻易地将他们的启蒙政治原则与奴隶制的剥夺和原住民的丑恶待遇相协调。在 19 世纪,随着达尔文的适应和自然选择思想的到来,按种族排序的世界理念明确地与进步的思想和将世界分为弱小和强大的社会的观点联系在一起。在赫伯特·斯宾塞（Herbert Spencer）看来，"一个民族对另一个民族的征服，主要是社会人对反社会人的征服；或者，严格地说，是适应性强的人对不适应的人的征服"[51]。西方思想家阐述了关于人类进步等级的复杂想法，以此作为帝国和将欧洲白人置于发展等级顶端的理由。[52]西方国家的文明使命变成了一个白人指导非白人如何组织社会以实现社会进步的项目。这离吉卜林（Kipling）的诗《白人的负担》（The White Man's Burden）只有一小步之遥了。[53]

在美国，威尔逊的自由主义也被注入了文明和种族等级的思想。试图调和威尔逊的种族主义和他的自由主义的一种方法是将它们视为不同的冲动。他的种族主义植根于美国的奴隶制和内战的经历。这是重新划分了联邦公务员系统，并默许了国内外种族歧视行为的威尔逊。然后是道德理想主义者威尔逊，他倡导平等和自决的自由主义国际原则。斯蒂芬·斯科罗内克（Stephen Skowronek）在他对威尔逊的描述中认为，威尔逊的自由主义与他对种族的南方态度是分不开的。威尔逊对自决权的拥护可以被看作他长期以来对他所认为的美国联邦政府在内战后过度参与南方各州重建的批评的延伸。斯科罗内克写道："当威尔逊设想'每个民族都能自由地决定自己的政体、自己的发展方式，不受阻碍，不受威胁，不受恐惧，小的民族和大的民族一起'，他实际上是把对美国南方的声音变成了美国在世界舞台上的声音。"[54]威尔逊对强国使用武力来获取忠诚和实施统治持批评态度，因为他通过重建期间南方的眼睛审视世界。出于同样的原因，他赞同埃德蒙·伯克在美国革命期间对英国殖民地政策的反对：强权政治的被统治者是"文明的"人民。对于欠发达的民族来说，他们被接受进入文明世界以及他们从自决和免受帝国统治的保护中获益的能力是有条件的。斯科罗内克总结说，这样一来，威尔逊的观点是双刃剑。他把对强权政治的批判与"他天生的种族等级意识"结合起来，它既支持领先国家在促进弱小民族的前景方面发挥监护作用，又反对欧洲国家在相互竞争中推行军国主义政策。[55]

　　威尔逊和其他参加凡尔赛会议的美国和欧洲官员对人权没有特别广泛的认识，更不用说对社会和种族正义的信念了。国际联盟在其成立章程中并没有提到人权。[56]在谈到"普遍"权利和价值观时，威尔逊并没有谴责西方的种族和文明观念。在起草国际联盟公约的过程中，日本人提出了一项关于种族平等的决议。日本代表牧野伸显（Makino Nobuaki）伯爵认为，由于国家平等是国际联盟赖以存在的一个基本理念，公约应明确确认尊重所有种族和民族的原则。威尔逊一直在考虑一项关于宗教自由的决议，他一度想过将其与日本的决议相结合。然而，最终他还是屈从于实际政治的压力，决定取消关于种族平等的决议。英国认为该决议是一种威胁，特别是对澳大利亚移民的"白人政策"。由于担心失去英国对条约的支持，威尔逊援引了一致同意条款以确保条约的失败。岛津直子（Naoko Shimazu）对这一戏剧性事件的详尽描述表明，虽然威尔逊并没有因为种族平等提案对美国种族隔离的影响而加以抵制，"他个人也没有致力于将种族平等作为一项普遍原则"[57]。关键在于，他对世界秩序没有一个开阔的自由主义视野。他强调民族自决而不是种族平等，而自决本身就是由大国通过授权制度来管理。至于其他大多数社会目的，威尔逊愿意做出妥协或忽视它们。

　　最后，在最基本的层面上，整个19世纪和20世纪的自由国际主义者倾向于将国际关系视为由不断重塑世界的动态和进步的力量所塑造。如前所述，这种观点植根于自由主义的启蒙运动基础。科学、技术、发现和学习的深层力量在不断改变着人类社会。现代性的概念试图抓住这些不断发展的动力的逻辑和后果。进步的概念意味着现代生活中固有的变化，为社会创造机会，改善他们的环境。这些现代性和渐进式变革的概念交织在自由国际主义的思想和学说中，它使自由主义者将帝国视为世界发展的一个过渡性产物。

　　这种对现代性和进步的看法有几个层次。一层是对资本主义和市场社会动态运动的简单看法。西方资本主义和开创了现代世界的工业体系具有很强的扩张性。贸易、投资和交换将社会向外推展。除非它被领土型国家所阻止，否则资本主义本质上是跨国性的。拥有资本、技术与能力来投射权力的社会在这个扩张过程中占主导地位。可以预见，在一个开放和相互依存的自由国际秩序中，社会将发现自己处于一个不断变化的过程。当国家之间进行贸易时，行业和部门将不可避免地兴起和衰落，企业和工人必须适应。开放社会的不稳定性和脆弱性将产生变革的政治力量。这些资本主义的动力不一定会导致正式的帝国体系，尽管欧洲帝国主义是由资本主义的扩张逻辑推动的。但是，自由国际主义包含了深刻的修正主义假定。自由国际主义者预见自由民主国家所建立的世界会不断地被打乱、干扰、侵入和推翻。[58]

在另一个层面上，20世纪初的一些自由国际主义者认为，资本主义和市场力量并非天生或永久地与帝国结盟。科布登主义传统中的自由主义者认为贸易和经济相互依存是围绕现代工业社会的和平秩序的构成要素。约翰·霍布森（John Hobson）认为，帝国的冲动来自寡头资本主义，因此可以通过更进步的经济政体来避免。诺曼·安吉尔认为，资本主义社会间经济相互依存关系的稳定增长将使战争越来越不合理。约瑟夫·熊彼特（Joseph Schumpeter）认为，欧洲的帝国主义植根于前现代的社会形态，随着现代资本主义的传播，这种社会形态将被削弱。帝国并不表明资本主义已经取得了胜利，而是表明资本主义的统治地位并不完整，它还被古代政权和贵族、民族主义和军国主义的力量所牵制。[59]在这些理论中，市场资本主义的力量远非天生就倾向帝国主义，而是可以在长时段发挥作用，终结帝国。即使资本主义在本质上不是反帝国的，其被塑造和引导的方式也导致了正式帝国的终结。[60]

在最深层次上，正是对自由民主的现代化逻辑和世界范围内的进步信念，讽刺性地打开了自由主义的帝国冲动的大门。自由主义者坚信,现代性的力量正在沿着自由民主的道路向前推进,这使他们能够解释和捍卫世界上的经济和政治等级制度,将其作为不完整变革的结果。欧洲和西方民主国家在这个伟大的前进过程中体现了现代的含义。像密尔这样的自由主义者可能称自我统治为最高形式的政府,但却认为世界上大部分地区还没有准备好接受它。正如迪佩什·查克拉巴蒂(Dipesh Chakrabarty)所言,在这个宏大的现代主义愿景中,"印度人、非洲人和其他'粗鲁'民族"被丢弃在"想象中的历史等候室中"。[61]

反对帝国的自由国际主义

如果说自由国际主义对帝国有一种冲动,那么它也有一种反对帝国的冲动。19世纪末,美国和欧洲的自由主义思想家在反对帝国和殖民主义的运动中发出了自己的声音。两次世界大战之后,许多自由国际主义者,特别是美国的自由国际主义者,拥护国际联盟和联合国,认为它们是奉行自决和主权平等原则的机构,从而提供了一条摆脱帝国的道路。随着20世纪的推移,自由国际主义者越来越多地致力于后现代的秩序形式。这些方向上的变化在第二次世界大战期间和之后美国和英国之间关于帝国特惠制(imperial preferences)和全球势力范围的争斗中得到了体现。在20世纪40年代和冷战期间,与帝国主义的脱离是自由国际主义总体性重构的一部分,当美国在追求其不断扩大的地缘政治利益和建立战后秩序的过程中,支持以主权国家为核心的世界。然而,在重要的方面,使自由国际主义反对帝国和帝国主义的不是西方,而是非西方世界,它们抓住了思想和原则——在性质上是普遍性的,但在起源和目的上往往是工具性的——并将它们应用于主权、权利和规则的斗争。

　　威尔逊时代的自由国际主义提供了全球观念，但它保留了旧式的西方本位主义。威尔逊和他的同行们提出的自由秩序的愿景更多的是"文明性"（civilizational）而不是"普遍性"（universal）。国际联盟将向更广泛的世界开放，但它是围绕西方自由民主国家组织的。那些被认为不够成熟的国家将不得不等待，直到它们准备好加入这个主权国家的共同体。正如爱德华·基恩所言，国际联盟使文明的"国际化"得以实现——因此，成员资格和地位的普遍性或全球性受到了限制。"尽管在界定文明世界的边界时，意识形态方面的考虑开始变得更加重要，但在决定哪些民族有资格成为新的成员时，种族歧视仍然是一个主要因素，因此要争取让他们的主权地位得到承认。"[62] 随着第二次世界大战后秩序的重建和联合国的建立，这种文明观——"文明国家大家庭"与世界其他地区的区别——让位于一个更加普遍和包容的概念。基恩认为："简单地说，联合国被设想为，或者说很快就成为一个世界上所有人民的组织，普遍参与为和平服务和发展全球文明的事业，而国际联盟首先是一个文明国家的组织，为世界上所有人民共同工作。"战后国家、人民、主权和文明的概念越来越少地建立在 19 世纪民族的社会等级观念上。正如基恩所指出的："联合国系统的发展反映了对非欧洲民族的更大的包容性，这与他们的文明程度不亚于欧洲民族的认识是一致的。"[63] 在 1919 年至 1945 年间，对于不同地区与文明的民族及社会，作为道德和法律实体，彼此间应如何联系的理念发生了转变，这一变化部分是由于更充分地认识到了"主权平等"这一概念的普遍影响。[64] 但它也受到了"人民权利"（rights of people）日益突出的推动——即所有人类因其为人而拥有基本和不可剥夺的权利这一说法的传播。

　　这种转变的背后是对现代性与文明看法的改变。文明本身作为一种知识结构正在被削弱，而现代性也不仅被视为从其西方中心向外扩散的东西。新的分界线不是西方与非西方——这一点已经站不住脚，而是自由民主世界与非自由世界。现代性赋予了这个政治世界的双方以权力。在第二次世界大战中,代表文明的伟大斗争是针对纳粹德国的,而这个欧洲大国本身就利用"科学式"的种族理论来为其暴力和侵略辩护——这些理论在 19 世纪曾被用来捍卫欧洲帝国对"落后的"非欧洲民族的统治。[65]在这个意义上,旧的文明为两种世界秩序辩护——西方的文明国家体系和其他落后的未开化的世界——并没有因为非欧洲人逐渐加入"文明国家的大家庭"而失败。而是当文明国家——德国、日本和俄罗斯——沦入非文明世界时,它崩溃了。[66]

正如我在第五章所指出的,这种思维的转变发生在战争年代的美国,并在冷战期间继续。法西斯主义和极权主义的兴起使罗斯福和他同时代的人放弃了他们的文明、种族和国家的概念,重新思考自由主义和现代性的本质。由于对自由资本主义秩序的威胁现在来自西方内部,文明的含义不再由种族、文化或地理来定义。伦纳德·伍尔夫(Leonard Woolf)在 1939 年出版的一本小书《大门口的野蛮人》(*Barbarians at the Gate*)中表达了这一观点,他认为文明不是一种地理性或甚至是一种文化性创造,而是一种在人类社会中规范个人行为的方式。欧洲可能已经找到了一种独特的方法来约束暴力、暴政和掠夺,但文明在世界各地的分布更为广泛——文明的对立面,即伍尔夫所说的野蛮,也是如此。在第二次世界大战前夕,伍尔夫写道:"因此,野蛮人不仅在门外;他总是在我们文明的墙内,在我们的思想和心灵中。"[67]这种对自由民主世界的危险来自这个世界内部的新感觉,迫使美国和欧洲的国际主义者重新思考他们的原则和事业。

美国的自由国际主义者开始做出更认真的努力,将他们的项目与欧洲帝国主义的遗产分开。这种分离是由不断发展的关于主权和自决的想法、地缘政治利益的重大转变、萧条和西方自由民主国家的战时政治,以及战争带来的更直接的斗争和它改变英美关系的方式所推动的。美国对帝国的依恋与英国不同,在世界是否以及如何从帝国过渡的问题上,西方内部出现了裂痕。[68]这一点在 1941 年的《大西洋宪章》会议上体现得最为明显,罗斯福和丘吉尔在大英帝国特惠制度的未来,以及主权权利和自决权的原则上存在分歧。[69]

地缘政治的逻辑

在这几十年里,有四种不同的力量在推动美国和自由主义国际项目远离帝国。首先,是地缘政治利益的直接作用。美国作为一个正在崛起的全球大国,认为其长期利益与帝国的解体相关。罗斯福和美国官员认为欧洲殖民主义是一种衰落的、不稳定的秩序形式,将不可避免地遇到国家抵抗运动。美国谨慎而有选择地与这些运动结盟,以扩大其影响力并削弱其他大国的影响力。这种地缘政治考量在战争期间具体化了,当时美国对一个开放和稳定的战后世界体系有着压倒性的兴趣。这是一种大战略"冲动",具有明显的反帝含义。

它得到了地理和历史时机的助力。20 世纪 30 年代,随着美国在一个由帝国、帝国区和势力范围主导的全球体系中崛起,美国的战略家开始争论美国是否能成为一个大国,并在西半球中保持孤立。美国的"大区"(grand area)需要多大才能成为一个有活力的大国? 战争期间,出现了一个松散的共识:大区必须是全球性的。[70]美国将需要获得世界上大多数地区的市场和资源。美国官员——自由国际主义者和其他人——认为国家的利益与打破帝国集团和势力范围,以构建一个开放的全球体系联系在一起。美国没有继续旧式的帝国组织理念,而是倡导全球规则和制度,促进开放和自决——不是出于理想主义的原因,而是为了开放欧洲、亚洲和其他地区的贸易、投资和外交活动。美国所处的孤立位置和较晚成为大国的事实,促使美国采取了组织全球秩序的方法。美国之所以面向全球,是因为它需要开放并与世界主要地区建立联系。这反过来又促使它阐明反帝原则,如开放、非歧视和自决。如果说美国建立了第一个"全球帝国",那么它是通过抬出(elevating)普遍原则和多边规则与制度做到这一点的,并颠覆了帝国的旧有组织逻辑。

美国独特的地理位置也影响了它投射权力的方式。20世纪的所有其他主要国家都在欧亚大陆上,因此是敌对大国的邻国。美国则是孤立的,与欧洲和亚洲隔着广阔的海洋。这使它有可能作为一个外部平衡国对其他国家发挥作用。战后欧洲和东亚的国家试图吸引美国在其区域内发挥经济和安全作用。它们寻找美国的军事承诺可以帮助解决地区安全问题的方法。例如,法国和英国希望美国的持续性安全承诺成为一个更广泛的区域体系的一部分,以帮助西德融入欧洲。日本利用其与美国的联盟关系来解决其安全问题,并找到一条恢复增长和现代化的道路。这些情况使美国获得了霸权式的而非帝国式的权力关系。美国与这些地区的距离使其威胁性降低,从而使欧洲和东亚更担心被抛弃而不是被主宰。美国则对它们的承诺的可信度感到担忧。至少对一些特定的联盟伙伴来说,让美国提供安全保障的好处要大于沦为次要伙伴或附从国所带来的被支配和丧失自主权的风险。这并不是说美国的主宰地位消失了,而是它的特点适合于通过谈判达成交易,并建立起带有承诺和约束的制度。[71]

同样的地理和时机因素也加强了美国支持民族主义的建国和自治运动的动机,作为其反帝秩序建设逻辑的一部分。如果一个大国不能直接统治一个较弱的国家,那么它的次优选择就是支持这个国家的主权和独立,这样它就不会被一个敌对的大国所统治。例如,庄嘉颖(Ian Chong)*,指出,美国在东亚倡导主权和自决,是避免被排斥的一种方式。他认为,大国如果能侥幸成功的话,则可能更偏向彻底的主宰,但在西半球以外的大部分地区,这对美国来说不是一个现实的选择。因此,在战后的中国、印度尼西亚和泰国等国,美国把它的支持放到了民族自决运动上。[72]在庄嘉颖看来,美国并不是唯一追求这种"次优"战略的国家。英国和其他欧洲大国在发展中世界的许多地方促进了自决和主权独立,以消除对手大国对地区统治的争

---

* 原文如此,庄嘉颖的全名应该是 Ja Ian Chong。——译者注

夺。[73]但地理环境和历史时机使这种方式成为美国的主导冲动。

美国崛起和塑造 20 世纪国家间秩序的方式是独特的。它在与其他主要国家相对隔绝的情况下逐渐强大起来，并在帝国的高潮中成为一个世界大国。它没有通过征服其所在地区以外的国家而成为一个大国，而是在（权力）真空和战后的时刻介入，塑造地缘政治的解决方案。从某种意义上说，它就像 19 世纪的英国一样，试图作为一个离岸大国塑造事态发展，而不寻求成为一个大陆大国。它的相对优势在于为其他国家提供安全保护，削弱了亚洲和欧洲的陆地大国对主导地位的争夺。[74]与英国不同，美国是通过联盟体系与附从国来实现这一目标的。它试图通过推进扩张性原则和多边规则与制度来建立一个全球秩序。[75]这些统治工具倾向于使秩序变得更加霸道而非帝国主义，为自由国际主义者提供了阐述后帝国主义秩序愿景的机会。

自由国际主义思想

将自由国际主义和帝国分离的第二种力量是其思想本身，它们通过自由民主国家和西方世界以外的政治运动进行过滤。罗斯福的"四大自由"和《大西洋宪章》是这些思想中最全面的，可以视为战时民主政权领导人为动员人民参加战争所做的努力。从这个意义上说，它们达到了一种工具性目的。对罗斯福来说，《大西洋宪章》是使美国人民接受他们即将加入的战争的合法性的一种方式。它通过向欧洲被征服的国家和中立国提供一个关于未来美好世界的全面的自由民主愿景，来努力对抗纳粹的宣传。但是，即使普遍主义原则是出于工具性的原因，一旦它们进入话语，就会成为有争议的意识形态景观的一部分，而政治斗争就是在这个基础上进行的。[76]

可以肯定的是，一些自由国际主义者深度地参与引导自由主义与帝国的分离。罗斯福在战后规划方面最亲密的顾问萨姆纳·韦尔斯（Sumner Welles）——《大西洋宪章》和后来的联合国背后的推动者——真诚地寻求利用战时与英国的关系来"护送"大英帝国下台。他和其他威尔逊主义者在 20 世纪 30 年代对 1919 年的失败进行了反思,寻找新的方法来建立一个合作性的全球秩序,正如韦尔斯所说:"这意味着每个国家在法律上平等,并接受道德秩序和有效的国际法。"[77] 韦尔斯试图制定原则,以削弱帝国在战后世界的政治地位。[78]

但正是对自决和主权平等的更广泛使用,使这些原则产生了影响。这场斗争是在许多方面展开的,由地缘政治和意识形态的冲突,以及西方内部和西方与非西方之间的运动推动。这不是简单的——或者说主要是一个西方将其思想和制度"外化"(externalizing)到世界其他地方的故事。非西方国家的人民和社会抓住了西方为自己制定的原则和制度,并在争取独立的斗争中为自己的目的进行调整。在见证 1964 年的非殖民化运动后,鲁珀特·爱默生(Rupert Emerson)指出,当非西方人民"要求平等、民主和自决权时,他们是在要求他们现在及过去的统治者实现这些统治者传递给他们、并宣称为这些统治者自己理想的东西。19 世纪在西方帝国发展起来的民族主义思想,及其所推演出的自决权利,在这个意义上可以被视为反殖民主义的关键来源之一。"[79] 威斯特伐利亚和自由国际主义思想既是被推向、也是被牵引到世界其他地区的,C. A. 贝利(C. A. Bayly)认为,非西方国家的人民和社会"接受并重塑西方思想","对欧洲当权者统治的性质和程度设置了限制"。[80]

帝国和殖民主义的正式和非正式解体是 1945 年后时代的大戏之一。从 20 世纪 50 年代到 60 年代初,19 世纪的帝国扩张时代经历了一场彻底的逆转。罗宾·温克斯(Robin Winks)指出:"一个接一个的殖民地试图摆脱欧洲的控制,实现自己的独立。从几内亚到索马里,从摩洛哥到印度,法国、英国、意大利、荷兰、比利时、西班牙和葡萄牙的旗帜纷纷倒下。取而代之的是新设计的新主权国家的旗帜。到 20 世纪 80 年代中期,没有任何一个地区处于殖民统治之下,尽管在非洲共和国还存在着严重的歧视性制度。"[81] 19 世纪末,欧洲的主流观点是,帝国制度将继续成为世界秩序的核心组织逻辑。然而,在不到一百年的时间里,这些帝国——连同苏联——已经消失了。[82]

美国和其他自由民主国家的政治运动也对其政府的帝国政策产生了幕后影响。19 世纪,英国反奴隶贸易运动迫使议会在整个大英帝国废除奴隶贸易。在第一次世界大战期间和之后,美国与英国的妇女选举权运动在国际事务中变得越来越活跃。战争本身影响了妇女的生活,激发了女权运动,并阐明了战争在现代社会中的作用。运动中的许多人将投票权与争取和平和世界性社会正义的运动直接联系起来。[83]战争期间,大西洋两岸的妇女团体在简·亚当斯(Jane Addams)和艾米莉·格林·巴尔奇(Emily Greene Balch)等人的领导下,积极参与了关于战后安排的辩论。[84]亚当斯和巴尔奇一起成为全国妇女和平与自由联盟(the Women's International League for Peace and Freedom)的领导人,致力于和平教育、国际对话和社会进步事业,她们后来因此获得了诺贝尔和平奖。[85]该组织和其他组织明确地将在其社会中剥夺妇女权利和社会正义与在国外追求军国主义和帝国主义联系起来。

在 20 世纪 40 年代,国内的政治斗争——特别是关于民权的斗争——以及进步运动的持续活动,加强了自由国际主义的海外努力。争取民权的美国人明确地将他们的事业与反殖民主义运动联系起来。[86]例如,这种联系在 1942 年 6 月有所表现,当时沃尔特·怀特代表全国有色人种促进会(National Association for the Advancement of Colored People)与萨姆纳·韦尔斯会面,敦促罗斯福政府召开"太平洋会议"(Pacific Conference),致力于结束亚洲的殖民统治。怀特希望罗斯福能与印度领导人如尼赫鲁和甘地以及中国的蒋介石会面,宣布美国支持亚洲建国和民族自治。怀特还建议,在《太平洋宪章》在手的情况下,一个由温德尔·威尔基(Wendell Willkie)和一个"肤色明确无误地表明他是有色人种的杰出美国黑人"率领的美国代表团应前往印度,宣布美国对印度斗争的支持。[87] 这一想法在政府中没有得到太多支持。即使那些对大英帝国有意见的人也不愿意采取可能削弱英国在与纳粹德国斗争中的地位的措施。

第二次世界大战后,美国民权运动和社会正义运动将他们的斗争与国外的民族主义和反帝国主义的斗争联系在一起。1947 年,杜波依斯(W. E. B. Du Bois)在联合国平台发表了"对世界的呼吁",描述了美国种族隔离和不平等的不公正现象,并将非裔美国人的斗争与非洲和其他地方的殖民主义受害者联系起来。他认为:"我们的待遇不仅是美国内部的问题,这是人类的一个基本问题。"[88] 不仅民权活动家呼吁国际听众给予支持和声援,许多美国政治领导人也认为民权方面的进展是与冷战斗争的组成部分。在这几十年里,美国政府与民权立法的关系是由管理其国际形象所必需的意识决定的。正如历史学家玛丽·杜吉德恰克(Mary L. Dudziak)所言:"应对国际批评的需要使联邦政府有动力促进国内的社会变革。"[89] 这种联系还体现在另一个方向,即美国民权运动与其他社会正义倡导者一起,向美国政府施加压力,以支持国外的反殖民主义事业。[90]

制度平台和能力

第三种力量是两次世界大战后建立的国际组织所创造的平台和能力,专家和活动家可以在反对帝国的斗争中使用。虽然国联和后来的联合国帮助英国和其他欧洲国家保住了剩余的帝国财产,但它们也成为行动主义的机构场所,以及普遍主义规范和原则的宝库,帝国的反对者可以在他们争取自治的斗争中使用这些规范和原则。国联和联合国都为那些以前对外交或国际规则和惯例的形成没有什么投入的团体创造了制度上的渠道,使之有机会和旧的帝国秩序抗衡。这些团体包括妇女组织、国际活动家,以及非西方国家的政府和人民。[91]

正如我所指出的,第一次世界大战并没有平息欧洲人对帝国的渴望,国联在欧洲和英国被广泛认为是一个加强帝国统治的威望与管理的机会。但是,联盟在推动世界走向帝国的终结和民族自决的传播方面也发挥了作用——尽管是一个矛盾和尴尬的作用。苏珊·佩德森(Susan Pedersen)认为:"如果考虑到它在稳定新国家和运作少数民族保护与委任制度(the minorities protection and mandates system)方面的工作,国联似乎是一个从正式帝国的世界向正式主权国家的世界过渡的关键代理人。"[92]佩德森特别关注国联的永久委任制度委员会(Permanent Mandates Commission),该制度成立于1921年,旨在管理德国、奥匈帝国和奥斯曼帝国在战争中失去的非洲、中东和太平洋地区的领土。委任制度并没有直接改变其余帝国的目标,它们试图保留其殖民地,并继续将帝国视为一种文明化的使命。佩德森认为:"新的东西是这个制度带来的国际外交、宣传和'谈话'的机制和层级。"委任制度是"国际化"的工具——"通过这一过程,某些政治问题和职能从国家或帝国领域转移到了国际领域"[93]。委任制度的设计者没有想到,它成为那些赞成自决和修改凡尔赛解决方案的人得以提出自己要求的工具。它为国际主义者、人道主义者、民族主义者和其他试图揭露帝国统治黑暗面的人提供了一个平台。更广泛的国际联盟机构也产生了同样的效果,将国际委员会、国际组织、游说者和专家们吸引到关于欧洲帝国的未来和国家的规范基础的广泛而持续的辩论中。[94]要建立一个全球性的主权国家体系,需要几十年的时间和另一场世界大战。但国际联盟毕竟指明了方向。

在1947年印度独立之前,印度利用国际联盟获得了权利和认可。英国为了加强其在凡尔赛的影响力和投票权,克服了其他大国的反对,为其领地(包括印度)争取了单独的代表权。尽管印度仍然是英国的附属(dependency),但它与澳大利亚、加拿大、新西兰和南非一起,积极参加了会议讨论,并在"法律平等"的基础上签署了和平条约。[95] 由于《国际联盟盟约》是和平条约的一部分,印度获得了成为联盟创始成员的权利,是 31 个原始成员中唯一没有合法自治权的国家。印度的内部和外部关系继续由英国政府负责,但正如一位观察家所指出的:"在现代时期,(印度)第一次与外部世界进行了直接和正式的接触。"[96] 在 1919 年至 1947 年间,印度在国际法律体系中的地位仍然是不正常的。虽然在形式上不是一个主权国家,但印度行使了缔约权,并参加了 1920 年后的几乎所有国际会议。作为联盟成员,印度出席了 1921 年的华盛顿海军军备会议,签署了《华盛顿条约》,并被接纳为国际劳工组织、常设国际法院和其他国际联盟相关组织的成员。它签署了许多多边条约,包括 1928 年的《白里安-凯洛格公约》。[97] 1945 年,印度被邀请参加联合国旧金山会议,并成为这个新的世界组织的创始成员。在这一时期,印度的自治地位仍然有限,许多印度民族主义领导人认为他们的国家在这些国际机构中的存在是对英帝国主义的屈服。然而,印度利用这几十年来获得的地位为独立铺平了道路,巩固了印度作为一个外交单元的地位,并使其民族主义运动得到国际认可。[98]

联合国在促进脱离帝国的过渡方面甚至更加显著。它正式载入了主权国家世界的普遍会员制理念,并为承认新国家并将其纳入后帝国时代的西方秩序提供了法律和政治框架。随着非殖民化进程的加快,联合国的成员数量迅速增加,从 1945 年的 51 个,到 1961 年9 月的 100 个,到 1985 年底达到 159 个。具有讽刺意味的是,联合国被广泛认为是国际主义思想的体现,但其最大的成就可能是主权国家体系的全球性胜利。亚当·罗伯茨指出了联合国在提供非殖民化框架方面的重要性:

联合国有时通过公民投票,有时通过大会决议协助非殖民化进程,其中最重要的是 1960 年的《给予殖民地国家和人民独立宣言》。但其最重要的贡献是为众多新成立和重组的国家提供了一个进入国际社会的框架,其中许多国家非常脆弱。对他们来说,联合国不仅是获得外交承认的主要手段,也是一个世界舞台,一个谈判论坛,一个高薪工作的提供者,以及一个象征性保护的来源。联合国体现了一些原则,包括种族平等和国家主权平等,这对非殖民化进程至关重要。[99]

威斯特伐利亚体系的全球扩张

最后,将自由主义与帝国分离的最深刻、最深远的力量是围绕威斯特伐利亚国家体系在全球扩展的斗争。一个由主权国家组成的世界是自由国际主义传播的先决条件。因此,将国家主权权利扩展到那些民族与国家的斗争是对抗帝国的真正保障。通过建立和强化从帝国到民族国家的这一重大转变,自由国际主义最终将其"事业"置于威斯特法利亚体系之中——在某种意义上,它成为世界最终摆脱帝国基础后组织世界的一套理念。帝国统治了世界几个世纪,而当20世纪问到什么会取代帝国作为世界的组织逻辑时,自由国际主义作为替代方案站了出来。

威斯特伐利亚国家体系是如何囊括世界的,这是一个仍然需要学术界关注的问题。[100]对于西方以外的大多数地区来说,主权国家出现得相当晚——基本上是在20世纪,在两次世界大战之后。在过去五百年的大部分时间里,欧洲大国并不急于输出或普及威斯特伐利亚的秩序。它们坚守着帝国和殖民地,直到被迫放弃。在这个意义上,威斯特伐利亚的传播不是一个将西方思想强加给世界其他国家的故事,而是一个欧洲国家体系维持其帝国失败的故事。[101]为了追求独立和自决的运动,欧洲以外的民族和社会利用了欧洲帝国体系中的裂缝与冲突。

如前所述,爱德华·基恩认为,自由主义国家和极权主义国家之间的大战使旧的主权和帝国等级制度的文明观失去了信誉。克里斯蒂安·罗伊斯-斯密特(Christian Reus-Smit)发现,在两百年的个人权利斗争之后,主权和自决规范的普遍化,是一个"维持主权的合法制度的演变和传播"的故事。[102]这肯定是解释的一部分,但仍需解释的是,作为全球秩序的一种形式,帝国为何会失败。约翰·达尔文(John Darwin)认为,帝国的失败往往有四个原因:"对外的失败或地缘政治的弱点;意识形态的传播和合法性的丧失;帝国中心的国内衰弱——政治意愿和经济能力的丧失;以及殖民地反抗。"[103]所有这些帝国危机的触发因素在 20 世纪似乎都存在。世界大战被认为是帝国的战争,它决定性地削弱并结束了欧洲的帝国体系。

在这场大戏中,美国在削弱帝国和促进威斯特伐利亚国家体系方面都发挥了重要作用。美国首先在两次世界大战期间做到了这一点,它加入并在后来领导了盟国,最终打败了拥有扩张性帝国计划的国家。在第一次世界大战中,德意志帝国征服了大片的东欧地区,并夺取了俄罗斯帝国的大部分西部领土。这场战争导致了四个历史悠久的欧洲帝国的瓦解。俄国罗曼诺夫王朝(Romanov Russia)、哈布斯堡奥匈帝国(Habsburg Austria-Hungary)、霍亨索伦德国(Hohen-zollern Germany)和奥斯曼土耳其(Ottoman Turkey)。第二次世界大战有效地终结了日本帝国,并严重削弱了大英帝国和法兰西帝国,尽管后两者因为处于胜利的一方,且花了几十年的时间才解体。

在冷战期间,美国还参与了对苏联的制衡——寻求遏制苏联力量和影响力的扩张,以及挫败许多弱小独立国家的共产主义政变和革命。同时,如前所述,美国在促进各国作为国际社会独立成员的生存能力方面发挥了各种作用。它领导了使威斯特伐利亚的不可侵犯和主权独立规范制度化的努力。首先是国际联盟,然后是《联合国宪章》,这些都体现了不可侵犯和主权独立的规范。20 世纪下半叶,以美国为首的国际秩序将开放贸易和多边合作制度化,为全球经济体系提供了基础结构,这反过来又加强了小国维持其主权的能力。另外,在 20 世纪下半叶,美国的军事联盟体系抑制了盟国之间的暴力冲突,特别是在欧洲和东亚,这使得威斯特伐利亚体系没有重新陷入暴力冲突和帝国建设。[104]因此,"美国世纪"也是民族国家在全球扩展的世纪。它们是不同的政治项目,但都帮助彼此获得了发展。

自由主义和干涉主义

美国向世界展示了多张面孔。作为战后时代的主导力量,它主推了让帝国和殖民主义几乎普遍性解体的过程。以美国为首的战后秩序实际上是作为旧欧洲帝国体系的现代替代物而向世界推广的。美国倡导的全球性制度——联合国和一系列战后组织和制度——为全球秩序的组织逻辑的这一重大转变提供了框架。然而,在这几十年间,美国在世界各地进行了军事干预和秘密行动。正如查默斯·约翰逊(Chalmers Johnson)所说,美国建立了一个"军事基地帝国",投射军事力量,将自己置于欧洲、亚洲和中东地区秩序的中心[105]。打击共产主义、保护盟国、捍卫自由、促进人权、建设国家、打败恐怖主义——美国行动的官方目的各不相同。但是,干预——军事干预和其他干预——仍然是美国外交政策的一个连贯的和有争议的特点。

我们如何平衡这些矛盾的冲动? 如果自由国际主义提供了一个后帝国主义全球秩序的愿景,那么它是否也牵涉自由干预主义(liberal interventionism)或自由帝国主义(liberal imperialism)的模式? 一些批评者认为,自由国际主义是精英们用来掩饰更传统的强权冲动并使之合法化的遮羞布(fig leaf)。自由国际主义的问题在于,它没有对美国的干涉主义施加足够的意识形态或政治约束。其他批评者提出了一个更有力的论点——自由主义本身推动了美国的干涉主义。作为意识形态和政治项目,自由主义和自由国际主义在本质上是修正主义的。正是美国的自由主义导致美国进行干预并寻求重塑其他社会。对于现实主义批评者来说,美国干涉主义的自由主义源头在冷战结束后显得特别引人注目，当时美国在两极力量平衡中显得无往不利，不受约束。在拥有单极力量和自由国际主义思想的情况下，美国发现自己支持北约和欧盟的扩张，参与人道主义干预，将自己投射到地区冲突和内战中，并追求暴力的政权更迭，最具决定性的是 2003 年对伊拉克的入侵。有人认为，一个更注重现实的美国会对国家利益采取更加克制的看法。[106]

自由主义传统无疑为美国的外交政策提供了依据。正如我在第六章所指出的，在冷战期间，自由主义是一种"战斗的信仰"（fighting faith），它将美国的力量与保护自由民主世界的全球斗争联系在一起，而这个世界正受到强大的非自由主义力量的攻击。开放的社会与非自由主义挑战者之间的伟大较量是一场意识形态的斗争，也是一场军事和地缘政治的斗争。当时自由主义思想家中的领军人物，如小阿瑟·施莱辛格、以赛亚·柏林和雷蒙·阿隆，认为民主生活方式的生存面临着极大的风险。西方自由民主国家在 20 世纪 20 年代和 30 年代由于未能对资本主义社会的不稳定和不平等做出反应而陷入困境。作为回应，正如杨-维尔纳·穆勒（Jan-Werner Müller）所言，这些冷战时期的自由主义者试图"为 20 世纪设计一种有原则的自由政治"[107]。他们对自由民主所面临的威胁的看法，既关注西方社会内部的混乱政治，即政治中心受到右翼和左翼极端主义的威胁，也关注当时与苏联和国际共产主义展开的广泛的世界历史斗争。施莱辛格 1949 年出版的具有影响力的《关键中心》（*The Vital Center*）一书就是这种世界观的缩影。它为多元主义和开放社会提供了辩护，并呼吁积极的政府继续进行新政式的改革。但为了应对更大的全球挑战，施莱辛格敦促以美国为首的自由民主国家采取集体行动，保护其制度和自由主义的国际秩序不受极权主义对手的影响。[108]对自由民主的挑战体现在世界范围内对现代性的不同看法之间的斗争。冷战时期的自由主义提供了一种叙事，使自由国际主义为积极的美国外交政策服务。[109]

　　美国的自由主义传统是否天生就是干预主义的？自由主义原则是否使美国倾向于积极寻求将民主强加于其他国家？一个长期的现实主义思想传统认为，它们确实如此。正如亨利·基辛格所认为的，"和平首先取决于促进民主制度这一想法直到今天仍然是美国思想的支柱"，他把这种想法追溯到伍德罗·威尔逊[110]。美国经常被描绘成一个"十字军国家"，在自由主义思想的支配下，试图按照自己的形象重塑世界。[111]最近，现实主义学者将美国的自由主义与"9·11"恐怖袭击后有争议的美国外交政策行动联系起来，如为预防性战争和强行更换政权辩护的理论。约翰·米尔斯海默（John Mearsheimer）认为，自由主义为美国军事干预主义的反复发生提供了动力和合法化的理由。自由主义的野心促使美国将西方制度推向俄罗斯和中国的门口，并为灾难性的伊拉克战争提供了理由。同样，迈克尔·德施（Michael Desch）将美国的干预主义追溯到自由国际主义的创始思想。他认为康德式的自由主义为通过武力使不自由的主权国家民主化的军事努力提供了哲学上的理由。实际上，自由主义传统产生了大卫·休谟所说的对非自由主义政权的"轻率的愤怒"（imprudent vehemence）[112]。

　　这些主张把辩论引向了自由主义是否包含了对帝国的"冲动"（urge）这一问题。米尔斯海默和德施基本上采取了乌代·梅塔在《自由主义与帝国》中所阐述的自由主义观点。在这里，主导自由主义国家将落后的民族和政权带入现代世界的不是帝国，而是军事干预主义。干预和政权更迭蕴含在自由主义对"自然状态"与和平条件的假设中。只有当所有国家都接受代议制政府时，自由主义的民主制度才会真正安全。但为促进民主而进行干预的冲动显然是偶然而具体的，而不是绝对的。大多数自由国际主义者几乎肯定会同意，在其他条件相同的情况下，自由民主国家在一个由自由民主国家主导的世界中会更安全。但这是否意味着强行政权更迭是另一回事。康德对干预的看法肯定比德施认为的要复杂且具体。康德确实认为共和制宪法是理想的,但他也承认,即使是专制国家也有合法的权力要求,使它们有权不受干预。康德确实认为,"永久和平"取决于所有国家发展共和制的统治形式,但这并不意味着自由主义国家有权通过武力来实现这一结果。[113]

迈克尔·多伊尔表明,自由主义在干预问题上是矛盾的,甚至是"先天性地混杂"(congenitally confused)的。自由主义拥护的原则是相互矛盾的。一方面,自由主义原则赋予所有国家,包括非自由主义国家,不受干涉的权利,即使这些国家对其人民造成伤害或侵犯其权利。另一方面,自由主义也强调,这些社会中的个人权利也必须得到尊重,这就为干预打开了大门——至少在极端条件下是如此。[114]多伊尔认为,康德"为尊重不受干涉的权利提供了强有力的理由,因为它为政体提供了必要的领土空间和政治独立,使自由和平等的公民能够制定出他们的生活方式"[115]。但康德也可以想象对那些虐待人民的政体——例如进行屠杀或种族灭绝——不干涉的义务将不适用。当然,这种具体的偶然性提出了自由主义国家应该如何决定是否以及如何应对的问题。

因此,自由主义提供了支持和反对干预的论据。乔格·索伦森(Georg Sorensen)将这些替代逻辑描述为"强加的自由主义"(liberalism of imposition)和"克制的自由主义"(liberalism of restraint)。[116]强加的自由主义体现为国家运用权力来扩大自由主义原则。约翰·斯图尔特·密尔论证了这一立场,他写道,非文明社会——他称之为"野蛮"的国家——不遵守国内道德的规则和传统,因此他们的独立不值得充分尊重。索伦森认为,克制的自由主义强调一套不同的自由价值观,如"多元主义、不干涉、尊重他人、温和,以及在平等条件下的和平合作"[117]。这就是格里·辛普森(Gerry Simpson)所说的"宪章自由主义"(charter liberalism)的愿景,其价值观体现在《联合国宪章》中。各国被赋予平等的待遇,它们的主权独立受到尊重,每个国家被允许决定如何建立自己的权利和保护措施。[118]克制的自由主义者承认有些国家会侵犯基本权利,但在越过一些极端的暴力和种族灭绝的界限之前,多样性是可以容忍的,因为他们相信从长远来看,这些社会会朝着普遍的权利与尊严标准发展。[119]

围绕布什政府入侵伊拉克,自由主义传统中的这些辩论在几年间激烈燃烧起来。自由国际主义在这一决定中占有多大的比重?布什政府在美国的全球主导地位、预防性使用武力、"自愿联盟"(coalitions of the willing),以及自由与暴政之间的斗争的基础上,阐述了一个全面的国家安全新理论。2003年春天,这一理论为入侵伊拉克提供了知识背景。随着入侵变成一场旷日持久的战争,布什政府越来越多地援引自由国际主义思想来为其行动辩护。他在广为注意的第二任期就职演说中,乔治·W.布什站在美国国会大厦的台阶上宣称:"根据事态和常识,我们得出了一个结论:自由在我们国家的生存越来越取决于自由在其他国家的成功。"[120]这无疑是伍德罗·威尔逊和杜鲁门及肯尼迪的冷战自由国际主义的回声。但布什真的是威尔逊的继承人吗?自由国际主义者自己也在争论这个问题。[121]有些人认为,布什遵循了自由国际主义的"新保守主义"立场,专注于将美国的全部力量用于为受压迫的人民带来"自由的祝福"(blessings of liberty)。[122]还有人认为,美国外交政策中的这种新保守主义转向是对自由国际主义的歪曲,布什的大战略是帝国主义多于自由主义。这些人认为,多边主义是自由主义国际愿景的核心,但布什政府故意将美国置于自由主义秩序的规则和制度之上。从长远来看,自由民主国家在一个以共同的规则和规范、合作安全和相互制约为基础的国家间秩序中会更安全、更有保障,而布什政府正在破坏这样一个秩序。[123]自由国际主义者在促进民主对其项目的重要性上,以及在通过武力或榜样促进民主的最佳方式上,显然存在分歧。[124]

但是,伊拉克战争的意识形态渊源真的可以追溯到自由国际主义吗?从各方面来看,这场失败的战争的主要策划者是副总统切尼、国防部长拉姆斯菲尔德和国防部副部长保罗·沃尔福威茨。[125]很难将这些官员的政治意识形态描述为自由国际主义。对这三人来说，战争的首要目标是维护和扩大美国在一个对美国国家利益很重要的地区的首要地位。他们认为，伊拉克是一个地区性的修正主义国家，有使用化学武器的明显记录，并有获得核武器的长期野心，这使其对美国在该地区的军队和盟友构成军事威胁。决定性地击败伊拉克，也是为了向全世界展示美国有能力和意愿捍卫其全球地位，对抗朝鲜和伊朗等挑战者，并消除克林顿时期造成的对美国使用武力的意愿产生的挥之不去的疑虑。在战前的十年中，切尼、拉姆斯菲尔德和沃尔福威茨都曾致力于阐明冷战后美国的大战略，即防止出现一个与自己相匹敌的竞争对手。[126]在 2003 年入侵前的十多年里，这三人都公开敦促推翻萨达姆·侯赛因政权。他们的言论没有显露出自由国际主义的痕迹。

简单地说，布什政府在伊拉克的政策是明显现实主义性质的。著名的现实主义学者们确实反对战争，对美国的傲慢（hubris）和大战略进行了雄辩的批评。[127]但是，至少在最初，战争的理由也是以现实主义的术语来论证的。促进民主是布什政府为战争提供的主要理由之一，但相信这一目标是战争的原始驱动的说法是极为困难的。更可信的是，它被视为政府公开的战争理由，也可能是战后伊拉克重建的模板。民主并不是一个核心目标：它是后来才出现的，是将伊拉克打造成美国在该地区霸权秩序的支柱的计划。[128]一些自由国际主义者支持战争，另一些人则反对战争，但这些支持者中的许多人并不注重促进民主，而是注重大规模杀伤性武器所带来的真正可怕的威胁，以及在威慑和军备控制无效的情况下寻找应对这种威胁的对策。（当然，事实证明，无法说服侯赛因放弃大规模杀伤性武器的原因是他本就没有什么可放弃的，而且他想向伊朗等邻国敌人隐瞒这一事实。）为日益严重的安全相互依存问题寻找合作性的解决方案是"9·11"事件后自由国际主义议程的重中之重，但它在伊拉克战争的争论中往往会被忽略。[129]

即使人们能够将美国的自由主义与权力政治分开，也不清楚一个纯粹的以现实主义为导向的外交政策是否会更加克制或开明。自由国际主义与强制性的政权更迭之间没有必然联系。自由主义可以提供海外干预的理由，但它也提供了限制行使军事力量的意识形态与制度机制。来自现实主义的批评者认为，他们可以通过从政策制定中剔除自由国际主义思想来防止出现另一个伊拉克。但自由国际主义也启发了战后规则、制度和伙伴关系等更广泛体系的建立。现实主义者不能假定这个体系会在一个纯粹的离岸平衡式（offshore balancing）的现实主义世界中建立。如果目标是"克制的"外交政策，那么战后的规则和制度体系将自由民主国家在共同的承诺和行为规则下联系在一起，肯定是解决方案的一部分，而不是问题所在。[130] 对布什政府的伊拉克战争的抵制，很大一部分是基于美国所倡导的行为标准。例如，西欧人批评这场战争违反了自由国际主义的主权、多边主义和国际法的概念。两位学者将此称为"自由派反美主义（liberal anti-Americanism）"[131]。如果军事干预主义不是自由主义或现实主义所固有的，那问题的关键在于政治体制和决策的质量。美国会从错误中吸取教训吗？对新的伊拉克式干预缺乏热情，这表明外交政策的决策者——无论是不是自由国际主义者——确实在重新思考他们的观点。

修正主义的传统

自由国际主义曾站到过全球斗争的各方——无论是支持还是反对帝国的斗争。这一传统关于人类社会进步的基本思想为自由帝国主义打开了大门，这种冲动也受到了西方文明和种族优越性概念的鼓励。在 19 世纪，建立一个开放的、以规则为基础的国际秩序的国际主义议程,将贸易与殖民统治、国际法与帝国秩序、欧洲的主导地位与普遍的权利和财产要求相协调。帝国的国际主义和自由的国际主义因此深深地纠缠在一起。但这种对帝国的冲动是偶然的。自由国际主义在帝国的支持下进入了 20 世纪,但在这个世纪中,它把帝国推下了全球舞台。与帝国的共谋变成了与拥护自决、国家地位、承认和主权的普世性权利(universal rights of recognition and sovereignty)的政治运动的共谋。

在 20 世纪,自由国际主义慢慢地——然后突然地——在威斯特伐利亚国家体系的基础上植入了其事业。威斯特伐利亚秩序的全球化是由许多因素推动的——规范的、地缘政治的、技术的和文化的。美国作为该体系中最强大的国家,以及自由主义的政治和意识形态的体现,在这出戏中发挥了关键的作用。通过两次世界大战,美国为其生活方式和不断扩大的利益创造了一个有利的国际空间。但在此过程中,它也破坏并打败了 20 世纪的大帝国计划——德国、日本和苏联。它对其霸权利益的追求产生了系统性的后果,而正式的帝国是其中的一个牺牲品。美国可能比其他大国更"开明",也可能不这样,但其地缘政治利益是不同的。它需要一个有效的全球范围的"大区",而亚洲和其他地方的帝国却挡在了前面。在这个意义上,美国正在做其他大国所做的事情——出于自身利益的考虑,试图塑造其国际环境。但美国权力的全球规模和影响力最终导致它反对帝国主义的世界组织。自由国际主义与全球领导权逻辑的这一转变息息相关。

那些认为跨世纪的帝国项目具有连续性的学者可能会把美国视为第一个"全球帝国"(global empire)。但是,一个全球帝国,仅仅因为其渴望横跨世界,就与过去的经典帝国有着根本的不同。传统的帝国是建立在开辟专属区域或集团的努力之上的。相比之下,一个横跨全球的政治秩序,从定义上来说,是以打破和废除排他性区域和集团为前提的。组织和管理一个全球系统需要一套不同于帝国秩序所要求的规则和制度。它需要普遍的规则和制度。建立全球秩序的任务要求各国走一条与过去的帝国项目不同的道路。在走这条路时,美国将自己与这个时代正在展开的两个宏伟项目——威斯特伐利亚项目和自由主义国际项目联系在一起。美国并没有启动这些计划,但它在建立战后秩序时利用了它们。它们塑造了美国主导的秩序的逻辑和特征,并削弱了帝国作为主导政治形式的地位。

正式的帝国在20世纪下半叶消失了,但美国的干预主义却没有消失。自由国际主义牵涉到美国全球主导时代的几乎不间断的军事干预中。试图将美国的自由主义传统与现实主义及其他外交政策的逻辑分开,需要依靠反事实性(counterfactual)的主张:如果美国不是一个自由主义的大国,或者如果美国没有被自由国际主义思想所控制,那么美国在冷战和冷战后的几十年中会采取什么样的外交政策?显而易见的是,美国的自由主义传统是双面的。它使干预主义合法化,但它也激发了限制干预主义的思想和制度。对自由国际主义最有说服力的批评不是它对帝国的冲动,也不是它追求强制性政权变革的倾向。恰恰相反,它是:自由国际主义往往软弱无力,很容易被其他议程所收编。

注　释

1. 数量庞大且正在快速增长的有关美国与帝国的文献以存在许多分歧为特征。一大批有关威斯康星学派的美国历史研究(American historiography of the Wisconsin School)跟随威廉・阿普尔曼・威廉斯构建了美国的历史是不断帝国扩张过程的叙事。参见 Williams, *The Tragedy of American Diplomacy*(New York: World Publishing, 1959); and Williams, *The Contours of American History*(Chicago: Quadrangle Books, 1966)。这一传统下的著作,见 Walter LaFeber, *The New Empire: An Interpretation of American Expansion, 1860—1898*(Ithaca, NY: Cornell University Press, 1963); Lloyd Gardner, *Imperial America: American Foreign Policy Since* 1898(New York: Harcourt Brace Jovanovich, 1976); Anders Stephanson, *Manifest Destiny: American Expansion and the Empire of Right*(New York: Hill and Wang, 1995); Richard H. Immerman, *Empire for Liberty: A History of American Imperialism from Benjamin Franklin to Paul Wolfowitz*(Princeton, NJ:

Princeton University Press，2010）；and A. G. Hopkins，*American Empire：A Global History*（Princeton，NJ：Princeton University Press，2018）。

2. 有关国际联盟和联合国等自由主义国际项目背后的帝国主义冲动的研究，参见 Jeanne Morefield，*Covenants without Swords：Idealist Liberalism and the Spirit of Empire*（Princeton，NJ：Princeton University Press，2005）；Morefield，*Empire without Imperialism：Anglo-American Decline and the Politics of Deflection*（Oxford：Oxford University Press，2014）；and Mark Mazower，*No Enchanted Palace：The End of Empire and the Ideological Origins of the United Nations*（Princeton，NJ：Princeton University Press，2009）。葛兰西学派的视角，见 Inderjeet Parmar，"The U.S.-Led Liberal Order：Imperialism by Another Name?，" *International Affairs*，Vol.94，No.1（January 2018），pp.151—172；and Parmar，*Foundations of the American Century：The Ford，Carnegie，and Rockefeller Foundations and the Rise of American Power*（New York：Columbia University Press，2012）。

3. 参见 Perry Anderson，*American Foreign Policy and Its Thinkers*（London：Verso，2014）；and various essays by Samuel Moyn："Beyond Liberal Internationalism，" *Dissent*，Winter 2017，pp.10—14；and "Soft Sells：On Liberal Internationalism，" *The Nation*，14 September 2011，https：//www.thenation.com/article/archive/soft-sells-liberal-internationalism/。

4. 对这个现实主义观点的经典阐述，见 George Kennan，*American Diplomacy，1900—1950*（Chicago：University of Chicago Press，1951）；and Henry Kissinger，*Diplomacy*（New York：Simon and Schuster，1994）。

5. 这些思想家通常被描述为"克制的现实主义者"。见 John Mearsheimer，*The Great Delusion：Liberal Dreams and International Realities*（New Haven，CT：Yale University Press，2018）；Stephen M. Walt，*The Hell of Good Intentions：America's Foreign Policy Elite and the Decline of U.S. Primacy*（New York：Farrar，Straus and Giroux，2018）；Walt，*Taming American Power：The Global Response to U.S. Primacy*（New York：Norton，2005）；and Barry Posen，*Restraint：A New Foundation for U.S. Grand Strategy*（Ithaca，NY：Cornell University Press，2015）。

6. Stephen Kinzer，*The True Flag：Theodore Roosevelt，Mark Twain，and the Birth of American Empire*（New York：Henry Holt，2017）.另见 Jackson Lears，"How the United States Began Its Empire，" *New York Review of Books*，23 February 2017，https：//www.nybooks.com/articles/2017/02/23/how-the-us-began-its-empire/。

7. David C. Hendrickson，*Republic in Peril：American Empire and the Liberal Tradition*（New York：Oxford University Press，2018）.另见 Christopher A. Preble，*The Power Problem：How American Military Dominance Makes Us Less Safe，Less Prosperous，and Less Free*（Ithaca，NY：Cornell University Press，2009）。

8. Michael Doyle, *Empires* (Ithaca, NY: Cornell University Press, 1991), p.45.

9. John Darwin, *The Empire Project: The Rise and Fall of the British World-System 1830—1970* (Cambridge: Cambridge University Press, 2009); and Charles S. Maier, *Among Empires: American Ascendancy and Its Predecessors* (Cambridge, MA: Harvard University Press, 2006). 关于这些手段工具的一个很好的比较历史考察可以参见 Ronald Hyam, *Understanding the British Empire* (Cambridge: Cambridge University Press, 2010), chap.3。

10. Duncan Bell, *Reordering the World: Essays on Liberalism and Empire* (Princeton NJ: Princeton University Press, 2016), p.20.

11. 见 Jennifer Pitts, "Political Theory of Empire and Imperialism," *Annual Review of Political Science*, Vol.13(2010), pp.211—235。

12. Uday Singh Mehta, *Liberalism and Empire: A Study in Nineteenth Century British Liberal Thought* (Chicago: University of Chicago Press, 1999), p.20.

13. John Stuart Mill, "Considerations on Representative Government" [1861], in John Gray, ed., *Liberty and Other Essays* (Oxford: Oxford University Press, 1998).另见 Eileen P. Sullivan, "Liberalism and Imperialism: J. S. Mill's Defense of the British Empire," *Journal of the History of Ideas*, Vol.44, No.4 (October/December 1983), pp.599—617。

14. 见 Bell, Reordering the World, pp.104—105。

15. Sankar Muthu, *Enlightenment against Empire* (Princeton, NJ: Princeton University Press, 2003), p.268.

16. Jennifer Pitts, *A Turn to Empire: The Rise of Imperial Liberalism in Britain and France* (Princeton, NJ: Princeton University Press, 2005), p.1.

17. 见 Frederick Cooper's response to Mehta in Cooper, *Colonialism in Question* (Berkeley: University of California Press, 2005), p.235。

18. Casper Sylvest, *British Liberal Internationalism*, *1880—1930* (Manchester: University of Manchester Press, 2009), p.43.

19. 引自 David Gilmour, *The Ruling Caste: Imperial Lives in the Victorian Raj* (New York: Farrar, Straus and Giroux, 2006), p.33。

20. 参见邓肯·贝尔对白人殖民者殖民主义的讨论,他认为这是大英帝国更广泛的史学中被忽视的话题,Duncan Bell, *Reordering the World*, chap.2。

21. 引自 Sylvest, *British Liberal Internationalism*, pp.43—44。

22. 这一传统的详细记录,见 Daniel Gorman, *The Emergence of International Society in the 1920s* (Cambridge: Cambridge University Press, 2012); and John Edward Kendle, *The Round Table Movement and Imperial Union* (Toronto: University of Toronto Press, 1975)。

23. Philip Kerr，"From Empire to Commonwealth," *Foreign Affairs*，Vol.1，No.2(15 December 1922)，p.94.

24. Jan Smuts，*Draft Statement of War Aims*，British cabinet records，CAB 24/37 GT 3180.

25. Jan Smuts，*The League of Nations：A Practical Suggestion*（London：Hodder and Stoughton，1918），p.vi.对史末资在巴黎工作的背景以及这个小册子对威尔逊的影响，见 Peter J. Yearwood，*Guarantee of Peace：The League of Nations in British Policy，1914—1925*（Oxford：Oxford University Press，2009），chaps. 2 and 3；and Mazower，*No Enchanted Palace*，chap.1。

26. Mazower，*No Enchanted Palace*，p.64.

27. 见 Alfred Zimmern，*The League of Nations and the Rule of Law，1918—1935*（London：Macmillan，1936）。

28. 引自 Morefield，*Covenants without Swords*，p.15。

29. 正如马佐沃所指出的："齐默恩相信，是道德力量而不是军事或警察力量使帝国——'世界上最大的单一政治团体'——团结在一起，并使它成为'当今世界抵御战争最可靠的堡垒'。"Mazower，*No Enchanted Palace*，pp.89—90. 齐默恩部分引自他 1926 年在哥伦比亚大学的讲课记录，见 Alfred Zimmern，*The Third British Empire：Being a Course of Lecture Delivered at Columbia University*，New York（London，1926）。

30. Robert Cecil，"The League of Nations and the Rehabilitation of Europe," in *Essays in Liberalism* ［Being the Lectures and Papers which were delivered at the Liberal Summer School at Oxford，1922］（London：W. Collins Sons & Co.，1922），p.12.

31. 见 Hugh Cecil，"The Development of Lord Robert Cecil's Views on the Securing of a Lasting Peace，1915—19"（PhD diss.，1971，Oxford University，Bodleian Library）。

32. 引自 Michael Pugh，*Liberal Internationalism：The Interwar Movement for Peace in Britain*（London：Palgrave Macmillan，2012），p.21。

33. Woodrow Wilson，"An Address in Washington to the League to Enforce Peace," 27 May 1916，in *The Papers of Woodrow Wilson*，69 vols.（Princeton，NJ：Princeton University Press，1981），Vol.37，pp.113—116.

34. Adam Tooze，*The Deluge：The Great War，America，and the Remaking of the Global Order，1916—1931*（New York：Viking，2014），p.52.

35. 见 Pugh，*Liberal Internationalism*。

36. 对这个主题结合全球历史、帝国历史和社会历史的发展，见 Helen McCarthy，*The British People and the League of Nations：Democracy，Citizenship，and Internationalism，c. 1918—45*（Manchester：Manchester University Press，2012）。特别

参见"Enlightened Patriots：League，Empire，and Nation，" chap.5。

37. Edward Keene，*Beyond the Anarchical Society*：*Grotius*，*Colonialism and Order in World Politics*(Cambridge：Cambridge University Press，2002)，p.xi.

38. Keene，*Beyond the Anarchical Society*，p.7.

39. 这也是故事被叙述的方式，一个例子参见 Walter Schiffer，*The Legal Community of Mankind*：*A Critical Analysis of the Modern Concept of World Organization*(Westport，CT：Greenwood Press，1972)。

40. Jennifer Pitts，*Boundaries of the International*：*Law and Empire*(Cambridge，MA：Harvard University Press，2018)；and Richard Tuck，*The Rights of War and Peace*：*Political Thought and the International Order from Grotius to Kant*(Oxford：Oxford University Press，1999).

41. Lauren Benton，"From International Law to Imperial Constitutions：The Problem of Quasi-Sovereignty，1870—1900，" *Law and History Review*，Vol.26，No.3(Fall 2008)，pp.595—619.

42. 见 Antony Anghie，*Imperialism*，*Sovereignty*，*and the Making of International Law*(Cambridge：Cambridge University Press，2007)，p.81。

43. 见 Lauren Benton and Lisa Ford，*Rage for Order*：*The British Empire and the Origins of International Law*，*1800—1850*(Cambridge，MA：Harvard University Press，2014)；Lauren Benton，*A Search for Sovereignty*：*Law and Geography in European Empires*，*1400—1900*(Cambridge：Cambridge University Press，2010)；and Martti Koskenniemi，*The Gentle Civilizer of Nations*：*The Rise and Fall of International Law*，*1870—1960*(Cambridge：Cambridge University Press，2001)。

44. Andrew Fitzmaurice，"Liberalism and Empire in Nineteenth-Century International Law，" *American History Review*，Vol.117，No.1(February 2012)，p.123.这一观点的经典表达是埃德蒙·伯克对沃伦·黑斯廷斯的批评，这在下书中被很好地记录和分析，David P. Fidler and Jennifer M. Welsh，*Empire and Community*：*Edmund Burke's Writings and Speeches on International Relations*(New York：Routledge，2019)。

45. 有关自由主义意识形态与文明之间关系的讨论，参见 Barry Buzan and George Lawson，*The Great Transformation*：*History*，*Modernity and the Making of International Relations*(Cambridge：Cambridge University Press，2015)，chap.4。

46. 见 Frederick Cooper and Ann Laura Stoler，eds.，*Tensions of Empire*：*Colonial Cultures in a Bourgeois World*(Berkeley：University of California Press，1997)。

47. 见 Brett Bowden，*The Empire of Civilization*：*The Evolution of an Imperial Idea*(Chicago：University of Chicago Press，2009)。

48. The American Declaration of Independence，USHistory. org，https：//w.org/declaration/document/.

49. Gerrit Gong，*The Standard of Civilization in International Society*(Oxford：Clarendon Press，1984).

50. General Act of the Conference at Berlin(signed 26 February 1885)，165 CTS 485，https：// loveman.sdsu.edu/docs/1885GeneralActBerlinConference.pdf.该法案由英国、法国、德国、奥匈帝国、比利时、丹麦、西班牙、美国、意大利、荷兰、葡萄牙、俄罗斯、瑞典-挪威和土耳其(奥斯曼帝国)的代表签署。

51. 引自 Bowden，*The Empire of Civilization*，p.58。

52. 一个突出的例子是 Jan Smuts，*Holism and Evolution*(New York：Macmillan，1926)。延展性讨论可参见 Morefield，*Empires without Imperialism*。

53. Frank Furedi，*The Silent War：Imperialism and the Change Perception of Race*(New Brunswick，NJ：Rutgers University Press，1999)；and Elazar Barkan，*The Retreat of Scientific Racism：Changing Conceptions of Race in Britain and the United States between the Wars*(Cambridge：Cambridge University Press，1993).

54. Stephen Skowronek，"The Reassociation of Ideas and Purposes：Racism，Liberalism，and the American Political Tradition，" *American Political Science Review*，Vol.100，No.3(August 2006)，p.398.

55. Skowronek，"The Reassociation of Ideas and Purposes，" p.394.

56. 更一般地说，关于人权的制度性论述只是在第二次世界大战之后才出现，塞缪尔·莫恩提出了这一点。Samuel Moyn，*The Last Utopia：Human Rights in History*(Cambridge，MA：Belknap Press of Harvard University Press，2010). 国际联盟只确立了集体或团体的权利，如自决，并规定了遵守这些权利的制度，如少数民族和委任统治委员会。

57. Naoko Shimazu，*Japan，Race and Equality：The Racial Equality Proposal of 1919*(New York：Routledge，1998)，p.155.另见 Lloyd Ambrosius，*Woodrow Wilson and the American Diplomatic Tradition：The Treaty Fight in Perspective*(New York：Cambridge University Press，1987)；and Paul Lauren，"Human Rights in History：Diplomacy and Racial Equality at the Paris Peace Conference，" *Diplomatic History*，Vol.3(Summer 1978)，pp.257—279。

58. 对于市场资本主义的概念及其对现代社会的影响，见 Albert Hirschman，"Rival Interpretations of Market Society：Civilizing，Destructive，or Feeble?，" *Journal of Economic Literature*，Vol.20(1982)，pp.1463—1484。

59. John A. Hobson，*Imperialism：A Study*(London：James Nisbet and Co.，1902)；Hobson，*The Crisis of Liberalism：New Issues of Democracy*(London：P. S. King，1909)；Norman Angell，*The Great Illusion：A Study of the Relation of Military Power to Their Economic and Social Advantage*(New York：G. P. Putnam's

Sons，1910）；and Joseph A. Schumpeter，*Imperialism and Social Classes*（New York：Augustus M. Kelley，1951）.

60. 见 Bell，*Reordering the World*，p.24。

61. Dipesh Chakrabarty，*Provincializing Europe：Postcolonial Thought and Historical Difference*（Princeton，NJ：Princeton University Press，2000），p.8.

62. Edward Keene，*Beyond the Anarchical Society：Grotius，Colonialism，and Order in World Politics*（Cambridge：Cambridge University Press，2002），p.135.

63. Keene，*Beyond the Anarchical Society*，p.136.

64. 见 Robert Jackson，*The Global Covenant：Human Conduct in the a World of States*（Oxford：Oxford University Press，2000），chaps. 7 and 13；and Neta Crawford，*Argument and Change in World Politics：Ethics，Decolonization，and Humanitarian Intervention*（Cambridge：Cambridge University Press，2002）。

65. 在西方将种族和种族等级制度视为秩序的观念中，击败纳粹主义是转折点，见 Furedi，*The Silent War*。

66. Keene，*Beyond the Anarchical Society*，p.123.

67. Leonard Woolf，*Barbarians at the Gate*（London：Victor Gollancz，1939），p.83.

68. 美国和英国的政治文化在许多方面是不同的，包括它们对帝国的形象和态度。这些差异是由 H. G.威尔斯在其第一次世界大战开始前一年对美国的访问中发现的。在其职业生涯的早期，威尔斯曾设想过一个支持大英帝国和自由帝国主义的英美联盟。访问美国后，威尔斯开始怀疑美国是否有支持帝国联盟的政治想象力。参见 Duncan Bell，"Founding the World State：H. G. Wells on Empire and the English-Speaking Peoples，" *International Studies Quarterly*，Vol. 62，No. 4（December 2018），pp.867—879。

69. 见 Wm. Roger Louis，*Imperialism at Bay：The United States and the Decolonization of the British Empire*，*1941—1945*（New York：Oxford University Press，1978）；and David Reynolds，*Britannia Overruled：British Policy and World Power in the Twentieth Century*（New York：Longman，1991）。

70. 对有关"大区"辩论的讨论见第六章。

71. 参见 G. John Ikenberry，*Liberal Leviathan：The Origins，Crisis，and Transformation of the American World Order*（Princeton，NJ：Princeton University Press，2011）。

72. Ian Chong，*External Intervention and the Politics of State Formation：China，Indonesia，and Thailand，1893—1952*（Cambridge：Cambridge University Press，2012）.

73. 见 Robert H. Jackson，*Quasi-States：Sovereignty，International Relations，and the Third World*（New York：Cambridge University Press，1990）。

74. 见 Julian Go, *Patterns of Empire*: *The British and American Empires*, *1688 to the Present* (Cambridge: Cambridge University Press, 2011)。

75. 北约成立后，一些欧洲政府期望该联盟能够帮助保护他们的帝国属地。正如历史学家蒂莫西·赛尔指出的那样，美国与北欧国家和加拿大一起，"不愿意看到北约的力量放在支持殖民国家的天平上"。1958 年 8 月，艾森豪威尔在国家安全委员会关于非洲独立运动问题的会议上提出了这一观点。"他希望能站在当地人一边一次。"见 Timothy Andrews Sayle, *Enduring Alliance*: *A History of NATO and the Postwar Global Order* (Ithaca, NY: Cornell University Press, 2019), p.25。

76. 这一点在理论上是通过"话语权"的概念来发展的。一个讨论见 Andrew Hurrell, "Norms and Ethics in International Relations," in Walter Carlsnaes, Thomas Risse, and Beth A. Simmons, eds., *Handbook of International Relations* (Thousand Oaks, CA: Sage, 2002). 妮娜·坦嫩瓦尔德(Nina Tannenwald)推测,大国可能会在她所谓"规范性地缘政治"中战略性地利用话语上的纠缠来对抗对方。见 Tannenwald, "The Nuclear Taboo: The United States and the Normative Bases of Non-use," *International Organization*, Vol.53, No.3 (Summer 1999), pp.433—468。

77. Sumner Welles, speech at Panama Conference, 25 September 1930, reprinted in Welles, *The World of the Four Freedoms* (New York: Columbia University Press, 1943).

78. 见 Sumner Welles, *Where Are We Heading?* (New York: Harper and Brothers, 1946)。

79. Rupert Emerson, "The New Higher Law of Anti-Colonialism," reprinted in Karl Deutsch and Stanley Hoffmann, eds., *The Relevance of International Law* (Garden City, NY: Anchor Books, 1968), p.209. 埃雷兹·马内拉(Erez Manela)认为非殖民化是将西方思想和规范的挪用和延伸到周边地区。见 Manela, *The Wilsonian Moment*: *Self-Determination and the International Origins of Anticolonial Nationalism* (Oxford: Oxford University Press, 2007). 其他人则认为非殖民化运动是一种更有创造性的行为,将自我决定的原则变成一种权利,并重新想象全球秩序, 见 Adom Getachew, *Worldmaking after Empire*: *The Rise and Fall of Self-Determination* (Princeton, NJ: Princeton University Press, 2019)。

80. C. A. Bayly, *The Birth of the Modern World*, *1780—1914* (Oxford: Blackwell, 2004), p.3.

81. Robin W. Winks, *World Civilization*: *A Brief History* (San Diego: Collegiate Press, 1993), p.506.

82. 见 Wm. Roger Louis, "The European Colonial Empires," in Michael Howard and Wm. Roger Louis, eds., *The Oxford History of the Twentieth Century* (Oxford: Oxford University Press, 1998), p.93。

83. 见 Lucian M. Ashworth, *A History of International Thought* (New York:

Routlege，2014），pp.125—126。

84. 关于简·亚当斯，参见 Sondra R. Herman，*Eleven against War：Studies in American Internationalist Thought*，*1898—1921*（Stanford，CA：Stanford University Press，1969），chap.5。

85. Beryl Haslam，*From Suffrage to Internationalism：The Political Evolution of Three British Feminists*，*1908—1939*（New York：Peter Lang，1999）；Jo Vellacott，*Pacifists*，*Patriots*，*and the Vote：The Erosion of Democratic Suffragism in Britain during the First World War*（London：Palgrave Macmillan，2007）．

86. 见 Penny M. Von Eschen，*Race against Empire：Black Americans and Anticoloniaism*，*1937—1957*（Ithaca，NY：Cornell University Press，1997）；and Paul Gordon Lauren，*Power and Prejudice：The Politics and Diplomacy of Racial Discrimination*（Boulder，CO：Westview Press，1998）。

87. 记录见 Christopher D. O'Sullivan，*Sumner Welles*，*Postwar Planning*，*and the Quest for a New World Order*，*1937—1943*（New York：Columbia University Press，2009），p.138。

88. "对世界的呼吁"的文本，可见 https/global-african-history/primary-documents-global-african-history/1947-w-e-b-dubois-appeal-world-statement-denial-human-rights-minorities-case-citizens-n/. See also David Levering Lewis，W. E. B. Du Bois：A Biography（New York：Henry Holt，2009），pp.672—677。

89. Mary L. Dudziak，*Cold War Civil Rights：Race and the Image of American Democracy*（Princeton，NJ：Princeton University Press，2011），p.12.另见 Thomas Borstelmann，*The Cold War and the Color Line：American Race Relations in the Global Arena*（Cambridge，MA：Harvard University Press，2003）。

90. Von Eschen，*Race against Empire*.

91. 见 Ashworth，*A History of International Thought*，p.125。

92. Susan Pedersen，"Back to the League of Nations," *American Historical Review*，Vol.112，No.4（October 2007），p.1092.

93. Susan Pedersen，*The Guardians：The League of Nations and the Crisis of Empire*（New York：Oxford University Press，2015），pp.4—5.

94. 一个例子是知识合作机构委员会（ICIC），由国际联盟在 1922 年成立，致力于国际科学和文化交流。丹尼尔·拉奎认为，ICIC 成为一个关于如何思考和追求国际合作的思想流通的工具，因此它是一个"改造国际秩序的工具"。Laqua，"Transnational Intellectual Cooperation，the League of Nations，and the Problem of Order，" *Journal of Global History*，Vol.6，No.2（2011），p.226.

95. 一位印度王子，比卡内尔的大公（the maharaja of Bikaner），作为被授权代表印度行事的全权代表之一，签署了《凡尔赛和约》。

96. 印度在英国指挥的众多战场上为战争贡献了 100 多万士兵，这加强了它在凡尔赛的代表权。R. P. Anand, "The Formation of International Organizations and India: A Historical Study," *Leiden Journal of International Law*, Vol. 23 (2010), p.8.

97. Anand, "The Formation of International Organizations and India," p.12.

98. 见 T. A. Keenleyside, "The Indian Nationalist Movement and the League of Nations: Prologue to the United Nations," *India Quarterly: A Journal of International Affairs*, Vol.39, No.3(July 1983), pp.281—298。

99. Adam Roberts, "Towards an International Community? The United Nations and International Law," in Howard and Louis, *The Oxford History of the Twentieth Century*, pp.310—311.

100. 见 David Armitage, *The Declaration of Independence: A Global History* (Cambridge, MA: Harvard University Press, 2007)。

101. 这也是下列著作的观点。John Gallagher, *The Decline, Revival, and Fall of the British Empire*(Cambridge: Cambridge University Press, 1982); Wm. Roger Louis and Ronald Robinson, "The Imperialism of Decolonization," *Journal of Imperial and Commonwealth History*, Vol.22, No.3(September 1994), pp.462—511.

102. Christian Reus-Smit, *Individual Rights and the Making of the International System*(Cambridge: Cambridge University Press, 2013), pp.22—23.

103. John Darwin, *Unfinished Empire: The Global Expansion of Britain*(London: Penguin, 2012), p.384.

104. 见 Daniel Deudney and G. John Ikenberry, "America's Impact: The Decline of Empire and the Spread of the Westphalian State System"(unpublished paper, 2016)。

105. Chalmers Johnson, *The Sorrows of Empire: Militarism, Secrecy, and the End of the Republic*(New York: Metropolitan Books, 2007).关于冷战期间和之后的美国外交政策的帝国特征,有大量的文献。重要的论述,见 Michael Mann, *Incoherent Empire* (London: Verso, 2005); and Andrew J. Bacevich, *American Empire: The Realities and Consequences of U.S. Diplomacy*(Cambridge, MA: Harvard University Press, 2002)。对各种论述的考察,见 Andrew Bacevich, *The Imperial Tense: Prospects and Problems of American Empire*(Chicago: Ivan R. Dee, 2003)。

106. 见 Mearsheimer, *The Great Delusion*。

107. Jan-Werner Müller, "What Cold War Liberalism Can Teach Us Today," *New York Review of Books*, 26 November 2018, https://www.nybooks.com/daily/2018/11/26/what-cold-war-liberalism-can-teach-us-today/. 另见 Müller, *Isaiah Berlin's Cold War Liberalism*(London: Palgrave Macmillan, 2019)。

108. Arthur Schlesinger Jr., *The Vital Center: The Politics of Freedom*

(Boston: Houghton Mifflin, 1949).

109. 对冷战时期自由主义及其对冷战后外交政策的影响的探讨，见 Tony Smith, "National Security Liberalism and American Foreign Policy," in Michael Cox, G. John Ikenberry, and Takashi Inoguchi, eds., *American Democracy Promotion: Impulses, Strategies, and Impacts*(Oxford: Oxford University Press, 2003), chap.4。

110. Kissinger, *Diplomacy*, p.33.

111. Walter McDougall, *Promised Land, Crusader State: The American Encounter with the World Since 1776*(New York: Houghton Mifflin, 1997).

112. Michael C. Desch, "America's Liberal Illiberalism: The Ideological Origins of Overreaction in U.S. Foreign Policy," *International Security*, Vol.32, No.3(Winter 2007—2008), pp.7—43.

113. 见 James Lindley Wilson and Jonathan Monten, "Does Kant Justify Liberal Intervention?," *Review of Politics*, Vol.73(2011), pp.633—647。回应见 Michael Desch, "Benevolent Cant? Kant's Liberal Imperialism," *Review of Politics*, Vol.73(2011), pp.649—656。此外，还可以看出，康德本人在后来的作品《道德形而上学》中，从他早先认为永久和平是可以实现的信念退却，他还认为，鉴于永久和平不现实，国家间关系的稳定并不要求国内政权的同质性。

114. 见 Michael Doyle, "Kant, Liberal Legacies, and Foreign Affairs, Part 2," *Philosophy and Public Affairs*, Vol.12, No.4(1983), p.330; and Doyle, "A Few Words on Mill, Walzer, and Nonintervention," *Ethics and International Affairs*, No.23, No.4(2009), pp.349—369。

115. Michael Doyle, *Ways of War and Peace: Realism, Liberalism, Socialism*(New York: Norton, 1997), p.395.正如桑卡·穆图(Sankar Muthu)所表明的，康德对帝国主义表现出深刻的反对，这种信念植根于他的基本道德承诺。见 Muthu, *Enlightenment against Empire*, pp.122—209。

116. Georg Sørensen, *A Liberal World Order in Crisis: Choosing between Imposition and Restraint*(Ithaca, NY: Cornell University Press, 2011).关于自由主义中干预派和非干预派之间的分歧的其他思考，见 John Gray, *Two Faces of Liberalism*(Cambridge: Polity Press, 2000); Thomas Walker, "Two Faces of Liberalism: Kant, Paine, and the Question of Intervention," *International Studies Quarterly*, Vol.52, No.3(September 2008), pp.449—468; and Michael Doyle and Stefano Recchia, "Liberalism in International Relations," in Bertrand Badie, Dirk Berg-Schlosser, and Leonardo A. Morlino, eds., *International Encyclopedia of Political Science*(Thousand Oaks, CA: Sage, 2011), especially pp.1437—1438。

117. Sørensen, *A Liberal World Order in Crisis*, p.2.

118. Gerry Simpson, "Two Liberalisms," *European Journal of International*

Law，Vol.12，No.3(2006)，pp.385—401.

119. 多样性之所以被包容，也是因为解决强大国家侵犯人权问题的所含的代价。

120. George W. Bush，"Second Inaugural Address，" 20 January 2005，The Avalon Project at Yale Law School，https：//avalon.law.yale.edu/21st＿century/gbush2.asp.

121. 对于自由主义国际主义者就布什的外交政策进行的辩论，见 G. John Ikenberry，Thomas J. Knock，Anne-Marie Slaughter，and Tony Smith，*The Crisis of American Foreign Policy：Wilsonianism in the Twenty-First Century*(Princeton，NJ：Princeton University Press，2009)。

122. 见 Tony Smith，*A Pact with the Devil：Washington's Bid for World Supremacy and the Betrayal of the American Promise*(New York：Routledge，2007)。

123. G. John Ikenberry，"America's Imperial Ambition，" *Foreign Affairs*，Vol.81，No.5(September/October 2002)，pp.44—60.

124. 见 Jonathan Monten，"The Roots of the Bush Doctrine：Power，Nationalism，and Democracy Promotion in U.S. Strategy，" *International Security*，Vol.29，No.4(Spring 2005)，pp.112—156。

125. 相关观点在下文中得到发展，见 Daniel Deudney and G. John Ikenberry，"Realism，Liberalism and the Iraq War，" *Survival*，Vol.59，No.4(August/September 2017)，pp.7—26。

126. 关于这一战略指导背后的想法和官员的研究，见 James Mann，*Rise of the Vulcans：The History of Bush's War Cabinet*(New York：Viking，2004)，pp.208—215。

127. 2002 年 9 月 22 日的《纽约时报》刊登了一份由 33 位现实主义学者发表的反对战争的声明。

128. Deudney and Ikenberry，"Realism，Liberalism and the Iraq War."

129. 见 Bruce Jones，Carlos Pascual，and Stephen John Stedman，*Power and Responsibility：Building International Order in an Era of Transnational Threats*(Washington，DC：Brookings Institution Press，2009)；and G. John Ikenberry and Anne-Marie Slaughter，*Forging a World of Liberty under Law*(Princeton，NJ：Woodrow Wilson School，2016)。

130. 见 Barry Posen，"The Case for Restraint，" *American Interest*，Vol.3，No.1(Fall 2007)，pp.7—17，https：//www.the-american-interest.com/2007/11/01/the-case-for-restraint/；and G. John Ikenberry，"Debating the Strategy of Restraint，" *American Interest*，Vol.3，No.1(Fall 2007)。

131. Peter Katzenstein and Robert Keohane，eds.，*Anti-Americanism in World Politics*(Ithaca，NY：Cornell University Press，2007)。

第八章　冷战后自由秩序的危机

　　冷战突然出人意料地结束了。美国和苏联之间的大规模地缘政治斗争停止了。一个大国关系的时代结束了，另一个时代开始了。但这个历史转折点与 1815 年、1919 年和 1945 年的战后时刻不同。1991 年，旧的两极秩序在没有发生大国战争的情况下崩溃了。冷战不是以军事上的胜利而结束，而是以政治和意识形态上的胜利而结束：苏联的解体，以及随之而来的共产主义政治和意识形态的崩溃。此外，与过去战后发生的情况不同，全球体系没有被颠覆。恰恰相反，美国及其盟友在第二次世界大战后创造的世界仍然完好无损。冷战的结束只是巩固和扩大了这种秩序。与西方对峙了半个世纪的苏联集团崩溃了，并在西方世界内左右踟蹰地寻求着自己的位置，至少在一段时间内是如此。

　　接下来的 20 世纪 90 年代，是世界上最接近于"自由时刻"（liberal moment）的时期。自由民主和共产主义之间大规模的竞争似乎已经结束。以美国为首的秩序屹立不倒，没有任何地缘政治或意识形态的挑战者出现。"虽然共产主义的崩溃并没有带来历史的终结，"戴维·贝尔（David A. Bell）写道，"但它确实短暂地建立了一个世界性的共识。"20 世纪的战争和动乱似乎已经对哪种社会和政治制度更优越做出了裁决。"这一体系可以被称为自由主义理想，它围绕代议制民主、人权和自由市场资本主义建立,并辅以强大的社会安全网。"[1]20 世纪 30 年代的世界已经被颠覆了。问题不在于自由民主国家能否生存,而在于如何在一个不断扩大的,不再受强大的意识形态或权力中心竞争者挑战的自由民主国家世界中组织关系。

在冷战后的第一个十年里,民主和市场在全世界蓬勃发展。自 19 世纪以来,自由国际主义者所引用的历史进步力量似乎依然活跃,并且正在努力重塑和扩大全球体系的自由民主核心。北美自由贸易协定(NAFTA)、亚太经济合作组织(APEC)和世界贸易组织(WTO)标志着世界经济的规则和制度得到了加强。欧盟向新成员敞开大门,继续走政治和经济一体化的道路。北约组织向东扩展,美日同盟得到更新。俄罗斯成为西方的准成员,加入了七国集团而建立了新的八国集团,中国成为华盛顿的"战略伙伴"。克林顿总统围绕扩大市场、民主和制度建立冷战后秩序的政策,似乎是自由主义国际秩序观的体现。到 20 世纪 90 年代末,美国官员将美国描述为世界上"不可或缺的国家",利用其权力、思想以及制度和伙伴关系的继承性来支撑全球秩序。在现代社会中,学者们第一次可以谈论单极世界秩序了。

但这一时刻并没有持续。就在"自由理想"(liberal ideal)席卷全球的 20 年后,自由民主和自由国际主义正在退却。那些被认为已从西方驱逐出去的黑暗势力——非自由主义(illiberalism)、专制主义、民族主义、保护主义、势力范围、领土修正主义(territorial revision-ism)——重新抬头。更令人震惊的是,美国和英国似乎从它们作为自由国际秩序领头羊的角色中退了出来。随着唐纳德·特朗普在 2016 年当选,美国自 20 世纪 30 年代以来第一次迎来了一位积极敌视自由国际主义的总统。在贸易、联盟、国际法、多边主义、酷刑和人权等所有这些问题上,美国总统发表的声明和推行的政策,如果完全落实,将实际上终结美国作为自由国际秩序领导者的角色。英国公投退出欧盟(EU),以及困扰欧洲的无数其他问题,似乎标志着战后建立一个更大联盟的长期工程的结束。与此同时,自由民主制度在全球各个角落受到威胁,各种威权主义(authoritarianism)在匈牙利、波兰、菲律宾、土耳其、巴西和其他地方上升到新的高度。在整个自由民主的世界里,民粹主义、民族主义和排外主义的政治反扑层出不穷。[2]

这就是我们今天的处境。全世界对自由主义理想的共识,如果它真的存在过的话,现在已经消失了。是什么原因导致了这种逆转?如果自由主义的国际秩序处于危机之中,那么这是什么样的危机,其来源是什么?

重要的是要记住,战后的自由主义秩序并不是作为一个全球秩序开始的。它是作为发动全球冷战这一更大的地缘政治项目的一部分,在两极体系的"内部"建立的。它最初的谈判、制度和社会目的都与西方、美国的领导地位和反对苏维埃共产主义的全球斗争联系在一起。当冷战结束后,这种内部秩序变成了外向秩序。随着苏联的解体,自由国际主义最大的对手被扫除,美国领导的秩序向外扩张。自由国际主义被全球化了。尽管这被看作西方自由民主国家的胜利时刻,但自由主义秩序的全球化带来了两个转变,而这些转变后来成为危机的根源。首先,它颠覆了自由秩序的政治基础。随着新的国家进入这个体系,提供稳定和治理的旧的协议和制度被推翻了。现在更多的国家——拥有更多不同的意识形态和议程——成为秩序的一部分。这引发了一场权威危机(a crisis of authority):现在需要新的协议、角色和责任,而当前美国及其老盟友已经不再有能力分配这些责任。这些关于治理和权威的斗争今天仍在继续。其次,自由秩序的全球化削弱了其作为一个安全共同体发挥作用的能力。这可以说是一场社会目的的危机。在冷战时期,自由主义秩序是一种全方位的安全共同体,增强了西方政府推行经济和社会保护与进步性政策的能力。随着自由国际主义成为更广泛的全球秩序的平台,这种共同的社会目的被削弱。

把所有这些因素放在一起,自由主义秩序的危机可以被理解为由成功而来的危机,因为其麻烦来自冷战后的扩张。换句话说,这些问题可以被看作"波兰尼危机"(Polanyi crisis)——全球资本主义、市场社会和复杂的相互依存关系的迅速动员和传播所导致的动荡和不稳定,所有这些都超越了支持全球资本主义诞生和发展的政治基础。[3]从根本上说,这不是所谓"E.H.卡尔危机",即自由国际主义因大国政治的回归和无政府状态的问题而失败。[4]尽管中国和俄罗斯是竞争者,但自由国际主义面临的问题主要不是由地缘政治冲突的回归所驱动的。自由主义秩序的问题与其说是无政府状态的问题,不如说是由于现代性的问题——重建自由资本主义民主的稳定基础的挑战。

我分四个步骤论证这个论点。首先,我考察了冷战后国际体系的重组及其对自由主义的影响。这里的重点是自由国际主义的全球化。自由主义秩序的扩张性根植于其多边和开放关系的逻辑。自由国际主义所处的美国霸权政治秩序也包含了这一逻辑,该逻辑促进了冷战后秩序的扩展。其次,我对自由主义秩序的危机来源进行了说明,重点是其制度和政治基础的侵蚀及其社会目的的空洞化。这些都是随着自由主义秩序的扩张而出现的权威和共同体的双重危机。实际上,自由主义秩序已经变得更加广泛,但也更加脆弱。西方自由民主国家的国内社会支持——嵌入式自由主义体系——遭受侵蚀是崩溃的根源所在。再次,我研究了中国和俄罗斯对后冷战时期自由秩序全球化的回应方式。促使德国和日本融入战后自由主义霸权秩序的协议和伙伴关系,不可能以中国和俄罗斯能接受的条件被扩展到这两国。最后,我确定了当代自由主义国际秩序的稳定和韧性的来源。冷战时期的自由主义秩序是一个相对连贯的、组织松散的政治共同体,而冷战后扩大的自由主义秩序则被分割成各种国际领域。这已经不再是一个要么"加入"要么"退出"的问题了。这使得各国——尤其是像中国和俄罗斯这样的非自由主义国家——可以选择与该秩序的关系。全球化的自由主义秩序包含许多层次和领域的秩序,每一个都有自己的逻辑且都在更广泛的系统中运作。一方面,这种分裂削弱了自由主义秩序。但另一方面,它也创造了更加多样化的支持者和利益,支持一个开放的、基于规则的系统。

自由主义的全球化

冷战的结束是关乎两个秩序的故事,二者都是在 20 世纪 40 年代形成的。其中一个是为了应对与苏联斗争中出现的威胁及需要而建立的。这就是围绕两个超级大国之间的威慑、遏制和意识形态斗争而建立的两极秩序,它随着苏联的解体而结束。另一个是在两极体系内建立的以美国为首的国际秩序,这就是西方自由主义秩序。它被冷战所加强,但正如我们所看到的,它是作为一个可以追溯到 20 世纪早期的独特项目而被构建的。在冷战的掩护下,西方大国之间的关系革命围绕着紧密的安全纽带、有管理的开放市场、社会保护、多边合作和美国的霸权领导地位重建了这个秩序。冷战结束后,这一秩序为更广泛的国际体系提供了自由主义逻辑。

用亚当·罗伯茨的话说,冷战的结束是一个"令人难以置信的迅速转变",是"戏剧性的、决定性的,而且非常和平"。[5]早期的世界大战摧毁了以前的国际秩序,使其名誉扫地,并为就新秩序的基本规则和原则进行全面谈判开辟了道路。但美国领导的体系不仅在冷战结束后幸存下来,而且被广泛认为是西方胜利的原因。冷战是组织现代世界的两种方式之间的两极竞争,而苏联的解体被认为是做出了裁决。西方对苏联的政策得到了认证,先进工业民主国家之间的关系也得到了认证。在这个意义上,冷战的结束是一个保守性时刻。它意味着苏联的和平投降——当然是不情愿的,也不是按照苏联最后一任领导人戈尔巴乔夫所希望的条件。但苏联"一极"的倒下留下了美国这"一极",美国主导的规则、制度和在冷战期间建立的关系成为冷战后秩序的核心。[6]

联邦德国对冷战结束的感受最为直接和深刻,它认为敌对状态的和平结束和国家统一的前景是对其战后长期致力于欧洲项目和支持西方基于规则的秩序的认证。欧洲共同体和大西洋联盟为联邦德国提供了一个框架,使其成为一个稳定的议会民主制国家,并开创了自己独特的社会市场社会(social market society)。现在,它们将为德国的统一提供框架,并将其东方邻国纳入一个统一的欧洲。1990年,德国外交部长汉斯·迪特里希·根舍(Hans-Dietrich Gen-scher)在向心怀警觉的欧洲和俄罗斯讨论统一问题时,引用了小说家托马斯·曼的话:"我们寻求的是一个欧洲的德国,而不是一个德国的欧洲。"[7]西方自由主义秩序和其中的欧洲一体化项目使德国和欧洲能够解决一个自19世纪70年代以来一直难以解决的地缘政治问题:使一个强大的德国与一个稳定的欧洲国家体系相协调。德国人民大多欢迎这种转变,因为它让他们以一种新的眼光看待自己的国家。在经历了黑暗的过去之后,他们现在站在了历史的正确一边,为欧洲和世界提供了一个模式。"德国的统一和欧洲大陆的逐步一体化被看作世界上所有其他地区的未来模板,"德国外交官托马斯·贝格(Thomas Bagger)认为,"它定义了德国人观察、分析和干预全球事件的视角。"[8]

冷战后美国的第一推动力建立在这个西方自由秩序的逻辑之上。在苏联解体时上任的乔治·布什总统用自由国际主义的术语描述了即将到来的秩序。它的基础将是民主、开放的贸易和国际法。"世界上的伟大民族们正在通过自由之门走向民主,"布什在1989年的就职演说中说,"我们知道如何通过自由市场、自由言论、自由选举以及不受国家约束地行使自由意志,确保地球上的人类生活更加公正和繁荣。"[9]在同年晚些时候对联合国的一次演讲中,他认为民主正在前进,商业则是一种进步的力量。在这个"新世界秩序"中,联合国和多边制度将在"我们这个时代的核心问题"中发挥关键作用,"世界各国可能会达成共识,即应由法律而非武力来治理"。[10]美国将站在这个自由民主和多边合作不断扩展的世界的中心,即布什所说的"不断扩大的自由圈"(widening circle of freedom)中。随着冷战的结束,美国邀请世界加入它的西方自由主义秩序。[11]

这种自由国际主义视野反映在布什政府的工作中,布什政府试图在安全和经济合作方面扩大区域和全球制度。在对欧洲的关系上,美国国务院官员开始了一系列的制度化步骤:北约的发展包括与东部国家建立联系,与欧洲共同体建立更正式的制度性关系,以及扩大欧洲安全合作会议的作用。[12]在西半球,布什政府推动了《北美自由贸易协定》,并与南美建立了更紧密的联系。在东亚,它利用亚太经合组织论坛在该地区建立更多的制度性联系,展示美国的承诺,确保亚洲地区主义向跨太平洋方向发展。布什的国务卿詹姆斯·贝克尔(James Baker)后来将其政府的冷战后秩序建设战略比作1945年后的美国战略:"尽管我们有时会忘记,但杜鲁门和艾奇逊等人首先是制度的建设者。他们培育了经济制度……带来了无与伦比的繁荣……在一个机遇与风险并存的时代,我认为我们应该向他们学习。"[13]

这种扩大西方自由主义秩序的趋势在克林顿总统时期仍在继续,他试图利用多边制度来稳定和整合新兴市场民主国家,使其融入先进的民主世界。克林顿的国家安全顾问安东尼·莱克(Anthony Lake)说,美国的战略是"加强市场民主国家的共同体",并"在可能的情况下促进和巩固新的民主国家和市场经济"。美国将帮助"民主和市场经济扎根",这将反过来扩大和加强西方民主秩序。[14]这一战略主要针对世界上那些开始向市场民主过渡的地区:中欧、东欧和亚太地区的国家。通过新的贸易协定和安全伙伴关系,这些国家的国内改革将受到鼓励,并在可能的情况下被固定下来。克林顿政府在其正式的战略声明中呼吁以多边方式应对核扩散、地区不稳定和不公平贸易行为等重大外交政策挑战。[15] 多边合作将为一个不断扩大的自由民主世界提供基础。[16]

　　到 20 世纪 90 年代末，自由主义国际秩序的巩固和扩展似乎正在顺利进行。北约向东扩展，将以前属于华沙条约的国家纳入其中。这一扩张是有争议的，并导致美国外交政策的主要人物公开警告说，这可能会破坏与俄罗斯的脆弱关系。但克林顿政府希望对正在进行民主过渡的国家表示声援，并从制度上将这些新加入的国家纳入西方秩序中。[17] 由于他们对俄罗斯没有敌意，政府决策者认为俄罗斯可以被说服，认为北约的扩张并不是一种威胁。北美自由贸易区和亚太经合组织也被当作一种机制，以巩固始于 20 世纪 80 年代的全球经济和贸易自由化运动。1995 年建立的世界贸易机构是扩大和加强自由国际秩序的制度基础的进一步努力。在旧的关税及贸易总协定的基础上，世贸组织标志着国际贸易法正式化的一个重要步骤。一个拥有独立的秘书处、争端解决机制和扩大的贸易合作框架的组织被建立起来。[18] 在 2006 年的一次采访中，克林顿直接提出了这一观点，"我深受第二次世界大战后和冷战时期多边组织成功的影响，我看到了它们的作用。在冷战结束时，我第一次在历史上看到了一个机会，能够以一种在东西方分裂的语境下无法实现的方式将它们全球化。"[19] 战后时代与其说是"单极时刻"，不如说是"多边时刻"，是美国以一种超越一时力量优势的方式塑造世界的机会。[20]

　　克林顿政府邀请中国加入世界贸易组织的决定也许是这种自由国际主义战略的顶点。克林顿认为中国的崛起是快速发展的世界体系全球化的一部分。美国将在这个全球化的世界中获益，中国将被改造，而中国融入世界经济体系将是一个双赢的提议。中国参与贸易体系将对其社会产生自由化的影响，为开放和政治改革创造国内支持者。一旦中国接受世界贸易组织的自由规则和惯例，并开始认识到贸易和经济增长的好处，就会产生激励，促使其国内经济和制度自由化。我们的假设是,经济开放将对中国社会产生自由化的影响,这将导致自下而上的政治变革要求。[21]2000 年 5 月,美国国会投票决定给予中国永久性正常贸易关系,并有效地支持了中国加入世界贸易组织的申请。克林顿强调了此举的自由主义逻辑。"加入世界贸易组织,中国不仅是同意进口更多我们的产品,它还同意加强民主最宝贵的价值之一:经济自由。"[22]中国正在迅速发展,它对世界经济的影响是不可避免的。加入世界贸易组织将使中国朝着遵循西方的规范和做法的方向发展。在这个过渡时期,全球化被视为一股自由化力量,正如一名政府官员所说,克林顿"把自己的总统任期押注在了全球化上"[23]。

美国对中国的这种接触战略(engagement strategy)一直延续到小布什政府。中国的经济和军事都将增长,但通过相互依存的动力,它也将在国内变得更加民主,在国外变得更加乐于合作。"开放的贸易在中国是一种争取自由的力量……自由贸易引进了新技术,"乔治·W.布什总统在 2001 年 5 月表示,"当我们开放贸易时,我们也就开放了思想。"[24]几年后,美国副国务卿罗伯特·佐利克(Robert Zoellick)在一次敦促中国扮演"负责任的利益相关者"(responsible stakeholde)角色的演讲中明确阐述了这一逻辑。佐利克认为,中国是美国主导的国际秩序的主要受益者,美国希望中国能负责任地行事。中国将获得发言权和领导权,作为对现有国际秩序的支持,以及对西方定义的价值观和优先事项的支持的交换。佐利克敦促中国"适应上个世纪形成的规则"。如果它这样做了,它有望成为这个秩序中的一个领导国家:"它将与我们合作,维持使其成功的国家间体系。"[25]中国融入西方自由秩序的大门是敞开的。

与此同时,经济和政治自由主义在全世界范围内扩散。20 世纪 80 年代,苏联体制国家和出口导向型资本主义国家的经济命运差异越来越明显,政府在 20 世纪 90 年代越来越多地参与以市场为导向的经济改革——对外经济政策的自由化、私有化和放松管制。经济自由主义体现在一系列广泛的政策中。正如贝丝·西蒙斯(Beth Simmons)、弗兰克·多宾(Frank Dobbin)和杰弗里·加勒特(Geoffrey Garrett)所观察到的,"在二十年间,国有企业的私有化从玛格丽特·撒切尔在 1979 年英国选举宣言中的一个打破传统的政策想法变成了发达国家和发展中国家经济政策的一个主要因素"。[26]在同一时期,各国越来越多地向资本和贸易的跨境流动开放其经济。在国际上,世界银行、国际货币基金组织(IMF)和其他金融机构拥护华盛顿共识,要求*借款国和寻求经济改革的政府实行市场导向的政策。国际货币基金组织的贷款和世界贸易迅速增长。到 21 世纪初,发展中国家占世界国民生产总值的 47%,占世界贸易的三分之一。[27]各地的国家开始融入世界经济,并在其不断扩大的规则和制度体系内运作。

20 世纪 80 年代和 90 年代也是一个政治自由化的时期,"第三波"民主化浪潮和自由宪政在全世界蔓延。[28]在西蒙斯、多宾和加勒特所称的"20 世纪末的首要统计数据"(headline statistic of the late twentieth century)中,民主国家的比例增加了一倍多,从 80 年代初的不到 30%上升到 21 世纪头十年的 60%(世界上的主权国家数量在这几十年里也翻了一番)。[29]政治上向民主的转变在不同地区表现出不同的模式。拉丁美洲国家在 20 世纪 70 年代开始民主化,东亚和太平洋地区在 80 年代也开始民主化。柏林墙的倒塌和苏联的解体,引发了整个东欧的民主化浪潮。[30]冷战的结束也削弱了许多以前由某个超级大国支持的军事和一党独裁政权。并非所有由此产生的政权变化都完全跨越了民主的门槛。一些独裁政权利用部分自由化作为维持专制统治的手段。[31]还有一些政权确实进行了更彻底的民主过渡,但后来又重新回到了独裁主义。但在 20 世纪 90 年代结束时,民主似乎正在前进中。[32]

---

* 原文作 proscribing,似为 prescribing 的笔误。——译者注

图 8.1 反映了 20 世纪最后几十年经济和政治自由主义的大趋势,它追踪了 1980 年至 2004 年自由化的三个指标的变化。第一个指标显示政府收入中来自国有资产私有化的百分比,这是国内经济自由化的一个指标。第二个指标是对全球平均金融开放度或资本账户开放度的测量,它显示了外国经济自由化的程度。第三个指标显示了世界上民主国家的比例。

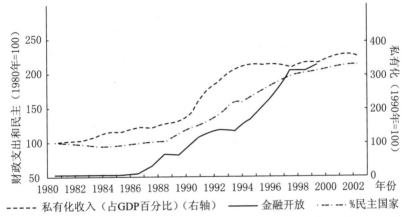

- - - - - 私有化收入（占GDP百分比）（右轴）　——— 金融开放　-·-·- %民主国家

资料来源:改编自 Beth Simmons, Frank Dobbin, and Geoffrey Garrett, "Introduction: The Diffusion of Liberalization," 见 Beth Simmons, Frank Dobbin, and Geoffrey Garrett eds., *The Global Diffusion of Markets and Democracy* (New York: Cambridge University Press, 2008), p. 3。

图 8.1　经济和政治自由主义的传播

这些趋势的汇合表明,在这几十年里,向自由民主和开放的世界经济的转变是同时进行的,并且不断强化。经济和政治自由主义的传播是由各种力量推动的,其中重要的是,资本主义民主国家的表现越来越优于苏联集团的国家。早在冷战结束之前,情况就是如此。随着苏联的解体,共产主义作为自由资本主义民主的一个重要替代方案而消失了。与此同时,美国和其他主要资本主义国家似乎越来越多地为世界提供了一个有吸引力的国内外经济改革模式。国际货币基金组织、世界银行和其他机构提供了政策理念和资源,加强了这一自由化运动。美国以其无与伦比的地缘政治和意识形态力量支持这一运动,支持扩大区域和全球制度,以促进和巩固自由主义的经济和政治转型。[33]冷战时期两极世界的西方自由主义子系统正在向外扩展,为一个世界的全球秩序提供理想和制度框架。

随着 20 世纪的结束,美国发现自己处于一个不断扩大的自由国际秩序的中心。在某种意义上,政治和经济自由主义的传播反映了权力分配的变化。苏联的解体使美国成为单极大国。美国拥有如此不成比例的物质能力,以至于它毫不含糊地自成一类。鉴于其单极地位,经济和政治自由主义的传播很容易解释。国际秩序的特点反映了其最强大的国家的取向。美国利用其主导地位,将自由主义推向世界。当时没有其他权力中心,也没有其他博弈。但是,因果关系的箭头也可向相反的方向流动。在一些重要方面,单极不是自由主义秩序的原因,而是其结果。单极是由独特的物质能力分布造成的,但也是由于没有其他国家试图成为一极。一极不仅是权力的聚集,而且是国家用来与其他国家联系的机构和关系的枢纽。[34]美国之所以成为单极国家,不仅是因为它拥有无可匹敌的硬实力,即军事、技术和经济资产;还因为美国位于其他国家试图加入的自由国际秩序的中心。[35]权力创造了秩序,秩序也创造了权力。单极在冷战后出现,因为被视为权力的投射者与效忠吸引者的其他极,已经消失。[36]

冷战后自由主义秩序的几个特点使各个国家更容易加入它,而不是抵制它或与它抗衡。首先,这个秩序是围绕着多边规则和制度组织的。这使得各国在政治和经济上的过渡和申请加入时相对容易。多边经济组织,从布雷顿森林机构开始,被设计为可扩展的。进入区域和全球机构的具体标准在整个系统中有所不同。但多边主义的底层逻辑是,符合标准的国家可以加入,这使冷战后的过渡时期更倾向于一体化和扩张。其次,自由主义秩序吸引了转型国家,因为它提供了利益和保护。实际上,它为隶属于它的国家提供了"商品和服务"(goods and services)。这些服务中最基本的是安全保护。其他商品和服务包括市场准入、外国援助和技术援助。加入该组织是为了在一个开放的贸易和投资体系中获得有利的条件。国际货币基金组织和世界银行等制度在发展中经济体陷入危机时提供备用援助。实际上,自由主义秩序是一个政府间的俱乐部,其成员有其特权。[37]再次,只要美国和体系中的其他强国也在这个秩序中运作——尊重其规则和制度——较小的国家就会得到一些保证(reassurance),即这些领先的国家不会轻易地胁迫和支配它们。显然,美国有时确实采用了胁迫、干预和粗暴的权力政治形式,但至少经历自由主义过渡的国家有可能看到美国行使霸权权力的复杂性和制度约束。自由主义秩序的制度基础使美国的物质权力地位更持久,对其他国家的威胁也更小。加入自由主义秩序就是要获得向世界上最强大的国家表达意见的机会和制度准入权。[38]在这些方面,自由秩序使各国的战略方向朝着一体化和参与的方向发展。

冷战结束后出现的世界既令人惊讶又引人注目。令许多观察家感到惊讶的是,在冷战期间建立的西方自由主义秩序在这场两极斗争结束后依然存在。特别是照权力制衡的现实主义者预测,北约和其他为应对苏联威胁而建立的西方制度不会继续存在,更不用说在威胁消失后扩张。[39]这些观察家所忽略的是,西方自由民主国家的秩序建设计划在冷战之前就已经开始,并在冷战的阴影下进行。这是战后欧洲内部以及欧洲、美国和更广泛的自由民主国家之间关系革命的产物。这是一个由 20 世纪 30 年代的灾难和为西方自由资本主义国家提供一个更稳定的基础的努力所推动的事业。与 1815 年、1919 年和 1945 年不同的是,苏维埃共产主义崩溃后支撑更广泛的全球体系的秩序不需要被创建,因为它已经存在了。

自由秩序的危机

在冷战期间,以美国为首的自由主义秩序被扎根于两极世界体系的西方一侧，并在此期间奠定了基础。苏联解体后，作为一个不断扩大的全球体系的核心，这个自由秩序摆脱了冷战的基础，成为一个不断扩大的自由民主、市场和复杂的相互依存的全球体系的平台。一个世界性的"自由时刻"已经到来。然而，就在这一时刻，危机的种子已经埋下。自由主义秩序的全球化比许多自由国际主义者当时所认识到的更令人担忧。在冷战期间，两极的全球体系强化了美国主导的国际秩序的角色、承诺和共同体。冷战时期的西方秩序不仅是一个联盟或一个贸易伙伴的集团。它是一个松散的政治秩序，有制度、谈判和对社会目的的共同理解。自由国际主义的危机可以被看作对战后西方秩序的全球扩张的一种慢动作式（slow-motion）反应。自由主义秩序的特点在冷战期间使其稳定而有弹性，因而在冷战后对转型国家有吸引力，但这些特点随着它的全球化被削弱了。

具体来说，自由国际主义的扩张削弱了战后自由主义秩序的两个方面。一个是该秩序的治理逻辑：它的政治议价谈判、制度承诺和权力关系。另一个是它的社会目的和内在的自由保护。在这两个方面，战后自由主义秩序的基础已经坍塌。该秩序已经失去了对自身作为"安全共同体"，即一群志同道合的国家为了相互保护和进步而合作的共同理解。[40] 而且，它变得更薄弱，与核心社会和选区的政治和经济福祉的联系更少。我们可以依次看一下这两个方面。

治理和权力关系

自由主义秩序的全球化造成了治理和权威的问题。在冷战期间，以西方为导向的自由秩序是由美国、欧洲和日本领导的，并围绕着一系列复杂的讨价还价、工作关系和机构组织起来。在战后早期，关于贸易、金融和货币关系的大部分核心协议是在美国和英国之间达成的。西德和日本后来成为面向西方的三边体系中的"初级合伙人"（junior partners）。这些国家并不是在所有问题上都意见一致，但相对于世界其他国家来说，它们是一个小而同质的国家集团。它

们的经济趋同,利益一致,而且它们普遍相互信任。它们还在冷战中
站在同一边,美国领导的联盟体系加强了合作。这种联盟体系使美
国及其伙伴更容易做出承诺和承担负担,使这些欧洲和亚洲国家更
容易接受美国的领导。在这个意义上,冷战时期的自由秩序加强了
自由民主国家参与一个共同的政治事业的信念。

这一秩序的核心是美国与其经济和安全伙伴,特别是西德和日
本之间的一系列战略交易。作为主导国家,美国为它们提供安全保
护,并保持一个相对开放的国内市场来吸收它们的出口。作为回报,
这些伙伴持有美元,使美国能够在不面临其他国家调整压力的情况
下维持国际收支赤字(balance-of-payments deficits)。[41]这种安排使
美国能成为安全和市场的慷慨提供者。美国制定了该秩序的规则和
制度,同时保留了为保护其国家利益而采取单边行动的权利。它的
伙伴们享受着这些交易的好处。它们获得了进入美国市场和原材料
的机会,并受到美国军事力量的保护。基于联盟的安全保护也使这
些国家能够将更多的资源投入国内经济增长和提高竞争力中。[42]美
国作为主导力量,将自己置于一个复杂的制度中,使其合作伙伴有机
会进入到华盛顿的政策制定。[43]美国扮演着自由主义霸主的角色,支
持整个秩序的开放和稳定。作为回报,其合作伙伴在冷战中支持
美国。

但自冷战结束后,将这一核心集团联系在一起的一系列交易已
慢慢减弱。可以肯定的是,这些国家的总体方向一直保持着明显的
稳定性。日本和以德国为首的西欧,从20世纪90年代至今仍继续
致力于与美国建立开放的贸易关系和联盟关系。美国仍然致力于领
导——事实上是扩大自由主义秩序。但正如迈克尔·马斯坦杜诺
(Michael Mastanduno)所言,美国在冷战时期的霸权交易背后的关
键杠杆来源——其伙伴的安全依赖性、美元的独特地位,以及其市场
的不可替代性——已被削弱。[44]冷战的结束消除了使北约和美日联
盟变得必要的共同威胁。在"9·11"恐怖袭击和美国入侵伊拉克之

后,将主要自由民主国家团结在一起的安全挑战不再完全一致了。在中国崛起的带动下,世界经济的扩张意味着美国市场不再是全球经济增长不可或缺的引擎。德国和日本仍然与美国市场联系在一起,但它们都越来越多地融入了自己的区域贸易和生产体系。正因为如此,它们发现不太需要通过持有美元来为美国的赤字提供资金,或扮演小合伙人的角色。通过这些不同的方式,美国与其主要伙伴之间旧有的安全和经济协议已被削弱。

即使旧的三边合作关系持续存在,它们也不再是所有市场和交易的中心。尤其是中国的崛起,改变了世界经济的重心。2010 年,中国超过日本,按市场汇率标准(in market-exchange terms),成为世界第二大经济体,并且正在逼近美国。自从开始市场化改革以来,中国的对外贸易迅速扩大,从 1978 年的约 200 亿美元到 2000 年的 5 000 亿美元再到 2016 年的 3 万亿美元。在过去 20 年里,中国已经成为快速增长的通过贸易和制造业网络联系在一起的区域经济的中心。冷战结束时,美国是日本、韩国和东南亚大多数国家的主要贸易伙伴。30 年后,中国占据了这一地位。2015 年,它也成为美国最大的贸易伙伴。[45] 随着经济的增长,中国也增强了军事能力,它现在既是世界经济的主要参与者,又是美国在东亚和其他地区霸权的对手。

这些新情况使美国对自由国际秩序的治理更加复杂。现在美国管理世界经济必须紧盯(engage)的是中国,而不是德国和日本。但是,支撑冷战时期自由主义秩序及其在 20 世纪 90 年代扩张的三边经济和安全协议在美中关系中很难重现。正如我前面指出的,美国确实向中国提出霸权交易方案。从小布什开始,每一位冷战后的美国总统——直到唐纳德·特朗普——都试图驱使中国扮演“负责任的利益相关者”的角色。在 20 世纪 90 年代,中国似乎同意了这个条件。它加入了世贸组织,并接受了发展中国家成员资格所带来的市场开放承诺。在加入世界贸易组织的十年间,中国的进出口迅速扩大。中国没有积极挑战美国在东亚的安全地位,并同意持有大量的美国国债。中国提出了"和平崛起"的宏伟战略,融入了世界贸易和金融体系,并实现了经济快速增长。[46]在华盛顿看来,中国正在迅速发展并变得强大,但它至少是在一个以西方为导向的规则和制度框架内这样做的,这些规则和制度将使中国的政治发展偏向于开放和自由的方向。

在过去的十年里,这种自由主义的霸权交易开始瓦解。中国得到了它所期望的东西——进入世界贸易体系和实现快速的经济增长——但它并没有采取西方政府所期望的自由主义改革作为回报。中国的军事建设、海洋主张和强硬的经济外交越来越被华盛顿视为对美国在该地区霸权的直接挑战。从奥巴马政府开始,美国的反应是设法对抗中国在亚洲和世界经济中的新兴规则制定者角色。奥巴马总统宣布了一个"亚太再平衡"的计划,试图再次向盟友保证美国对该地区的经济和安全承诺。这一战略重心转移的中心是《跨太平洋伙伴关系协定》(TPP),这是美国与其东亚伙伴之间谈判建立更紧密贸易关系的框架。虽然 TPP 有望带来经济收益,但奥巴马将其视为一项有助于确保中国不会"书写全球经济的规则"的举措。[47]到那时,自由主义者对中国将作为一个负责任的利益相关者融入自由主义国际秩序的预期几乎消失殆尽。[48]

由于有了进入冷战后自由主义秩序的途径,中国取得了迅速而巨大的经济成功。但这一成功使维系这一秩序的霸权交易变得不明朗。在冷战时期和 20 世纪 90 年代,自由主义国际秩序是围绕着美国、西欧和日本之间的讨价还价而构建的,这些讨价还价被嵌入一个联盟体系中,使这些国家更容易解决它们的分歧。但是,中国在这个联盟体系之外日益强大,其庞大的规模使它在世界经济中成为一个更加独立的参与者。因此,中国既在冷战后的自由国际秩序内也在其外。它的规模和融入世界经济的程度足以对这一秩序的稳定运行起到至关重要的作用。但它也在自由国际秩序之外,因此很难就该秩序的管理达成协议。

美国地位的变化也使自由主义秩序变得不稳定。冷战后美国的单极化并没有立即引发大国制衡的努力,部分原因是中国和俄罗斯还没有能力挑战美国的地位。其他大国也觉得不太需要制衡,因为美国领导的秩序是建立在规则、制度和战略交易的基础上的,这些规则、制度和战略交易塑造了权力的行使方式并使之受到克制。尽管如此,美国并没有完全摆脱对其无可匹敌的力量的反弹。随着世界进入单极时代,美国的力量在世界政治中越来越成为一个问题。在冷战期间,美国的力量在这个体系中具有功能性的作用:它作为一种制衡苏联的力量。随着单极化的突然出现,美国的权力受到的限制及其功能都减少了。关于美国霸权的新争论出现了。什么能够限制它?美国对一个开放的、基于规则的国际秩序的承诺的可信度如何?[49]美国发动伊拉克战争和全球反恐战争加剧了这些担忧。始于美国的 2008 年金融危机也使人们对美国的经济模式及其对管理开放的世界体系的承诺产生了疑问。随着特朗普政府的上台,全球对美国权力的反应出现了新的戏剧性转变。这不再是美国是否会在一个现有的规则和制度体系之外行使权力的问题,而是它在多大程度上执意破坏这一秩序。特朗普政府的上台使自由主义秩序的政治危机达到了顶峰。[50]

简而言之,经济和政治自由主义的全球化产生了破坏秩序治理逻辑的力量。随着越来越多的国家带着新的愿景和议程进入这个秩序,民主世界不再主要是英美国家,甚至不再主要是西方国家。自由民主世界正在扩大,但这种扩大使它成为一个不太团结的政治共同体。后冷战时代还带来了新的、复杂的全球问题,如气候变化、恐怖主义、武器扩散和日益增长的相互依存的挑战。不同地区的国家,具有不同的政治取向和发展水平,要在涉及权威和治理的基本问题上达成共识尤其困难。谁来付出,谁来调整,谁来领导?在不断扩大的自由主义秩序中,权力将如何在崛起的非西方国家之间重新分配?以美国、欧洲和日本为首的旧联盟将战后秩序建立在一层层的协议、制度和工作关系之上。但这个旧的三边核心已不再像以前那样是全球体系的核心。今天,自由主义秩序的危机一定程度上是一个如何重组其治理的问题。旧的基础已经减弱,但新的协议和治理关系还有待协商。[51]

社会目的和嵌入式自由主义

这也是一场社会目的和嵌入式自由主义的危机。在冷战期间,构建西方自由主义秩序的核心国家有一个共同的意识,即他们生活在一个自由民主国家的共同体中——这个政治秩序为其内部的人带来安全和经济福祉。对大多数人来说,生活在这个秩序中的人比生活在这个秩序之外的人要好。自由民主国家能够在一个有组织的多边合作体系中协调经济开放和社会保护。总之,以西方为导向的自由主义秩序具有可称为安全共同体的特征——一种相互保护的社会。但在最近的几十年里,随着自由秩序的全球化,这些安全共同体的功能被削弱了。自由主义秩序的社会目的——在民主家共同体中的相互保护和社会进步——已经变得薄弱了。它看起来不像是一个安全共同体,而更像是一个资本主义交易规则和制度的平台。[52]

在冷战期间,这个安全共同体的经济基础是围绕着约翰·鲁杰(John Ruggie)所说的"嵌入式自由主义"组织起来的。[53]正如第六章所指出的,这是一种想法,即主要的自由民主国家将寻求组织世界经济,以协调市场开放和社会保护。20世纪30年代世界市场的崩溃对西方工业社会来说是灾难性的;政策制定者的核心目标是重组和重新开放世界经济,同时给予各国政府促进经济稳定的工具。"与30年代的经济民族主义不同,"鲁杰认为,"它将是多边性质的,与金本位和自由贸易的自由主义不同,它的多边主义将以国内干预主义为前提。"[54]嵌入自由主义的妥协旨在抑制市场开放的破坏性影响,而不消除开放贸易所带来的效率和福利收益。自由民主国家共同创建规则和制度,使国家能够稳定和管理市场风险。拉维·阿卜杜勒

(Rawi Abdelal)和约翰·鲁杰认为:"国家社会通过各种保障和保险计划来分担风险,这些保障和保险计划在一定程度上构成了欧洲的福利国家,或者在一度例外的美国,一个新政国家(New Deal state)。"[55]这就是为什么整个自由民主世界的多数社会阶层成为战后自由秩序的支持者。

自由主义秩序的危机部分源于这一妥协的破灭。从20世纪80年代开始,自由秩序的全球化使先进的工业国家和发展中国家的市场自由化。美国和欧洲的政策精英倡导开放和放松市场管制,这就是所谓新自由主义政策议程。[56]在贸易方面,多边自由化的努力被扩展到新的领域,如服务、农业、国际产权和监管协调。在20世纪90年代,自由化议程被进一步扩展:克林顿政府与国际货币基金组织和世界银行协调,试图让发展中国家开放其严密保护的金融市场。银行、股票和债券市场被开放,拉丁美洲、东亚和中欧的国家从国家主导的经济增长战略转向依赖市场力量。依据所谓"华盛顿共识",西方精英们普遍认为市场社会的扩大是政治自由化和扩张以及巩固自由世界经济的关键,从而开启了一个增长和社会进步的新时代。[57]政治自由主义和经济自由主义被认为是相互促进的。但市场的扩张在西方社会的赢家和输家之间造成了新的、尖锐的经济鸿沟,同时也削弱了固有的自由主义支持和保护。正如杰夫·科尔根(Jeff Colgan)和罗伯特·基欧汉(Robert Keohane)所说:"新自由主义经济议程的影响已经削弱了社会契约,而这种契约在以前是确保对(自由主义)秩序的重要政治支持。"[58]

自由主义秩序的社会目的已经被整个先进的工业世界中不断上升的经济不安全感和不平等破坏了。即使在2008年金融危机之前,欧洲和美国的工人和中产阶层市民的财富已停滞了几十年。[59]从第二次世界大战结束到20世纪70年代,美国的低收入和高收入阶层的收入都在迅速增长,收入差距没有明显扩大。但从70年代开始,这种情况发生了变化。在美国,自1980年以来,几乎所有的财富增长都流向了社会上收入最高的20%的人。那些缺乏技能或大学教育的人已经越来越落后了。从1974年到2015年，没有受过大学教育的美国人的实际家庭收入中位数下降了24%，而拥有大学学历的人的收入中位数继续增加。收入和财富集中在社会的最顶端，已经上升到20世纪20年代以来从未见过的水平。

类似的模式在全球范围内上演。布兰科·米拉诺维奇（Branko Milanović）将过去20年全球体系中的不同收益描述为"大象曲线"（elephant curve）。他发现，实际人均收入的绝大部分收益都流向了两个截然不同的群体。一个是中国和印度等国家的劳动者，他们以非常低的工资水平从事低端的制造业和服务业工作，并获得了巨大的收益——即使他们仍然处于全球收入的低端。自1990年以来，超过10亿这样的人已经脱离了极端贫困，这是全球人口中很大一部分人生活命运的显著变化。[60]这是大象的背部。另一个群体是最高的1%，甚至最高的0.01%，他们经历了财富的大幅增长。这就是大象的鼻子，向上延伸。[61]与此同时，先进工业国家的中产阶层和工人阶层的收入增长最少。技术、贸易模式、工会组织和生产基地的长期变化，加剧了西方社会这些中间阶层经济命运的停滞。[62]在最近的世界经济增长中，有很多赢家——但西方自由主义秩序的原有支持者并不在其中。[63]

自由主义秩序的安全共同体方面也由于构成它的民族和社会的范围和多样性的简单扩大而被削弱。现在的民主世界不再是英美的，不再是西方的。它包括了世界上大部分地区——发达国家和发展中国家，北方和南方，殖民地和后殖民地，亚洲和欧洲。这也是一个因成功而产生的危机。但它带来了整个秩序中对其成员在世界中的地位，以及它们的历史遗产和怨恨的意见分歧的增加。自由主义世界秩序现在不再像一个对自己的过去和未来有着共有叙事的共同体。[64]扩张削弱了社会内部在历史、地理和文化方面的共同认同。

综合来看，自由主义秩序的社会目的已经今非昔比。今天，自由民主世界是一个安全共同体这一点并不明显。那西方民主国家的公民能从自由国际主义中得到什么？一个开放的、以松散的规则为基础的国际秩序如何向大量的中产阶层提供物质和经济安全？在整个20世纪，自由国际主义是与西方自由民主国家的进步和社会民主议程联系在一起的。它没有被视为民族主义的敌人，而是被视为允许政府在国内追求经济安全和进步的工具。但近几十年来，国内的社会和经济发展与国外的自由国际主义之间的这种联系已经被打破。

自由秩序的局限性和持久性

自由主义秩序的扩张揭示了它的局限性和适应力。其局限性在该秩序与中国和俄罗斯日益紧张的关系中最为明显。二者任何之一成为这个秩序中"负责任的利益相关者"的希望都已破灭。对于俄罗斯，华盛顿和莫斯科之间结束冷战的谈判成果并没有在20世纪90年代得以延续。北约的扩张，能源管道的争端，以及对俄罗斯地区雄心的拒绝容让，都促使关系破裂。[65]冷战结束后，俄罗斯经济的崩溃使俄罗斯变得虚弱和充满怨恨。西方处理与俄罗斯关系的努力也在几个世纪以来俄罗斯国内形成的反民主和反自由的政治包袱下艰难地进行。俄罗斯失去了帝国，而西方对其传统势力范围的侵占又加剧了其不满和竞争。[66]美国本可以在安全方面对俄罗斯做出更深远的让步，比如放弃北约东扩。但这将意味着无视东欧国家加入西方联盟和欧盟，并为其向自由民主过渡建立制度基础的愿望。无论如何，冷战后更慷慨的解决方案是否会让俄罗斯走上西式改革和一体化的道路，目前并不清楚。[67]这条道路也随着20世纪90年代俄罗斯向民主转型的失败而消失了。

在冷战后的前20年里，美国领导人一直在寻找将中国纳入现有秩序的方法。而中国则推行了雄心勃勃的经济自由化计划,加入了既定的全球多边机构,并深深融入了全球体系。它加入了世界贸易组织,并在国际货币基金组织、世界银行和二十国集团中发挥作用。[68]在意识形态和愿景方面,它逐渐远离了早先几十年对"国际新秩序"的呼吁,开始呼吁对全球规则和制度进行渐进式改革。它的话语更多的是关于在全球秩序的组织中实现公平和公正——这从根本上意味着让中国在管理现有全球制度中拥有更大的话语权。它现在寻求使国际秩序"更加合理",让中国在国际货币基金组织和世界银行中发挥更大的作用,在二十国集团等国际领导论坛上有更多的发言权,并且从长远来看,让人民币成为世界储备货币。这些改革都表明,中国正在走向国际经济秩序的中心。

现在,中国既不完全在冷战后的自由主义国际秩序之内,也不完全在外,它正在积极争取自己在大多数主要全球制度中的利益,同时也试图将世界推向一个与自由主义经济和政治价值观关系不大的后西方秩序。[69]中国在美国单极时代经历了最成功的几十年经济增长和生活水平的提高,现在它正在利用其迅速获得的财富和权力来挑战和调整这一秩序。

这些发展有助于阐明自由国际主义在全球传播的局限性。首先,几任美国总统提出的主导权议价(hegemonic bargaining)的失败表明,中国已经变得太强大,以至于无法融入美国领导的自由国际秩序。与日本和德国不同,中国在美国的联盟体系之外崛起(或如中国人所说的,重新崛起)。为冷战时期的自由主义秩序提供基础的安全和经济交易,对于日益成为同级别大国(peer great power)的中国来说,是无法适用的。其次,自由主义国际主义者认为,随着中国经济的自由化和融入世界经济,日益增长的国内和国际压力将迫使中国实现其政治体制的自由化。但这并没有发生。与韩国和东亚其他国家不同,中国之大足以顶住各种国际压力。最后,全球化使自由主义秩序支离破碎。即使在冷战时期,它也是一个制度和政策领域的混合体,当时它在地缘政治空间和成员方面有更多限制。但随着这种"内部"秩序变成"外向"秩序,曾经的松散政治共同体变成了一个由规则、制度和关系组成的庞大而零散的体系。这种性质的转变使国家更容易选择它们希望加入的秩序的哪些部分。中国可以从参与一个开放的、基于规则的松散秩序中获得好处,而不需要致力于国内体制变革或与主要自由主义国家建立战略合作伙伴关系。

自由主义秩序的扩展也展现了其持久性的来源。[70]首先,它显然有整合的倾向。许多不同规模和类型的国家都找到了加入该俱乐部的途径。德国和日本是第一批重塑自己的大国——最初是通过强制性占领——并融入了战后安全和经济制度。一些国家在冷战期间作为附从国或前线盟友加入了该秩序。冷战结束后,许多苏联的附从国和一些苏联的加盟共和国加入了欧盟和北约。许多国家通过政治和经济转型融入了这个秩序。从经济合作与发展组织这个由发达市场经济国家组成的俱乐部的稳步发展可以看出这一点,它从 1960 年成立时的 20 个国家发展到今天的 34 个国家。[71]关键是,西方以外的许多国家都在寻求加入这一秩序,以享受其好处。该秩序的制度和意识形态——霸权主义和自由国际主义——似乎为这种融合提供了便利。

持久性的第二个来源是自由主义秩序的等级权威关系。等级秩序在由一个国家主导的程度上可能有所不同。一个主导国可以组织和支配,凌驾于其他国家之上,否则,秩序可能由一个主要国家联盟合作发挥领导作用。在后一种情况下,秩序是围绕着一系列的大国、初级伙伴、附从国和其他利益相关者组织起来的。在经济领域,权力和决策是共享的。正式的多边制度——国际货币基金组织、世界银行和世贸组织——都是这样组织的,像七国集团和二十国集团这样的非正式领导集团也是如此。它们是由主导国家的联盟所组成的等级机构。美国和西欧在这些机构中的代表权仍然过高,但它们又并不以固定的成员资格为基础。[72]大门是敞开的,讨价还价的机会就在眼前。二十国集团已经同七国集团一样，成为一个重要的领导论坛，这反映了治理机制有能力发展和扩大到旧的西方大国之外。[73]

持久性的第三个来源是经济收益在国际秩序中的分配方式。各个秩序在经济和其他物质回报的分配上可能有所不同。在传统的帝国秩序中，利润和收益绝大部分流向帝国核心。在殖民帝国和非正式帝国中，它们不成比例地流向组织和管理秩序的富裕和强大的国家、阶层和社会团体。但是，以美国为首的自由主义秩序，其开放的贸易和投资体系，更广泛地分配了经济收益。[74]整个体系的贸易和投资使远近的国家都能成长和进步，并经常超过美国和它的西方伙伴。[75]世界各地的国家为了追求贸易和增长，已经将自己融入现有的体系中。

国际秩序的第四个特点是它包容了不同的资本主义和经济发展模式。在实践中，如果不是在意识形态方面，战后的全球秩序对这些差异是相对包容开放的。[76]资本主义模式一般有三种：英美的新自由主义或市场原教旨主义模式，从冷战结束到2008年全球金融危机，一直主导着在西方国家首都的经济辩论；战后较早的"嵌入式自由主义"模式，强调社会福利国家和"有管理的"开放；以及整个东亚和发展中国家一直追求的国家主义模式。[77]这些模式在几十年间趋于共存和消长。最近对主要西方国家和非西方国家政治经济模式的"身份分布"(distribution of identity)的研究表明，人们对经济自由主义和社会民主的某种组合的意识形态偏好明显趋同。在所有被调查的国家中，人们对新自由主义抱有极大的怀疑，但对社会民主和自由主义的方法却普遍支持。[78]

使自由主义国际秩序具有韧性的是与之相联系的许多支持者和利益。它的相对开放和整合性的特点导致了利益相关者的稳步增多，但也导致了分裂。[79]随着社会目的和嵌入式自由主义保护的削弱，该秩序已经颠覆了它的政治基础，在西方工业社会中失去了政治支持。它现在是一个由半独立(semi-independent)的国际制度和合作关系组成的更复杂的体系。虽然这种分裂削弱了秩序的一致性，但它也减少了彻底反对的动机。自由秩序不像是有吊桥和城墙的城堡（a castle with a drawbridge and walls），而更像是一个购物中心（a shopping mall）。国家很容易进入和存在，也更容易抵制或避免其规则和制度。同样，这种秩序使公然反对它的机会和需求更少。

构成自由主义国际秩序的许多机制和制度并不是独特的自由主义。相反，它们是威斯特伐利亚式的，它们在其中是为了解决主权国家的问题，无论它们是民主国家还是专制国家，许多关键的参与者都不是自由主义或民主国家。即使在冷战期间，自由秩序主要是自由民主国家之间的安排的时期，苏联也经常与这些国家合作，帮助建立国际制度。莫斯科坚定的反自由主义立场并没有阻止它与华盛顿合作制定军备控制协议，也没有阻止它与世界卫生组织合作，带头开展消除天花的全球运动。最近，跨越民主和专制分野的不同国家已经制定了全球规则，以防止环境破坏。例如，《巴黎协定》的签署国包括中国、伊朗和俄罗斯等国家。威斯特伐利亚方法也形成了管理海洋、大气、外层空间和南极洲的协议。例如，1987年的《蒙特利尔议定书》扭转了对臭氧层的破坏，得到了民主国家和威权国家的支持。威斯特伐利亚国际主义所涉及的协议并不挑战国家的主权，而是体现了解决国家无法独立解决的问题的集体举措。[80]

自由主义秩序中的大多数制度并不要求其支持者是自由民主国家。它们只需要是有能力履行其承诺的现状国家。这些制度并不挑战威斯特伐利亚体系，而是将其制度化。例如，联合国强化了国家主权的原则，并通过安理会常任理事国强化了大国决策的理念。所有这些因素使秩序更加持久。由于许多国际合作行动与自由主义和民主无关，那些敌视自由民主的政权仍然可以保留其国际议程并支持该秩序的核心制度。威斯特伐利亚体系的持续存在提供了一个持久的基础，在此基础上可以建立和捍卫独特的自由和民主体制。

最后，一个组织松散的和基于规则的开放秩序体系的持久性取决于经济和安全相互依存度上升所带来的深层次的政治需要。在过去的两个世纪里,自由的国际理念和实践一直保持着活力和发展,因为自由民主国家和其他国家一直在努力应对相互依存的复杂挑战。只要相互依存关系——经济、安全和环境上的——继续增长,各地的人民和政府就会被迫合作以解决问题,否则就会受到严重的伤害。日益增长的相互依存关系为自由主义国际项目的核心——政治合作——创造了动力。自由民主的资本主义社会之所以繁荣和扩展,是因为它们找到了调和主权和相互依存的方法——利用现代性带来的收益,同时保护自己免受其危险。

　　这种不断变化和不断增加的相互依存的动态只会不断加速。全球资本主义已经把更多的人和国家吸引到了跨国界的交易网络中,使几乎整个世界的人口都依赖于国际金融和贸易的有效管理。一个有效的自由主义国际秩序的替代方案并不具有吸引力。即使是中国,这个世界上最强大的非自由主义(illiberal)国家,也没有宏大的替代秩序愿景可以提供。如果不可能从根本上减少经济和安全上的相互依赖的条件,那么自由主义国际秩序的替代方案只是一个更加混乱和危险的相互依赖的世界。国际秩序不是自发形成的,自由主义秩序也不是自发形成的。但是,在某种程度上更新和改革的自由国际秩序中有利害关系的利益和支持者正在增长,而不是减少。这就是自由国际秩序韧性的最终来源:因其被破坏而受损的人比获益的人多。

　　简而言之,全球化的力量把世界上大部分地区带入了西方自由主义秩序,也使这个秩序不再像一个俱乐部,而更像一个公共事业设施——一个由功能性制度和机制组成的系统,各国可以不同程度地依附于它。同时,西方工业社会收入的滞后和不平等的加剧,削弱了该秩序实现其经济和社会保护等旧有社会目的的能力。这就是为什么像中国这样的"外部"大国只需要将自己部分地嵌入这个秩序中:接受整套秩序不再像以前那样必要或有吸引力。

然而,即使战后的自由主义秩序已经颠覆了它的基础,超越了它的边界,并破坏了它的社会目的,它的开放和基于规则的合作的深层逻辑仍然是完整的。事实上,这场危机已将其暴露。在经济和安全相互依存日益增强的广泛世界中,自由民主仍然存在,一如过往。目前对这些全球现实的政治反弹既是不可避免的,也是注定要失败的。这是必然的。自由民主国家将做在危机时刻一直所做的事情——寻找方法重新建立并加强自由资本主义民主的政治基础。

注　释

1. David A. Bell, "The Many Lives of Liberalism,"*New York Review of Books*, 17 January 2019, https://www.nybooks.com/articles/2019/01/17/many-lives-of-liberalism/.

2. 见 Edward Luce, *The Retreat of Western Liberalism*(New York: Atlantic Monthly, 2017); and Bill Emmott, *The Fate of the West: The Battle to Save the World's Most Successful Political Idea*(New York: PublicAffairs, 2017)。

3. Karl Polanyi, *The Great Transformation: The Political and Economic Origins of Our Times*(New York: Farrar and Rinehart, 1944).

4. E. H. Carr, *The Twenty Years' Crisis, 1919—1939* (London: Macmillan, 1940).

5. Adam Roberts, "An 'Incredibly Swift Transition': Reflections on the End of the Cold War," in Melvyn P. Leffler and Odd Arne Westad, eds., *The Cambridge History of the Cold War*, Vol. 3 (Cambridge: Cambridge University Press, 2010), p.513.

6. 对冷战终结的记录,参见 Robert Service, *The End of the Cold War: 1985—1991*(New York: PublicAffairs, 2015); Mary Elise Sarotte, *The Collapse: The Accidental Opening of the Berlin Wall*(New York: Basic Books, 2005); and Jacques Lévesque, *The Enigma of 1989: The USSR and the Liberation of Eastern Europe*(Berkeley: University of California Press, 1997)。对冷战结束时美国外交的描述,参见 Robert D. Zelikow and Condoleezza Rice, *Germany Unified and Europe Transformed: A Study in Statecraft*(Cambridge, MA: Harvard University Press, 1995); and Robert L. Hutchings, *American Diplomacy and the End of the Cold War: An Insider's Account of U.S. Diplomacy in Europe, 1989—1992*(Baltimore: Johns Hopkins University Press, 1998)。

7. 引自 Daniel Hamilton, "A More European Germany, a More German Eu-

rope," *Journal of International Affairs*，Vol.45，No.1（Summer 1991），pp.127—149。

8. Thomas Bagger，"The World According to Germany：Reassessing 1989，" *Washington Quarterly*，Vol.41，No.4（Winter 2019），p.54.

9. George H. W. Bush，"Inaugural Address，" 20 January 1989，https://the-presidency/presidential-speeches/january-20-1989-inaugural-address.

10. George H. W. Bush，"Address to the United Nations General Assembly，" 25 September 1989，https://2009-2017.state.gov/p/io/potusunga/207266.htm.

11. 引自 Tony Smith，*America's Mission：The United States and the Worldwide Struggle for Democracy*（Princeton，NJ：Princeton University Press，1994），315。

12. 参见 Wallace J. Thies，*Why NATO Endures*（Cambridge：Cambridge University Press，2009）。

13. James A. Baker，*The Politics of Diplomacy：Revolution，War，and Peace，1989—1992*（New York：Putnam，1995），pp.605—606.

14. Anthony Lake，"From Containment to Enlargement，"*Vital Speeches of the Day*，Vol.60，No.1（15 October 1993），pp.13—19。另见 Douglas Brinkley，"Democratic Enlargement：The Clinton Doctrine，" *Foreign Policy*，No.106（Spring 1997），p.116。

15. 参见 White House，*A National Security Strategy of Engagement and Enlargement*（Washington，DC，July 1994）。

16. 关于克林顿扩大市场民主国家群体的战略，参见 Derek Chollet and James Goldgeier，*America between the Wars：From 11/9 to 9/11*（New York：PublicAffairs，2008）；and Smith，*America's Mission*，chap.11。

17. 参见 James Goldgeier，*Not Whether but When：The U.S. Decision to Enlarge NATO*（Washington，DC：Brookings Institution Press，1999）。更近期的研究，参见 Mary Elise Sarotte，"How to Enlarge NATO：The Debate within the Clinton Administration，1993—95，" *International Security*，Vol.41，No.1（Summer 2019），pp.7—41。

18. 关于世界贸易组织的成立及其与中国关系的演变，参见 Paul Blustein，*Schism：China，America，and the Fracturing of the Global Trading System*（Waterloo，ON：CIGI Press，2019）。

19. 引自 Strobe Talbott，*The Great Experiment：The Story of Ancient Empires，Modern States，and the Quest for a Global Nation*（New York：Simon and Schuster，2008），p.329。

20. 参见 Talbott，*The Great Experiment*，pp.329—330。

21. 关于对克林顿政府对华接触政策背后的假设和期望的仔细分析，见 Alastair Iain Johnston，"The Failures of the 'Failure of Engagement' with China，"*Wash-*

ington Quarterly，Vol.42，No.2(Summer 2019)，pp.99—114。

22. Bill Clinton，"Speech at the Paul H. Nitze School of Advanced International Studies," 8 March 2000，quoted in Michael Mandlebaum，*The Ideas That Conquered the World：Peace，Democracy，and Free Markets in the Twenty-First Century*(New York：PublicAffairs，2002)，p.455.

23. 引自 Chollet and Goldgeier，*America between the Wars*，p.153。

24. George W. Bush，"Remarks to the Los Angeles World Affairs Council," 29 May 2001，https://www.govinfo.gov/content /pkg/ PPP-2001-book1/pdf/ PPP-2001-book1-doc-pg593.pdf.

25. Robert Zoellick，"Whither China? From Membership to Responsibility," remarks to the National Committee on US-China Relations，New York，21 September 2005，https://2001-2009.state.gov/s/d/former/zoellick/rem/53682.htm.

26. Beth Simmons，Frank Dobbin，and Geoffrey Garrett，"Introduction：The Diffusion of Liberalization," in Simmons，Dobbin，and Garrett，eds.，*The Global Diffusion of Markets and Democracy*（New York：Cambridge University Press，2008)，p.3.

27. Anne O. Krueger，"The World Economy at the Start of the 21st Century," remarks by the first deputy managing director，International Monetary Fund （Annual Gilbert Lecture，Rochester University，New York），6 April 2006，https://www.imf.org/en/News/Articles/2015/09/28/04 /53/sp040606.

28. 参见 Samuel P. Huntington，*The Third Wave：Democratization in the Late Twentieth Century*(Norman：University of Oklahoma Press，1991)。

29. Simmons，Dobbin，and Garrett，"Introduction," p.3.另见 Adam Przeworski，Michael E. Alvarez，José Antonio Cheibub，and Fernando Limongi，*Democracy and Development：Political Institutions and Material Well-Being in the World*，*1950—1990*(Cambridge：Cambridge University Press，2000)。

30. 区域背景对于决定民主过渡的发生和成功非常重要。一个区域内已经存在的民主国家的比例越大，剩下的独裁政权进行民主过渡的可能性就越大。参见 Kristian Skrede Gliditsch and Michael D. Ward，"Diffusion and the International Context of Democratization," *International Organization*，Vol. 60，No. 4（2006)，pp.911—933。

31. 参见 Stephan Haggard and Robert R. Kaufman，"Democratization during the Third Wave,"*Annual Review of Political Science*，Vol. 19(2016)，p. 127。

32. 哈加德和考夫曼强调了促进自由主义和民主扩散的国际环境的独特性。"对强有力的传播过程的期待与世界历史上的一个特殊时刻有关：一个专制的超级大国的崩溃，其帝国的解体，美国的霸主地位不受挑战的短暂时刻，以及对经济相互依赖、国际机构和民主的综合力量的强烈信念。"Haggard and Kaufman，"Democra-

tization during the Third Wave,"p.137.

33. 正如卡莱斯·鲍什(Carles Boix)所发现的,在国际体系由自由主义或威权主义霸主主导的历史时期,大国更有可能推动志同道合的政权。这种国际环境最明显的表现发生在冷战结束后的 20 年里。见 Boix, "Democracy, Development, and the International System," *American Political Science Review*, Vol.105, No.4 (2011), pp.809—828。

34. 对于"极"的讨论,见 G. John Ikenberry, Michael Mastanduno, and William C. Wohlforth, "Introduction: Unipolarity, State Behavior, and Systemic Consequences," in Ikenberry, Mastanduno, and Wohlforth, eds., *International Relations Theory and the Consequences of Unipolarity*(New York: Cambridge University Press, 2011), pp.1—32。

35. 斯劳特认为,权力和影响力是由作为全球网络枢纽的国家创造的。Anne-Marie Slaughter, *The Chessboard and the Web: Strategies of Connection in a Networked World*(New Haven, CT: Yale University Press, 2017).

36. G. John Ikenberry, "The Liberal Sources of American Unipolarity," in Ikenberry, Mastanduno, and Wohlforth, *International Relations Theory and the Consequences of Unipolarity*, pp.216—251.

37. 关于自由秩序的"俱乐部"收益,见 Ikenberry, "The Liberal Sources of American Unipolarity"; and Daniel Drezner, *All Politics Is Global: Explaining International Regulatory Regimes*(Princeton, NJ: Princeton University Press, 2007)。

38. 对这一观点的论证,见 G. John Ikenberry, *After Victory: Institutions, Strategic Restraint, and the Rebuilding of Order after Major War*(Princeton, NJ: Princeton University Press, 2001)。

39. 参见 John Mearsheimer, "Back to the Future: Instability in Europe after the Cold War," *International Security*, Vol.15, No.1(Summer 1990), pp.5—56;以及我的反驳,参见 *After Victory*, chap.7。对现实主义理论及它们对冷战后国际秩序的预期的梳理,见 Michael Mastanduno, "A Realist View: Three Images of the Coming International Order," in T.V. Paul and John A. Hall, eds., *International Order and the Future of World Politics* (London: Cambridge University Press, 1999), pp.19—40。另外相关辩论,见 G. John Ikenberry, ed., *America Unrivaled: The Future of the Balance of Power*(Ithaca, NY: Cornell University Press, 2002)。

40. "安全共同体"一词是由卡尔·多伊奇(Karl Deutsch)提出的,目的是捕捉志同道合、共识一致的国家集团的独特特征。根据多伊奇的说法,安全共同体的定义是共同体内国家之间完全没有安全威胁的感知。见 Deutsch, *Political Community and the North Atlantic Area: International Organization in the Light of Historical Experience*(Princeton, NJ: Princeton University Press, 1957)。这里的术语略有不同,指的是一种政治秩序,在这种秩序中,成员积极建立机构和协议,创造一个共担风险和相互保护的社区。另参见 Emanuel Adler，"Seasons of Peace：Progress in Postwar International Security," in Emanuel Adler and Beverly Crawford，eds.，*Progress in Postwar International Relations*（New York：Columbia University Press，1991），pp.128—173。阿德勒在冷战结束时写了这篇文章，并预计西方安全共同体最终将扩展到世界其他地区，特别是东欧——尽管可能以不那么稳定、不那么亲密的安排（他称之为共同安全）。值得注意的是，阿德勒没有预料到北大西洋安全共同体的扩张会削弱。

41. Francis Gavin，*Gold，Dollars，and Power：The Politics of International Monetary Relations，1958—71*（Chapel Hill：University of North Carolina Press，2004）.

42. 参见 Michael Mastanduno，"System Maker and Privilege Taker：US Power and the International Political Economy," in Ikenberry，Mastanduno，and Wohlforth，*International Relations Theory and the Consequences of Unipolarity*，pp.142—147；David Lake，*Entangling Relations：American Foreign Policy in Its Century*（Princeton，NJ：Princeton University Press，1999），chaps. 5 and 6；and Lake，*Hierarchy in International Relations*（Ithaca，NY：Cornell University Press，2011），这里莱克讨论了美国霸权的经济和安全维度。

43. 参见 G. John Ikenberry，*Liberal Leviathan：The Origins，Crisis，and Transformation of the American World Order*（Princeton，NJ：Princeton University Press，2011），chap.5。

44. Mastanduno，"System Maker and Privilege Taker," p.171.

45. 参见 Nicholas Lardy，*The State Strikes Back：The End of Economic Reform in China?*（Washington，DC：Peterson Institute for International Economics，2019）。

46. Avery Goldstein，*Rising to the Challenge：China's Grand Strategy and International Security*（Stanford，CA：Stanford University Press，2005）；and Thomas Christensen，*The China Challenge：Shaping the Choices of a Rising Power*（New York：Norton，2016）.

47. White House，"Statement by the President on the Trans-Pacific Partnership," 5 October 2015，https：//obamawhitehouse. archives. gov/the-press-office/2015/10/05/statement-president-trans-pacific-partnership.

48. 华盛顿外交政策建制派对中国的看法正在发生转变，有关这一转变的风向标声明，参见 Kurt M. Campbell and Ely Ratner，"The China Reckoning：How Beijing Defied American Expectations," *Foreign Affairs*，Vol.97，No.2（March/April 2018），pp.60—70。

49. 参见 Ikenberry，*Liberal Leviathan*。关于美国单极化的辩论，参见 Stephen Walt，*Taming American Power：The Global Response to US Primacy*（New York：

Norton，2005）；and Stephen G. Brooks and William C. Wohlforth，*World Out of Balance*：*International Relations and the Challenge of American Primacy*（Princeton，NJ：Princeton University Press，2008）。

50. 参见 Kori Schake，*America vs the West*：*Can the Liberal World Order Be Preserved*?（Sydney：Penguin，2018）。

51. 关于这些治理挑战，参见 Amitav Acharya，*Why Govern*? *Rethinking Demand and Progress in Global Governance*（Cambridge：Cambridge University Press，2016）。

52. 社会学家乌尔里希·贝克（Ulrich Beck）和安东尼·吉登斯（Anthony Giddens）提出的"风险社会"（risk society）概念暗示了安全共同体作为对相互脆弱性的回应。他们的论点是，现代化的兴起——一个先进和迅速发展的全球系统——已经产生了对"风险"日益增强的意识和反应。现代化本质上是一种走向未来的令人不安的进程。正如贝克所定义的那样，风险社会是"一种应对现代化本身所引发和引入的危险和不安全感的系统方式"。Beck，*Risk Society*：*Towards a New Modernity*（London：Sage，1992）。另见 Anthony Giddens and Christopher Pierson，*Making Sense of Modernity*：*Conversations with Anthony Giddens*（Palo Alto，CA：Stanford University Press，1998）。

53. John G. Ruggie，"International Regimes，Transactions，and Change：Embedded Liberalism in the Postwar Economic Order，" *International Organization*，Vol.36，No.2（Spring 1982），pp.379—415.

54. Ruggie，"International Regimes，Transaction，and Change，" p.393.

55. Rawi Abdelal and John G. Ruggie，"The Principles of Embedded Liberalism：Social Legitimacy and Global Capitalism，" in David Moss and John Cisternino，eds.，*New Perspectives on Regulation*（Cambridge，MA：Tobin Project，2009），p.153.

56. David Harvey，*A Brief History of Neoliberalism*（Oxford：Oxford University Press，2005）。从 20 世纪 70 年代开始，西方工业社会的变革以及广义新自由主义的兴起，参见 Simon Reid-Henry，*Empire of Democracy*：*The Remaking of the West since the Cold War*，*1971—2017*（New York：Simon and Schuster，2019）。有关新自由主义计划的早期尖锐批评，参见 Susan Strange，*Casino Capitalism*（Oxford：Basil Blackwell，1986）。

57. 有关华盛顿共识的描述和批评，参见 Narcis Serra and Joseph E. Stiglitz，eds.，*The Washington Consensus Reconsidered*：*Towards a New Global Governance*（Oxford：Oxford University Press，2008）。另见 John Williamson，"The Strange History of the Washington Consensus，" *Journal of Post Keynesian Economics*，Vol.27，No.2（Winter 2004/5），pp.195—206。

58. Jeff D. Colgan and Robert O. Keohane，"The Liberal Order Is Rigged：Fix

It Now or Watch It Wither," *Foreign Affairs*, Vol.96, No.3(May/June 2017), p.37.

59. 有关美国和欧洲工薪阶层及中产阶级收入停滞和下降的证据，以及它们与唐纳德·特朗普当选和英国退欧的关系，参见 Ronald Inglehart and Pippa Norris, "Trump, Brexit, and the Rise of Populism: Economic Have-Nots and Cultural Backlash," Research Working Paper 16-026(Cambridge, MA: Harvard Kennedy School, 19 July 2016)。

60. 参见"Decline of Global Extreme Poverty Continues but Has Slowed," World Bank, Washington, DC, 19 September 2018, https://www.worldbank.org/en/news/press-release/2018/09/19/decline-of-global-extreme-poverty-continues-but-has-slowed-world-bank。

61. Branko Milanović, *Global Inequality: A New Approach for the Age of Globalization*(Cambridge, MA: Harvard University Press, 2016), chap.1.

62. 关于战后社会民主联盟的解体，参见 Paul Collier, *The Future of Capitalism: Facing the New Anxieties*(London: Allen Lane, 2019), chap.3; and Carles Boix, *Democratic Capitalism at the Crossroads: Technological Change and the Future of Politics*(Princeton, NJ: Princeton University Press, 2019)。

63. 见 Mark Blyth, *Austerity: A History of a Dangerous Idea*(Oxford: Oxford University Press, 2013); and Blyth, "Capitalism in Crisis: What Went Wrong," *Foreign Affairs*, Vol.95, No.4(July/August 2016), pp.172—179。要了解新自由主义对经济和社会的更广泛影响及其对全球政治和西方大战略的影响，参见 Adam Tooze, *Crashed: How a Decade of Financial Crises Changed the World*(New York: Viking, 2018)。

64. 参见 Daniel Deudney and G. John Ikenberry, "Democratic Internationalism: An American Grand Strategy for a Post-Exceptionalist Era," working paper (New York: Council on Foreign Relations, November 2012)。

65. 关于西方冷战后的北约扩张政策、促进民主，以及其他压力和侵犯是俄罗斯狭隘转向的原因的争论，见 Stephen F. Cohen, *Failed Crusade: America and the Tragedy of Post-Communist Russia*(New York: Norton, 2002); Cohen, *Soviet Fates and the Lost Alternatives: From Stalinism to the New Cold War*(New York: Columbia University Press, 2009); Dimitri K. Simes, "Losing Russia: The Costs of Renewed Confrontation," *Foreign Affairs*, Vol.86, No.6(November/December 2007), pp.36—52; and John Mearsheimer, "Why the Ukraine Crisis Is the West's Fault: The Liberal Delusions That Provoked Putin," *Foreign Affairs*, Vol.93, No.5(September/October 2014), pp.77—89。这也是米哈伊尔·戈尔巴乔夫(Mikhail Gorbachev)在他最近的回忆录中提出的解释。这本回忆录通过 20 世纪 90 年代初的国际变革棱镜，追溯了后苏联时代的俄罗斯历史。见 Gorbachev, *The*

New Russia（Cambridge：Polity Press，2016）。

66. 参见 Daniel Deudney and G. John Ikenberry，"The Unravelling of the Cold War Settlement，" *Survival*，Vol. 51，No. 6（December 2009/January 2010），pp.39—62。

67. 关于西方政策在俄罗斯回归威权主义中的作用，见 Kathryn Stoner and Michael McFaul，"Who Lost Rus(This Time)? Vladimir Putin，" *Washington Quarterly*，Vol.38，No.2(2015)，pp.167—187。

68. 见 Rosemary Foot and Andrew Walter，*China，the United States，and Global Order*（New York：Cambridge University Press，2011）。

69. Christopher A. McNally，"Sino-Capitalism：China's Reemergence and the International Political Economy，" *World Politics*，Vol.64，No.4(2012)，pp.741—776；and Jessica Weiss，"A World Safe for Autocracy? China's Rise and the Future of Global Politics，" *Foreign Affairs*，Vol.98，No.4（July/August 2019），pp.92—98. 对于中国的制度战略研究，参见 Phillip Lipscy，*Renegotiating the World：Institutional Change in International Relations*（Cambridge：Cambridge University Press，2017）。

70. 参见 G. John Ikenberry，"Why the Liberal World Order Will Survive，" *Ethics and International Affairs*，Vol.32，No.1(Spring 2018)，pp.17—29。

71. 参见 Richard Woodward，*The Organization for Economic Co-operation and Development*（*OECD*）（New York：Palgrave，2009）。

72. 关于在全球制度中容纳崛起中的非西方国家的困难，请参见 Robert Wade，"Protecting Power：Western States in Global Organization，" in David Held and Charles Roger，eds.，*Global Governance at Risk*（Cambridge：Polity Press，2013），pp.77—110。

73. 有关这一不断扩大的多边治理体系的描述，参见 Fen Osler Hampson and Paul Heinbecker，"The'New'Multilateralism of the Twenty-First Century，" *Global Governance*，Vol.17，No.3(July/September 2011)，pp.299—310；Dries Van Langenhove，"The Transformation of Multilateralism：Mode 1.0 to Mode 2.0，" *Global Policy*，Vol.1，No.3(October 2010)，pp.263—270；Richard Cooper，"The G-20 as an Improvised Crisis Committee and/or a Contested'Steering Committee'，" *International Affairs*，Vol.86，No.3(2010)，pp.741—757；and Andrew Cooper and Vincent Pouliot，"How Much Is Global Governance Changing? The G20 as International Practice，" *Cooperation and Conflict*，Vol.50，No.3 (2015)，pp.334—350。

74. 探讨"谁从帝国中受益"的文献有很多。但探讨不同历史时期经济收益在更广泛的全球和区域秩序中的分配的系统性工作较少。菲尔德豪斯（D. K. Fieldhouse）在帝国经济学方面做了一些最好的工作。参见 Fieldhouse，*Economics*

and Empire，*1830—1914*（London：Weidenfeld and Nicolson，1973）；and Field-house，*The West and the Third World*：*Trade*，*Colonialism and Development*（Oxford：Blackwell，1999）。关于美国的案例，见 William Woodruff，*America's Impact on the World*：*A Study of the Role of the United States in the World Economy*，*1750—1970*（London：Macmillan，1975）。

75. 阿瑟·斯坦恩认为，霸权主义的领导力要求霸权者对其经济增长进行相对削减，以支持更广泛秩序的运作。见 Arthur Stein，"The Hegemon's Dilemma：Great Britain，the United States，and the International Economic Order，" *International Organization*，Vol.38，No.2（Spring 1984），pp.355—386。

76. 关于战后资本主义多类型的经典描述，见 Andrew Shon-field，*Modern Capitalism*：*The Changing Balance of Public and Private Power*（Oxford：Oxford University Press，1965）。

77. 参见 Alice H. Amsden，*The Rise of the "Rest"*：*Challenges to the West from Late-Industrializing Economies*（Oxford：Oxford University Press，2001）。关于美国与发展中国家间就发展与经济政策的斗争的讨论，参见 Amsden，*Escape from Empire*：*The Developing World's Journey through Heaven and Hell*（Cambridge，MA：MIT Press，2007）。

78. 参见 Bentley B. Allan，Srdjan Vucetic，and Ted Hopf，"The Distribution of Identity and the Future of International Order：China's Hegemonic Prospects，" *International Organization*，Vol.72，No.4（Fall 2018），pp.839—869。

79. 关于致力于开放和多边治理系统持续运作的日益增长的各种支持者，参见 Miles Kahler，"Global Governance：Three Futures，" *International Studies Review*，Vol.20（2018），pp.239—246。

80. 这一观点在此文得到了发展，Daniel Deudney and G. John Ikenberry，"Liberal World：The Resilient Order，" *Foreign Affairs*，Vol.97，No.4（July/August 2018），pp.16—24。

第九章　掌控现代性

　　自由国际主义经历了两个世纪的危机与黄金时期，来到了今天这个动荡的时刻。它的思想和项目有很多表现形式。在它的旗帜下，政治思想家、活动家和领导人倡导自由贸易和自由放任经济，以及社会民主和福利国家，其他人则为帝国和军事干预主义辩护，还有人宣传全球治理和法治的愿景。自由国际主义被用来捍卫种族和文明的等级制度，激励自我决定和普遍人权的运动。它被认为是西方国家的区域性组合，是世界性自由秩序的框架。随着自由民主世界本身经历了战争、萧条、断裂、增长和更新等时期，它的思想和项目也被塑造并重塑。

　　自由国际主义可以被理解为随着自由主义国家的崛起和传播而出现的一种秩序建设的传统，其思想和议程随着这些国家与现代性的巨大力量的斗争而被塑造并重塑。自由主义秩序建设的基本目标没有改变：创造一个环境——一种合作性的生态系统，让自由民主国家能够通过为其政府提供工具和能力来管理经济和安全的相互依存，平衡其往往相互冲突的价值观和原则，并确保其社会的权利和保护。自由国际主义的目标是以保护和促进自由民主的安全、福利和进步的方式促进国际秩序。它最好被理解为一个持续的事业，让世界对民主安全。

　　构成自由主义国际秩序的开放的、松散的规则体系有几个关键的标志:开放性、多边主义、民主团结、合作安全和进步的社会目的。在这些标志的背后是一系列的信念。贸易和交流产生共同收益。规则和制度促进合作。共同的价值观强化了信任和团结。经济和安全相互依存度的上升既产生了机会,也产生了危险——于是,在获得相互依赖的好处的同时防范其危险,需要国际合作。在自由国际主义的视野中,自由民主国家是最先进的社会,但它们也有独特的脆弱性,正是因为它们是在一个开放的国际体系中运作的相对开放的社会。因此,自由民主国家只能一起安全,而不能单独安全。这就是推动自由国际主义的基本洞察力。

　　现代国际主义一直循着我所说的自由兴起(liberal ascendancy)的伟大历史弧线(historical arc)。自由民主国家在 18 世纪末从弱小与默默无闻中崛起,成为世界上最强大和最富有的国家,将西方和自由资本主义经济和政治体系推向了世界的巅峰。这是在世界大战、经济动荡以及自由民主的范围和特征的转变中发生的。在关键时刻,当西方自由主义国家有机会塑造国际秩序时,自由主义的国际理念和项目就会被纳入其外交和秩序建设的议程。

　　今天,自由国际主义发现自己陷入了困局。国际秩序——特别是美国及其盟国在战后几十年里建立的那些部分——正在受到侵蚀。美国和英国作为该秩序的老恩主,已经从领导地位上退却。在特朗普政府的领导下,美国甚至试图破坏国际秩序的制度和关系,而此时,自由民主本身似乎受到了威胁。威权主义和民粹民族主义已经蔓延,先进工业社会的战后政治谈判、阶级妥协和增长联盟(growth coalitions)已经减弱或解体。中国和俄罗斯作为不同类型的"修正主义大国"的崛起,为具有非自由主义意识形态的敌对政治项目打开了大门。如果中国在没有自由主义或民主的情况下建立资本主义的"现代性工程"(project of modernity)获得成功,并且其表现超过其西方对手,那对自由主义的影响将是深远的。与此同时,以单极力量和围绕"自由理想"（liberal ideal）的全球共识为标志的 20 世纪 90 年代后冷战时代已经消逝。支撑自由主义项目的基石似乎正在崩塌。

在这本书中，我追踪了自由国际主义从民主革命时代到现在的历程。这段旅程并不是从 1991 年或 1945 年开始的。从两个世纪的角度来看，这个项目既是一个斗争的故事，也是一个胜利的故事。它是一部以突破、侥幸脱险（near misses）与失败为标志的戏剧。自由国际主义者不止一次地不得不收拾残局，重新思考他们的计划。自由国际主义存在于一个政治运动和反动，大国崛起和衰落，以及宏大意识形态竞争的世界。自由主义的国际秩序——无论其表现形式如何——都是建立和围绕在其他政治项目和权力形式之上的。它从来都不是一蹴而就，而是总在进行中的工作。它从来没有消除或完全驯服那些推动现代社会前进或倒退的潜在变革力量。事实上，正是因为这些潜在的力量——统称为"现代性"——不能被完全掌握，自由国际主义才有必要。它为应对现代性的后果提供了思路和任务。自由主义的国家间秩序并没有消除那些后果，也没有解决现代性的问题；它创造了一些制度和关系，以应对无休止的危险和机会。

在这一章中，我首先考察了自由国际主义的逻辑和特点，将其作为一个正在展开的政治工程。是什么力量推动了它的发展并解释了它的成就和失败？正如我所论证的，自由国际主义是一个事业，其逻辑和特征随着时间的推移而展开。通过观察塑造它的各种力量，我们可以为它的优势和劣势制定一份损益表。自由国际主义是矛盾的。它对国际秩序的组织提出了广泛的想法，奉行普遍主义原则，并提出了关于现代世界的渐进式发展的广泛主张。它为思考共同利益、政治共同体和国际秩序的道德基础提供了丰富的词汇。然而，作为一种政治运动，它又是相当单薄和有限的。自由国际主义是在与其他运动——民族主义、帝国主义、资本主义、大国政治和英美霸权——的联合中进入 20 世纪的。它变幻莫测的特性使它能够与其他各大势力结盟,而这也扩大了它的影响。但这也使得自由国际主义项目依赖于其他行为者和运动的算计和议程。自由国际主义一直需要合作伙伴,这既是它的优势,也是它的劣势。

其次,鉴于自由国际主义的成就、局限和失望,在什么基础上可以为其辩护?在此,我认为,在21世纪,自由国际主义需要比它最近所做的更加务实和克制(modest)。它必须从冷战后不幸的政治和经济自由主义的全球化中吸取教训,并将自己与进步的民族主义和围绕共同社会目的的国内联盟重建联系起来。最重要的是,它需要在不断变化的全球经济和安全相互依存的基础上建立自己的思想和政治基础。为了应对21世纪现代性的巨大挑战,世界将需要更多而不是更少的自由国际主义。

自由国际主义的弧线

自由国际主义是国际关系研究中的一个宏大传统,它是围绕着一系列的思想、理论、叙述和项目建立起来的。它的思想和论点,正如开创性的思想家和经典文本中所体现的那样,已经被几代人所争论不休。它既是一种学术传统,也是一套意识形态的信念,找到了介入现实世界政治的方式。它伴随着对"全球"的叙述,是对自由民主的崛起和铸就现代世界的伟大斗争的叙事与描述。它确定了一系列在各个历史时期反复出现的问题。自由国际主义者有一个共同的谱系感,即他们是一个更大思想和政治事业的一部分。有时,这种联系是模糊的——并非所有挥舞着自由国际主义思想的政治行为者都从这个角度看待自己。但当我们回过头来看过去的两个世纪,自由主义国际政治事业的脉络和活动就会清晰地浮现出来。

这一政治事业有五个决定性的特点。第一,自由国际主义为自己设定的大问题是它应该如何理解和应对现代性的难题。现代性是由科学、技术和工业革命推动的社会和国际关系的持续转变,它使整个世界处于运动之中,使所有社会更加复杂和相互依赖。正如自由国际主义者所了解与重新了解的那样,现代性有两个方面。人类进步的一面是技术变革、经济增长、生活水平的提高,以及共同利益和命运的不断揭示。但现代性的另一面是经济萧条、战争、极权主义、反动力量的反弹和突然发现的脆弱性。自由国际主义可以被理解为自由民主国家应对现代性的机会和危险的想法和工作。它涉及国家间的合作,以获取相互依存的好处,并防范其危险。自由主义国际事业的阴影是关于现代性特征和后果的持续辩论。在 1918 年、1945 年、1991 年和今天的关键转折点上,自由国际主义者不得不重新思考他们对现代性的理解,并重新制定他们的雄心和目标。

具体而言,我在战后的两个转折点上对自由国际主义作为政治工程的基本原理进行了对比,将伍德罗·威尔逊和富兰克林·德拉诺·罗斯福作为原型(archetypes)进行描绘。威尔逊和他同时代的人相信现代性的进步潜力,并试图将世界纳入一个自由主义的国际体系,以引出并更稳定地培养这种潜力。世界政治中对和平的危险是由那些尚未充分实现现代化的国家造成的。罗斯福和他同时代的人认为,现代性是一种模糊混杂的发展,既可以用于进步的目的,也可以用于倒退的目的,因此他们转向了自由国际主义,作为在一个越来越充满敌意的世界中强化并保护自由民主最后火花的一种方式。威尔逊的自由国际主义是以 19 世纪的国际法、公众舆论和道德制裁的概念为前提的,而罗斯福的自由国际主义则纳入了政治权利和社会保护的新概念。如果自由民主要生存下去,它就需要被嵌入一个更复杂的、类似于俱乐部的国际秩序中,以协调国家之间的关系,从而应对经济和安全相互依存的日益复杂与脆弱的情况。对威尔逊来说,自由民主的传播是维系国际秩序的黏合剂。对罗斯福和他那一代人来说,需要建立一种新型的国际秩序,以提供黏合剂,将自由民主国家团结在一起。

第二,过去两个世纪的另一个重大转变是,从一个帝国的世界转向了一个民族国家的世界。自由国际主义在 19 世纪初出现,当时帝国提供了全球秩序的组织逻辑,而且帝国在 20 世纪仍然是一个显著的存在。然而,到了该世纪末,它几乎消失了,威斯特伐利亚国家体系已经扩展到世界的各个角落。自由国际主义在努力驾驭这一全球转型的过程中被塑造和重塑。它通过为自由帝国主义提供各种驱动和理由来适应帝国的发展。在十九世纪和伍德罗·威尔逊时代,帝国主义和自由国际主义往往难以区分。但最终,自由国际主义将自己与自决权和威斯特伐利亚主权联系在一起。在重要的方面,20 世纪的世界政治是一场扩大了的全球斗争,即世界是否以及如何从基于帝国的秩序过渡到某种新的东西。许多力量——地缘政治的、技术的、意识形态的——决定了这一结果。自由国际主义最初在这场斗争中脚踏两边,但到了第二次世界大战结束时,它将其对全球秩序的看法完全建立在威斯特伐利亚国家体系之上。

第三,19 世纪的自由国际主义是不同国际主义的组合。它不是一个全面整齐的政治项目,而是分散的运动与活动。在 19 世纪早期和中期,英国关于《谷物法》的斗争催生了自由贸易。和平运动也是在这几十年中出现的。后来,法学家和其他活动家倡导国际法,并发起了仲裁运动。其他国际主义者将他们的努力投入到召开大会和议会式集会上。19 世纪的知名人士如理查德·科布登领导的运动将自由贸易与和平运动结合起来。到 19 世纪末,这些国际主义的不同分支开始融合。两次海牙和平会议和其他论坛为各团体和运动提供了会聚的机会。并非所有的团体和运动都是显然的联盟伙伴,19 世纪国际主义的部分剧情是将这些团体聚集在一起或将它们分开的政治斗争。伍德罗·威尔逊的贡献不在于其思想的独创性,而在于他将自由国际主义的各条线汇集成一个相对一致的政治项目。在威尔逊之后的一个世纪里,这几股力量不断地结合、磨合和重新组合。关于自由主义国际联盟包含什么和不包含什么的辩论一直在进行。该运动今天的危机部分就在于战后旧联盟的崩溃。

第四，自由国际主义总是附属于并依赖其他力量来产生政治结果。它从来没有足够的一致性和广泛性来推开或压倒其他运动和项目。这部分是因为它本身是一个事业和运动的联盟，而不是一个统一的纲领性议程。自由国际主义的思想和工作也是开放和灵活的，足以让它们自己适应其他议程。在过去的两个世纪里，这些议程包括了民族主义、资本主义、帝国主义、大国政治，以及英国和美国的霸权。自由国际主义与这些理念和项目交织在一起，并与它们保持着不同程度的一致或紧张。在思想和政治方面，它不仅与西方帝国主义相联系，而且也与反帝国主义相联系。它在西方出现的时候，正是自由民主出现的时候，它与现代民族国家和国家政府的建设联系在一起。民族主义和国际主义是同一枚现代化硬币的两面。一些国际主义者反对民族主义，认为它是不自由和战争的根源，但民族国家仍然是自由国际主义的重心。这些附属关系既是力量的来源，也是弱点的来源。如果自由主义的国际思想与其他力量和运动脱节，那么它们在全球范围内留下的痕迹就要小得多。但这些附属关系也产生了一系列的困境、矛盾、妥协和虚伪，使自由主义事业的宏大愿望变得不稳定。

第五，自由国际主义与自由民主的国内社会和经济议程有着密切的联系。两百年来，自由主义秩序建设的一个核心目标是保护自由主义社会，并为其管理创造能力。这就解释了自由国际主义与民族主义和民族国家的关系。它的目标不是要破坏或推翻民族国家，而是要促进进步目标的实现。这种逻辑在第二次世界大战后建立的西方体系中表现得最为明显，其中布雷顿森林体系和更多的机制和伙伴关系为政府提供了稳定经济和提供社会保护的工具。但还有一个更普遍的模式：在每个时代，自由国际主义都是由进步性运动所推动的。在19世纪，这些运动包括与西方世界的贸易和自由主义政党政治相联系的改革运动。威尔逊时代的自由国际主义得到了美国的进步运动和西欧的改革自由主义的支持。战后的自由主义秩序是由美国的新政联盟和英国、法国、联邦德国和其他欧洲国家的自由主义和社会民主运动建立起来的。正如我在上一章中所论述的，正是这些进步联盟的削弱，使这种自由秩序陷入了最近的危机。

自由国际主义是在过去两个世纪中这些力量和环境的交汇中演变而来的。在 19 世纪，自由主义者看到了一个被资本主义、帝国和国际社会的扩张所改变的世界，他们将现代性与工业社会的进步联系起来。第一次世界大战揭示了现代性的危险一面，迫使国际主义者重新思考他们的观点，并为以新方式指导改革后的国际秩序制定了一个方案。20 世纪 30 年代及第二次世界大战的创伤迫使人们再次进行反思，然后重新制定了一个在美国霸权主义领导下的自由国际主义议程。随着"相互依存的问题"(problems of interdependence)的变化，社会安全和国家安全的概念也随之变化。在每个时代，关于自由国际秩序的来源和特征的思考都在发生变化。自由国际主义的思想和原则不再与种族和帝国纠缠不清，而是与美国的霸权和冷战纠缠不清。在两极世界体系的西方集团内建立战后自由主义秩序的必要性被转化为一种优越性(virtue)。秩序内的国家从密集的经济和安全合作关系中受益。在冷战结束后的几十年里，这一秩序既全球化又支离破碎——现在，它的安全感下降，共同体减少，正处于一个十字路口。

我们在哪里插上自由国际主义的旗帜？

我们能以什么理由为自由国际主义辩护？要回答这个问题，可以看看自由国际主义者之间就其事业的范围和特征进行的六次主要辩论。在这些辩论中,他们努力权衡效率与社会稳定、主权与干预主义、全球开放与政治共同体之间的关系。他们辩论了"全球"的性质——塑造现代世界的力量和逻辑,以及它们对自由民主的安全和福祉的影响。正如他们在过去的危机中所做的那样,自由国际主义者必须再次辩论他们事业的特点、限制和可能性。

效率与社会稳定的关系

自由国际主义的一个核心部分是对开放贸易的承诺。通过贸易和开放市场联系起来的国家在经济上和政治上都会受益。理想情况下,贸易会给参与国带来效率和福利的提高,从而促进它们的增长和进步。这些相互收益和相互依存具有政治效应,包括增强和平解决争端的动力。从英国废除《谷物法》到 1945 年后建立的多边贸易体系,自由民主国家一直在寻找实现贸易收益的方法。赢家所赢的比输家所输的多,如果分配方式能够使赢家补偿输家,那么每个人都会有收获。但是,开放的贸易对工人和社区是一种破坏性的威胁,而缓和经济失调影响的社会交易(social bargains)是不完美的。在给国家政府提供空间和政策工具来追求经济稳定和发展的过程中,战后西方世界重建背后的"嵌入式自由主义"试图调和开放贸易和自由市场资本主义与社会保护和经济安全。

正如我们在第八章所看到的,这种妥协已经瓦解。伴随着冷战后经济和政治自由主义的扩展,对新自由主义政策的拥护以及资本市场的放松管制和全球一体化,成为推动力量。西方政府维持其社会民主承诺的能力和意愿已经减弱了。即使在最好的条件下,作为经济自由主义核心的国际贸易模式也过度简化了现实。"它忽视了所有非经济因素,如贸易的社会和文化副作用,或经常性忽视公共产品、集体事业和教育,从而使政府常常放弃其处方,"斯坦利·霍夫曼(Stanley Hoffmann)写道,"最重要的是,它忽略了不平等的因素:自由贸易的益处扩散缓慢,并通过社会内强大的特权、阶级、社会地位壁垒(小团体通常实现对回报的垄断)和不平等禀赋和发展水平,传播得很不均匀。"[1]并非所有不平等的加剧或经济和社会保护的崩溃都可以追溯到贸易和资本流动的自由化。工作场所的技术变革以及从制造业向服务业的转变也发挥了作用。[2]但相对于经济不安全和不平等的增加,更深层次的经济一体化带来的效率提升似乎正在放缓。丹尼·罗德里克(Dani Rodrik)认为,先进的工业国家已经过了这样一个阶段,即扩大贸易对社会内部财富的再分配比提高效率和增长作用更大。尽管经济全球化正在加剧赢家和输家之间的差距,但它并没有产生足够的经济收益来补偿输家的损失。[3]

在提出经济开放的理由时,自由国际主义者将需要重新建立嵌入式自由主义的基础——也就是说,将贸易和市场与社会保障和共享收益重新联系起来的受管理的开放。工业世界不可能回到布雷顿森林体系的早期几十年,但它可以寻找新的方法来平衡开放和社会保护。改革国际规则和制度的目的应该是使各国政府能够履行其社会民主承诺。"民主国家有权利保护它们的社会安排,"罗德里克强调,"当这种权利与全球经济的要求发生冲突时,应该是后者让步。"[4]经济开放只有在与公平和利益共享的社会伦理相联系时,才能在自由民主国家持续下去。在不开创一个新的保护主义时代的前提下,自由民主国家必须重新建立一个多边性规则和制度体系,使各国能够在多边主义、互惠和不歧视的自由准则指导下管理开放。它们需要在国内重建社会契约,更新国际规则和规范,以平衡开放和社会稳定。

主权与干预主义的关系

主权平等和民族自决的准则对于现代自由主义国际观是非常重要的。正如我们所看到的,到20世纪下半叶,自由国际主义事业已经牢牢建立在威斯特伐利亚的基础上。可以肯定的是,美国和其他自由主义国家已经反复实践了权力政治的所有阴暗艺术。在整个冷战和冷战后的几十年里，它们通过军事干预、秘密行动（covert action）和强制政权更迭（coercive regime change）已经违反了主权规范。但是，国家主权的规范和原则仍然牢牢地扎根于第二次世界大战后自由主义国际秩序的体制和合法化的理由之中。

冷战期间，美国的军事干预主义是作为与苏联的地缘政治和意识形态斗争的一部分而展开的。朝鲜战争和越南战争是美国在整个冷战期间进行的几十次武装干预中最悲惨和代价最大的。自苏联解体以来，干预的原因已经扩大到包括人道主义灾难、侵犯人权和非国家恐怖主义威胁。在人道主义、经济政策和促进民主方面，西方自由主义国家看起来越来越像在试图把自己的价值观和利益强加给弱国。[5]在这方面，有必要区分两种自由国际主义：防御性的和进攻性的。[6]防御性的自由主义是较早的自由主义，它以自决的准则和国家保持自己的制度和原则的权利为基础。进攻性自由主义是最近的普世化议程（universalizing agenda），包括对其他社会的重新组织。[7]中国、印度和巴西等崛起的国家倾向于采用防御性的自由主义，抵制较新的自由主义的侵入。为了适应这些崛起的大国，自由国际主义需要重新思考其进攻性自由主义的冲动。就更广泛的秩序原则——主权和允许国家管理其相互依存关系的多边规则和机构——达成协议，应优先于在发展或治理的细节上强制达成一致的努力。

在人权和跨国恐怖主义领域，两难问题与其说是把自由主义价值观强加给不情愿的国家，不如说是国际社会在什么情况下需要采取行动。[8]当一个国家实施大规模的国内暴力，如种族灭绝或种族清洗，外部世界不能简单地视而不见。如果一个国家崩溃或无法阻止跨国恐怖组织在其领土上活动，这些情况也可能需要国际社会的干预。针对这些情况提出的对策是不断发展的"保护的责任"（Responsibility to Protect，R2P）准则，该准则于2005年被联合国采纳，但仍有争议。[9]"保护的责任"并不是允许大国单方面干预弱国的许可证。它的目的是促使国际社会达成一致，即联合国授权的国际社会代理人有道德义务防止或制止暴行。该规范的负担实际上是威斯特伐利亚意义上的。它的目标是强化这样一种假设：各国政府必须履行作为主权国家的义务，国际秩序应帮助它们履行义务。只有在缺少这种威斯特伐利亚国家能力的基础上，在国际社会所界定的极端条件下，外部势力才会进行干预。自由国际主义者的目标应该是在干预的法律基础上寻求尽可能广泛的一致。[10]

俱乐部和开放系统

战后的自由国际秩序是围绕着北约和欧盟等排他性的国家集团，以及联合国等成员更加开放的多边组织而建立的。当冷战将世界分成两极集团时，美国及其伙伴将其努力放在建立西方经济和安全秩序上。这个西方政治集团类似于一个俱乐部。它是一个明确界定的、由志同道合的国家组成的排他性团体，根据其政权特点、地理和历史经验，具有共同的身份。对于谁在秩序之内、谁在秩序之外没有什么疑问。[11]正如我在第六章中所论述的，战后自由主义秩序的俱乐部性质对其运作非常重要。加入俱乐部就拥有权利和责任。俱乐部提供保护，并为政府提供制度和能力来促进合作和解决问题。嵌入式自由主义的妥协是在其范围内组织的。由于存在着进入的障碍，因此加强了承诺和合作。在第八章中，我认为对于这种俱乐部本质的侵蚀是当前危机的一个主要特征。

开放的多边合作体系反映了威斯特伐利亚的主权平等和不歧视的规范，这些规范蕴含在更广泛的全球秩序中，也是自由主义国际愿景的组成部分。这些组织的成员资格不是基于政权性质，而是基于对一个国家主权地位的承认及其履行成员国职责的承诺和能力。如果说自由民主国家俱乐部的合法性在于其共同的社会目的，那么开放的秩序体系的合法性则来自威斯特伐利亚主权原则中固有的普世主义。一个开放系统的优势在于其包容性。对于国际关系的许多领域——包括军备控制、流行性疾病预防、环境监管和全球公域的管理——来说,政体类型与合作无关。解决这些问题需要尽可能多的国家参与。开放系统的弱点在于执行。如果规则说明,任何国家都可以根据自己的选择加入或退出,那么成员资格的好处就不取决于接受一套价值和责任。

包括伍德罗·威尔逊在内的自由国际主义者为这两种类型的秩序大声疾呼。最初,在提出美国对战后组织的支持时,威尔逊主张开放和普遍加入。在 1916 年 5 月对执行和平联盟的演讲中,威尔逊说,美国"将和处于战争中的国家一样,关心看到和平具有永久性的一面"。这就是为什么参加一个"各国的普遍联合……以防止任何战争的发生……以防止任何违反条约契约或在没有警告和没有将原因完全提交给世界舆论的情况下开始的战争"符合国家利益的原因——"这实际上是对领土完整和政治独立的保证"。威尔逊不希望被认为是美国在维护不公正的现状,他提出了指导解决的一般原则,包括坚定地宣称"每个民族"都有"选择他们应生活的主权的权利",小国有权"像大国和强国所期望和坚持的那样得到对其主权和完整性的同等尊重"。[12] 在美国保持中立的这些年里,威尔逊一次也没有提到和平解决方案将与各国的内部治理方式或其政权的特点挂钩。[13] 1917 年 1 月,威尔逊的"没有胜利的和平"演讲明确要求在现有国家和政权之间达成和解。只是在威尔逊将美国带入战争后,他才将重点转移到自由和民主上,作为和平的先决条件。在 1917 年 4 月的战争演说中,威尔逊宣称:"除非通过民主政府的合作,否则永远无法维持坚定的和平协议。任何专制的国家政府都不能被信任能够保持它的信仰或遵守它的承诺。"[14] 威尔逊当时设想的是一个更加排他性的民主国家集团,它将在意识形态上结合在一起,并以建立一个民主和平为目标。战争结束后,威尔逊重新回到了他的计划中的开放和普遍性版本。对威尔逊来说,最终建立一个国际联盟比其成员身份的具体逻辑更重要。

今天,自由国际主义的问题是:自由秩序中类似于俱乐部的特征应该以及能够在多大程度上得到重建？我们的目标不是要破坏或漠视为更广泛的全球合作设定条件的威斯特伐利亚原则。但是，自由民主国家之间更深入、更排他的共同行动的未来是什么？在安全关系、人权和工业社会的政治经济方面，自由民主国家拥有非自由国家所没有的特殊利益和价值观。在更广泛的国际秩序中的排他性集团仍然是推进这些价值观的重要手段。同样重要的是，加强俱乐部内部的条件性与规范及原则的执行机制。欧盟正在努力应对那些违反其共同标准的成员国。北约也发现自己正在努力应付那些失去民主特性的联盟成员。[15]中国和俄罗斯的崛起可能会强化自由民主世界作为一个政治集团的认同和运作，即便它们给非自由主义国家提供了一个可以加入的替代性俱乐部。

与非自由主义世界的关系

与不自由的大国打交道是自由主义国际秩序面临的最古老的问题之一。你是否邀请它们进来，期待它们变得社会化并走向自由民主？你会把它们排除在外吗？你是积极寻求对抗它们的修正主义议程，还是寻求和平共处？在过去两个世纪的不同时期，自由主义国家采取了所有这些策略。基本的现实是，自由主义的国际秩序——开放的、以规则为基础的、围绕着自由主义民主国家的核心组织的——是对非自由主义国家的一种威胁。从它们的角度来看，美国和自由资本主义秩序是修正主义的。

冷战结束后，美国的大战略是邀请非自由主义国家加入自由秩序。根据这一推理，一旦中国和俄罗斯从贸易和交换中获得好处，它们会明白成为"负责任的利益相关者"符合它们的利益。这种逻辑中隐含着这样的期望：这些国家将进行自发的政权变革，向西方的自由民主模式靠拢。这种情况并没有发生，自由国际主义者现在必须重新评估他们的假设并考虑新的方法。

一种选择是通过减少自由国际秩序的修正主义来寻求与这些非

自由主义国家的妥协。这可能意味着减少推进"进攻性"自由主义的努力——即推动和拉动这些国家走向自由民主模式的努力。实际上,这一战略要求通过从一个世界的自由主义秩序的愿景中后退,使自由国际秩序对中国和俄罗斯友好。取而代之的是强调共存,建立在自决、容忍和意识形态多元化的"防御性"自由主义原则之上。自由国际主义将变得更加保守。[16]

另一个选择是更积极地对抗非自由主义国家。如果中国真的成功地为世界提供了一条通往现代化的非自由主义道路,那么西方民主世界的风险就会上升,这种竞争很容易成为冷战式的意识形态和政治项目之间的争斗。

最后,自由国际主义者可能会采取一种混合战略,在威斯特伐利亚国际主义的竞技场上寻找与中国和俄罗斯合作的机会,重点关注军备控制、环境和全球公域等共同的功能问题,同时积极寻求巩固和加强整个自由民主世界的合作。这里的假设是,自由民主国家——特别是如果它们是在世界范围内组织起来的——具有长期的优势,将使斗争对它们有利。关键是要在志同道合的国家中更新和捍卫自由民主,并加强自由国际秩序的制度、功能和合法性。[17]

霸权和对权力的克制

在过去的一个世纪里,自由国际主义已经与美国权力的行使深深纠缠在一起。伍德罗·威尔逊将自由国际主义思想带到了巴黎和会。第二次世界大战后,美国围绕着开放的、基于规则的关系和以西方自由民主国家为核心建立了一个自由主义霸权秩序。正如我在第六章中所论述的那样,这种自由主义霸权秩序既放大了美国的权力并使之合法化,同时也塑造和限制了它。美国将自己与其他主要的自由主义国家联系在一起,并通过经济、政治和安全制度的安排行使权力。在战后时代,美国有多大的克制力是一个备受争议的话题。制度上的约束当然不是铁笼子,美国保留了在它选择这么做时进行单方面行动的权利。权力政治很难从民主世界中消除。尽管如此，这种自由主义的霸权秩序确实表现出同意的重要特征。美国和其他西方自由民主国家利用制度来建立节制和承诺（restraint and commitment），这样做，它们创造了一个在某种程度上独立于均势制衡和帝国逻辑的秩序。自由制度的存在使这些国家抑制了通常形成国际秩序的两种力量——无政府状态和帝国。当然，这些力量从未完全消失，但它们的退却足以将西方秩序定义为具有自由主义特征的等级秩序。[18]

自由国际主义在美国的霸权下既受益又受损。与19世纪的英国一样，20世纪的美国在追求其他大国战略的同时，也将自由国际主义的思想和行动纳入了其霸权秩序的建设中。英国坚守着它的帝国，而美国则从事着粗率（crude）的帝国事业，并与非自由主义国家建立了密切的关系。但是，特别是在1945年之后，如果不是与美国组织和主导战后国际秩序的努力紧密相连，我们很难看到自由国际主义——被定义为具有进步社会目的的开放和基于规则的秩序——会表现得更好。正如我在第六章中所论述的，美国战后领导人认识到将国家与其他自由民主国家结合起来并在战后多边机构体系内运作的价值。这一战略使美国的权力更加合法和持久。自由主义大国对开明的自我利益的追求，是自由主义思想和事业的兴起和传播的不可或缺的一部分。然而，美国也一再表明，它可以成为自由国际主义不忠实的主管。在特朗普政府的领导下，它正积极寻求破坏现有全球秩序的自由主义特征。

自由国际主义者所面临的挑战是试图恢复霸权和自由秩序之间的联系。强大的自由主义国家可能希望在一个开放的、基于规则的关系体系中建立和运作的原因是很清楚的。正如我在第八章中所论述的，现有自由主义秩序的安全共同体特征的空洞化是它现在处于危机之中的一个原因：今天，领导人更容易对美国的国家利益提出其他描述。特朗普政府声称，自由主义秩序给美国带来的成本大于收益,这一点也得到了一些选民的认同。然而,美国因寻求在自由国际秩序的规则和规范之外运作而产生的成本也是真实的,而且从长远来看,这些成本要大得多。它们包括失去影响力、信誉,以及与朋友和盟友的合作。美国的民主盟友显然希望美国留在这个秩序中。在美国单边主义的高潮时期,美国官员有可能认为自由主义规则和制度的价值较低。但在一个美国实力下降的时代,与其他自由民主国家合作的价值应该增加。角色、责任、期望、谈判交易——战后自由主义秩序的这些方面引起了我们的注意,正是因为特朗普政府忽视和低估了它们。然而,在这种新的危险中潜藏着一个机会,可以重新谈判自由国际主义的主导权性质,或者,如果不这样做,可以建立一个由志同道合的国家组成的后霸权联盟,可以共同支撑一个改革的自由秩序。

现代性的叙事

自由国际主义者对现代性及其对自由民主的影响提供了许多宏大的描述。正如我在第二章中所论述的那样,他们围绕着这样一个假设构建了自己的项目:无论我们是否愿意,现代化的深层力量都在推动世界前进。在这个假设的基础上,自由国际主义者建立了一种长期政治变革的观点,认为它是知识积累、发现和创新、相互依赖和互利,以及社会制度演变的产物。发展的力量不一定是运动的规律,发展也不总是朝着进步或开明的方向进行,但现代性的特征和逻辑是可以理解的。正如安东尼·吉登斯(Anthony Giddens)所言,现代性有一个"宏大叙事"[19]。然而,两个多世纪以来,自由国际主义者以多种方式看待着这一宏大叙事。例如,许多欧洲人在1900年4月14日巴黎万国博览会开幕时对现代性的理解,与1945年4月16日斯大林的军队开始对柏林进行最后的残酷破坏时的看法截然不同。同样,今天的现代性与1989年11月9日柏林墙被砸开时的样子也不一样。那么,今天的自由国际主义对现代性的描述是什么?

三个版本的描述被提了出来。一种是宏大的启蒙主义叙事,认为现代性的深层力量正在不可阻挡地推动社会走向自由民主。人类事务存在着运动和方向。上帝、理性、道德要求……思想家们引用了各种"藏着的手"(hidden hands)来推动社会走向一个更开明的未来。一场世界性的革命——启蒙运动的事业——正在改变社会,并使其朝着更多的财富、知识和人道的道德价值的方向发展。托马斯·潘恩和美国的创建者都有这样的想法。冷战时期的现代化理论家提供了这种普世主义愿景的政治经济版本,弗朗西斯·福山在他的名作《历史的终结》中也是如此。[20]政治和经济牌局上的发牌(The cards in the deck of politics and economics are stacked)都对自由民主世界有利。它的原则、制度和道德基础使它比其他意识形态和项目更具优势。自由民主本身在某种意义上就是进步的自我实现者。在这种自由现代性的视野中,政治能动性并未完全缺失;社会可以向后退,也可以错过历史的开端。但是,现代性的巨大力量是自由民主在建立现代世界秩序的东风。

另一种观点则提供了一个更温和的前景。自由民主政体可以使历史的弧线朝着自己的方向"弯曲"(bend the arc),但这需要一场充满偶然性、妥协性和悲剧性选择(contingency, compromises, and tragic choices)的斗争。这种叙述反映在莱因霍尔德·尼布尔(Reinhold Niebuhr)的自由主义中。人性中有黑暗的一面,阻碍了自由主义的理想抱负,但人类也有道德推理和开明自省的能力,可以为寻求一个更体面的世界提供参考。[21]约翰·F.肯尼迪(John F. Kennedy)总统1963年在美利坚大学(American University)的一次演讲中表达了这种观点。在描述世界和平的条件时,他拒绝了自由的历史进程的理想化愿景。他说,和平不可能建立在"人性的突然革命上,而是建立在人类制度的逐步演变上"[22]。巴拉克·奥巴马总统也赞同这一观点。他在日本广岛发表演讲时认为:"只有技术进步而没有人类制度的同等进步会使我们灭亡。"[23]现代国家——尤其是自由民主国家——的任务是承担起加强国际规范和制度的艰巨任务。现代性正在无情地改进技术和暴力能力，但"人类制度的进步"却不那么确定。理性和道德原则可以确定前进的道路，但它们必须在一个各种不合理与反动活动从未完全消失的世界中做到这一点。与高度启蒙的愿景相比，这种叙述的普遍性和对未来的乐观性要差一些。过去的暴力和灾难给它带来了压力。自由民主创造更美好世界的能力必须被现实地理解，不断地培养，并明智地运用。

第三种观点，主要是由哲学家以赛亚·柏林（Isaiah Berlin）提出的，甚至要更加暗淡。在这里，悲剧和斗争永远不会被征服，人类的历史并不具有内在的进步性。人类的普遍属性并不会将他们导向一套共同的政治理想和制度。这种自由主义承认社会和民族的"价值多元性"（value pluralism），并认为这些价值没有共同的道路或目的地。柏林认为，没有"真正的道路"（true path）可以"驱驾人类的大篷车"（drive the human caravan）。[24] 他的自由主义是围绕着尊重差异和寻找规则和规范来建立的，这些规则和规范可以让有良好意愿的人管理他们的差异。约翰·格雷将这种观点描述为"冲突斗争论"（agonistic）——援引 agon，希腊语中的冲突和斗争。[25] 自由主义——推而广之的自由国际主义——寻求建立稳定的政治秩序，让人们和社会能够确定自己的身份和价值观。另一个的"最小化"流派是朱迪丝·施克莱（Judith Shklar）的"畏惧的自由主义"（liberalism of fear）。她的自由主义没有普遍主义或进步的愿望，也不是为了推动人类社会向前发展。相反，她认为，它"只有一个压倒一切的目标：确保行使政治自由所必需的政治条件"[26]。自由主义不能重塑社会，完善人性，也不能在任何宏大的系统意义上克服压制、暴政和暴力的破坏性和暴力力量。自由社会必须仅仅为保护个人权利和自由而奋斗。人们所有的共同点是他们对寻求毁灭他们的力量的共同脆弱性。柏林和施克莱的设想从根本上改变了自由主义项目的条件。它不再是向更美好的未来的大踏步前进，而只是对自治、稳定和生存的寻求。

每一代自由国际主义者都对这些宏大叙事进行过辩论，并提出了一些改进的看法。今天，柏林式的冲突斗争的自由主义（agonistic liberalism）有一种吸引力，哪怕仅仅是因为它对自由主义的宏大倾向提供了一种必要的纠正。没有什么能保证一个由民主社会的渐进式发展决定的未来。柏林在他给朋友的最后一封信中写道："历史没有剧本。"[27]恰恰相反，自由主义项目必须建立在自由民主的脆弱性——事实上是根本的不确定性之上，而不是建立在对必然性的假设之上。现代性并没有给予自由主义特权；自由主义是应对现代性挑战的一种方法。但这种"冲突斗争论"的观点并不一定与自由主义的"弯曲的历史弧线"相抵触。悲剧、意外后果、政治衰败、灾难和崩溃——历史不是自由主义辉格式的。但是，人类有政治和道德能力，通过对其制度进行渐进和务实的改革，"使事情变得更好"。这是1789年费城的自由主义，而不是1989年西柏林的自由主义。它是一种观点，即在这种情况下，需要政治制度——从国家宪法开始——来保护"人民"免受他们自己、他们的领导人和现代性动荡的影响。现代性将不断地、不可避免地提出新的问题。自由民主——进而是自由的国际秩序——创造了解决这些问题所需的制度和工作关系。

前 方 的 道 路

如果自由国际主义要在21世纪保持其显要性，它就必须回归本源。它必须减少将自己定义为全球向理想社会迈进的宏伟愿景，而更多地将自己定义为一种务实的、以改革为导向的方法，以使自由民主国家安全。这种改革主义的观点使自由国际主义有别于其他国际主义传统。当威尔逊认为国家间的关系是"可调节的"时，他想到的就是这种观点。约翰·梅纳德·凯恩斯(John Maynard Keynes)在新政初期给罗斯福的一封公开信中指出了这种取向:"你让自己成为各国中那些寻求在现有社会制度框架内通过合理的实验来修补我们状况中弊端的人们的受托人。"[28]罗斯福和他的顾问们在 20 世纪 30 年代上任时,对困扰国家或世界的危机的范围和性质并不完全了解。罗斯福的具体政策不如他的政府的实验性风格重要。他们尝试了各种措施;有些有效,有些失败。随着时间的推移,他们务实的、经验性的(empirical),问题解决导向(problem-solving)的方法得到了回报,改革使美国的制度,以及更广泛的民主世界,有了更稳定的基础。自由国际主义要很好地重拾这一取向。

为了使自由民主国家安全,合理的实验也需要包含一个国际主义的前景。这是因为自由民主国家就像兰花一样,在某些环境中比其他环境做得更好。它们需要一个稳定和合作的国际秩序来繁荣发展。自由主义原则容易受到蛊惑人心者的影响,也容易遭遇由外国威胁和战时紧急情况所引发的国家权力颠覆(the usurpation of state power)。自由民主政体不是台球桌上的台球。它们是更加复杂而脆弱的政体,需要一个保护性的国际环境。从本质上讲,它们更像是鸡蛋,需要鸡蛋盒的保护。自由主义秩序的建立从根本上说是一个建立鸡蛋盒的项目。同样,自由主义民主国家也是围绕着各种相互之间存在着深刻张力的原则和价值观来组织的:自由与平等,个人主义与社区,主权与相互依存。自由主义秩序的建立在某种程度上是一个工程,旨在建立一个制度和能力的框架,帮助国家管理这些紧张和权衡。在这些方面,自由国际主义并不是某种旨在剥夺国家主权的高蹈的"全球主义"。它是一种务实的、有改革意识的努力,以加强自由民主国家的生存和繁荣能力。

在两个世纪中,自由国际主义表现为一系列的国际主义。它是一组思想和议程,而不是一个宏大意识形态教条。自由国际主义的危机在一定程度上是冷战时期所编织的国际主义集群的解体。那是一个融合了自由贸易、社会民主、国家安全、多边主义、民主团结和霸权领导等理念的联盟。在 20 世纪 90 年代，正当经济和政治自由主义在世界范围内扩展时，这个联盟瓦解了。自由国际主义在很大程度上成为一个新自由主义项目，旨在扩大和整合市场资本主义。自由主义秩序的嵌入式特征被削弱了。21 世纪的挑战是重建这一联盟，以重建国际秩序与自由民主国家人民生活机会之间的联系。诺曼·安吉尔在 1918 年就暗示了自由国际主义的这一核心要素，当时他创造了民主国际主义一词来描述他所希望的西方国家间合作的新时代。[29]自由国际主义必须被定义为一个事业，旨在促进自由民主社会广大阶层的安全和福祉。

自由国际主义也需要恢复其作为管理经济和安全相互依存关系的一套思想与方案的遗产。它的目标不应该是打开和整合世界体系，而是合作塑造开放的条件。这意味着将市场和交换关系嵌入在效率与社会保护之间权衡的规则和制度中。实现这种平衡可能意味着在边际意义上减少贸易开放和一体化。其目标不是建立或消除国家边界，而是商定合作管理边界的原则和制度。当自由民主国家在 20 世纪 30 年代和 40 年代试图从崩溃的世界经济中解脱出来时，开放的程度不如围绕多边机制和互惠及非歧视原则重建经济关系的努力来得重要。今天，我们的任务不是倡导"全球化"，而是商定一种管理全球化的方式。

本书将威尔逊和罗斯福作为自由国际主义的方法选择进行了对比。我认为，威尔逊对自由国际主义的巨大贡献是综合了国际主义思想的不同分支，将各种机制汇集到一个宏大结构中，而罗斯福的基本贡献是务实地重塑和调整威尔逊的综合政策。问题自然而然地产生了：两者中哪一个为今天提供了更好的处方？乍一看，罗斯福应该得到我们的青睐。威尔逊在本质上误诊了他的时代。相比之下，罗斯福主持了一场关于自由民主社会中权利和保护的思想革命，并为自由国家的安全共同体提供了一个更加务实和可行的愿景。他的天才在于他为秩序建设带来的实验性精神。但我想说的是，两者都是正确的和需要的，只是方式不同。展望未来，我们需要的是属于我们自己的，21世纪威尔逊式的新技术与新机制的大综合时刻，其目的是解决威尔逊和罗斯福都不熟悉的问题，如气候变化、超音速核武器、耐药菌、全球生产链的快速自动化对发达社会阶层结构的影响，以及人工智能等等。在这之后，正是罗斯福的务实实验和制度创新的精神，应该在使自由民主安全的目标指引下，启发和推动新一代的自由秩序建设。

在过去的两个世纪的每一个转折点中，自由民主国家每次都不得不去发现它们想要建立的国际秩序。现在它们再次面临这一挑战。自由国际主义者对于他们所喜欢的秩序的特征一直是矛盾和不一致的：有些人试图为自由民主国家建立一个排他性的领域，把世界上其他国家留在外围，而另一些人则想象着一个围绕着一体化与融合的宏伟愿景而建立的全球自由秩序。"小而厚"的秩序愿景的优点在于，对于一个排他性的集团来说，更容易达成共识并追求广泛的社会目的。被设计为俱乐部的自由秩序创造了有利于秩序运作的角色和责任。这是1945年后自由主义秩序的伟大认识：因为成员资格是有条件的，所以国家有动机为更大的集团利益而行动。另一方面，"大而薄"的秩序观的优点则是，自由主义民主国家所面临的大多数问题并不是自由主义民主国家所独有的。所有国家都容易受到全球变暖、传染病蔓延、核扩散、网络战争和恐怖主义的影响。这是威斯特伐利亚国际主义的基本洞见。

这确实引出了一个问题——在罗斯福时期关于"大区"的辩论中已经预料到了——在一个纯粹的威斯特伐利亚世界中，自由国际主义被迫进入一个次全球领域，那么自由民主国家的社会、经济、政治安全和福利是否能够得到合理的维护。让人不安的反事实是，使人联想起两次世界大战之间的时期，一旦威斯特伐利亚秩序被非自由主义国家而不是自由主义国家所支配，自由民主国家的生存能力就会受到损害，换句话说，非自由主义有一定的"临界比例"，使得自由国际主义可能无法在威斯特伐利亚秩序中生存。毕竟，正是这种担忧导致罗斯福和他的顾问们得出结论，美国作为一个民主国家只有在一个自由民主国家占主导地位的团结的世界中才能生存和繁荣。

最后，正是考虑到这种担忧，自由民主国家必须努力建立两种类型的秩序。自由民主国家有独特的利益和价值观，使它们走到一起。它们彼此需要，以便以一种使它们在世界政治中以关键多数的方式共同行动。但在 21 世纪，现代性的风暴也是全球性的。自由国际主义者需要把他们两百年来的想法和计划汇集成一个宏伟的努力——在理想的照耀下，以实用主义为基础——不仅要确保民主的未来，还要确保地球的生存。

注　释

1. Stanley Hoffmann, *Primacy or World Order：American Foreign Policy since the Cold War*（New York：McGraw-Hill，1978），p.166.另见 Robert Gilpin, *The Challenge of Global Capitalism：The World Economy in the 21st Century*（Princeton, NJ：Princeton University Press，2000）。他预见到了许多我们今天的不满。一个更加马克思主义倾向的批评，见 David Harvey, *A Brief History of Neoliberalism*（Oxford：Oxford University Press，2007），and Thomas Piketty, *Capital in the Twenty-First Century*（Cambridge, MA：Harvard University Press，2017），强调了不受管制的资本主义有加剧和凸显分配不平等的历史趋势。一些通俗的政治哲学著作也得出了类似的结论。见 Patrick J. Deneen, *Why Liberalism Failed*（New Haven, CT：Yale University Press，2019）；Richard Sennett, *The Corrosion of Character：The Personal Consequences of Work in the New Capitalism*（New York：Norton，2000）；and Michael Sandel, *Democracy's Discontent：America in Search of a Public Philosophy*（Cambridge, MA：Harvard University Press，1998），此书比吉尔平更深刻地预见了不受约束的新自由主义在社会、精神和政治上的混乱。

2. 关于自动化对人类社会形态更广泛的影响的深入思考，见 Yuval Noah Harari, *21 Lessons for the 21st Century*（New York：Spiegel and Grau，2018），esp.chaps. 2 and 4。

3. Dani Rodrik, *The Globalization Paradox：Democracy and the Future of the World Economy*（New York：Norton，2012）。

4. Rodrik, *The Globalization Paradox*, p.xix.另见 Robert Skidelsky, *Money*

and the Government：The Past and Future of Economics（New Haven，CT：Yale University Press，2018）。

5. 参见 John Gray，*The Two Faces of Liberalism*（Cambridge：Polity Press，2000）。

6. 在英国学派传统中，对国际社会的多元主义和团结主义的理解也有类似的对比。见 Andrew Linklater and Hidemi Suganami，*The English School of International Relations：A Contemporary Reassessment*（Cambridge：Cambridge University Press，2006）；and John Vincent，*Human Rights and International Relations*（Cambridge：Cambridge University Press，1986）。尼古拉斯·惠勒（Nicholas J. Wheeler）在下文中对连带主义理念做了详尽辩护，见 *Saving Strangers：Humanitarian Intervention in International Society*（Oxford：Oxford University Press，2001）。更一般的讨论，见 Andrew Linklater，*The Problem of Harm in World Politics：Theoretical Investigations*（Cambridge：Cambridge University Press，2011）。

7. 迈尔斯·卡勒把这两种自由主义的冲动分别称为"宏观自由主义"和"微观自由主义"。见 Kahler，"What Is Liberal Now? Rising Powers and Global Norms," in Amitav Acharya, ed.，*Why Govern? Rethinking Demand and Progress in Global Governance*（Cambridge：Cambridge University Press，2016），p.71。另见格奥尔格·索伦森对"强加"的自由主义和"克制"的自由主义的区分。Georg Sørensen，*A Liberal World Order in Crisis：Choosing between Imposition and Restraint*（Ithaca，NY：Cornell University Press，2011）。

8. 参见 Michael Walzer，*A Foreign Policy for the Left*（New Haven，CT：Yale University Press，2018）；and Michael W. Doyle，*The Question of Intervention：John Stuart Mill and the Responsibility to Protect*（New Haven，CT：Yale University Press，2015）。另参见 Stewart Patrick，*The Sovereignty Wars：Reconciling America with the World*（Washington，DC：Brookings Institution Press，2018）。

9. 对于"保护的责任"，参见 Gareth Evans，*The Responsibility to Protect：Ending Mass Atrocity Crimes Once and for All*（Washington，DC：Brookings Institution Press，2008）。

10. 这种改革精神与赫德利·布尔在哈吉讲座（Hagey Lectures）中得出的结论非常相似，与他在下书中对多元主义的坚定辩护以及对理查德·法尔克（Richard Falk）的批评大相径庭。Hedley Bull，*The Anarchical Society：A Study of Order in World Politics*（London：Macmillan，1977）.关于哈吉讲座，见 Bull，*Justice in International Relations*（Waterloo，ON：University of Waterloo Press，1984）。

11. 参见 Tristen Naylor，*Social Closure and International Society：Status Groups from the Family of Civilised Nations to the G20*（New York：Routledge，2018）。

12. Woodrow Wilson，"An Address in Washington to the League to Enforce

Peace," 27 May 1916, in *The Papers of Woodrow Wilson*, 69 vols.(hereafter PWW), Vol.37(Princeton, NJ: Princeton University Press, 1981), pp.113—116.

13. 对这一观点,我需要感谢约翰·A.汤普森。

14. Woodrow Wilson, "An Address to a Joint Session of Congress," 2 April 1917, in *PWW*, Vol. 41 (Princeton, NJ: Princeton University Press, 1983), pp.519—527.

15. 参见 Alina Polyakova, *The Anatomy of Illiberal States: Assessing and Responding to Democratic Decline in Turkey and Central Europe*, special report(Washington, DC: Brookings Institution Press, 2019)。

16. 参见 Jennifer Lind and William Wohlforth, "The Future of Liberal International Order Is Conservative: A Strategy to Save the System," *Foreign Affairs*, Vol.98, No.2(March/April 2019), pp.70—80。

17. 这一策略与乔治·凯南在其著名的《长电报》的最后几段中所倡导的策略相呼应,https://nsarchive2.gwu.edu//coldwar/documents/episode-1/kennan.htm。另参见 Daniel Deudney and G. John Ikenberry, "Liberal World: The Resilient Order," *Foreign Affairs*, Vol.97, No.4(July/August 2018), pp.16—24。

18. 关于自由霸权主义的逻辑与性质的辩论与思考,请看拙著新序,G. John Ikenberry, *After Victory: Institutions, Strategic Restraint, and the Rebuilding of Order after Major War*(Princeton, NJ: Princeton University Press, 2019)。

19. Anthony Giddens, *The Consequences of Modernity*(Stanford, CA: Stanford University Press, 1990), p.2.

20. Francis Fukuyama, "The End of History," *The National Interest*, No. 16(Summer 1989), pp.3—18.另参见 Fukuyama, *The End of History and the Last Man*(New York: Free Press, 1992)。

21. 参见,例如,Reinhold Niebuhr, *Moral Man and Immoral Society: A Study of Ethics and Politics*(New York: Charles Scribner's Sons, 1932)。汉斯·摩根索提出了类似的主张,这受到尼布尔的很大影响,Hans Morgenthau, *Scientific Man versus Power Politics*(Chicago: University of Chicago Press, 1952)。

22. John F. Kennedy, "Address at American University," Washington, DC, 10 June 1963, https://www.npr.org/documents/2006/oct/american_speeches/kennedy.pdf.参见 Jeffrey Sachs, *To Move the World: JFK's Quest for Peace*(New York: Random House, 2013)。

23. "Text of President Obama's Speech in Hiroshima, Japan," *New York Times*, 27 May 2016, https://www.nytimes.com/2016/05/28/world/asia/text-of-president-obamas-speech-in-hiroshima-japan.html.

24. Isaiah Berlin, "The Pursuit of the Ideal," in Berlin, *The Crooked Timber of Humanity: Chapters in the History of Ideas* (London: Pimlico, 2013),

pp.1—19.柏林的其他著作同样展开了他的冲突性自由主义（agonistic liberalism）。见他的杰作，Isaiah Berlin，"John Stuart Mill and the Ends of Life," reprinted in Henry Hardy, ed., *Liberty: Incorporating the Four Essays on Liberty*（Oxford: Oxford University Press, 2002），pp.173—206,以及他无与伦比的对亚历山大·赫尔岑（Alexander Herzen）的研究（"Herzen and Bakunin on Individual Liberty," and "Part 4: Alexander Herzen," in "A Remarkable Decade"），reprinted in Henry Hardy, ed., *Russian Thinkers*（London: Penguin Classics, 2008），pp.93—129 and 212—239。事实上,约翰·格雷认为,柏林在他关于赫尔岑的文章中,最清楚、最为雄辩地阐述了自己对自由主义的看法,见 John Gray, *Isaiah Berlin*（Princeton, NJ: Princeton University Press, 1996），pp.30—33。

25. Gray, *Isaiah Berlin*.

26. Judith Shklar, "The Liberalism of Fear," in Nancy L. Rosenblum, ed., *Liberalism and the Moral Life*（Cambridge, MA: Harvard University Press, 1989），p.21.关于自由国际主义的描述,借鉴了施克莱的"不抱幻想的自由主义",可参见 Stanley Hoffmann, "Liberalism and International Affairs," in Hoffmann, *Janus and Minerva: Essays in the Theory and Practice of International Politics*（Boulder, CO: Westview Press, 1987），pp.394—417。霍夫曼另一个对这一主题的启发性论述见 Hoffmann, "Sisyphus and the Avalanche: The United Nations, Egypt and Hungary," *International Organization*, Vol. 11, No. 3（Summer 1957），pp. 446—469。

27. 这个短语源自亚历山大·赫尔岑。柏林在《俄罗斯思想家》中广泛使用了它,并将其归因于赫尔岑的回忆录《往事与随想》。Alexander Herzen, *My Past and Thoughts*（Berkeley: University of California Press, reissue, 1982）.

28. "An Open Letter to the President," *New York Times*, 31 December 1933.

29. 参见 Norman Angell, *The Political Conditions of Allied Success: A Plea for a Protective Union of the Democracies*（New York: G. P. Putnam's Sons, 1918）。在类似的意义上,丹尼尔·杜德尼和约翰·伊肯伯里使用了这一词汇。Daniel Deudney and G. John Ikenberry, "Democratic Internationalism: An American Grand Strategy for a Post-Exceptionalist Era," International Institutions and Global Governance working paper（New York: Council on Foreign Relations, 2012）.

图书在版编目(CIP)数据

一个民主的安全世界:自由国际主义与全球秩序的
危机/(美)G. 约翰·伊肯伯里(G. John Ikenberry)
著;陈拯译.—上海:上海人民出版社,2023
书名原文:A World Safe for Democracy:Liberal
Internationalism and the Crises of Global Order
ISBN 978 - 7 - 208 - 18037 - 6

Ⅰ.①一… Ⅱ.①G… ②陈… Ⅲ.①国际问题-研究
Ⅳ.①D815

中国版本图书馆 CIP 数据核字(2022)第 248698 号

责任编辑　王　琪
封面设计　COMPUS·道辙

一个民主的安全世界

——自由国际主义与全球秩序的危机

[美]G. 约翰·伊肯伯里 著

陈　拯译

出　　版　上海人民出版社
　　　　　（201101　上海市闵行区号景路 159 弄 C 座）
发　　行　上海人民出版社发行中心
印　　刷　苏州工业园区美柯乐制版印务有限责任公司
开　　本　635×965　1/16
印　　张　24.25
插　　页　2
字　　数　304,000
版　　次　2023 年 4 月第 1 版
印　　次　2023 年 4 月第 1 次印刷
ISBN 978 - 7 - 208 - 18037 - 6/D·4039
定　　价　98.00 元

"知世"系列